MASUREN

Mit Marienburg, Danzig und Thorn

André Micklitza

TRESCHER VERLAG

10., aktualisierte und
erweiterte Auflage 2019

Trescher Verlag Berlin
Reinhardtstr. 9
10117 Berlin
www.trescher-verlag.de

ISBN 978-3-89794-464-0

Herausgegeben von Detlev von Oppeln und
Bernd Schwenkros

Co-Autorin: Maren Rathke

Reihenentwurf und Gesamtgestaltung:
Bernd Chill

Lektorat: Corinna Grulich
Stadtpläne und Karten: Johann Maria Just,
Martin Kapp, Bernd Schwenkros, Bernd Chill

Gedruckt auf chlorfrei gebleichtem Papier

Printed in Germany

Alle Angaben in diesem Reiseführer wurden sorgfältig recherchiert und überprüft. Dennoch können aktuelle Entwicklungen vor Ort dazu führen, dass einzelne Informationen unvollständig oder nicht mehr korrekt sind. Gerne nehmen wir dazu Ihre Hinweise und Anregungen entgegen. Bitte schreiben Sie an: **post@trescher-verlag.de**.

Titelbild: Segler auf dem Rheinsee bei Rhyn
Bild vordere Umschlagklappe: Bischofspalast in Lidzbark Warmiński
Bild hintere Umschlagklappe: Am Buwelnosee bei Marcinowa Wola

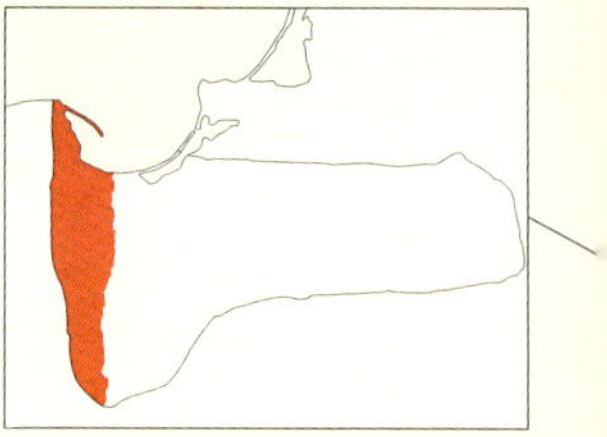

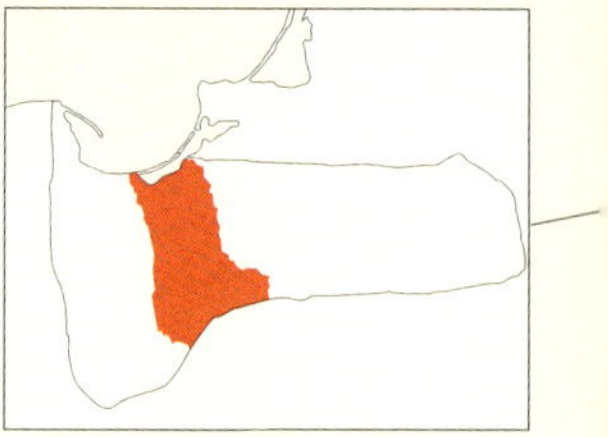

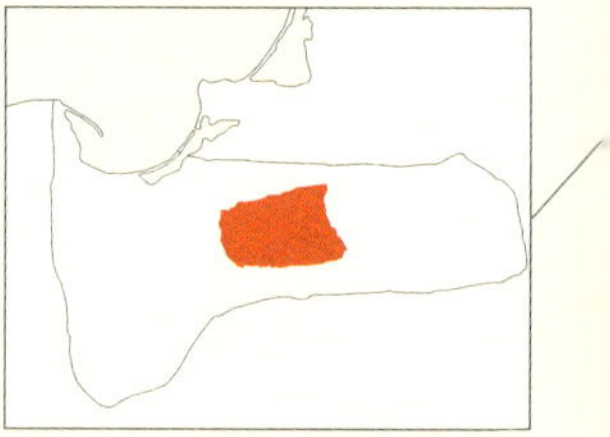

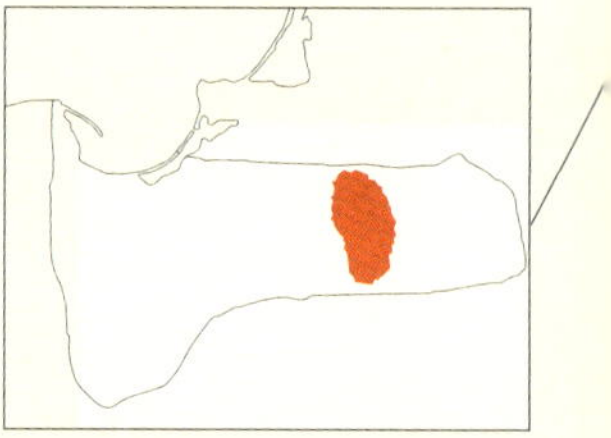

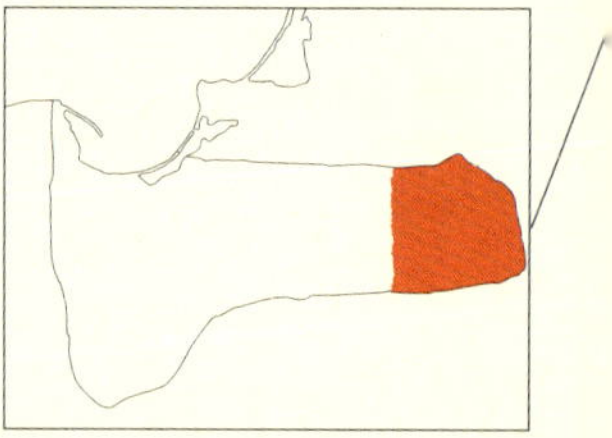

Sommerlicher Feldrain bei Elk

ÖSTLICHES MASUREN UND SUWALSZCZYZNA 232

REISETIPPS VON A BIS Z 262

ANHANG

EXTRAS

Verkaufsstand in Olsztynek

Vorwort

»Man könnte Vater und Mutter verlassen, Kühlschränke, Farbfernseher und Telefonapparate, um in Masuren das einfache Leben zu leben.«
Arno Surminski

Seit Ende der 1940er Jahre existierte Masuren in Deutschland für Jahrzehnte fast nur noch in der Erinnerung. Von der Schönheit der Landschaft und ihren liebenswerten, einst ein wenig kauzigen Bewohner erzählten Schriftsteller wie Ernst Wiechert, Siegfried Lenz und Arno Surminski, und vor den Augen der Leser entstand allmählich das Bild eines ebenso einfachen wie gemütlichen Landstrichs, wie ihn Surminski in seiner ›Reise nach Nikolaiken‹ beschreibt: »Als der Herr noch auf Erden wandelte, kam er am späten Nachmittag, als er schon müde war, ins Masurische und erschuf, bevor er einschlief, mit sanfter Hand und ohne viel nachzudenken, die masurische Wildnis. Seitdem ist Masuren ein Land ohne Eile, das gerne die Zeit verschläft.«

Ein bisschen ist es immer noch so. Denken Eingeweihte an Masuren, dann verbinden sich damit Bilder vom Segeltörn im vergangenen Sommer, vom Dahingleiten in der ruhigen Strömung eines Flüsschens in unverfälschter Natur, vom Wandern oder Radfahren durch eine sanft wellige Landschaft. Jedes Jahr aufs Neue lockt das Abenteuer Masuren!

In den vergangenen zehn Jahren wurde viel investiert, vor allem in touristische Angebote. Die Unterkunftsmöglichkeiten reichen heute von Fünf-Sterne-Neubauhotels im skandinavischen Stil und Luxusherbergen in ehemaligen Burgen, Schlössern und Herrenhäusern über gepflegte Pensionen bis hin zum Urlaub auf dem Bauernhof, und man findet viele Campingplätze, oft am Wasser. Dazu kommen vielfältige Wassersportmöglichkeiten: Masuren ist ein Paradies für Paddler und Segler, aber auch für Radfahrer, Reiter und Wanderer. Und im Winter schwärmen die Masuren-Fans vom Eissegeln, Skilanglaufen, Schneeschuhwandern oder Eisangeln.

Wer sich heute in den nordöstlichsten Winkel Polens aufmacht, wird immer noch ein ›Land ohne Eile‹ vorfinden, eine noch dazu weitgehend unverdorbene Natur mit über 3000 Seen und vielen Wasserläufe, die sich mit Wäldern, Hügeln, Feldern und Wiesen abwechseln. Außerdem gibt es viele backsteinerne Ordensritterburgen, barocke Wallfahrtskirchen und technische Denkmäler wie den berühmten Oberländischen Kanal.

Kornblumen und Klatschmohn schmücken oft die Felder, auf Dachfirsten und Telefonmasten baut Meister Adebar seine Nester, und betagte Bäume säumen die Alleen. Smartphones, Computer, Windräder und Motorisierung haben zwar auch in Masuren Einzug gehalten, dennoch scheint die Zeit außerhalb der Städtchen tatsächlich vielerorts immer noch ein bisschen stehen geblieben zu sein.

Mit diesem Reiseführer möchte ich beim Planen zu Hause Ihre Neugier auf eine der schönsten Landschaften Europas wecken und wünsche damit unterwegs viel Entdeckerfreude!

André Micklitza

Herausragende Sehenswürdigkeiten

Toruń ▼
Das historische Zentrum mit gotischen Backsteinkirchen, Speichern, Türmen, Toren und Bürgerhäusern ist das größte und am besten erhaltene mittelalterliche Stadtensemble in Polen und UNESCO-Welterbe. → S. 64

Malbork ▼
Die Marienburg, imposante Festung der Deutschordensritter, im 13./14. Jahrhundert errichtet und heute UNESCO-Welterbe, ist die drittgrößte Burganlage Europas und die größte aus Backstein überhaupt. → S. 80

Gdańsk ▲
Die 1000-jährige Hansestadt, Königin der Ostsee und UNESCO-Welterbe, weist mit reich verzierten Patrizierhäusern und gotischen Backsteinkirchen, dem Königsweg, dem Rechtstädtischen Rathaus, Artushof, Krantor und Mottlauufer eine Fülle bedeutender Sehenswürdigkeiten auf und ist eine Perle unter den polnischen Städten. → S. 89

Oberländischer Kanal ▲
Seit Mitte des 19. Jahrhunderts verbindet der Kanal das Frische Haff mit der Oberländischen Seenplatte. Seine kuriosen ›Schiefen Ebenen‹, auf denen die Schiffe huckepack über Land rollen, sind eine viel besuchte Touristenattraktion. → S. 115

Olsztynek

Auf etwa 35 Hektar sind im Masurischen Freilichtmuseum historische Höfe und Fischerkaten, Windmühlen und Holzkirchen des alten Ostpreußens, des Samlands, Kleinlitauens und des Weichsellands zu besichtigen. → S. 140

Święta Lipka ▲

Die bildschöne Barockkirche von Heiligelinde zählt zu den bedeutendsten Marien-Wallfahrtskirchen in Polen. Prunkvollster Schatz im Gotteshaus ist die überbordend verzierte Mosengel-Orgel, die mehrmals täglich bei Orgelvorführungen erklingt. → S. 179

Wolfsschanze

Bei Kętrzyn nahe der Großen Masurischen Seen liegen die Ruinen des ›Führerhauptquartiers Wolfsschanze‹. Auf dem weitläufigen Bunkergelände fand am 20. Juli 1944 das Attentat auf Hitler statt. → S. 192

Masurischer Landschaftspark ▸

Ermland-Masurens ältester Naturpark umfasst den Spirdingsee (Jezioro Śniardwy), Polens größtes Binnengewässer, und weite Teile der Johannisburger Heide (Puszcza Piska). Dörfer mit typischen Holzhäusern, staubige Sandwege und romantisches Wiesenland, durch das sich die malerische Krutynia schlängelt, zählen zum landschaftlich Schönsten, was Masuren zu bieten hat . → S. 223

Wigry-Nationalpark ▲

Die einzigartige Wald- und Seenlandschaft im äußersten nordöstlichen Winkel Polens lädt zu Wanderungen und zum Wasserwandern ein, so auf der Czarna Hańcza. Am Wigry-See im Herzen des Nationalparks finden Gäste im barocken Kamaldulenser-Kloster auch heute noch Einkehr und Stille. → S. 251

Das Wichtigste in Kürze

Nach einem allgemeinen, über Geschichte und Natur, Essen und Trinken sowie über **Land und Leute** informierenden Teil beschreibt dieses Buch neben den Städten **Gdańsk** (Danzig), **Malbork** (Marienburg) und **Toruń** (Thorn) die Landschaften des nordöstlichen Polen: die Woiwodschaft **Warmia-Mazury** (Ermland-Masuren) und den nördlichen Teil der Woiwodschaft Podlaskie, die **Suwalszyzna**.

Die Landschaften und Städte sind in geografisch sinnvolle regionale Kapitel unterteilt, denen jeweils eine **Übersichtskarte** voransteht. In den einzelnen Kapiteln werden nach einem Überblick über die Region die Städte und Ortschaften mit ihren Sehenswürdigkeiten beschrieben sowie Tipps für Ausflüge in die nähere Umgebung gegeben. Dabei sollen die **Stadtpläne** für größere Ortschaften und touristische Zentren einer ersten Orientierung dienen. Sie können ausführliches Kartenmaterial, besonders für einen längeren Aufenthalt, nicht ersetzen.

Üblicherweise halten die Touristinformationen eine Auswahl an Stadtplänen, Landkarten, Paddel- und Wanderkarten parat. Die Adressen der Informationsstellen sowie Unterkunfts- und Restauranttipps und Hinweise zu Freizeit- und Wassersportmöglichkeiten befinden sich in den **Informationskästen** im Anhang an die beschriebenen Orte.

Dem Reiseführer sind außerdem ein kleiner **Sprachführer** und ein umfangreicher reisepraktischer Informationsteil, **Reisetipps von A bis Z**, beigefügt.

Die offiziellen polnischen **Orts- und Städtenamen** werden zuerst verwendet, die historischen deutschen Namen sind dahinter in Klammern gesetzt. Bei Sehenswürdigkeiten und Landschaftsbezeichnungen ist es umgekehrt. Die Polen halten es übrigens mit deutschen Städten ebenso, sie sprechen beispielsweise von Lipsk und meinen Leipzig; für viele deutsche Metropolen existieren polnische Bezeichnungen.

Soweit nicht anders vermerkt, sind die angegebenen **Websites** auf Englisch und/oder Deutsch verfügbar. Die **Preise für Unterkünfte** beziehen sich auf ein Doppelzimmer mit Frühstück in der Hochsaison:

€: unter 50 Euro
€€: bis 100 Euro
€€€: über 100 Euro.

Allgemeine Informationen

In fast jeder größeren Ortschaft befindet sich eine **Touristinformation**, die mit Informationen zu Stadt und Region, Ausflugs- und Unterkunftstipps, Adressen lokaler Anbieter und einer umfassenden Servicepalette aufwartet, oft auch auf Deutsch und/oder Englisch. Die wichtigsten Informationsstellen im deutschsprachigen Raum sind die Fremdenverkehrsämter in Berlin und Wien.

Polnisches Fremdenverkehrsamt Berlin
Hohenzollerndamm 151
14199 Berlin
Tel. 030/2100920
www.polen.travel

Polnisches Fremdenverkehrsamt Wien
Fleschgasse 34/2 a
A-1130 Wien
Tel. 01/5247191
www.polen.travel

Einreiseformalitäten

Polen ist Mitglied der Schengenzone, damit sind reguläre Grenz- und Passkontrollen zwischen Polen und Deutschland entfallen. Ein gültiges **Reisedokument** (Personalausweis oder Pass) muss aber weiterhin mitgeführt werden. **Minderjährige** benötigen ein eigenes Ausweisdokument mit Passfoto (Kinderreisepass oder Kinderpersonalausweis).

Anreise mit dem Auto

EU-Bürger oder Schweizer benötigen neben dem nationalen **Führerschein** den **KFZ-Schein**. Eine **Grüne Versicherungskarte** wird nicht verlangt, erleichtert aber die Abwicklung im Schadensfall. Ein **Auslands-**

schutzbrief ist empfehlenswert, da bei einem Unfall hohe Kosten für den Rücktransport bzw. die Verschrottung des Wagens in Polen entstehen können. **Achtung**: Steuert eine andere Person als der KFZ-Halter selbst den Wagen, so ist eine schriftliche Vollmacht des Eigentümers erforderlich.

Anreise mit Bahn und Rad

Reservierungspflichtig in InterCitys, EuroCitys und im EuroNight-Zug ›Jan Kiepura‹ (Köln–Warschau).

Anreise mit dem Flugzeug

Der neue Flughafen **Olsztyn-Mazury** (SZY, www.mazuryairport.pl, befindet sich in Szymany, etwa 9 km südlich von Szczytno (Ortelsburg) und knapp 50 km südöstlich von Olsztyn (Allenstein) entfernt. Leider ist der erst im Frühjahr 2016 aufgenommene Flugbetrieb von und nach Berlin-Tegel bereits im Herbst wieder eingestellt worden. Auch München und andere deutsche Städte waren anfangs im Gespräch, Verbindungen gibt es derzeit nur von Dortmund (montags und freitags), Burgas, London und Lwów.

Anreise mit dem Boot

Gemäß dem Schengen-Abkommen entfällt für Personen auf Sportbooten die Pflicht, einen Hafen mit Grenzstelle anzulaufen. Der **internationale Bootsschein** wird als Registrier- und Eigentumsnachweis anerkannt. Bei Anreise mit dem Boot auf dem Trailer ist die **Grüne Versicherungskarte** erforderlich. Eine **Wassersport-Haftpflichtversicherung** ist nicht vorgeschrieben, kann aber nicht schaden.

Geld

Wechselkurs: 1 Euro=4,37 Złoty, 1 Złoty =0,23 Euro sowie 1 SFr=4 Złoty, 1 Złoty =0,25 SFr (Januar 2019).

Banken und **Wechselstuben** (Kantor) tauschen Bargeld. In den meisten Hotels wird auch getauscht, der Kurs ist etwas ungünstiger. In allen größeren Städten und touristischen Ortschaften befinden sich **Geldautomaten** (bankomaty), an denen man Bares ziehen kann. Mit der Giro- bzw. Sparcard kann man gebührenfrei abheben, aber nur bei Abrechnung in Złoty. Die Auswahl Euro-Abrechnung sollte man ignorieren, sonst erhebt die Bank in Polen Extragebühren.

Kreditkarten wie Eurocard, MasterCard und Visa werden von den meisten Hotels und Restaurants, Tankstellen und Geschäften akzeptiert.

Wichtige Telefonnummern

Polizei: 997 oder 112.

Feuerwehr: 998 oder 112.

Rettungsdienst: 999 oder 112.

Pannendienst des Polnischen Motorverbands (PZM): 19637.

ADAC-Ruf: deutschsprachiges Tel. in Polen 61/8319888, außerdem Tel. +49/89/222222.

ÖAMTC-Ruf: deutschsprachiges Tel. in Polen 61/8319902, außerdem Tel. +43/1/2512000.

TCS-Schutzbriefnotruf: nur ins schweizerische Netz, Tel. +41/58/8272220.

Touristenhotline: 22/2787777, Tel. mobil 608/599999.

Einheitlicher Sperr-Notruf bei Verlust oder Diebstahl der Kredit- oder Maestro-(EC-) Karte: 116116 (mit Vorwahl 0049).

Vorwahl Polen: 0048 (+48).

Vorwahl Deutschland: 0049 (+49).

Vorwahl Schweiz: 0041 (+41).

Vorwahl Österreich: 0043 (+43).

Ortsvorwahlen in Polen bestehen aus zwei Ziffern ohne Null, sie werden immer mitgewählt, auch bei einem Anruf im selben Ortsnetz.

Ausführliche reisepraktische Hinweise in den Reisetipps von A bis Z ab S. 262.

Eine in weiten Teilen noch unberührte Natur mit mehr als 3000 Seen und ursprünglichen Wäldern macht Polens Nordosten zu einem Traumreiselziel. Auf halber Strecke zwischen Atlantik und Ural, Nordkap und Mittelmeer, liegt die Region im Herzen Europas.

Am Hafen von Ryn

LAND UND LEUTE

Polen/Masuren: Zahlen und Fakten

Die polnische Flagge

Name: Polska
Status: Republik
Sprache: Polnisch
Fläche: 312 685 km^2, Landesgrenzen mit Tschechien 796 km, Slowakei 541 km, Ukraine 535 km, Deutschland 467 km, Weißrussland 418 km, Russland (Kaliningrader Oblast) 210 km, Litauen 104 km
Höchster Berg: Rysy in der Hohen Tatra (2499 m)
Höchster Berg in Masuren: Kernsdorfer Höhe/Dylewska Góra (312 m)
Tiefster Punkt: Weichsel-Werder (Raczki Elbląskie) südwestlich von Elbląg (–1,8 Meter unter Normalnull)
Längster Fluss: Weichsel (Wisła, 1047 km)
Größtes Gewässer: Spirdingsee (Jezioro Śniardwy, 113,8 km^2)
Tiefster See: Jezioro Hańcza in der Woiwodschaft Podlaskie (108,5 m)
Einwohner: 37,98 Millionen
Staatsform: Parlamentarische Demokratie mit Zweikammernparlament, bestehend aus Sejm (erste Kammer und höchste gesetzgebende Instanz mit 460 Abgeordneten) und Senat (100 Senatoren). Beide Kammern werden alle vier Jahre gewählt.
Bevölkerungsdichte: 123 Einwohner/km^2; Woiwodschaft Warmińsko-Mazurskie 59 Einwohner/km^2
Hauptstadt: Warschau (1,72 Millionen Einwohner)
Religion: 96 % Katholiken
BIP/Einwohner: 12 100 Euro (2017)
Wirtschaftswachstum: 4,6 % (2017)
Erwerbslosenquote: 4,8 % (2017)
Inflationsrate: 1 % (2017)
Durchschnittsverdienst: 2570 Złoty/610 Euro, gesetzlicher Mindestlohn: 1850 Złoty/445 Euro (2018)
Internetkürzel: .pl

Die Flagge der Woiwodschaft Ermland-Masuren

Das nordöstliche Polen

Den größten Teil des nordöstlichen Polen nimmt die Woiwodschaft Ermland-Masuren (Warmińsko-Mazurskie) ein. Auf 24 200 Quadratkilometern dehnt sie sich etwa in den Grenzen des historischen südlichen Ostpreußens aus. Hier leben kaum anderthalb Millionen Einwohner.

Die ›grüne Lunge Polens‹ umfasst weit über 3000 Seen, ausgedehnte Wiesen und Äcker sowie im Süden und Osten große Wälder. Im Nordwesten berührt sie an der Danziger Bucht das schilfwogende Frische Haff (Zalew Wiślany). Östlich davon schließt sich das Ermland (Warmia) mit seinen eindruckvollen Kirchen und Marienwallfahrten an. Südwärts erstreckt sich das von Seen und sanften Hügeln durchzogene historische Oberland. Und ganz im Süden beginnt Masuren (Mazury), das ›Land der dunklen Wälder und kristall'nen Seen‹, wie es das alte Ostpreußenlied besingt.

Von der Kernsdorfer Höhe (Dylewska Góra), mit 312 Meter der höchste ›Berg‹ des Europäischen Tieflandes zwischen der Weichsel und dem Uralgebirge, zieht sich Masuren mondsichelförmig über die Großen Masurischen Seen hinauf zur Seesker Höhe (Szeska Góra) bei Gołdap im nordöstlichsten Winkel Polens. In der wellig-hügligen Landschaft breiten sich Kiefern- und Fichtenurwälder aus, vor allem aber tausende große und kleine Seen. Ihre exakte Anzahl hat bisher niemand ermittelt, doch so viel ist sicher: Insgesamt ein Sechstel Masurens ist von Wasser bedeckt.

Ebenso schön zeigt sich unter einem weiten baltischen Himmel die Suwalszczyzna im Dreiländereck Polen, Litauen, Weißrussland. Ihre Fülle von Seen verliert sich in der Puszcza Augustowska, einem der größten und einsamsten Urwaldgebiete Europas.

Umso lebhafter erscheint an der Danziger Bucht die altehrwürdige Hansestadt Gdańsk (Danzig). ›Königin der Ostsee‹ wird sie genannt, und zweifellos gehört sie, von der UNESCO zum Weltkulturerbe der Menschheit erklärt, zu den schönsten und sehenswertesten Städten in Europa.

Seen und Wälder: An der Oberländischen Seenplatte

Geografie und Natur

Oft werden Ermland und Masuren mit der Region der Großen Masurischen Seen gleichgesetzt. Dabei sind die Landschaften, die man entdecken kann, noch wesentlich vielfältiger. Ermland, polnisch Warmia, dehnt sich, im Westen durch die Passarge (Pasłęka) begrenzt, von Frombork (Frauenburg) am Frischen Haff in Form eines Dreiecks Richtung Südosten aus. Mit Wiesen, Feldern und weitem Ackerland erstreckt sich das traditionelle Bauernland östlich bis auf die Höhe von Święta Lipka (Heiligelinde) und südlich bis Olsztyn (Allenstein), der alten ermländischen Kapitale und heutigen Hauptstadt der Woiwodschaft. Anders als das bis 1945 protestantische Masuren ist das Ermland von jeher katholisch geprägt und nennt eine stattliche Anzahl bedeutender Kirchen, Bischofsburgen und Pilgerstätten sein eigen.

Das historische Oberland umfasst in seiner West-Ost-Ausdehnung in etwa das Gebiet zwischen Weichel (Wisła) und Pasłęk und in Nord-Süd-Richtung ein Territorium von Elbląg (Elbing) südlich vom Frischen Haff bis Iława (Deutsch Eylau) an der Oberländischen Seenplatte (Iława-Seenplatte). Dank seiner vielen schönen Gewässer wird das südliche Oberland aus touristischen Gründen auch als ›Westmasuren‹ bezeichnet und die Seen-Ansammlung rund um die Wassersportzentren Iława und Ostróda als ›Westmasurische Seenplatte‹. Bis ins 19. Jahrhundert hinein wurde die Landschaft wegen ihres sanften Auf und Abs auch ›Hockerland‹ genannt. Das malerische Moränenland gehört zum Baltischen Höhenrücken, der das nordöstliche Polen mit Höhen bis knapp über 300 Meter durchzieht.

Im Süden und Osten der Woiwodschaft liegt das ›Land der tausend Seen‹, wie man Masuren nennt. Niemand vermag zu sagen, wo genau es anfängt und wo es endet. Denn nie wurde Masuren durch politische Grenzen definiert. Es zieht

Hügelland bei Ełk

Seenkette bei Płaska

sich von der Kernsdorfer Höhe (Dylewska Góra) nahe Ostróda (Osterode) über das Gebiet Olsztynek (Hohenstein) und die südlichen Sanderlandschaften von Nidzica (Neidenburg) und Szczytno (Ortelsburg) bis zu den Großen Masurischen Seen hin und endet auf Höhe der Linie Gołdap (Goldap), Olecko (Marggrabowa/Treuburg) und Ełk, dem früheren Lyck, der historischen Hauptstadt Masurens.

An Masuren schließt sich im nordöstlichsten Winkel Polens zur litauischen Grenze hin die Suwalszczyzna an, die Region um Suwałki, die aufgrund der Schönheit ihrer Natur auf keinen Fall unerwähnt bleiben darf. Sie ist bereits Teil der Woiwodschaft Podlaskie, ebenso wie etwas weiter südlich die traditionsreiche Sommerfrische Augustów am Rande der Puszcza Augustowska. Sanft gewellte Plateaus, von schmalen Flussläufen und langen Rinnenseen tief eingeschnitten, Findlingsfelder und jäh aus der Landschaft emporragende Drumlins (Hügel mit tropfenförmigem Umriss) zeigen an, dass die Suwalszczyzna wie keine andere polnische Landschaft ein Kind der Eiszeiten ist. Zusammen mit den Gebirgsregionen gehört sie zu den kühlsten Klimazonen in Polen und wird nicht umsonst scherzhaft ›Polnisch-Sibirien‹ genannt.

Hügel, Steine und Sand

Die Landschaften Nordostpolens sind Teil des mitteleuropäischen Tieflands. Von Schleswig-Holstein bis nach Masuren durchzieht es der Baltische Höhenrücken, ein vielfach hintereinander gestaffeltes Hügelland mit zahlreichen Flüssen und Seen – geformt während der letzten Eiszeit, die vor rund 500 000 Jahren begann und vor etwa 12 000 Jahren endete.

Mehrfach überzogen in diesem Zeitraum Eismassen von Skandinavien her das Land, wälzten dabei wie Schaufelbagger riesige Mengen an Geröll, Kies, Sand und Gesteinen vor sich her oder transportierten sie im Gletscherinneren mit sich. Beim Rückzug des Eises in wärmeren Perioden hinterließen die Gletscher

Am Biallolawker See (Jezioro Białoławki) bei Kwik

langgestreckte, quergestellte, bis zu 300 Meter hohe Schutthügel (Endmoränen). Die Kernsdorfer Höhe (Dylewska Góra) südlich von Ostróda ragt als höchster Punkt Masurens in den Himmel.

Die zwischen Eismassen und Gletscherbett zermahlenen und abgesunkenen Gesteine formten zusammen mit an Gletscherböden ausgeschürften Geschieben sanft gewellte Grundmoränenlandschaften, die neben den Endmoränen ebenfalls typisch für Ermland-Masuren sind und zusammen die Region ›steinreich‹ machen. Davor breiteten sich, meist von einem Gletschertor ausgehend, weite Sandergebiete aus. Das aus den Gletschern herausfließende Wasser setzte, so im südlichen Masuren, tischebene, unfruchtbare Kiese und Sande ab, auf denen wie in der Johannisburger Heide (Puszcza Piska) und der Puszcza Augustowska vor allem Kiefern und Wacholder gedeihen.

Flüsse und Seen

Tausende Seen zählt man in der Woiwodschaft Ermland-Masuren. Fast alle sind eiszeitlicher Herkunft und entweder Grundmoränen- oder Rinnenseen. Von ihrer Ausdehnung her handelt es sich bei den Grundmoränenseen in der Regel um die größeren Gewässer. Sie bildeten sich einst aus eiszeitlichen Schmelzwasseransammlungen in großräumigen Becken, die über keinen Abfluss verfügten. Zu ihnen zählen beispielsweise die Großen Masurischen Seen: der Mauersee (Jezioro Mamry) und der Spirdingsee (Jezioro Śniardwy), letzterer ist das größte polnische Binnengewässer.

Die Rinnenseen, lang und schmal, entstanden in den Spalten, Rissen und Furchen, die abfließende Gletscherwasser in den Untergrund gegraben hatten und die sich anschließend mit Süßwasser füllten. Die meist sehr tiefen Rinnen erstrecken sich grundsätzlich in Nord-Süd-Richtung, oft sind die Seen gewunden und liegen kettenförmig aneinandergereiht. Beispiele sind der sichelförmige Niedersee (Jezioro Nidzkie) südlich von Ruciane-Nida, der vielen als der schönste See Masurens gilt, und der Hańcza-See (Jezioro Hańcza) nördlich von Suwałki, mit 108 Meter der tiefste Rinnensee Mitteleuropas. Am klarsten ist das Wasser des Weißen Sees (Jezioro Jasne) bei Siemiany (Schwalgendorf) etwa 15 Kilometer nördlich von Iława. Dort reicht der Blick bis zu 14 Meter tief.

Wenn die Höhenunterschiede in Ermland-Masuren auch gering sind, reichen die kleinen Buckel und Hügel doch aus, um die Seen in unterschiedliche Richtungen zu entwässern. Die Wasserscheide verläuft auf Höhe einer Linie zwischen Mikołajki (Nikolaiken) und Suwałki: Alles nördlich davon strömt nach Norden, alle Flüsse südlich davon Richtung Süden. Mauersee (Jezioro Mamry) und Löwentinsee (Jezioro Niegocin) entwässern nach Nordosten über die Angerapp (Węgorapa) in den Pregel, während der Abfluss aus dem Spirdingsee (Jezioro Śniardwy) südlich über die Pissek (Pisa) in den Narew und damit in die Weichsel fließt.

Der Wasserreichtum machte über viele Jahrhunderte hinweg die ohnehin schwierigen Böden Masurens, des Oberlands und auch großer Teile des Ermlands sauer und schwer zu bewirtschaften. Auf den Äckern versanken die Bauern im Schlamm, und auf den Futterweiden staute sich zwischen nassen Mooren und Brüchen das Wasser oft bis in den Frühsommer hinein. Erstmals unter König Friedrich dem Großen begann dann mithilfe ausgeklügelter Abzugskanalsysteme die künstliche Entwässerung – eine technische Glanzleistung des 18. Jahrhunderts. Bereits von 1765 bis 1772 wurden Schifffahrtskanäle zwischen dem Mauersee (Jezioro Mamry), Löwentinsee (Jezioro Niegocin) und Talter Gewässer (Jezioro Tałty) ausgehoben. Zwischen 1798 und 1801 machte man von Johannisburg (Pisz) aus die Pissek schiffbar, so dass das Holz aus der Johannisburger Heide (Puszcza Piska)über Pissek, Narew und schließlich die Weichsel bis zur Ostsee transportiert werden konnte.

Im 19. Jahrhundert nutzten Experten des Wasserbaus schließlich den Umstand aus, dass in der Landschaft trotz extrem hohem Grundwasserspiegel nur geringe topografische Höhenunterschiede zu überwinden waren. Zahlreiche Seen wurden in jener Zeit durch Kanäle zu einem Wasserwegenetz verknüpft. So sind seit Mitte des 19. Jahrhunderts die Gewässer der Oberländischen Seenplatte (Park Krajobrazowy Pojezierze Iławskie) durch den Oberländischen Kanal (Elbląg-Ostróda-Kanal) miteinander verbunden – eine Meisterleistung der Ingenieurbaukunst. Mit seinen ›Schiefen Ebenen‹ ist er heute eine vielbesuchte Touristenattraktion.

Die Gewässer der Großen Masurischen Seen bilden eine durchgehende Wasserstraße von insgesamt 170 Kilometern.

Flora und Fauna

Wasser, Wiesen und Wald. So könnte man die Landschaften Nordostpolens in wenigen Worten beschreiben. War ursprünglich einmal ganz Polen mit Wäldern bedeckt, ist es heute noch etwas mehr als ein Viertel der Landesfläche.

Gern gesehener Gast in Masuren: der Storch

Auf unfruchtbaren Sandböden und sumpfigem Untergrund bestehen noch vier große Waldgebiete: die Johannisburger Heide (Puszcza Piska), der Borkener Forst (Puszcza Borecka), die Rominter Heide (Puszcza Romincka) und die Puszcza Augustowska im äußersten Nordosten.

Vorrangig sind es Fichten und vor allem die anspruchslosen, widerstandsfähigen Kiefern, die auch auf extrem kargen Böden Wurzeln schlagen. Im Unterholz wachsen Wacholder und Haselsträucher, Beeren, Moose und Farne. Vereinzelt blühen auch seltene Orchideenarten. Auf nährstoffreicheren Böden wie im südwestlichen Oberland gesellen sich zu den Nadelbäumen auch Eichen, Buchen und Ahorne sowie im Frühling blühende Teppiche von Anemonen, Veilchen und Leberblümchen. Flusstäler werden von Pappeln und Weiden gesäumt, und in den sumpfigen Niederungen finden sich Birken, Erlen und Eschen. Hirsche, Elche, Rehe, Wildschweine, Füchse, Dachse und einige Luchse streifen durch die Wälder. Bis vor 300 Jahren gab es noch Wisente und Bären, erst Anfang des 19. Jahrhunderts wurde der letzte Meister Petz in Masuren erschlagen. Derweil überlebte der Wolf und lässt sich heute gelegentlich wieder sehen.

Rominter Heide

Dann und wann wandert ein Elch aus dem Baltikum in die Rominter Heide (Puszcza Romincka) hinab. Auf 260 Quadratkilometern erstreckt sich nordöstlich von Gołdap die einsame Waldregion im Dreiländereck von Polen, Litauen und der russischen Exklave Kaliningrad. Hügel und Feuchtniederungen, lichte Wald- und Heidegebiete wechseln sich mit Mooren und buntem Wiesenland ab. Von der schnurgeraden Grenze zur Enklave Kaliningrad durchschnitten, liegt der größere Teil der Rominter Heide heute auf russischem Territorium. Wölfe und Luchse finden ebenso wie Elche und Rothirsche ideale Lebensbedingungen vor, und Spaziergänger genießen die stille, einsame Wildnis.

Borkener Forst

Zwischen Giżycko und Gołdap dehnt sich auf 250 Quadratkilometer der Borkener Forst (Puszcza Borecka) mit Wäldern, Brüchen, Sümpfen und Seen aus. Es ist die Heimat einer Rotte der Anfang des 20. Jahrhunderts in freier Wildbahn ausgestorbenen Wisente. Für ihre Rettung der Art spürte man die letzten Exemplare auf, die auf der Welt in Zoos oder Privatbesitz überlebt hatten. Von 57 Tieren, die man fand, war wiederum nur ein Dutzend für die Zucht geeignet. Man verbrachte sie in den Białowieża-Nationalpark südöstlich von Białystock und begann mit einem mühevollen Wiederaufzuchtprogramm. 1952 konnten die ersten Wisente erfolgreich ausgewildert werden. Alle heute lebenden Exemplare dieser scheuen Verwandten der Bisons stammen von der Białowieża-Zucht ab. 1956 siedelte man eine Rotte der urtümlichen Zottelgesellen im Borkener Forst an. Rund 70 grasen dort heute im Reservat nahe dem Flecken Lipowo, wo sie sich am besten während der Fütterung an der Wisentzuchtstation beobachten lassen.

Augustower Heide

Mit über 1100 Quadratkilometern ist die Augustower Heide (Puszcza Augustowska) zwischen Suwałki und Augustów das größte zusammenhängende Waldgebiet Polens. Der größte Teil dieser menschenleeren, seen- und sumpfreichen Landschaft, der auf den flachen eiszeitlichen Sanderflächen markante Erhebungen fehlen, bleibt sich selbst überlassen und bildet ein undurchdringliches Dickicht.

Zwischen urwüchsigen Kiefern, Erlen und Birken schlängelt sich von Norden her die Czarna Hańcza durch den Augustów-Urwald. Der sehr seltene Schwarzstorch hat in den Baumwipfeln ein Refugium. Auch der lange Zeit verschwundene Europäische Biber ist mittlerweile zurückgekehrt und legt in den zahlreichen Gewässern seine Staudämme an. Neben Elchen trifft man außerdem Moorkäuze oder auch Schneehasen an – eine Tierwelt, die eigentlich eher für Tundra und Taiga typisch ist.

Johannisburger Heide

Da die Sandböden für eine landwirtschaftliche Nutzung ungeeignet sind, zeigt sich auch die südwestliche masurische Schwester der Augustower Heide, die 1000 Quadratkilometer große Johannisburger Heide (Puszcza Piska), in einem nahezu ursprünglichen, dichten grünen Kleid. Zwischen den mit Kiefern- und Fichtenwäldern, Heiden, Erlenbrüchen und Sümpfen übersäten Sanderflächen steht im lichten Unterholz die masurische Nationalpflanze ›Kaddig‹, wie man den Wacholder auf ostpreußisch nannte. Je nach Jahreszeit wachsen Himbeeren, Walderdbeeren, Blaubeeren und Brombeeren und darüber hinaus viele Pilze. In unberührten Waldwinkeln haben in der Nähe von Gewässern die vom Aussterben bedrohten Seeadler eine Heimat gefunden. Über 20 Horste werden mittlerweile gezählt.

Frisch Gesammeltes aus der Johannisburger Heide

In Popielno werden Tarpan-Wildpferde rückgezüchtet

Überhaupt ist Nordostpolen dank seiner zahllosen Flüsse und Seen ein Paradies für Wasservögel. An den Großen Masurischen Seen mit ihren endlosen Schilfgürteln finden sich riesige Graureiher-, Kranich- und Kormoran-Kolonien. Über den Wäldern und Torfmooren rund um die großen Gewässer ziehen Fischadler und Schelladler ihre Kreise. Bussarde, Habichte, Turmfalken gehen auf Beutefang, ebenso Uhus, Schleiereulen, Steinkäuze und Sperber. Wo ein See zu vermooren beginnt und kleine Inselchen von verknäulten Wurzeln auf ihm treiben, während vom Ufer her Rohrkolben und Kalmus das Wasser erobern, nisten Kiebitze, Rohrdommeln und eine Vielzahl von Schnepfenarten. Die mit Wollgras und Sonnentau, Moosbeere und Sumpfporst bewachsenen moorigen Wiesen bestellen ihnen mit allerlei Lurchen und Echsen, Insekten und Krabbelgetier eine reiche Tafel.

Vögel

Unbestrittener König der nordostpolnischen Wasser- und Vogelwelt ist der Schwan, der allerorten stolz sein weißes Gefieder putzt. Der Lucknainer See (Jezioro Łuknajno) bei Mikołajki zählt zu Europas größten Höckerschwan-Brutgebieten. Haubentaucher und Gänsesäger lieben die fischreichen Gewässer, und in der Nacht schwärmen die fliegenden Säuger aus: Rauhautfledermaus, Braunes Langohr und Wasserfledermaus.

Als Geflügel werden wie fast überall auf der Welt Hühner und Enten gehalten sowie die von Feinschmeckern besonders zu Weihnachten gerühmten polnischen Gänse. Nicht zu vergessen ist der Storch: Glücksbringer, Freund und Begleiter der Menschen durch die warme Jahreszeit, der überall im nordöstlichen Polen seine Sommerquartiere bezieht. Fakt ist: Jeder fünfte Storch auf der Welt ist ein Pole und die meisten landen alljährlich in Ermland-Masuren.

Nationalparks und Naturschutzgebiete

Wigry-Nationalpark

Als einer der jüngsten in Polen wurde 1989 der Wigry-Nationalpark (Wigierski Park Narodowy) in der nördlichen Augustower Heide aus der Taufe gehoben. Zwischen Torfmooren, Seen und sechs Flüssen stehen auf rund 15000 Hektar bis zu 200 Jahre alte Kiefern und Fichten – und über 750 geschützte Pflanzenarten, die Hälfte aller in Polen unter Naturschutz stehenden Pflanzen. In den Wäldern leben Wölfe und Füchse, Rehe, Hirsche und Wildschweine, am Wasser Bisamratten, Flussotter und der typischste aller Wigry-Bewohner, der Biber. Seeadler, Fischadler, Falken und Weihen, der Eisvogel und auch der Auerhahn haben hier noch eine Heimat. An den Seen leben in breiten Schilfgürteln Haubentaucher und Höckerschwäne. Zahlreiche Fischarten leben in den Gewässern, die insgesamt etwa ein Fünftel des Nationalparks ausmachen – mit der Perle im Herzen des bezaubernden Wasser-und-Land-Mosaiks: dem Wigry-See, der dem Nationalpark seinen Namen gab.

Suwalski-Landschaftspark

Im Dreiländereck Polen/Russland/Litauen erstreckt sich rund um den Hańcza-See der wildromantische Suwalski-Landschaftspark (Suwalski Park Krajobrazowy) mit Drumlins, Findlingsfeldern und anderen markanten postglazialen Erscheinungsformen.

Im Suwalski-Landschaftspark

Am Beldahnsee

Masurischer Landschaftspark

Die Grenzen des für viele landschaftlich schönsten und zugleich ältesten, bereits 1977 gegründeten Masurischen Landschaftsparks (Mazurski Park Krajobrazowy) umschließen komplett den Spirdingsee (Jezioro Śniardwy) sowie weite Teile der Johannisburger Heide (Puszcza Piska). Wo das sanft gewellte Gländerelief in die ebenen Sanderflächen übergeht, finden sich weitere 59 Seen und eine reiche Pflanzen- und Tierwelt.

Oberländische Seenplatte

1993 wurde der Landschaftspark Oberländische Seenplatte (Park Krajobrazowy Pojezierze Iławskie) nördlich von Iława ins Leben gerufen. Zahlreiche Wasservogelreservate und über 40 Seen, darunter der Geserichsee (Jezioro Jeziorak), mit 27,5 Kilometer Ausdehnung von Nord nach Süd der längste See Polens, sowie schöne Buchen- und Kiefernwälder verlocken zu Wanderungen. Nicht weit entfernt erhebt sich im Landschaftspark Krajobrazowy Wzgórz Dylewskich die Kernsdorfer Höhe (Dylewska Góra).

Klima

Polen liegt in der gemäßigten Klimazone mit gegen Osten zunehmend kontinental beeinflusstem Klima. Als Folge dieser Grenzlage ist das Wetter in Ermland-Masuren bei großen Temperaturunterschieden zwischen Sommer und Winter in der Regel eher unbeständig. Kontinentale Luftmassen aus dem Osten treten am häufigsten auf, außerdem atlantische aus dem Westen sowie Lüfte polaren Ursprungs. Die Winde kommen im Herbst und im Frühjahr meistens aus Süden

Ein Sommertag am Stadtstrand in Mikołajki

und sind dadurch relativ niederschlagsarm, während sie in Sommer und Frühherbst vorwiegend aus westlichen oder nördlichen Richtungen blasen und niederschlagsreich sind.

Der Frühling hält wegen des größeren kontinentalen Einflusses relativ spät Einzug, oft erst Ende April, Anfang Mai, und selbst dann können die Nächte noch frostig sein.

Um so heißer wird es im Sommer, wenn die Lufttemperaturen fast immer mehr als 25 Grad erreichen und das Thermometer häufig sogar über die 30-Grad-Marke klettert. Die Seen erreichen oft nur 20 Grad Wassertemperatur. Insgesamt zeigen sich Juli und August meist sonnig und warm, doch kann es durchaus zu hohen Niederschlagsmengen kommen.

Trocken und mit strahlendem Sonnenschein zeigt sich der Herbst im Allgemeinen von seiner schönsten Seite. Doch dann ziehen schon Nebel auf, und auch die Nächte sind bereits wieder kühl.

Mit Fortschreiten des Jahres kündigt sich neblig und regnerisch, teilweise auch stürmisch, schließlich der Winter an. Bald regiert Väterchen Frost, das Thermometer zeigt eisige Minusgrade, und es fällt Schnee. Von klirrender Kälte umfangen, dauert insbesondere in Masuren und der Suwalczyzna der Winter relativ lange, manchmal bis Anfang April, wobei Januar und Februar am eisigsten und schneereichsten sind. Im Mittel werden 130 Frosttage gezählt, mit nächtlichen Temperaturen bis zu manchmal minus 25 Grad. Etwa 100 Tage lang liegt eine Schneedecke über dem Land, und von Ende Dezember bis Ende März sind die Seen gefroren. Allerdings zeigten sich die beiden letzten Winter (2014/15 und 2015/16) auch in Masuren eher mild mit nur wenigen Schneetagen.

Kleine Geschichte Polens

Polens Vergangenheit ist äußerst verworren und von ständigen Auseinandersetzungen mit seinen Nachbarn gekennzeichnet. Wer das heutige Polen verstehen möchte, darf sich deshalb nicht scheuen, die Historie intensiv zu durchforsten. Einschlägige Fachliteratur zu diesem Thema kann dieses Kapitel nicht ersetzen, sondern nur einen ersten Überblick vermitteln.

Auftakt 963–1500

Erste Relikte menschlichen Daseins auf heute polnischem Territorium datieren aus der Mittelsteinzeit (8000–5500 vor Christus). Gegen Ende des 1. Jahrhunderts nach Christus berichtete der römische Historiker Tacitus über die unbekannte Gegend, doch waren noch neun Jahrhunderte nötig, um auch die Namen ihrer Bewohner in Erfahrung zu bringen. Erst 965 tauchte in einem Schreiben des Reisenden Ibrahim ben Jakub die Bezeichnung ›Brus‹ (Prußen) für die dortigen Bewohner auf. Sie zählten zu den baltischen Stämmen, lebten in großen Familienverbänden und verehrten einen Vielgötterhimmel.

Im Jahre 963 vereinigten sich westslawische Stämme zwischen Warthe und Weichsel. Unter ihnen waren die Polonen, die dem späteren Staat den Namen gaben. Im Jahre 966 fand die Taufe Herzog Mieszkos I. statt, heute gilt dieser Akt als die Geburt Polens. Mieszkos Reich umfasste ein Gebiet zwischen Ostsee und Sudeten sowie zwischen Oder und Weichsel. Nach anfänglichem Misstrauen verbündeten sich der polnische Herrscher Mieszko I. und der deutsche Kaiser Otto III., um Rebellion in ihren jeweiligen Machtbereichen gemeinsam zu bekämpfen. Im Jahre 992 verstarb Fürst Mieszko I., ein Spross des legendären Ahnen Piast, von dem alle polnischen Könige der Piasten-Dynastie abstammen sollen.

Um 1000 gründete Bolesław Chrobry (›der Tapfere‹), Sohn von Mieszko I., das Erzbistum Gniezno (Gnesen). 1025 ließ er sich zum ersten polnischen König krönen, Polen wurde damit ein unabhängiger Staat. Nach anfänglicher deutsch-polnischer Kooperation litt das Verhältnis wegen fortgesetzter polnischer Expansion. Als folgenschwerer Faupax erwies sich die Weigerung von König Mieszko II., auf die Huldigung des neuen Papstes zu verzichten – Waffengänge brachen aus, Polen verlor die sächsische Ostmark, und der Heilige Vater in Rom entzog Mieszko II. den Königstitel. Die Erbfolgereglung bewirkte einen Zerfall des polnischen

Bolesław I. Chrobry auf einem Gemälde von Jan Bogumił Jacobi

Reiches, weil mehrere Familien um den Machtanspruch stritten. Ab dem Ende des 12. Jahrhunderts erlebte das Land große Einwanderungswellen, so auch von deutschen Kaufleuten, Bauern und Handwerkern.

Der Deutsche Orden

Im Jahre 1225 bat der masowische Herzog Konrad den Deutschen Orden um militärische Hilfe bei der Unterwerfung der heidnischen Prußen (→ auch S. 87). Zahlreiche kleinere Ansiedlungen in der ›Großen Wildnis‹ – wie die Eroberer das Land nannten –, dem späteren Ermland und Masuren, schlossen sich an. Siedler aus Flandern, Westfalen, Sachsen, Schlesien und aus Masowien ließen sich nieder und machten das Land urbar, während die Prußen entweder getauft oder getötet wurden. Die Landnahme ging so rasch voran, dass die masowischen Teilfürsten und der polnische König bald erkannten, dass sie mit dem Deutschen Orden nicht einen Verbündeten, sondern eine konkurrierende Territorialmacht herbeigerufen hatten. Aufstände der Prußen 1260 bis 1274 schlug der Orden blutig nieder. Bereits 1283 war die Landnahme abgeschlossen, und die Rittermönche begannen mit dem Aufbau eines eigenen Staates, was ständige Konflikte mit Polen zur Folge hatte. Von der Urbevölkerung übernahmen die Kreuzritter den Namen für ihren multiethnischen Deutschordensstaat: Preußen.

König Kazimierz III. begann 1333 zu herrschen. Er einigte die polnischen Herzogtümer, Polen verdoppelte seine Fläche – so erwarb er zwischen 1340 und 1366 Ostgalizien – und Polen wurde zum Vielvölkerstaat. Als Kazimierz im Jahr 1370 ohne Nachkommen starb, erlosch die Dynastie der Piasten auf den polnischen Thron. Das Reich ging an Kazimierz's Schwestersohn über, König Ludwig I. von Ungarn aus dem Hause Anjou, und nach diesem an seine Tochter Hedwig (Jadwiga). Als Zehnjährige wurde Jadwiga 1384 zur polnischen Königin gekrönt und zwei Jahre später, 1386, mit dem litauischen Großfürsten Jogaila vermählt. Für die Ehe mit Jadwiga nahm Jogaila das Christentum an, und unter dem Taufnamen Władysław II. Jagiełło (Regierungszeit 1386–1434) ging er zusammen mit seiner Gemahlin als Begründer der fast 200 Jahre in Polen herrschenden Jagiellonen-Dynastie in die Geschichte ein. In Personalunion waren Polen und Litauen fortan vereint. Dem Deutschen Orden stellte sich erstmals eine Großmacht entgegen.

Im Mai 1409 begann der Krieg. Am 15. Juli 1410 stießen bei Tannenberg (in Polen nach dem Nachbardorf ›Schlacht bei Grunwald‹ genannt) zwischen 12 000 und 15 000 Ritter und Söldner des Ordens auf rund 20 000 Soldaten im vereinigten polnisch-litauischen Heer. Das Kräftemessen endete mit einer vernichtenden Niederlage für die Deutschherren. Hochmeister Ulrich von Jungingen fiel, darüber hinaus verloren sämtliche Großgebieter sowie zahlreiche Ritter ihr Leben, und auch die Kriegskosten beliefen sich auf kaum zu verschmerzende Geldsummen – dies war der Anfang vom Untergang des Deutschen Ordens im Prußenland. So musste der Deutsche Orden 1466 die Oberhoheit Polens anerkennen. Auf 100 000 Schock böhmische Kronen und den Verlust verschiedener Ländereien bezifferten sich die Reparationszahlungen, die die Deutschritter nach ihrer Niederlage zu entrichten hatten. So wurde es im Ersten Thorner Frieden 1411 festgelegt, und der Orden war damit nicht nur seiner Finanzkraft, sondern zugleich auch seiner militärischen

Die Schlacht von Tannenberg bedeutete für den Deutschen Orden den Anfang vom Ende

Schlagkraft beraubt. 1440 vereinigten sich zudem – durch den Geldhunger und den autokratischen Habitus der Deutschherren empfindlich in ihren Handelswegen gestört – 19 Städte sowie die preußischen Stände unter der Führung von Danzig zum Preußischen Bund. 1453 unterstellte sich dieser dem Schutz Polens. 1454 begann der Dreizehnjährige Krieg des Preußischen Bunds gegen den Deutschen Orden, auch ›Städtekrieg‹ genannt. Die Schlachten fanden bis 1466 nicht nur auf dem Feld, sondern auch in den Geldsäckeln statt. Den unerschöpflichen Finanzmitteln insbesondere der Hansestadt Danzig, die von der polnischen Krone unterstützt wurde, hatte der Deutsche Orden wenig entgegenzusetzen.

Blüte und Niedergang

Um sein Vielvölkerreich vor dem Zerfall zu bewahren, war der polnische König gezwungen, zugunsten des Adels auf Machtbefugnisse zu verzichten. Im Jahre 1505 wurde ein polnischer Reichstag ins Leben gerufen, dieser erhielt den Namen ›Sejm‹, den er bis heute trägt. 1506 bestieg Zygmunt I. (der Ältere) den Thron – die Herrschaft der letzten Jagiellonen erwies sich als kulturelle Blüteepoche, die als ›Goldenes Zeitalter‹ in die polnische Geschichte einging.

1525 wurde der Ordensstaat im Frieden zu Krakau in ein weltliches protestantisches Herzogtum umgewandelt und in den Lehnsverband der polnischen Krone inkorporiert. Hochmeister Albrecht von Brandenburg-Ansbach huldigte

König Zygmunt I. Stary, der ihn offiziell mit dem Herzogtum Preußen belehnte. Der Deutschordensstaat hatte aufgehört zu existieren. Statt seiner war ›Herzoglich Preußen‹ als das erste protestantische Land der Welt entstanden, kurioserweise unter einem katholischen Lehnsherrn.

1569 handelte König Zygmunt II. August eine Personalunion mit Litauen mit ihm als Regenten, gemeinsamer Hauptstadt und Reichstag aus. Krakau verlor den Titel als Hauptstadt, fortan war Warschau die Metropole. Im liberalen Polen konnte der Astronom Nikolaus Kopernikus seine revolutionären Ideen verbreiten, die fortan das geozentrische Weltbild aus den Angeln heben sollte.

1618 begann der Dreißigjährige Krieg, der bis 1648 besonders Mitteleuropa in ein riesiges Schlachtfeld verwandelte. Polen büßte seine Großmachtstellung ein und hatte erhebliche Gebietsverluste zu beklagen. Das Ermland und auch Masuren, die ›Große Wildnis‹ in Herzoglich Preußen, blieben von den Kriegsverheerungen dagegen weitgehend verschont. Drückend lastete aber der Frondienst auf den Schultern der Bauern, die seit 1577 durch die in der preußischen Landordnung festgelegte Schollenbindung quasi Leibeigene ihrer feudalen Grundherren waren.

Der Zweite Schwedisch-Polnische Krieg 1655–1660 wütete in Masuren dann umso schlimmer. Plünderungen und Brandschatzungen durchziehender Truppen waren an der Tagesordnung. Besonders grausam gingen dabei die im polnischen Heer kämpfenden Tataren vor, mordeten, verheerten die Dörfer und verschleppten die Bevölkerung in die Sklaverei. Jeder zweite Masure starb im Verlauf der ›Tatarenwut‹. Unmittelbar darauf folgten 1656/57 Pestepedemien und danach Hungersnöte.

Nordostpolen im Jahr 1547

Zygmunt I. Stary

Zygmunt II. August

Im fernen Brandenburg herrschte währenddessen seit fast zwei Jahrzehnten der ›Große Kurfürst‹ Friedrich Wilhelm. 1640 hatte er den Thron bestiegen, und es gelang ihm, durch einen zweifachen Wechsel der Fronten im Zweiten Polnisch-Schwedischen Krieg, die Lehnshoheit Polens über sein östliches Herzogtum abzuschütteln: zunächst im Bündnis mit Schweden gegen Polen und anschließend zusammen mit Polen und Russland gegen Schweden – was ihm letztlich die unbeschränkte Souveränität im Herzogtum Preußen eintrug. Sie wurde 1660 im Frieden von Oliva bestätigt, womit der Aufstieg Brandenburg-Preußens zur europäischen Großmacht begann.

1683 siegte ein vereinigtes deutsch-polnisches Heer bei Wien über die Türken, König Jan III. Sobieski ging dabei als ›Retter des Vaterlandes‹ in die Geschichte ein.

1701 krönte sich der Sohn des Großen Kurfürsten, Friedrich III., in Königsberg eigenhändig zum ›König in Preußen‹. Als Friedrich I. bestieg er den Thron seines neu gegründeten Königreichs Preußen. Es umfasste die Kernländer Berlin-Brandenburg, Vorpommern ohne die Küste, Hinterpommern (Pomorze Zachodnie/ Pomorze), Masuren und das heutige russische Gebiet Kaliningrad (Königsberg).

Unter preußischen Fahnen

Unterdessen hatten Krieg, Pest, Fron und Misswirtschaft Masuren entvölkert. 1709 und 1711 wütete von Neuem der Schwarze Tod, und wer überlebte, floh vor Armut und Knechtschaft. Erst mit Friedrich Wilhelm I., der 1713 das Erbe seines Vaters Friedrich I. antrat, kehrte Hoffnung ein. Der gestrenge autoritäre Staatslenker wurde zwar gemeinhin ›Soldatenkönig‹ genannt, doch fand in seiner Regierungszeit bis 1740 tatsächlich kein einziger Krieg statt. Friedrich Wilhelm widmete

Friedrich Wilhelm I.

sich vielmehr dem Aufbau eines funktionierenden Staats- und Verwaltungswesens sowie der Wiederbesiedlung der in den vergangenen Kriegen verödeten Landstriche. So gelangten im Rahmen der ›Repeuplierung‹ lutherische Bauern aus Salzburg, Litauer, reformierte Polen, Schweizer und Deutsche nach Ostpreußen. Wobei die deutschsprachigen Kolonisten mehrheitlich die so genannten ›litauischen Ämter‹ bevorzugten (etwa das Gebiet der Enklave Kaliningrad), während in den ›polnischen Ämtern‹ (überwiegend Masuren) durch polnische Einwanderer vorherrschend Polnisch gesprochen wurde.

Nach Friedrich Wilhelms Tod 1740 setzte König Friedrich II. (der Große, Regierungszeit 1740–1786) das Aufbauwerk seines Vaters fort. Gegen die unrentable mittelalterliche Dreifelderwirtschaft der masurischen Bauern vermochte er zwar nicht viel auszurichten, doch führte er immerhin die Kartoffel ein, die in den 1780er Jahren in Masuren ihren Siegeszug feierte. Mithilfe ausgeklügelter Kanalsysteme wurden darüber hinaus die ersten Sümpfe entwässert. Wo die Bauern vorher noch schneeschuhartige Holzbretter an den Füßen trugen, um auf den übersäuerten Feldern nicht im Morast zu versinken, entstanden nun zahlreiche neue Äcker und insbesondere Futterwiesen, unabdingbar für die Erhöhung des Viehbestands. Andererseits fraßen Friedrichs skandalöse Steuerforderungen sowie die Versorgung seiner Soldaten, die die masurische Bevölkerung zu gewährleisten hatte, sämtliche kleinen Erfolge der Entwässerungsprojekte schnell wieder auf.

Friedrich der Große

Im Verlauf des Siebenjährigen Kriegs der europäischen Mächte gegen das Königreich Preußen (1756–1763) zogen abermals feindliche Soldaten durchs Land, ab 1758 war Ostpreußen russisch besetzt. Im Anschluss wurden in Masuren zur Sicherheit feste Garnisonen errichtet, und mit den Soldaten und Offizieren, die sie bevölkerten, gelangte deutsche Lebensart in die Region. Im Sinne des preußischen Korpsgeistes

Die drei Teilungen Polens

bildete sich langsam eine deutschsprachige kleinstädtische Bürgerschicht heraus, wogegen das Gros der ländlichen Bevölkerung weiterhin polnisch sprach, genauer: einen derben polnischen Dialekt, das so genannte ›Masurische‹.

Nach dem Aussterben der Jagiellonendynastie verhökerte man den polnischen Königstitel an den am besten begüterten Interessenten, so kamen die Regenten fortan aus Skandinavien, dem Habsburgerreich, aus Frankreich, Sachsen und Ungarn. 1697 bis 1763 residierte die Dynastie der Kurfürsten von Sachsen, unter ihnen August der Starke, im Land. Diese Epoche war von politischen Wirren und wirtschaftlichem Niedergang gekennzeichnet. Polen geriet mehr und mehr unter den Druck Russlands und beteiligte sich, angestachelt durch König August den Starken, am Nordischen Krieg und kämpfte dort gegen Schweden (1700–1721).

Die drei Teilungen Polens

Stanisław August Poniatowski, der letzte polnische König, mühte sich ab 1764 vergeblich, seinen Staat zu retten. Politischer Zwist gab Russland den gewollten Anlass zur Intervention; 1772 kam es zur Ersten Polnischen Teilung. Der politisch ohnmächtige Staat verlor etwa 30 Prozent seines Territoriums an Russland, Preußen und Österreich.

Im Jahre 1791 wurde die erste polnische Verfassung verabschiedet. Sie sah eine konstitutionelle Monarchie und die Verantwortung der Regierung gegenüber dem Parlament vor. Diese Verfassung galt europaweit als die fortschrittlichste ihrer Zeit.

1793 fand die Zweite Teilung Polens statt. Preußen und Russland verleibten ihren Staaten erneut polnische Gebiete ein; Polen war auf einen kleinen Rest dezimiert. 1795 war Polen mit der Dritten Teilung vollständig okkupiert und blieb bis 1918 von der Landkarte verschwunden.

Von den Napoleonischen Kriegen bis zum Ersten Weltkrieg

Wo auch immer der Weltgeist hinwehte, im rückständigen Masuren änderte sich wenig. Es blieb eine vergessene Region, die nichtsdestotrotz gut genug war, den verschiedenen Armeen im Lauf der Geschichte als Auf- und Durchmarschgebiet zu dienen. Während der Napoleonischen Kriege rückten im Winter 1806/07 französische Truppen ein, ein zweites Mal besetzten die Franzosen 1812 im Vorfeld von Napoleons Russlandfeldzug das Land, und umgekehrt zogen 1813 Zar Alexanders Soldaten durchs Land. Mit in der französischen Armee marschierten die polnischen Legionen. Sie rekrutierten sich aus hunderttausenden Polen aus den Teilungsgebieten, die sich Napoleon in der Hoffnung anschlossen, im Soldatenrock Frankreichs zugleich für die Befreiung der polnischen Heimat zu kämpfen. Als Kampflied stimmten sie die ›Mazurek Dąbrowskiego‹ an, die spätere polnische Nationalhymne, die mit folgenden Zeilen beginnt: ›Noch ist Polen nicht verloren, in uns lebt sein Glück. Was an Obmacht ging verloren, bringt das Schwert zurück.‹ Doch die Hoffnungen wurden begraben.

1810 wurde die Gutsuntertänigkeit aufgehoben, fortan durfte der Bauer sich frei bewegen und sogar ohne gutsherrliche Erlaubnis die Ehe eingehen. Freie Berufswahl, Gewerbefreiheit, die Möglichkeit des Landerwerbs nicht nur für

Paul von Hindenburg und Erich Ludendorff im Ersten Weltkrieg

Mausoleum für die Gefallenen des Ersten Weltkrieges in Olecko (Marggrabowo)

den Adel, sondern auch für Bürger und Bauern, die Judenemanzipation, eine Bildungs- und eine Heeresreform zählten zu den weiteren Maßnahmen, die bis 1813 in Preußen auf den Weg gebracht wurden. Dem ungeachtet regierten in Masuren einmal mehr Hunger und Not. Darüber hinaus mussten die befreiten Bauern ihre ehemaligen Gutsherren entschädigen, wofür sie die ihnen soeben überantworteten Höfe in der Regel gleich wieder verkauften, meist an die alten Gutsbesitzer, die ihre vormaligen Frondienstleister nun als billige Tagelöhner beschäftigten.

1815, während des Wiener Kongresses, einigten sich die europäischen Machthaber auf das Schaffen eines ›Kongresspolens‹: Das neue Königreich Polen konnte durch die festgelegte Personalunion mit Russland nur bedingt selbstständig handeln. Warschau wurde zur Hauptstadt des Rumpfstaates erklärt. Zwischen 1815 und 1830 trat ein wirtschaftlicher Aufschwung ein, doch die nationale Unfreiheit rief einen wachsenden Widerstand gegen die russische Vormundschaft hervor. Der Freiheitswillen gipfelte schließlich am 29. November 1830 im Novemberaufstand. Nach dem Einmarsch russischer Truppen bestimmten Diktatur und Terror fortan den politischen Alltag.

In den Jahren 1831, 1837 und 1852 rafften Cholera-Epidemien mancherorts bis zu zehn Prozent der masurischen Bevölkerung hin. Zwischen 1840 und 1850 kam es wegen sintflutartiger Regenfälle immer wieder zu Missernten, und anders als das deutschsprachige Provinzbürgertum in den Kleinstädten, dem es leidlich besser ging, lebte die Mehrheit der polnischsprachigen Landbevölkerung meistens in armen Verhältnissen. Masuren blieb, trotz anhaltender umfangreicher Entwässerungsarbeiten und einer 1868 fertiggestellten Eisenbahnanbindung bis Lyck (Ełk), die am wenigsten entwickelte Region in Ostpreußen.

Während der Revolution von 1848 kam es zu Aufständen im preußisch besetzten Gebiet um Posen sowie in Galizien, 1863 zum Januaraufstand in Polen und Litauen – alles blieb erfolglos. Die Bauern ergaben sich ihrem Schicksal, nur der Adel widersetzte sich weiter der russischen Vorherrschaft. 1868 änderte man per Dekret des Zaren die Bezeichnung ›Polen‹ in ›Weichselland‹ um.

Ob arm oder reich, polnisch oder deutsch – die Masuren teilten miteinander das evangelische Glaubensbekenntnis und außerdem eine vorbehaltlose Begeisterung für den preußischen König. Diesen stürmischen Patriotismus pflegten fast alle, gleich welcher Herkunft und Zunge. Bis zur Gründung des Deutschen Kaiserreichs 1871 war insbesondere Ostpreußen ein typisches Beispiel für das multiethnische Miteinander ländlicher, vornationaler Gesellschaftsformen. Mit der Reichsgründung 1871 wich der Patriotismus dann einem fiebrigen Nationalismus. Deutschgesinnte Kreise in Masuren entdeckten auf einmal die ›Slawen- und Polengefahr‹, während Polen im preußischen Teilungsgebiet wiederum das polnische Masuren für sich beanspruchte.

1873 bekam die polnische Sprache in Masuren den Todesstoß versetzt: Mit sofortiger Wirkung wurde in den Elementarschulen der deutschsprachige Unterricht Pflicht. Deutsche Räte, Beamte, Händler und Gutsbesitzer und vorneweg Pastoren und Lehrer fühlten sich fortan bemüßigt, ihren slawischstämmigen Landsleuten die vermeintlich höhere deutsche Kultur näher zu bringen.

1901 wurde das erste Automobil in Masuren gesichtet. Allerdings gehörte es einem Franzosen, der sich auf der Durchreise befand. Nach wie vor ging es den Menschen schlecht, und die Industrialisierung, die in weiten Teilen des Deutschen Reichs rasant voranschritt, streifte das südliche Ostpreußen kaum. Allein die größte in der masurischen Geschichte dagewesene Auswanderungswelle löste der anderswo stattfindende Fortschritt aus. Bis 1914 emigrierte schätzungsweise ein Drittel der Bevölkerung ins Ruhrgebiet, insgesamt etwa 180 000 Masuren.

Krieg, Frieden, Krieg

Im Juli 1914 begann der Erste Weltkrieg. Schon am 20. August 1914 überschritt die russische Narew-Armee unter General Alexander Samsonow von Süden her die ungeschützte ostpreußische Grenze. Ein paar Tage später waren bereits zahlreiche masurische Ortschaften besetzt. Zur Rettung des bedrohten Ostpreußens wurde daraufhin Generalfeldmarschall Paul von Hindenburg aus dem Ruhestand in den aktiven Dienst zurückversetzt.

Am 26. August 1914 kam es dann zu dem furchtbaren Blutvergießen, das die deutsche Propaganda später auf Wunsch Hindenburgs die ›Schlacht von Tannenberg‹ nannte. In einem Dreieck zwischen Hohenstein (heute Olsztynek), Neidenburg (heute Nidzica) und Passenheim (heute Pasym) umzingelten deutsche Truppen unter dem Oberbefehl Hindenburgs die Narew-Armee und schlugen sie in den folgenden vier Tagen vernichtend. Ein glorreicher Sieg für die Deutschen, bei dem zehntausende Soldaten ihr Leben verloren. Die unrühmliche Scharte aus dem Jahr 1410 schien mit dieser zweiten ›Schlacht von Tannenberg‹ wieder ausgewetzt.

Noch mehrere entsetzliche Kämpfe fanden auf masurischem Boden statt, bis General Hindenburg im Februar 1915 die vollständige Befreiung von russischer Besatzung gelang. Fortan feierten ihn die Masuren als Retter von Ostpreußen. Ihre Städte und Dörfer aber waren in Schutt und Asche gelegt. Masuren war im Ersten Weltkrieg das einzige Territorium im Deutschen Reich, das direkt von Kampfhandlungen betroffen war. Hunger zog ein, da das Militär die Nahrungsmittel beschlagnahmte, im schlimmen ›Rübenwinter‹ 1916/17 sogar mit Waffengewalt. 1918 hatte Deutschland den Krieg verloren. Das Reich kapitulierte, Kaiser Wilhelm II. setzte sich nach Holland ab, und in Berlin wurde die Republik ausgerufen. Das Schicksal Ostpreußens war ungewiss.

Am 11. November 1918 erlangte Polen, nachdem es 123 Jahre unter Fremdherrschaft stand, seine Unabhängigkeit zurück. An der Spitze des Staates stand der populäre Józef Piłsudski.

Masuren zwischen den Kriegen

Im Rahmen der Versailler Friedenskonferenz 1919 beschlossen die Alliierten die Abtretung Pommerellens an Polen, das so wieder bis zum Ostseestrand reichte, andererseits nun aber Ostpreußen vom übrigen Deutschland abtrennte, womit ein Keim für einen nächsten Krieg gelegt war. Danzig wurde entgegen der polnischen Wünsche nicht der Republik Polen zugeschlagen, sondern zur ›Freien Stadt‹ unter Obhut des Völkerbunds erklärt. In Ostpreußen sollte eine Volksabstimmung darüber entscheiden, ob die Region zukünftig zu Deutschland oder zu Polen gehören würde. Das Plebiszit wurde für den 11. Juli 1920 anberaumt. Das Abstimmungsergebnis war eindeutig für den Verbleib bei Deutschland, es schwankte in den Wahlkreisen zwischen 97,81 und 99,99 Prozent.

Während die Abtretung Pommerellens an Polen und damit die verlorene Landverbindung nach Deutschland für ganz Ostpreußen wirtschaftlich ungünstig war, erwies sie sich für das unterentwickelte Masuren sogar als katastrophal. Armut und Not prägten die gesamte Weimarer Zeit, und umso gewichtiger wurde die rechte Gesinnung. Im Verbund mit reaktionären Gutsbesitzern und Offizieren prägte eine deutschnationale Kleinstadtelite den masurischen Zeitgeist, während die einfachen Menschen noch immer den Abgang ihres geliebten Kaisers Wilhelm beweinten. Von Berlin aus stützte man moralisch und finanziell den masurischen ›Grenzlandgeist‹. Eine Bevölkerungsexplosion, verbunden mit Hungersnöten, trieb zwischen 1919 und 1938 etwa zwei Millionen Polen ins Ausland.

Józef Piłsudski, Staatschef ab 1918

Das pompöse Tannenberg-Denkmal bei Hohenstein (Olsztynek) wurde zum Andenken an die ›entscheidende Schlacht bei Tannenberg‹ am 18. September 1927 eingeweiht. Da war der populäre Hindenburg bereits seit zwei Jahren Reichspräsident. Im Jahr nach der nationalsozialistischen Machtergreifung starb der ›Vater des Vaterlands‹ und wurde in Anwesenheit des Reichskanzlers Adolf Hitler im August 1934 zu Füßen des ›Reichs-Ehrenmals Tannenberg‹ beigesetzt. Bei den letzten freien Reichstagswahlen konnte die NSDAP in Masuren 70 Prozent Zustimmung für sich verbuchen. Nach 1933 brachten Entschuldungsprogramme und Billigkredite die Landwirtschaft wieder in Schwung. Mithilfe des Reichsarbeitsdiensts wurden Straßen gebaut und die ›Masurische Arbeitsschlacht‹, eine groß angelegte Entwässerung der sauren Böden, in Angriff genommen. Die Bevölkerung unterstützte die Forderungen Hitlers nach der Rückkehr der Freien Stadt Danzig ins Reich sowie der Lösung des so genannten ›Korridor-Problems‹. Eine Autobahn sollte durch Polen hindurch Pommern und Ostpreußen miteinander verbinden. Im Juli 1938 folgte die Umbenennung vieler slawisch klingender Ortsnamen ins ›Germanische‹. In der Nacht vom 9. auf den 10. November 1938 brannten die Synagogen.

Im Zweiten Weltkrieg

Im Jahre 1932 schloss Polen mit der UdSSR, 1934 mit Deutschland einen Nichtangriffspakt ab. Außerdem verbündete sich Polen im März 1939 mit Frankreich und Großbritannien, die gegenseitige Hilfe im Kriegsfall garantieren sollten. Deutschland und die UdSSR besiegelten im August 1939 ebenfalls einen Nichtangriffspakt. Am 1. September 1939 begann der deutsche Überfall auf Polen und damit der Zweite Weltkrieg. Den blutigen Auftakt bildete der Beschuss der Westerplatte bei Danzig durch den deutschen Panzerkreuzer ›Schleswig-Holstein‹. Am 17. September 1939 marschierte die Rote Armee in Ostpolen ein. Frankreich und Großbritannien erklärten Deutschland zwar am 3. September 1939 formell den Krieg, kamen den Polen aber trotz der Beistandsverträge nicht zu Hilfe.

Polen verlor während des Krieges ein Viertel der Bevölkerung und die Hälfte des Volksvermögens. Die deutschen Besatzer degradierten polnische Bürger zu rechtlosen ›Schutzangehörigen des Deutschen Reiches‹, verfolgten und töteten die polnische Intelligenz. Ab Dezember 1939 wurden alle jüdischen Bürger in Ghettos zusammengepfercht. Die Nazis deportierten Unzählige anschließend zur Zwangsarbeit in die Konzentrationslager, vor allem Kinder, Frauen und Alte schickte man gleich nach ihrer Ankunft ins Gas. Etwa eine Million Polen war zur Sklavenarbeit in deutschen Fabriken gezwungen. Im April/Mai 1943 blickte die ganze Welt nach Warschau: Der todesmutige militärische Aufstand der jüdischen Bevölkerung im Ghetto wurde blutig niedergeschlagen.

Ermland und Masuren blieben von den Kriegsauswirkungen bis zum Sommer 1944 verschont. Danach begann die Großoffensive der Roten Armee. Allerorten waren Endsiegparolen zu vernehmen, und wer nicht an der Front kämpfte, schippte mit Schaufel und Spaten einen ›Ostwall‹ gegen die vorrückende Rote Armee. Eine planmäßige Evakuierung Ostpreußens wurde nicht vorbereitet. Im Januar 1945 war Masuren das erste deutsche Territorium, das von der Front überrollt wurde. Die verbliebene Bevölkerung war Erschießungen, Plünderungen, Brandstiftungen, Massenvergewaltigungen und Verhaftungen ausgesetzt. Nach der deutschen Kapitulation (8. Mai 1945) beklagte man in Polen etwa sechs Millionen Menschenleben. In den Konferenzen von Jalta und Potsdam wurden die neuen Grenzen Polens festgelegt: Das Land verlor große Gebiete im Osten, dagegen verschob sich die deutsch-polnische Grenze westwärts bis an die Oder-Neiße-Grenze.

Von den etwa zwölf Millionen deutschen Bewohnern der Ostgebiete waren etwa fünf Millionen westwärts geflohen. Über einer Million Rückkehrwilligen versagte man anschließend die Heimkehr. Im Sommer 1945 zählte die deutsche Bevölkerung im neuen Polen noch etwa 5,5 Millionen Menschen.

Die ›Volksrepublik‹ Polen 1946–1989

In Ermland und Masuren herrschten nach 1945 wieder Hunger und Not. Die dort angesiedelten, aus ihrer nun sowjetischen Heimat vertriebenen Polen fanden ein völlig verheertes Land vor. Etwa die Hälfte der von den Deutschen verlassenen Städte und Dörfer war zerstört. Von 1945 bis 1948/49 schloss sich die ›Verifizierung‹ der verbliebenen alteingesessenen Masuren an. Konnten sie keine polnischen Wurzeln nachweisen, wurden sie ausgewiesen oder rigoros schikaniert. Dagegen wurden Masuren mit ›verifizierter‹ polnischer Abstammung als ›autochthon‹ eingestuft. Bürgerliche Kräfte konnten sich nur vorübergehend an der neuen Regierung beteiligen. Die polnische Exilregierung verblieb auch nach dem Krieg in London, hatte aber faktisch keinen Einfluss mehr auf die Geschehnisse in der Heimat.

Am 4. Februar 1947 wählte der verfassungsgebende Sejm Bolesław Bierut zum polnischen Staatspräsidenten. In der Folge zerschlug man die Opposition durch Terror und Verhaftungen. 1948 schlossen sich Kommunisten und Sozialisten zur Polnischen Vereinigten Arbeiterpartei (PVAP) zusammen. Die Stalinisten gewannen dabei immer mehr die Oberhand. Missernten und Mangelwirtschaft führten zu wachsendem Unmut in der Bevölkerung. Im Juni 1956 erschütterte eine Streikbewegung das Land, in deren Folge Władisław Gomułka an die Macht gelangte. Er sprach sich für einen selbstständigen nationalen Weg zum Aufbau des Sozialismus aus.

Władisław Gomułka

Am 7. Dezember 1970 unterzeichneten Polen und die Bundesrepublik Deutschland einen Grundlagenvertrag. Artikel 1 beinhaltet die Anerkennung der Unverletzlichkeit der Oder-Neiße-Grenze. Zuvor hatte bereits die DDR am 6. Juli 1950 diese bestätigt.

Die Solidarność-Bewegung

Im Dezember 1970 begann wegen angekündigter Preiserhöhungen ein Streik auf der Danziger Werft, im Verlauf der Auseinandersetzung fanden 45 Arbeiter den Tod. Nach der Eskalation der Gewalt weitete sich der Streik zum Aufstand gegen die verhasste Regierung aus. Nach der Niederschlagung musste Gomulka zurücktreten, neuer Staatschef wurde Edward Gierek. 1976 brodelte es erneut in Polen, wieder mussten Demonstranten ihr Aufbegehren mit dem Leben bezahlen. Es bildete sich aber ein Komitee, das sich gegen Repressalien und für die Achtung der Menschen- und Bürgerrechte einsetzte. Die katholische Kirche stellte sich hinter die Opposition. Im Jahre 1978 wählte man den Erzbischof von Krakau, Karol Wojtyła, zum Papst (Papst Johannes Paul II.). Nach machtvollen Streiks erzwangen die Danziger Werftarbeiter die Zulassung der Solidarność (Solidarität), der ersten freien Gewerkschaft im Ostblock. Als 1981 die innenpolitische Lage zu eskalieren drohte, verhängte der neue Ministerpräsident Wojcech Jaruzelski das Kriegsrecht. Er begründete dies mit einem ansonsten drohenden Einmarsch von Truppen des Warschauer Pakts. 1983 erhielt Lech Wałęsa, Vorsitzender der verbotenen Gewerkschaft Solidarität, den Friedensnobelpreis. 1986 gab es eine Amnestie für politische Gefangene, 1989 sah sich die Regierung veranlasst, das Verbot der Gewerkschaft Solidarność aufzuheben und Wahlen anzuberaumen. Tadeusz Mazowiecki, führender Vertreter der Opposition, ging als Wahlsieger hervor und wurde neuer Ministerpräsident.

Das neue Polen

Im Jahre 1990 gewann Lech Wałęsa die erstmals abgehaltenen Präsidentschaftswahlen. 1991 lösten sich das Militärbündnis auf der Basis des Warschauer Vertrages sowie der RGW (Rat für gegenseitige Wirtschaftshilfe) auf. Deutschland und Polen schlossen einen Freundschaftsvertrag. Die rasch privatisierte Wirtschaft entwickelte sich nach Anlaufschwierigkeiten sehr erfolgreich.
1995 wurde der Postkommunist Alexander Kwaśniewski zum Präsidenten gewählt. 1999 wurde Polen Mitglied der NATO; im gleichen Jahr wurde das Land im Zuge einer Gebietsreform in 16 neue Woiwodschaften gegliedert. Bei den Parlamentswahlen 2001 verlor die Solidarność die Regierungsbeteiligung. Im Jahr 2004 wurde Polen im Zuge der großen EU-Osterweiterung Mitglied der Europäischen Union.

2005 gewann der nationalkonservative Lech Kaczyński die Wahl gegen seinen Herausforderer Donald Tusk. Der neue Präsident gehörte der ›Partei für Recht und Gerechtigkeit‹ (PiS) an. Sein Zwillingsbruder Jarosław Kaczyński wurde wenige Wochen später neuer Ministerpräsident. Bei vorgezogenen Neuwahlen am 21. Oktober 2007 – das Parlament hatte sich einen Monat zuvor wegen innerpolitischer Querelen und Skandale aufgelöst – gewann die Bürgerplattform (PO) unter Führung des liberal-konservativen Donald Tusk, der zum polnischen Premier ernannt wurde.

Ende 2008 erfüllte Polen die Auflagen des Schengen-Abkommens: Seither entfielen die Grenzkontrollen zu Deutschland, Tschechien und der Slowakei. Im Dezember 2010 kam Präsident Lech Kaczyński zusammen mit seiner Frau und einem Großteil der Regierungsmitglieder bei einem Flugzeugabsturz nahe Smo-

Das neue Polen: Luxushotel in Mikołajki

lensk ums Leben. Bei den Sejm-Wahlen 2011 gewann die Bürgerplattform (PO) unter der Führung von Donald Tusk. Dieser wurde Ende 2014 zum Präsidenten des Europäischen Rates nach Brüssel berufen.

Bei der Präsidentschaftswahl im Mai 2015 siegte Andrzej Duda von der EU-kritischen Partei Recht und Gerechtigkeit (PiS), im Oktober 2015 bei der Wahl zum neuen Sejm triumphierte PiS ebenfalls. Seither wurde das Land nach dem politischen Vorbild Ungarns umgestaltet. Polen begrüßt den militärischen Aufmarsch von wechselnden NATO-Kampfverbänden an der Grenze zu Russland und möchte sogar dauerhaft US-Truppen stationieren.

Als Mitglied der Visegrád-Gruppe lehnt Polen eine EU-Verteilerquote von Flüchtlingen strikt ab. Anfang 2018 kommt es zu diplomatischen Verwicklungen mit Israel wegen des Holocaust-Gesetzes, das Aussagen über eine polnische Mitschuld abstreitet und solche Behauptungen unter Strafe stellt. Das Warschauer Holocaust-Forschungszentrum wies in Studien nach, dass auch Polen ihre jüdischen Mitbürger bei den deutschen Besatzern denunziert hatten. Kaum in Kraft getreten, hob der Sejm im Juni 2018 eine strafrechtliche Verantwortung für eine Verletzung des Gesetzes wieder auf, auch, um Israel zu besänftigen.

Kultur und Gesellschaft

38,5 Millionen Menschen leben in Polen, davon knapp 1,4 Millionen in der Woiwodschaft Warmińsko-Mazurskie (Ermland-Masuren) und knapp 1,2 Millionen in der benachbarten Woiwodschaft Podlaskie (Podlachien) im äußersten Nordosten des Landes. Mit durchschnittlich 59 Einwohnern pro Quadratkilometer gehören die beiden Woiwodschaften zu den am dünnsten besiedelten Regionen Mitteleuropas.

Neben der geringen Bevölkerungsdichte kennzeichnet den Nordosten des Landes eine für Polen vergleichsweise große ethnische und religiöse Vielfalt. Viele Jahrhunderte lang lebten hier Polen, Litauer, Deutsche, Juden, Weißrussen, Russen und Tataren friedlich nebeneinander. Noch die Zweite Republik 1918 bis 1939 war ein Vielvölkerstaat; über ein Drittel der Bevölkerung zählte zu nationalen, ethnischen oder religiösen Minderheiten.

Erst infolge des Zweiten Weltkriegs änderte sich dieses Bild. Holocaust, Völkermord und nach dem Krieg schließlich Polens Westverschiebung mit Massenvertreibungen und Zwangsumsiedlungen ließen eine fast homogene polnische Gesellschaft entstehen. Minoritäten spielten in der sozialistischen Republik keine Rolle mehr. Laut offizieller Propaganda gab es sie gar nicht.

Nach der Wende 1989 rückte die verbliebene kleine Schar nicht polnischstämmiger Staatsbürger Polens dann wieder ins Licht: Kaschuben an der Danziger Bucht, Karaimer, Roma und Lemken, Tataren in der Umgebung von Białystock sowie acht nationale Minderheiten, zu denen sich Tschechen, Slowaken, Ukrainer, Deutsche in Schlesien und Ermland-Masuren sowie im nordöstlichsten Landeszipfel Litauer, Russen und Weißrussen zählen – insgesamt rund anderthalb Millionen Menschen. Seit 2005 schützt sie ein Minderheitengesetz.

Wegkreuz im Ethnografischen Museum Toruń

Doch woher auch immer die Vorfahren ursprünglich einmal kamen, fast allen Polen gemeinsam ist der katholische Glaube. Es sind polenweit zwar 138 offizielle Kirchen und Glaubensgemeinschaften verzeichnet, aber 96 Prozent der Landesbevölkerung folgen dem römisch-katholischen Bekenntnis. Die restlichen vier Prozent verteilen sich überwiegend auf die russisch-orthodoxe Ostkirche, die mit etwa einer halben Million Gläubigen vor allem im Nordosten des Landes vertreten ist, und die evangelisch-augsburgische (lutherische) Kirche mit rund 85 000 Mitgliedern vor allem in den ehemaligen deutschen Gebieten. Ferner gibt es noch Pfingstler (etwa 17 000), Adventisten (10 000), Muslime (5000) und weitere 132 kleinere Glaubensrichtungen.

Dabei steht das religiöse Bekenntnis in Polen nicht nur auf dem Papier. Frömmigkeit und praktizierter Glaube sind für viele ein selbstverständlicher Bestandteil des alltäglichen Lebens. Die Kirchen sind gut besucht, dies nicht nur sonntags und erst recht nicht nur von den Älteren. Jugendliche Pilgergruppen, die betend und singend unterwegs zu einem Wallfahrtsort sind, gehören während der Sommerferien im Juli und August zum Straßenbild. So wundert es nicht, dass man in Polen mehrheitlich konservativ denkt. Die Propagandisten der traditionellen ›drei K‹ – Kirche, Küche, Kinder – genießen Einfluss auf allen Ebenen. Doch auch die Gruppen, die für eine gleichberechtigte, säkulare, plurale Bürgergesellschaft eintreten, wachsen beständig. Sie finden sich eher in den Großstädten als auf dem Land, und außerdem mehr in den westlichen als in den östlichen Landesregionen. Interessant ist die Tatsache, dass sich die kirchlichen Finanzen nicht wie in Deutschland vor allem auf Kirchensteuern und staatlichen Zuwendungen begründen, sondern einzig und allein auf Spenden der Gläubigen.

EXTRA

Masuren zum Schmökern

Ernst Wiechert (1887–1950)

Am 18. Mai 1887 wurde der große Schriftsteller Masurens, der die einsamen Wälder, kargen Sandergebiete und weiten Seen seiner Heimat in Worten verewigte, bei Peitschendorf (heute Piecki) im Forsthaus Kleinort (Piersławek) als Sohn eines Försters geboren. Von 1905 bis 1911 studierte Wiechert Philologie in Königsberg, war dort anschließend als Studienrat tätig und verfasste nebenbei Romane und Erzählungen. Literarischen Ruhm erlangte er indes erst 1932 mit seinem Roman ›Die Magd des Jürgen Doskocil‹. Zwei Jahre zuvor war er von Königsberg nach Berlin umgezogen und siedelte nun ins Oberbayerische über, wo er sich 1932 als Schriftsteller selbstständig machte.

Wiecherts Bücher wurden zu Bestsellern, der populäre Autor zählte zu den meistgelesenen seiner Zeit. Seine Kritik am Nazi-Regime trug ihm 1938 eine zweimonatige Internierung im KZ Buchenwald ein, anschließend stand er bis Anfang 1945 unter Gestapo-Aufsicht. 1939 erschien sein Roman ›Das einfache Leben‹, in dem Wiechert ein Dasein fernab von Technik und Zivilisation in Harmonie mit der Schöpfung preist. Seine Haft in Buchenwald verarbeitete er anschließend im Roman ›Totenwald‹, bevor er 1940 mit der Arbeit zu seinem bekanntesten Werk, ›Die Jerominkinder‹, begann. Es erzählt die Geschichte von Jons Ehrenreich, dem jüngsten von sieben Kindern der armen Familie Jeromin, im entlegenen Dörfchen Sowirog zur Zeit der nationalsozialistischen Schreckensherrschaft.

Ab 1948 lebte der bereits schwerkranke Schriftsteller in der Schweiz, wo er zwei Jahre später, am 24. August 1950, im Alter von 63 Jahren verstarb.

Siegfried Lenz (1926–2014)

Am 17. März 1926 erblickte der bedeutende Romancier und Erzähler in Lyck (Ełk) als Sohn eines Zollbeamten das Licht der Welt. Nach dem Notabitur 1943 kam er zur Kriegsmarine, überlebte die Versenkung des Schiffs ›Admiral Scheer‹, desertierte und geriet 1945 in britische Kriegsgefangenschaft. Anschließend nahm Lenz in Hamburg ein Studium der Philosophie, Anglistik und Literaturwissenschaft auf, schrieb für die ›Welt‹, wurde Nachrichten- und 1950 Feuilletonredakteur.

Seit 1951 war Lenz als freier Schriftsteller tätig. 1955 erschien als dritte Prosaveröffentlichung das Bändchen ›So zärtlich war Suleyken‹ und machte augenblicklich Furore. Es erzählt von den liebenswerten kauzigen Einwohnern des fiktiven Dörfchens Suleyken, irgendwo zwischen masurischen Seen, Mooren und Kiefernwäldern: vom Füsilier Hamilkar Schaß, der den Krieg vergisst, weil die Zwiebelernte gesünder ist; von Amadeus Loch, der ein ›Kilochen‹ Nägel braucht und deshalb eine Reise ›in die Ferne‹, nach der Kreisstadt Oletzko, antritt, von Amerika, das man regelrecht ›grapschen‹ kann, seit es die Dampfeisenbahn gibt, vom Tantchen Arafa, dem Briefträger Zappka, Onkelchen Stanislaw Griegull und anderen Leutchen mehr, denen Siegfried Lenz mit seinen ›Masurischen Geschichten‹ ein literarisches Denkmal setzte.

1978 erschien der Roman ›Heimatmuseum‹, in dem Lenz den alten Herrn Zygmund Rogalla seine Lebensgeschichte erzählen lässt: von einer Kindheit in Masuren, von der Armut und der Schönheit des Landes, von zwei Weltkriegen, Flucht und Vertreibung – ein Blick zurück ohne Verklärung und zugleich ein Plädoyer gegen jede Form politischer Instrumentalisierung Masurens und seiner Geschichte.

Arno Surminski (geb. 1934)

Der Sohn eines Schneiders (er fertigte die besten Reithosen von ganz Ostpreußen) kam am 20. August 1934 im ostpreußischen Dörfchen Jäglack (Jegławki) nordwestlich vom Mauersee (Jezioro Mamry) zur Welt und blieb nach der Deportation seiner Eltern 1945 allein zurück. Zwei Jahre Lageraufenthalte in Brandenburg und Thüringen schlossen sich an, bis Surminski 1947 bei einer Familie in Schleswig-Holstein ein neues Zuhause fand. Nach seiner Lehre in einer Anwaltskanzlei und zwei Jahren Arbeit in kanadischen Holzfällercamps zog er 1962 nach Hamburg, bekam Arbeit bei einer Versicherungsgesellschaft und machte sich zehn Jahre später, nach ersten literarischen Erfolgen, selbstständig.

Viele von Surminskis mittlerweile fast 20 Romanen und Erzählungen spielen im alten Ostpreußen, beziehungsweise in Masuren. So sein erster, 1974 erschienener Roman ›Jokehnen oder Wie lange fährt man von Ostpreußen nach Deutschland?‹, das 1984 veröffentlichte ›Polninken oder Eine deutsche Liebe‹ und schließlich, als Abschluss der Ostpreußen-Trilogie, ›Grunowen oder Das vergangene Leben‹, in dem sich der nunmehr 60-jährige Romanheld Werner Tolksdorf an die alte masurische Heimat erinnerte. Am bekanntesten ist Surminskis zum Schmunzeln verführendes Erzählbändchen ›Die Reise nach Nikolaiken‹, bei dessen Lektüre man beispielsweise erfährt, wie die Eisenbahn Einzug in Masuren hält und wie es Oma Kossak dabei ergeht.

Marion Gräfin Dönhoff (1909–2002)

Am 2. Dezember 1909 wurde die spätere Publizistin und ›Zeit‹-Herausgeberin Marion Gräfin Dönhoff in Schloss Friedrichsstein bei Königsberg geboren. Von 1925 bis 1928 besuchte sie das Lyzeum in Potsdam, machte dort Abitur und begann 1931 in Frankfurt/M. ein Studium der Volkswirtschaft, das sie nach der Machtergreifung der Nationalsozialisten 1933 in Basel fortsetzte, wo sie zwei Jahre später auch promovierte.

1941 unternahm sie gemeinsam mit ihrer Cousine Sissi Lehndorff den legendären ›Ritt durch Masuren‹, dessen Eindrücke sie noch im selben Jahr für ihren Bruder Dietrich niederschrieb. Zusammen mit fünf weiteren Essays über die Menschen und die Geschichte Ostpreußens erschien der ›Ritt durch Masuren‹ 1962 unter dem Titel ›Namen, die keiner mehr nennt‹ als bewegendes zeitgeschichtliches Dokument.

In der Nacht vom 21. oder 22. Januar 1945 floh Marion Gräfin Dönhoff auf ihrem Fuchs Alarich aus Ostpreußen über tausend Kilometer in sieben Wochen westwärts, wurde ein Jahr später Mitglied der ›Zeit‹-Redaktion, 1968 Chefredakteurin der ›Zeit‹ und 1973 deren Herausgeberin. 1988 erschien ihr Buch ›Kindheit in Ostpreußen‹, im Jahr darauf ihre ostpreußischen Erinnerungen ›Bilder, die langsam verblassen‹ und 1991 ihre Auseinandersetzung über ›Polen und Deutsche. Die schwierige Versöhnung. Betrachtungen aus drei Jahrzehnten‹. Am 11. März 2002 verstarb die Gräfin, die sich ihr Leben lang für die Würde und Freiheit des Menschen engagiert hatte, im Alter von 92 Jahren.

Architektur

Die weltberühmte Marienburg, das Schloss der ermländischen Bischöfe in Lidzbark Warmiński (Heilsberg) und die Ordensritterburg in Nidzica (Neidenburg): Das architekturhistorische Bild im nordöstlichen Polen ist von den backsteinernen Bauwerken der Zeit des Deutschen Ordens geprägt. Bereits im 12. Jahrhundert traten von Lübeck aus die roten Ziegelsteinbauten der norddeutschen Backsteingotik ihren Siegeszug im gesamten südlichen Ostseeraum an. Mit der Landnahme des Deutschen Ordens im Prußenland gelangten sie im 13. Jahrhundert auch in die ›Große Wildnis‹, wo an der ›Wildnisgrenze‹ gegen die Prußen ein Gürtel wehrhafter Ordensburgen zum Schutz der jungen Kolonistensiedlungen entstand.

Eine der ersten gemauerten Wehranlagen des Deutschen Ordens war die Burg Thorn, die den meisten weiteren Gründungen als Vorbild diente. Der Grundriss entsprach dabei in der Regel folgendem Muster: Ein quadratisches Konventshaus wurde wie ein Würfel mehrere Stockwerke hoch aufgebaut. Gewissermaßen ein Klosterhochhaus, bei dem sich unter den Dachkronen ein Wehrgang befand und das mit den für Ordensritterburgen typischen zierlichen Ecktürmen und einem mächtigen Wachturm befestigt war. Im Lauf der Jahrhunderte wurden die Ordensburgen erweitert, umgebaut, beschädigt, abgerissen oder geschleift, später wurden die Ruinen restauriert oder der Komplex insgesamt rekonstruiert. Deshalb sieht man heute nur noch selten eine Burg in ihrer ursprünglichen Gestalt.

Ebenso wehrhaft präsentieren sich die in der Ordenszeit im 13./14. Jahrhundert errichteten Gotteshäuser. Außen wirkt die schlichte backsteingotische Formensprache wuchtig, innen schmücken sie typischerweise schöne Netz- und

Die Bischofsburg in Lidzbark Warmiński

Sternengewölbe. Dagegen stellt manche ermländische Wallfahrtskirche ein im ehemaligen Preußen äußerst seltenes und dafür umso eindrucksvolleres Juwel der Barockarchitektur dar. Allen voran gilt Święta Lipka (Heiligelinde) nahe den Großen Masurischen Seen als eines der schönsten sakralen Bauwerke Nordpolens. Nach ihrem Vorbild entwickelte sich für das Ermland im Barock der Typ einer von Laubengängen umzogenen Pilgerkirche.

Stufengiebel und Turm der Kirche St. Peter und Paul in Reszel

Schlicht klassizistisch oder auch gründerzeitlich zeigen sich die historischen Stadtkerne im ehemaligen südlichen Ostpreußen. Sie sind nach typisch preußischer Art um ein ausgedehntes Marktgeviert mit gotischem Rathaus und im Hintergrund der Hauptkirche angelegt, auf das die Straßen mit meist zweigeschossigen Bürgerhäusern schnurgerade zulaufen. Manchmal sind auch noch die gotischen Stadttore und Überreste der mittelalterlichen Stadtmauern zu sehen.

Schlösser und Herrenhäuser wird man, im Vergleich zu Pommern und dem ehemaligen nördlichen Ostpreußen, in Ermland-Masuren dagegen weniger häufig finden. In dem traditionell von kleinbäuerlichen Strukturen geprägten Land mit mittleren bis teils sehr kargen Böden gab es nur wenige hinlänglich vermögende Gutsherren. Die wenigen alten Adelsfamilien, von Dohna, Dönhoff, Lehndorff und Eulenburg, um die berühmtesten zu nennen, verfügten deshalb über ausgedehnte Ländereien. Auch wurde vieles von dem, was an herrschaftlichen Bauwerken existierte, entweder im Zweiten Weltkrieg zerstört oder kam im sozialistischen Polen zu Schaden. Die Zukunft manch einstigen Prachtbaus ist deshalb noch ungewiss. Einige Bauten, wie Schloss Schönberg (Szymbark) bei Iława, sind schon lange Ruinen. Die überdauert haben, wurden mittlerweile restauriert und dienen seitdem als Raum für Stiftungen, Institutionen und die gehobene Hotellerie. Andere, so Schloss Dönhoffstädt (Drogosze) nördlich von Kętrzyn oder Schloss Steinort (Sztynort) am Mauersee, warten dagegen noch auf ihre Rettung.

Ermland-Masuren heute

Über viele Jahrhunderte hinweg litten das Ermland und besonders Masuren unter der Randlage, dabei blieb es bis heute. Nach wie vor ist die überwiegend landwirtschaftlich geprägte, kleinbäuerliche Region ein ökonomisches Sorgenkind. Die Woiwodschaft zählt zu den ärmsten Landstrichen Polens. So herrlich auch die Natur – die Erde ist relativ unfruchtbar. Die Eiszeit bescherte Masuren im

Kapelle an einem Feldweg bei Ełk

Süden Sand und im Norden Massen an Steinen, eine bessere Bodenqualität findet man erst im Ermland. Die Landwirtschaft bildet den wichtigsten Industriezweig, produziert wird auf fast der Hälfte der Woiwodschaftsfläche.

Wie überall in Polen vergrößert sich auch hier die Kluft zwischen Stadt und Land. Wer jung ist, wandert auf Suche nach Ausbildung und Arbeit in die Stadt. Von den rund 1,4 Millionen Einwohnern der Woiwodschaft leben mittlerweile über 60 Prozent in den Städten, darunter fast 300 000 Menschen in den einzigen beiden Großstädten, Elbląg und Olsztyn. Die größten Arbeitgeber der Region – der Reifenhersteller ›Michelin Polska‹, Möbelhersteller und Nahrungsmittelbetriebe – produzieren in Olsztyn, wo sich auch die Universität von Ermland-Masuren, ein breiter Dienstleistungssektor und ein ansehnliches Kulturangebot finden. Und während die städtischen ›Leuchttürme‹ zulegen, wird das Land zunehmend abgehängt. Die Erwerbslosenquote liegt bei etwa 20 Prozent und damit weit über dem Landesdurchschnitt (4,8 Prozent). Sie ist die höchste Polens.

Tourismus

Als ›Grüne Lunge Polens‹ ist Ermland-Masuren gleichsam ein Synonym für naturverbundenen Urlaub. Zwar dauert die Saison nur drei bis vier Monate, doch dank der herben Schönheit des ›Lands der dunklen Wälder und kristall'nen Seen‹ hat sich der Fremdenverkehr zu einem relevanten Wirtschaftsfaktor entwickelt. Seit Generationen gelten die Seen und Wälder als beliebtes Reiseziel für Erholungssuchende, und seit der Wende 1990 wurden die Rahmenbedingungen für einen modernen Fremdenverkehr geschaffen.

Man investiert große Summen in die touristische Infrastruktur. Der Trend geht zu erlebnisorientierten Urlaubszentren mit allem Komfort. Es wird viel gebaut, neue Siedlungen und gelegentlich sogar ganze Ferienstädte entstehen, wie beispielsweise im vielbesuchten Örtchen Mikołajki an den Großen Masurischen Seen. Große Summen fließen außerdem in den Straßenbau – wofür allerdings schon einige der herrlichen Alleen verschwanden. Sichtlich für jedermann haben sich der PKW- und mehr noch der Schwerlastverkehr, der sich durch die kleinen Ortschaften wälzt, seit dem EU-Beitritt 2004 vervielfacht.

Dennoch wird das Naturerlebnis bei einer Reise in den Nordosten Polens auch weiterhin im Vordergrund stehen. Seit dem Fall des Eisernen Vorhangs entdecken auch mehr und mehr junge Menschen diese herrliche Landschaft. Baden, Paddeln, Segeln, Radfahren, Reiten und Wandern gehören zu den beliebten Urlaubsvergnügen. Junge Deutsche aus Gelsenkirchen, Flensburg, Garmisch oder Görlitz reisen in das Land ihrer Urgroßeltern, und junge Polen aus Ermland-Masuren entschlüsseln die viele Jahrzehnte lang verdrängte preußische und deutsche Vergangenheit ihrer Heimat. Deutsch-polnische Städtepartnerschaften, literarische Klubs, kulturelle und historische Gesellschaften und Vereinigungen knüpfen an das Erbe des alten südlichen Ostpreußens an – ein gemeinsames Erbe, das es neben der herrlichen Natur zu pflegen und zu bewahren gilt.

Schiffstour auf dem Mauersee

EXTRA

Ein kleiner Polen-Knigge

Die Polen – fröhlich, gesellig, kontraktfreudig, überaus gastfreundlich, kommunikativ – werden auch gerne die ›Italiener des Nordens‹ genannt. Wer also in Polen ein glänzendes Bild von sich abgeben möchte, sollte sich stets viel unterhalten, reden, debattieren, mit der Familie, mit Nachbarn, mit Freunden und Fremden. Dabei macht es nichts, wenn man nur zwei oder drei Worte Polnisch beherrscht. Fast jeder Pole ist sich darüber bewusst, dass er die mit Abstand schwierigste slawische Sprache spricht. Und deshalb dürfen ›Fremdlinge‹ jederzeit gerne Hände und Füße zu Hilfe nehmen. Hauptsache, man versteht sich! Schon die einfachsten Wörter wie ›dziękuję‹ (danke), ›prozsę‹ (bitte), ›dzień dobry‹ (guten Tag) und ›do widzenia‹ (auf Wiedersehen) können Freude auslösen.

Englisch ist wie überall auf der Welt die gemeinsame Sprache. Insbesondere wird sie von den jüngeren Leuten gesprochen, in Großstädten und in touristischen Regionen. In den nordpolnischen Urlaubsregionen spricht man oft Deutsch.

Der konservativen polnischen Art sind der Handkuss und auch die respektvolle Anrede ›Herr/Frau‹ (pan/pani) plus Berufsbezeichnung‹ geschuldet. Jemanden wie im deutschen Sprachgebrauch üblich mit ›Herr/Frau plus Nachname‹ anzusprechen, wäre ausnehmend unhöflich. Wird man bekannter untereinander, aber steht sich noch nicht so nah, dass man sich das Du anbieten würde, hält das Polnische die elegante Lösung ›pan/pani plus Vorname‹ parat.

Dass man im katholischen Polen Kirchen und Wallfahrtsstätten in nicht allzu freizügiger Bekleidung besucht, versteht sich von selbst. Oben ohne am Strand zu liegen wird ebenfalls nicht gerne gesehen. Witze über den verstorbenen, zutiefst verehrten polnischen Papst Johannes Paul II. sind tabu.

Korrekte Strandbekleidung wird auch von Touristen erwartet

Essen und Trinken

Selbstverständlich kann man in Polen heute gut – und meist recht deftig essen gehen. An gastronomischen Einrichtungen besteht kein Mangel, und die Auswahl reicht von eleganten Restaurants und urigen Speiselokalen verschiedenster Preislagen über Cafés und Bistros bis hin zu Fischräuchereien und Imbissbuden. Zur Freude der polnischen Feinschmecker findet man viele internationale Restaurants: Chinesische, griechische, indische, italienische, mexikanische und japanische Küche wird angeboten, aber auch Fastfood ist allgegenwärtig.

Bier aus Olsztyn

Wer Lokale mit ›ostpreußischen‹ oder gar typisch ›masurischen‹ Delikatessen sucht, wird enttäuscht werden. Ostpreußen gibt es seit 1945 nicht mehr, und eine spezifisch masurische Küche gab es noch nie. So wie sich aber die Landschaft von Schleswig-Holstein bis Nordostpolen gleicht und die gleichen Früchte hervorbringt, so korrespondieren auch die Gerichte, die nordpolnische ähnelt also der norddeutschen Küche. Sie ist herzhaft, deftig, sauer, süß, salzig, in Nordpolen dazu um die altpolnische Tradition sowie Einflüsse der russischen Küche bereichert.

In der Speisenfolge kommt zu Beginn meist Suppe auf den Tisch, klassisch sind entweder Barszcz (Rote-Rüben-Suppe) oder Żurek (Roggenmehlsuppe mit Ei- und Wursteinlage). Es folgt die Vorspeise, am typischsten Zakąska, das ist Hering in Öl, Sahne, Mayonnaise, Essig oder Aspik, gespießt, gerollt, geschnitten, gebraten, geräuchert, mit Gürkchen oder mit Zwiebeln.

Bei den nachfolgenden Hauptgerichten dürfen zum allseits beliebten Fleisch frische oder getrocknete Pilze, eingelegtes Obst, Kartoffeln und Gemüse nicht fehlen. An Fleisch wird am liebsten Schwein verspeist, zum Beispiel als Kotelett (*kotlet schabowy*) mit gedünstetem Kohl oder als Braten mit Backpflaumen. Weitere bekannte Hauptgerichte sind Bigos (mit Weißkohl, Sauerkraut und Pflaumen gedämpftes Fleisch), Pierogi (herzhaft oder süß gefüllte Teigtaschen) und Gołąbki (Kohlrouladen). Sehr gerne gegessen werden auch Hähnchen, Enten oder Gänse mit Äpfeln sowie als Beilage geröstete oder gebratene Buchweizengrütze (*kasza gryczana*).

Zwischen Ostseehaff und den tausenden Seen gehört auch Fisch auf die Speisekarte. Ob Aal, Hecht, Zander, Stör, Wels, Maräne, Forelle und vielerlei Köstlichkeiten mehr, stets kommt er fangfrisch auf den Tisch. Dabei wird sein Preis in der Regel nach dem Gewicht berechnet, egal ob im Restaurant oder am Imbissstand. Die zahlreichen Snackbars, Fischräuchereien und Imbissbuden haben gro-

Süße Piroggen

ßen Zulauf, daher gibt es immer frische Ware. Hat man seinen Lieblingsanbieter erst einmal gefunden, dann gibt es kaum etwas Schöneres, als hier mit Blick auf den Sonnenuntergang über dem See genüsslich ein Fischbrötchen zu verspeisen.

Zum Essen wird normalerweise Piwo getrunken, ein kühles Bier, das in Polen vorzüglich ist. Wer es verträgt, trinkt außerdem Wodka, etwa ›Wyborowa‹, ›Polonaise‹ oder den mit Bisongras versetzten Wodka ›Żubrówka‹. Selbstverständlich sind auch überall Cola, Säfte und Mineralwasser (*woda mineralna*) erhältlich.

In Polen ist Alkohol trinken im öffentlichen Raum eigentlich untersagt, von dem Verbot ausgenommen sind die Außenbereiche der Restaurants, allerdings hält sich bislang kaum einer daran. Außerdem hat sicherlich niemand etwas dagegen, wenn der Urlaubsgast gesittet vor dem Zelt sein Bierchen aus der Flasche zischt. Autofahrer sollten daran denken, dass in Polen eine Promillegrenze von 0,2 am Steuer gilt (die ist meist bereits nach einem kleinen Bier erreicht).

Trinkgeld (*napiwek*) ist im Preis inbegriffen. Andererseits zeigt es wie fast überall auf der Welt den Grad der Zufriedenheit an. Fünf bis zehn Prozent sind die Regel. Rauchverbot herrscht in allen öffentlichen Einrichtungen, Behörden, Schulen, Museen, Theatern, auf Bahnhöfen, an Bushaltestellen oder in öffentlichen Verkehrsmitteln. In Hotels, Bars und Restaurants darf gequalmt werden, sofern sie über abgetrennte, hinreichend belüftete Räumlichkeiten verfügen.

Eine für die polnische Küche typische, deutsch-polnische Speisekarte enthält der Sprachführer dieses Reiseführers (→ S. 287).

Rezepte

Die folgenden beiden Rezepte sollen einen kleinen Vorgeschmack auf die leckere Küche geben.

Hecht nach Hausfrauenart

Zutaten: 1 kg Hecht, 40 g getrocknete Pilze, 100 g Zwiebeln, 150 g saure Gurken, 150 ml Sahne, Salz, Pfeffer und Suppengewürze zum Abschmecken.
Zubereitung: Den gesäuberten, ausgenommenen Hecht waschen und in Längsrichtung halbieren. Dann das Rückgrat entfernen und das Fleisch in Portionen zerlegen, mit den Gewürzen bestreuen und eine halbe Stunde lang kaltstellen. Währenddessen die Pilze waschen, in Streifen schneiden und garen. Anschließend in der Pfanne die Hechtstücke braten. Zwiebeln und Gurken klein schneiden und mit den Pilzen in die Pfanne hinzugeben. Zum Schluss die Sahne dazugießen und einen Moment ziehen lassen.

Pflaumenknödel

Zutaten: Teig: 1 kg Kartoffeln, 300 g Mehl, 1 Ei, Salz
Füllung: 500 g Pflaumen, 40 g Butter, Semmelbrösel, Salz und Zucker
Zubereitung: Kartoffeln waschen, schälen, spülen, mit siedendem Wasser übergießen und zugedeckt kochen. Dann abgießen, abkühlen lassen, durch den Fleischwolf drehen, mit dem gesiebten Mehl und den Eiern mischen, salzen, den Teig durchkneten, aufteilen, eine Stange von 1,5 Zentimetern Durchmesser ausrollen, in Stücke schneiden, plattdrücken, Obst darauf legen und Kugeln formen. In siedendem Salzwasser kochen. Nach dem Kochen herausnehmen, mit Zucker bestäuben und mit den in Butter gebräunten Semmelbröseln übergießen.

Smacznego! Guten Appetit!

Im Gasthaus ›Oberża pod psem‹ in Kadzidłowo

Wasserwandern in Masuren

Das Land der kristallenen Seen und tiefdunklen Wälder ist ein Paradies für Segler, Paddler und Kanuten. Mehr als 3000 durch Kanäle und Flüsse miteinander verbundene Seen stehen zur Auswahl. Nirgends treten stärkere Strömungen auf, die Flüsse sind seicht, und selbst bei längeren Touren muss das Boot selten einmal über Land getragen werden.

Den Paddlern bietet sich bei der Routenplanung darüber hinaus der Vorteil, keine Rücksicht darauf nehmen zu müssen, in welcher Richtung eine Strecke befahren wird. Bei großen Seen sollte man bedenken, dass eine Überquerung womöglich eine ungewohnt lange Strecke bedeutet. Im Zweifelsfall empfiehlt es sich, in Ufernähe zu bleiben. Gewitter und wechselnde Winde insbesondere auf den Großen Masurischen Seen verursachen Wellen, die ein Boot zum Kentern bringen können. In Ufernähe, vor allem am östlichen Ufer des Löwentinsees (Jezioro Niegocin), Dargainensees (Jezioro Dargin) und Spirdingsees (Jezioro Śniardwy) muss man auf dicht unter dem Wasserspiegel liegende Steine achten.

An den beliebten Paddelrouten unterhält die **Polnische Gesellschaft für Touristik und Landeskunde** (PTTK) in regelmäßigen Abständen **Wasserstationen**, die Verpflegung, Unterkunft im festen Haus und auf einem angeschlossenen Zeltplatz ermöglichen. In der Hochsaison im Juli und August sind sie meistens überfüllt.

Auch beim Wassersportgeräteverleih, den die meisten PTTK-Wasserstationen, die großen Wassersportzentren beispielsweise in Giżycko und Ruciane-Nida sowie zahlreiche private Unternehmen betreiben, kann es an heißen Sommertagen zu Engpässen kommen, weshalb es sich empfiehlt, rechtzeitig anzufragen. An den PTTK-Stationen besteht die Möglichkeit, sein Leihboot an einer anderen PTTK-Station abzugeben, ohne es zurückbringen zu müssen. Viele Unternehmen bieten auch einen Rücktransport von Boot und Insassen zum Ausgangspunkt der Paddelstrecke an.

Unterwegs bei Augustów

Ist man länger als einen Tagesausflug unterwegs, darf der **Regenschutz** nicht fehlen, sowohl für sich selbst als auch für alles andere, was nicht nass werden soll, wie etwa Zelt, Schlafsack und Bekleidung für kühlere Abende.

Zahlreiche Reiseveranstalter bieten geführte organisierte Wasserwanderungen an, darunter die PTTK, in deren Zentralen in Olsztyn und Suwałki man auch allgemeine Informationen zu den Bootstouren erhält:

PTTK Warmińsko-Mazurski
ul. Staromiejska 1. Olsztyn
Tel. +48/89/5273665
www.mazury.pttk.pl (poln.)

PTTK, Oddział w Suwałkach
ul. Kościuszki 37, Suwałki
Tel. +48/87/5665961
www.suwalki.pttk.pl

Krutynia-Tour

Dauer: 8–10 Tage.
Länge: ca. 100 km.
Start: Sorkwity.
Ziel: Ruciane-Nida.

Die bekannteste unter den mannigfaltigen Paddelwanderungen, die Krutynia-Tour, führt über die Krutynia und die rund 20 Seen, die das romantische Flüsschen durchzieht. Sie beginnt an der PTTK-Station in Sorkwity westlich von Mrągowo und endet nach etwa 100 Kilometern quer durch die Wälder des Masurischen Landschaftsparks in Ruciane-Nida. Unterwegs bieten Wasserstationen bei den Dörfchen Bieńki, Babięta, Spychowo, Zgon, Krutyń, Ukta, Nowy Most und Kamień Versorgungs- und Unterkunftsmöglichkeit. In Krutyń und Ukta kann man sich außerdem einen kleinen Streckenabschnitt über die Krutynia staken lassen (zur Krutynia → S. 216).

Czarna-Hańcza-Tour

Dauer: 10–12 Tage.
Länge: ca. 150 km.
Start: Augustów.
Ziel: Stary Folwark.

Start- beziehungsweise Endpunkt der Czarna-Hańcza-Tour im Nordosten Polens ist das Wassersportzentrum in Augustów am See Necko. Über den Augustów-Kanal und die durch ihn verknüpften Seen geht es auf der Czarna Hańcza in die urwüchsige Augustower Heide (Puszcza Augustowska) hinein, durch die sich der Fluss Richtung Wigry-Nationalpark hindurchwindet bis zur PTTK-Station bei Stary Folwark am schönen Wigry-See. PTTK-Versorgungsstellen auf der Tour finden sich unterwegs in der Einsamkeit bei den Flecken Wysoki Most, Frącki, Jałowy Róg, Płaska, Swoboda und Gawrych Ruda.

Rospuda-Tour

Dauer: 5–6 Tage.
Länge: ca. 72 km.
Start: Am Rospuda-See bei Czarne.
Ziel: Augustów.

Etwas kürzer ist die Rospuda-Tour, die in Augustów endet. Sie startet im nordöstlichsten Winkel Polens bei Czarne am Ostufer des Rospuda-Sees südöstlich von Gołdap. Von dort geht es auf dem Rospuda-Fluss durch Seen und einsame Natur nach Augustów am Rand der Augustower Heide.

Szwałk-Wielki–Ełk-Route

Dauer: 3–4 Tage.
Länge: ca. 50 km.
Start: Czerwony Dwór.
Ziel: Ełk.

Östlich der Großen Masurischen Seen ist die Szwałk-Wielki–Ełk-Route beliebt. Vom Örtchen Czerwony Dwór am Szwałk-Wielki-See mitten im Urwald der Puszcza Borecka paddelt man auf dem Flüsschen Ełk, durch Seen und wundervolle Natur südwärts zur Stadt Ełk.

Touren in Westmasuren

Ein beliebter Tagesausflug mit dem Paddelboot führt von **Ostróda** am Drewenzsee (Jezioro Drwęckie) zur PTTK-Station in **Stare Jabłonki** sowie als mehrtägige Unternehmung die **Ostróda–Miłomłyn–Iława-Tour**, die über den längsten polnischen See, den zauberhaften **Geserichsee** (Jezioro Jeziorak) im Landschaftspark Iława-Seenplatte führt.

Wer weiter möchte, kann an der Schleuse bei Miłomłyn in den Iława-Ostróda-Kanal einbiegen und weitere 80 Kilometer bis nach **Elbląg** und weiter zum Frischen Haff zurücklegen.

Wander- und Radtouren durch Masuren

Für Wanderfreunde bieten die Wälder Masurens und der Suwalszczyzna herrliche Möglichkeiten. Die Auswahl reicht vom Spaziergang auf ausgebauten Wegen entlang der Seeufer bis hin zu mehrtägigen Wanderungen durch Urwaldregionen. Für Fahrradtouristen existiert ein enges Netz von markierten Strecken, allerdings von unterschiedlicher Qualität: von bestem bis notdürftig geflicktem Asphalt, Feld- und Sandwegen sowie Kopfsteinpflaster ist alles dabei – nichts für Sporträder mit dünnen Reifen, es muss ein robustes Tourenrad sein! → Routen-Vorschläge für Radrundreisen, S. 118, 262.

Touristisch gut erschlossen sind in der Regel die Gebiete nahe der großen Urlaubszentren: an der **Westmasurischen Seenplatte** beispielsweise **Iława**, von wo aus markierte Wege durch den **Landschaftspark Iława-Seenplatte** führen; oder an den **Großen Masurischen Seen Węgorzewo**, **Giżycko**, **Ruciane-Nida** und Pisz, mit Wegekennzeichnungen durch den **Masurischen Landschaftspark** und die **Johannisburger Heide** (Puszcza Piska). Routenvorschläge, Wanderkarten und Prospektmaterial halten die jeweiligen örtlichen Touristinformationen parat.

Die fast unberührte **Rominter Heide** (Puszcza Romincka) im äußersten Nordosten Polens grenzt unmittelbar an die russische Grenze (Kaliningrader Gebiet) und gilt vielen Outdoorfreunden als eine großartige Wildnis. Für manchen stellt es möglicherweise einen besonderen Nervenkitzel dar, die heute kaum noch erkennbare Staatsgrenze zu überschreiten - nur erwischen lassen sollte man sich dabei besser nicht (Gefängnisstrafe!).

Die **Augustower Heide** (Puszcza Augustowska), die sich östlich von Augustów bis zur weißrussischen Grenze erstreckt, ist das größte zusammenhängende Waldgebiet Polens. Ihren Norden nimmt der **Wigry-Nationalpark** ein. Eine gute Ausrüstung einschließlich Navigationsgerät ist empfehlenswert.

Neben der mitgenommenen Verpflegung hängt der Speisezettel von der Jahreszeit ab. Am abwechslungsreichsten ist er im Frühherbst, wenn sich Wildfrüchte, Beeren und Pilze mit ›Blattsalaten‹ zu köstlichen Mahlzeiten kombinieren lassen. Bei den meisten Touren lohnt es sich, eine kleine Angel im Gepäck zu haben (und die Angelerlaubnis, → S. 262). So wird, wer mit ausreichender Kondition und einer geeigneten Ausrüstung eine mehrtägige Wanderung durch die Puszcza Augustowska unternimmt, unvergleichliche Eindrücke mit nach Hause nehmen.

Einsame Landstraße bei Reszel

Reizvolle Stationen auf dem Weg nach Masuren sind die alten Hansestädte Thorn und Danzig sowie die Marienburg.

In der Altstadt von Toruń

AUF DEM WEG NACH MASUREN

Toruń

Anders als die meisten Städte im Norden Polens hat die prachtvolle alte Hansestadt an der mittleren Weichsel sämtliche Kriege, die im Verlauf ihrer 800-jährigen Geschichte über sie hinweg zogen, nahezu unbeschadet überstanden. Backsteinkirchen, Speicher, Türme, Tore und Bürgerhäuser bilden heute das größte und am besten erhaltene gotische Stadtensemble in Polen, seit 1997 mit dem Weltkulturerbetitel der UNESCO geadelt. Die Studenten der Nikolaus-Kopernikus-Universität sorgen für ein pulsierendes Kunst-, Kultur- und Nachtleben, so dass in der über 200 000 Einwohner zählenden Stadt eine quicklebendige Atmosphäre herrscht.

Berühmtester Sohn der Stadt ist der Astronom Nikolaus Kopernikus. Er wurde am 19. Februar 1473 in der heute nach ihm benannten Straße im historischen Zentrum geboren. Nicht weniger berühmt, zumindest in Polen, sind die Thorner Lebkuchen.

▲ Karte S. 67

Barocker Speicher in Toruń

Geschichte

Im Jahr 1231 entstand Thorn als erste Befestigung der Deutschordensritter im Kulmer Land, bereits zwei Jahre später erhielt die Siedlung, die sich zu ihren Füßen entwickelte, das Stadtprivileg. Infolge verheerender Überschwemmungen wurden Burg und Ort 1236 an die heutige Stelle acht Kilometer stromaufwärts nach Osten verlegt. Am Kreuzungspunkt bedeutender Handelsstraßen und dank der strategisch günstigen Lage entwickelte sich Thorn schnell zum Sammelpunkt der Ordensritter für die Eroberungszüge im heidnischen Prußenland und darüber hinaus zum gewichtigen Handelszentrum. Von Thorn aus wurde die Handelsschifffahrt auf der Weichsel kontrolliert. 1280 trat die Stadt folgerichtig dem Hansebund bei und stieg bis zum 15. Jahrhundert zur höchsten Blüte auf.

In die Weltgeschichte eingegangen ist die Stadt durch den Ersten Thorner Frieden 1411 zwischen dem Doppelkönigreich Polen-Litauen und dem Deutschordensstaat, sowie durch den Zweiten Thorner Frieden zwischen dem Preußischen Bund und den Deutschrittern, der 1466 im Artushof zu Thorn unterzeichnet wurde. Zusammen mit Danzig spielte die selbstbewusste, mächtige Stadt die wichtigste Rolle im Krieg des Preußischen Bunds gegen den Ordensstaat: Im März 1440 trat Thorn dem Preußischen Bund bei, und im Februar 1454 schleiften Thorner Bürger die örtliche Ordensburg. 1466, am Ende des Dreizehnjährigen Kriegs, der den Niedergang der Deutschritter besiegelte, ließ sich die Stadt – nun Teil Königlich Preußens unter der polnischen

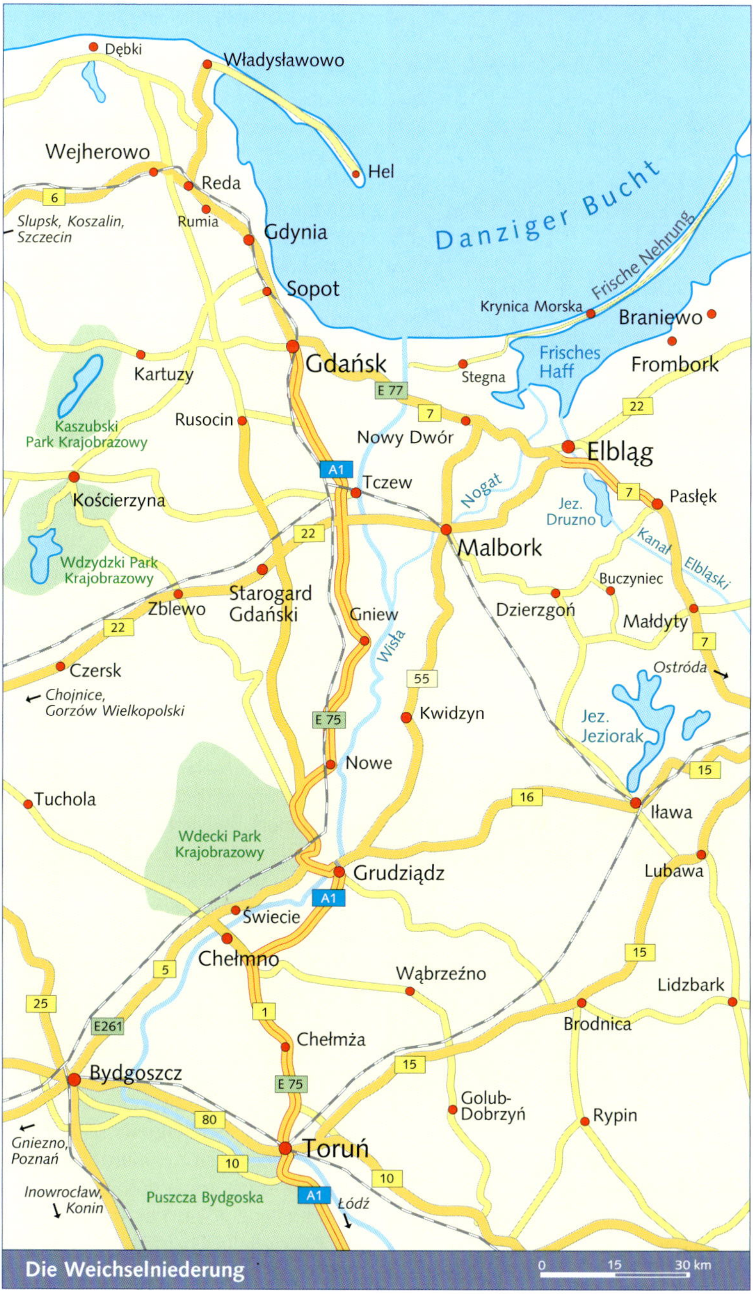
Dębki
Władysławowo
Hel
Wejherowo
Reda
Rumia
Gdynia
Sopot
Danziger Bucht
Frische Nehrung
Krynica Morska
Braniewo
Frisches Haff
Frombork
Stegna
Gdańsk
Kartuzy
Kaszubski Park Krajobrazowy
Rusocin
Nowy Dwór
Elbląg
Tczew
Nogat
Jez. Druzno
Pasłęk
Kościerzyna
Malbork
Kanał Elbląski
Wdzydzki Park Krajobrazowy
Starogard Gdański
Zblewo
Gniew
Buczyniec
Dzierzgoń
Małdyty
Wisła
Czersk
Ostróda
Chojnice, Gorzów Wielkopolski
Kwidzyn
Jez. Jeziorak
Nowe
Tuchola
Iława
Wdecki Park Krajobrazowy
Lubawa
Grudziądz
Świecie
Chełmno
Wąbrzeźno
Lidzbark
Brodnica
Chełmża
Bydgoszcz
Golub-Dobrzyń
Rypin
Gniezno, Poznań
Toruń
Inowrocław, Konin
Puszcza Bydgoska
Łódź
Slupsk, Koszalin, Szczecin
6
E 77
7
22
A1
55
E 75
16
15
5
25
E261
1
80
10
0 15 30 km
Die Weichselniederung

Die Turmuhr des Altstädtischen Rathauses

Krone – vom polnischen König zahlreiche Privilegien in Politik, Wirtschaft und Handel zusichern, wodurch sich ihr Wohlstand abermals mehrte. Erst die Besetzung durch schwedische Truppen im Zweiten Schwedisch-Polnischen Krieg von 1655 bis 1658 beendete den Aufschwung. Dicht hintereinander folgten weitere Kriege, die den Niedergang einläuteten. Die endgültige Zäsur brachte die Zweite Polnische Teilung 1793. Thorn wurde eine Stadt im Königreich Preußen, mit einem fortan abgeschnittenen, da russischem Hinterland. Bis auf die Jahre von 1807 bis 1815, als sie dem von Kaiser Napoleon erschaffenen Herzogtum Warschau zugeschlagen wurde, blieb sie bis 1920 Teil Preußens. Danach gelangte Thorn durch den Versailler Vertrag an Polen und lag bis zum Überfall Hitler-Deutschlands zwischen dem Reichsgebiet und Ostpreußen im so genannten ›Polnischen Korridor‹.
Seit 1999 ist die Stadt Landtagssitz der Woiwodschaft Kujawien-Pommern (Kujawsko-Pomorskie).

Rund um den Altstädtischen Markt

▸ Karte S. 67

Das historische Zentrum, das am Weichselufer durch hohe Backsteinwehrmauern begrenzt wird, bestand ursprünglich aus drei selbstständigen, 1454 zusammengelegten Städten: der **Altstadt** (Stare Miasto) rund um den Altstädtischen Markt, in der überwiegend die Handelsbürger und Kaufleute lebten, der **Neustadt** (Nowe Miasto) mit dem Neustädtischen Markt im Mittelpunkt, wo sich vor allem die Handwerker niederließen, und schließlich der **Deutschordensburg** an der Grenze zwischen Altstadt und Neustadt, die größtenteils nur als malerische Ruine erhalten blieb.

■ Altstädtisches Rathaus

Auf dem **Altstädtischen Markt** (Rynek Staromiejski) erhebt sich das monumentale Altstädtische Rathaus (Ratusz Staromiejski). 1247 begannen die Bauarbeiten mit der Errichtung eines freistehenden Glockenturms, um 1250 folgten in unmittelbarer Nachbarschaft Brotbänke und Kaufbuden, 1259 daneben die Markt- und Tuchhallen, 1279 eine öffentliche Waage. 1385 wurde der Glockenturm auf 40 Meter Höhe aufgestockt. Unter Einbeziehung aller dieser Gebäude entstand im Jahr 1393 auf exakt 52,6 Meter mal 43,93 Meter eine backsteinerne Vierflügelanlage mit Innenhof. Im 17. Jahrhundert bereicherte der flämische Baumeister Anton van Obberghen den Komplex, so mit Ecktürmchen im niederländischen Manierismus. Hier befindet sich heute das **Bezirksmuseum** mit dem Gerichtssaal im Nordflügel und der Bürgerhalle im Westflügel, einer Galerie gotischer Kunst, Sammlungen mittelalterlicher Münzen, Sakralkunst der Stadt vom 16. bis 18. Jahrhundert und polnischer Malerei von Mitte des 18. bis Anfang des 20. Jahrhunderts. Außerdem sind Ausstellungen zum Kunsthandwerk zu sehen sowie in der Königshalle eine Porträtgalerie polnischer Könige und in der Bürgerhalle Porträts bedeutender Stadtbürger.

Den **Glockenturm** kann man besteigen und von oben eine herrliche Aussicht auf die Dächer genießen.

Kopernikus-Denkmal

An der Südostecke des Rathauses steht das Kopernikus-Denkmal, 1853 enthüllt. Das Standbild wurde nach einem Entwurf des Bildhauers Christian Friedrich Tieck in Bronze gegossen und zeigt den Astronomen und Wissenschaftler mit einem Astrolabium in seiner linken Hand. Die lateinische Inschrift besagt: ›Nikolaus Kopernikus, ein Thorner, der die

Erde in Bewegung und die Sonne und den Himmel zum Stillstand brachte‹.

Haus zum Stern

Den Altstädtischen Markt umgibt ein stattlicher Reigen von im Kern gotischen Bürgerhäusern, von denen manche später im Renaissance- oder Barockstil umgestaltet wurden. Unter ihnen fällt an der Ostseite des großen, fast quadratischen Platzes das Haus zum Stern (Dom pod Gwiazdą) auf. Es wurde ursprünglich Ende des 15. Jahrhunderts erbaut und im 16. Jahrhundert umgestaltet. 1697 erhielt es seine reiche Fassadenstuckdekoration aus Pflanzen- und Fruchtornamenten. Eine kunstfertige **Wendeltreppe** schraubt sich bis in die dritte Etage. An deren Fuß wird das barocke Schnitzkunstwerk von Minerva, der römischen Göttin für Kunst und Gewerbe, zur einen und einem Löwen zu anderen Seite flankiert. Als Dependance des Bezirksmuseums beherbergt das Haus heute die **Abteilung für außereuropäische Kulturen** mit einer Sammlung asiatischer Kunstschätze, so in der ersten Etage prächtige Vasen, Teller und Töpfe. Dieser Raum besitzt auch eine schöne farbige Holzbalkendecke. Gegenüber blickt man in den klassizistischen Salon vom Anfang des 19. Jahrhunderts. Eine Etage höher sind Miniaturen aus Halbedelsteinen und Elfenbein zu sehen. Im Keller befindet sich eine kleine Sammlung an Hieb- und Stichwaffen.

Flößerbrunnen

Ein Wahrzeichen von Toruń ist der Flößerbrunnen (Pomnik Flisaka) an der Westseite des Rathauses. Seit dem Mittelalter bildete das Flößen auf der Weichsel, vor allem von Holz, einen wichtigen Wirtschaftszweig. Die Statue auf dem Brunnen stellt den sagenhaften Thorner Flößer Iwo dar. Er soll nach der Überschwemmung im Jahre 1570, so erzählt es eine Legende, Thorn von einer schrecklichen Froschplage befreit haben. Er stimmte seine Geige an, und ihr heller Klang lockte die Frösche durch die Stadttore hinaus in einen Sumpf. 1914 wurde die vom Berliner Künstler Georg Wolf geschaffene Skulptur aufgestellt. Die vielen Frösche ringsherum sind eine moderne Zutat.

▸ Karte S. 67

Artushof

Ganz in der Nähe steht an der Südflanke des Altstädter Markts der geschichtsträchtige Artushof (Dwór Artusa), wenn auch nicht mehr im Original. Ursprünglich 1385 als Korporationshaus für die Sankt-Georgs-Zunft erbaut, wurde in seinen Mauern 1466 der Zweite Thorner Frieden besiegelt. So stand das mit schmuckreicher Fassade aus dem frühen 17. Jahrhundert gestaltete Gebäude bis zum Jahr 1802. Dann wurde es abgerissen, ein weiteres Bauwerk entstand, welches dasselbe Schicksal ereilte, bis an seiner Stelle 1890 ein schöner Neorenaissancebau emporwuchs, den man als Reminiszenz ebenfalls Artushof nannte. Er beherbergt heute das städtische **Kulturzentrum**, den Sitz des Kammerorchesters und den Laden **Kopernik**, in dem man das ganze Sortiment an Thorner Lebkuchen kaufen kann.

Heiliggeistkirche

Im Südwestwinkel des Altstädter Markts erhebt sich die zwischen 1753 und 1756 für die Thorner Protestanten errichtete barocke Heiliggeistkirche (Kościół św. Ducha). Die Voraussetzung für die Baugenehmigung in jener Zeit war, dass ihr Äußeres in keiner Hinsicht an eine Kirche erinnern durfte. Also ließ man den Turm weg, der dann erst in den Jahren 1897 bis 1899 hinzugefügt wurde. Seit 1945 wird das Gotteshaus von Jesuiten betreut.

Thorner Kathrinchen

Polnisch ›Katarzynka‹ oder deutsch ›Kathrinchen‹ nennt man die köstlichen Lebkuchen ohne Füllung und Glasur, die man wahrscheinlich schon im 14. Jahrhundert traditionell am 25. November zum Tag der heiligen Katharina von Alexandrien in den Backofen schob. Eine Sage erzählt, sie seien erstmals unter den Händen eines unglücklich verliebten Bäckers entstanden, dessen Tränen, die er wegen der schönen Bürgerin Katharina vergoss, sich mit den Herzen aus aromatischem Gewürzteig auf dem Backblech verbanden. Möglicherweise wurden die süßen Pfefferkuchenrezepte auch erst im 16. Jahrhundert in einem Thorner Kloster kreiert. Von Generation zu Generation gaben die Zuckerbäcker ihr geheimes mittelalterliches Rezept vom Vater auf den Sohn weiter. Die hiesigen Kathrinchen werden nur mit Honig konserviert. Ihr Genuss beflügelte polnische Könige, und auch Papst Johannes Paul II. ließ sie sich zu Weihnachten im Vatikan schmecken.

Im Lauf der Zeit entstanden mannigfaltige Lebkuchenformen, und etwa 700 traditionelle Backformen wurden in Thorn bekannt – beispielsweise für historische Kutschen oder biblische Szenen, für Engel, Bildnisse polnischer Könige und anderer bedeutender Persönlichkeiten der verschiedenen Jahrhunderte, darunter auch das Konterfei des Kopernikus.

Die kunstvollen Figurenlebkuchen, wie sie noch heute gebacken werden, sind jedoch eher zum Anschauen und weniger für den Verzehr gedacht. Für's Leib- und Magenwohl greift man zu den Kathrinchen, die als Mitbringsel aus Toruń heute wieder in vieler Munde sind.

In mehreren Geschäften in der Altstadt werden sie angeboten, darunter im Artushof gegenüber vom Altstädtischen Rathaus.

Hier gibt es die original Thorner Kathrinchen

EXTRA

Nördlich vom Altstädtischen Markt

Am nordwestlichen Rand des großen Marktgevierts thront in der ulica Panny Marii die dreischiffige **Marienkirche** (Kościół Najświętszej Panny Marii) mit ihren 27 Meter hohen Mauern. An der Stelle des Turms befindet sich ein kleiner Dachreiter, der jedoch in keinem Verhältnis zur Monumentalität der Hallenkirche steht. Am Platz eines bescheidenen Vorgängerbaus entstand der backsteinerne Sakralbau zwischen 1350 und 1370, wurde anschließend mehrfach umgebaut und erhielt seine heutige Gestalt noch vor Ende des 14. Jahrhunderts. Gemäß den Ordensregeln der Franziskaner blieb das Äußere vergleichsweise schmucklos, während sich im Inneren im Lauf der Jahrhunderte mancherlei Reichtümer ansammelten. Das früher wertvollste Stück, ein gotischer Flügelaltar mit Szenen aus dem Leben Christi (entstanden zwischen 1380 und 1390), befindet sich seit dem Zweiten Weltkrieg im Nationalmuseum in Warschau. Heute steht an seiner Stelle der barocke **Baldachinaltar** von 1731. Aus demselben Jahr stammt auch der mit einer Kreuzigungsgruppe gekrönte **Rokoko-Triumphbogen** über dem Eingang zum Presbyterium. Zu den kostbaren Schnitzereien zählt das aus dem 14./15. Jahrhundert stammende **Chorgestühl** aus Eichenholz. Der mit reichem Schnitzdekor versehene Aufbau auf der Empore über dem nördlichen Seitenschiff von 1609 gehört zu den ältesten Orgelprospekten Polens. Im südlichen Seitenschiff sind **gotische Wandmalereien** aus den Jahren 1380 bis 1390 erhalten. 1636 wurde die **Grabkapelle** der schwedischen Prinzessin Anna Wasa, Schwester des polnischen Königs Zygmunt III. Wasa, geweiht.

Windmühle im Ethnografischen Museum

▲ Karte S. 67

■ Planetarium

Wenige Schritte sind es von der Marienkirche in die ulica Franciszkańska zum Planetarium. Es ist in einem runden Gründerzeit-Klinkergebäude der Thorner Gaswerke vom Ende des 19. Jahrhunderts untergebracht und zeigt, der Kopernikusstadt gebührend, an einem künstlichen Himmel die Erscheinungen unseres Sonnensystems mit allen für unsere Augen sichtbaren Sternen, außerdem die Sternbilder, Sternwanderungen, Mondphasen, die Apollo-Landestelle auf dem Mond und vieles mehr.

■ Reisenden-Museum

In der Nachbarschaft findet sich das Reisenden-Museum (Muzeum Podróżników). Es ist dem in Toruń gebürtigen Journalisten und Filmemacher Tony Halik (1921–1998) und seiner Frau Elżbieta Dzikowska gewidmet und präsentiert Sammlungen ihres abenteuerlichen Lebens, darunter Fotografien und Artefakte der Amazonasindianer, Kopien präkolumbianischer Götterstatuen, Sammlungen lateinamerikanischer und asiatischer Kopfbedeckungen, Schmuck und Textilien aus afrikanischen Ländern und anderes mehr.

Das neue Kulturzentrum Jordanki

Ethnografisches Museum
Wer sich für Geschichte und Kultur der Regionen Kaschubien, Kujawien und der Tucheler Heide des 18. und 19. Jahrhunderts interessiert, kann das Ethnografische Museum besuchen. Man findet es außerhalb der Altstadt, nördlich des verkehrsreichen Hauptstraße Gen. Sikorskiego, im ehemaligen Zeughaus von 1824. Im dazugehörigen **Freilandmuseum** stehen etwa 20 Katen, Hütten und Bauernhäuser sowie eine Windmühle.
Auf der anderen Straßenseite der Aleja Solidarności projektierte der weltberühmte Architekt Fernando Menisa das Ende 2015 eröffnete futuristische **Kultur- und Kongresszentrum Jordanki**, unter anderem mit einem Saal mit 1000 Sitzplätzen.

Vom Kopernikushaus zum Esken-Palais

Hält man sich vom Altstädtischen Markt südwärts in Richtung Weichsel, kreuzt man als nächste Straße die ulica Kopernika, in der das Kopernikushaus (Dom Kopernika) steht. Das im 15. Jahrhundert mit einem verzierten Treppengiebel errichtete Gebäude befand sich im Besitz der Eltern des Astronomen Nikolaus Kopernikus (1473–1543), und man geht davon aus, dass er dort möglicherweise 1473 geboren wurde. Hier und im Nachbarhaus befindet sich das **Kopernikusmuseum**; Räumlichkeiten und Mobiliar sind die eines typischen mittelalterlichen Patrizierhauses und zeigen, wie Kopernikus bis zu seinem zehnten Lebensjahr aufgewachsen sein könnte. Ein anderer Teil der Ausstellung widmet sich seinem späteren Leben und Werk. Unter anderem ist dort die Kopie eines Teils des Kopernikussaals zu sehen, der sich im Polenmuseum in Rapperswil (Schweiz) befindet. Ausgestellt sind außerdem etwa 2000 kostbare Ausstellungsstücke, darunter astronomische Instrumente sowie das Thorner Stadtmodell, das die Stadt um das Jahr 1500 darstellt. Filmvorführungen ergänzen die Ausstellung.

Nikolaus Kopernikus

Kein Umstürzler, kein Reformator, dennoch ein Weltenbeweger und zweifelsohne einer der größten Denker seiner Zeit – als Mann, der den Blick der Menschen auf die Planeten revolutionierte, ging Nikolaus Kopernikus in die Geschichte ein.

Am 19. Februar 1473 wurde Kopernikus in Thorn an der Weichsel geboren. Bereits als Zehnjähriger war er zur Vollwaise geworden, und sein Onkel Lukas Watzenrode, Domherr zu Frauenburg und ab 1489 Fürstbischof von Ermland, nahm sich seiner an und ermöglichte ihm die beste Ausbildung, die seinerzeit denkbar war. Kopernikus studierte Philosophie, Astronomie, Mathematik, lateinische Literatur und Medizin in Krakau, Bologna und Padua, promovierte 1503 in Ferrara in Rechtswissenschaften und wurde 1506 Leibarzt und Privatsekretär des Onkels Watzenrode.

Bereits 1495 hatte man Kopernikus zum Domherrn in Frauenburg gewählt. Zwei Jahre später beobachtete der leidenschaftliche Hobby-Astronom dort erstmals ein erstaunliches Phänomen: die Verdeckung des Sterns Aldebaran durch den Mond. Es folgte eine Lektüre der antiken Schriften des Aristoteles, die seit ihrer Wiederentdeckung im 11. Jahrhundert die christlich-abendländische Anschauung prägten. Demnach kreiste ein jeder Himmelskörper auf einer ewig gleichförmigen Bahn um die Erde. Wie also konnte der Mond in Bezug auf den Stern Aldebaran plötzlich so aus der Rolle fallen? Der aristotelischen Vorstellung nach war das Weltall eine Kugel, in deren innerem Zentrum sich die Erde befand, von sphärischen Hüllen aus Wasser, Luft, Feuer und Kristall umgeben. Mit zunehmendem Abstand umliefen in einer jeweils eigenen Kristallsphäre die damals bekannten Planeten Mond, Merkur, Venus, Sonne, Mars, Jupiter und Saturn die Erde, wobei der Mond die Trennlinie zwischen himmlischer und irdischer Sphäre darstellte. Ein jeder Himmelskörper hatte seinen festen Platz in der Kugel und vollzog eine regelmäßige, gleichförmige Bewegung im Kreis – unwandelbar in Raum und Zeit. Auf der geozentrischen Vorstellung von der Erde als fixer Mittelpunkt im Weltall fußte auch die Arbeit des Ptolemäus (um 85–150 nach Christus) aus Alexandria, der als erster eine systematische Ausarbeitung der mathematischen Astronomie vorlegte. Unter dem Begriff ›ptolemäisches Weltbild‹ wurde sie für beinahe anderthalb Jahrtausende maßgeblich – bis zur ›kopernikanischen Wende‹.

Schon Ptolemäus hatte für die Erklärung des Planetenumlaufs gegen die reine Lehre auch ungleichförmige Kreisbewegungen zulassen müssen, und zwischenzeitlich musste man sogar konstatieren, dass manche Gestirne nicht nur unregelmäßig verliefen, sondern regelrecht aus der Bahn wichen und ihre Richtung wechselten. Immer komplexere Berechnungen waren notwendig, um die Kreisbewegung der Himmelskörper mathematisch wieder in Ordnung zu bringen. Und die zunehmenden Ungereimtheiten veranlassten Kopernikus schließlich dazu, »eine Bewegung der Erde und eine andere Ableitungsart anzunehmen, bei welcher die Gleichmäßigkeit und die Grundlage der Wissenschaft und die Ursache der Unregelmäßigkeit in der Erscheinung zuverlässiger gestaltet wird.« Kurz, er stellte die These auf, dass sich nicht das Weltall um die Erde, sondern sich die Erde um ihre eigenen Pole und um die Sonne dreht. Dem geozentrischen setzte er ein heliozentrisches Weltbild entgegen.

Zwischen 1507 und 1517 legte Kopernikus, der als Kanzler des ermländischen Domkapitels immer viel reisen musste, die Frühfassung seiner Anschauung nieder, den in der damaligen Gelehrtenwelt viel beachteten ›Commentariolus‹. Anschließend begann er in Frauenburg mit der Arbeit an seinem Hauptwerk ›De revolutionibus orbium coelestium‹ (Über die Kreisbewegung der Himmelskörper). In seinem Todesjahr 1543 erfolgte die Drucklegung der ›Revolutiones‹ – wegen ihrer Brisanz mit einem Vorwort des lutherischen Theologen Osiander versehen, der die in der Schrift vertretenen, an den Grundfesten aller bisherigen Gewissheiten rüttelnden Erkenntnisse als eine ›Hypothese‹ vorstellte. Für die Durchsetzung der kopernikanischen Wende musste im Jahr 1600 Giordano Bruno noch auf dem Scheiterhaufen verbrennen und 1632 Galileo Galilei vor ein Inquisitionsgericht gestellt und verurteilt werden.

Jahrhunderte später löste Kopernikus eine gänzlich andere Kontroverse aus. Deutsche und polnische Historiker stritten darüber, ob der Frauenburger Weltenbeweger als deutscher oder als polnischer Landsmann zu vereinnahmen wäre. Hieß er nicht etwa Nikolaus Kopernikus? Oder vielmehr Mikołaj Kopernik? Inzwischen ist der Zank zum Glück beigelegt. Als herausragende Persönlichkeit der Wissenschaft seiner Zeit wurde sein Name bereits zu Lebzeiten auf 36 unterschiedliche Arten geschrieben, er selbst zeichnete unter anderem mit ›Copernik‹, ›Copperning‹ und ›Coppernic‹ und natürlich in der lateinischen Lesart ›Copernicus‹, wie es in der Renaissance unter Gelehrten europaweit Gepflogenheit war. Geboren im polnisch-litauischen Doppelreich, Student in polnischen und italienischen Städten, im deutschsprachigen Ermland als Domherr tätig, Verfasser von lateinischen Schriften, hätten solche kleinlichen Streitigkeiten Kopernikus sicher befremdet – als Wissenschaftler und Weltbürger, der über alle Grenzen hinaus am liebsten weit in die Ferne blickte.

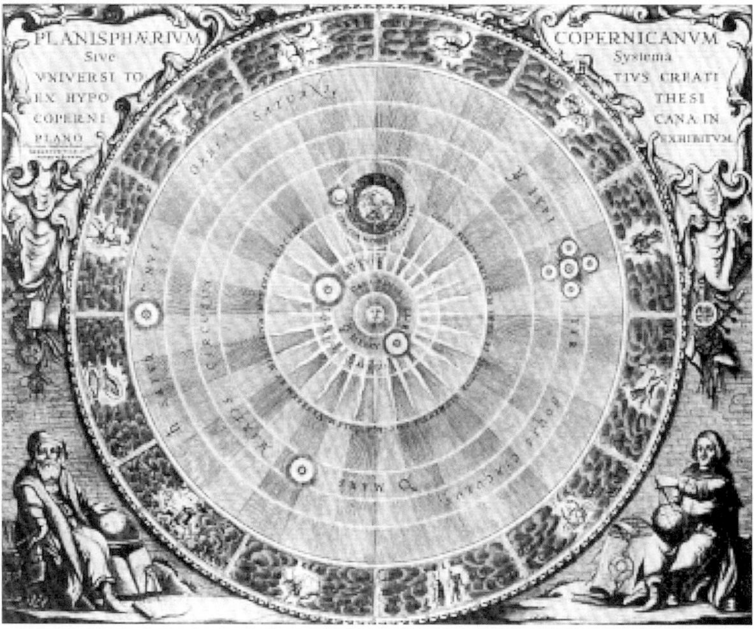

Die Welt, wie Kopernikus sie sah, auf einem Kupferstich von 1708

Lebendiges Pfefferkuchenmuseum

Einmal um die Ecke herum, strömt einem aus der ul. Rabiańska bereits der Duft aus dem Lebendigen Pfefferkuchenmuseum (Żywe Muzeum Piernika) entgegen. In der **Museumsbäckerei** kann man selbst ausprobieren, wie die köstlichen Thorner Lebkuchen nach traditionellen, über 500 Jahre alten Rezepten entstehen.

Sankt Johanneskathedrale

Wenige Schritte trennen das Pfefferkuchenmuseum von der Sankt Johanneskathedrale (Katedrala św. Janów). Sie ist die älteste Kirche der Stadt und die erste Backsteinkirche im Kulmer Land überhaupt. 1260 begann man zunächst mit dem Bau des Presbyteriums, das ein Sternengewölbe überspannt. Gegen Ende des 13. Jahrhunderts setzten die Arbeiten am Langhaus und der Sakristei ein. Nach einem Brand 1351 fügte man während der Renovierung einen Kirchturm hinzu, außerdem wurde das Langhaus verlängert. 1406 stürzte der Turm ein, sein Neubau bis auf 52 Meter Höhe erfolgte von 1407 bis 1433. In den Jahren 1468 bis 1473 stockte man das Langhaus auf und überspannte es mit einem filigran bemalten Sternengewölbe. Im Turm schlägt die Glocke **Tuba Dei** (Trompete Gottes) aus dem 15. Jahrhundert. Die vom Thorner Kunsthandwerker Martin Schmidt gegossene Glocke wiegt 7238 Kilogramm, misst 2,14 Meter im Durchmesser und 2,76 Meter in der Höhe. Nach der Glocke in Licheń und der Sigismund-Glocke in Krakau ist sie die drittgrößte Kirchenglocke in Polen. Im Chor und in den Seitenschiffen der mit ihren vergoldeten Barockaltären blendenden Johanneskathedrale sind frühgotische **Wandmalereien** aus den 1330er Jahren erhalten. Besondere Aufmerksamkeit verdient das vermutlich zwischen 1380 und 1390 entstandene **Gemälde des Jüngsten Gerichts**, das den an einem Baum gekreuzigten Heiland darstellt. Sehenswert sind außerdem der spätgotische **Hochaltar** mit dem zwischen 1503 und 1506 entstandenen **Triptychon des heiligen Wolfgang** und das davor angebrachte gotische **Kruzifix** aus der zweiten Hälfte des 14. Jahrhunderts auf dem Triumphbogen. In dem bronzenen gotischen **Taufbecken** in der **Kopernikuskapelle** (rechts vom Eingang) wurde im Jahre 1473 Nikolaus Kopernikus getauft.

Sternengewölbe in der Sankt Johanneskathedrale

▶ Karte S. 67

Esken-Palais

Gegenüber der Ostfront der Johanneskathedrale erhebt sich an der Ecke von ul. Łazienna und ul. Ciasna ein weiteres Beispiel für ein Thorner Patrizierhaus: das Esken-Palais (Pałac Eskenów). Ursprünglich Ende des 14. Jahrhunderts als Speicher erbaut, wurde dieser für die Familie Esken im späten 16. Jahrhundert im Inneren zum Renaissancepalast umgestaltet. Das **Eingangsportal** von 1590 stammt aus der Hand des berühmten Danziger Baumeisters Willem van den Blocke. Heute birgt das Gebäude eine **Schau zur Thorner Stadtgeschichte**.

Vom Esken-Palais geht es, die ulica Łazienna hinauf und in die ulica Szeroka einbiegend, über die Thorner Bummel- und Shoppingmeile der Neustadt (Nowe Miasto) entgegen.

Museum des Thorner Lebkuchens

Etwa auf halben Weg zwischen Altstädtischem und Neustädter Markt, in der ul. Strumykowa 4, befindet sich die neue Museumsausstellung ›Die Welt des Thorner Pfefferkuchens‹. Im Keller sieht man viele historische Pfefferkuchenmodeln, erhält aber auch einen Einblick in die Fließbandfertigung des Naschwerks. In der ersten Etage ist die historische Ladeneinrichtung der Manufaktur ›Weese‹ zu sehen, daneben ein Laden aus den 1950/60er Jahren. Hier ist auch zu lesen, dass der erst 15-jährige Chopin im Jahre 1825 aus Thorn an einen Freund schrieb: »Ich will jetzt Kopernikus bei Seite lassen ... Die größte Impression, alias den größten Eindruck, haben auf mich die Lebkuchen gemacht.«

Die Neustadt

Den Mittelpunkt der Neustadt bildet der Neustädtische Markt (Rynek Nowomiejski), um den sich die schönsten Bürgerhäuser der Neustadt gruppieren. Das 1700 schlicht barock umgestaltete Wirtshaus **Zur Blauen Schürze** (Pod Modrym Fartuchem), Haus Nr. 8, wurde 1489 errichtet. Das Schankhaus befindet sich dort bereits seit dem Zeitpunkt der Erbauung. In der Mitte des Neustädtischen Markts stand ursprünglich ein Rathaus, das 1818 jedoch abgerissen wurde und das nach Plänen Karl Friedrich Schinkels der im neoromanischen Stil errichteten evangelischen **Dreifaltigkeitskirche** wich. Im östlichen Eck thront die zwischen 1309 und 1324 errichtete, backsteingotische **Sankt Jakobskirche** (Kościół św. Jakuba). Das an den Außenmauern

Thorner Kathrinchen

angebrachte Strebewerk war in ihrer Bauzeit in Westeuropa zwar längst geläufig, aber für mitteleuropäische Bauwerke immer noch ungewöhnlich. Bis auf den knapp 50 Meter hohen Turm von 1350 sowie die Kapellen, die man an der Wende zum 15. Jahrhundert in den Seitenschiffen anfügte, ist das Gotteshaus im Originalzustand erhalten. Zur wertvollen Innenausstattung unter dem farbig verzierten Sternengewölbe gehören Reste der gotischen Wandmalereien, Gemälde und Skulpturen aus dem 14. und 15. Jahrhundert, der barocke Hauptaltar und eine große Renaissanceorgel.

Am Weichselufer

Über viele Jahrhunderte hinweg war Thorns historisches Zentrum von einer nahezu komplett erhaltenen **Stadtmauer** aus dem 13./14. Jahrhundert umgeben. Sie überstand zahlreiche Kriege und fiel größtenteils im späten 19. Jahrhundert dem Modernisierungseifer zum Opfer. Teile blieben dennoch erhalten, darunter als schönster und längster Abschnitt die mit Basteien und mächtigen Tortürmen versehenen alten Ziegelstein-Wehrmauern am Weichselufer.

Der Dansker der Ordensburg

Ordensburg

Aus Ziegelstein besteht auch die Ruine der Ordensburg, die von den Deutschrittern vor fast 800 Jahren errichtet wurde. Eine erste hölzerne Feste hatten sie bereits 1231 acht Kilometer stromabwärts angelegt, ab 1260 entstand dann auf einer kleinen Anhöhe über dem Fluss auf einer Fläche von 2300 Quadratmetern die erste gemauerte Wehranlage des Deutschen Ordens im Prußenland. 1384 wurde die stattliche Anzahl von 620 000 Backsteinen erwähnt, die man zu ihrem Ausbau brauchte. Kaum endgültig fertiggestellt, schleiften die Thorner Bürger die Burg während des Aufstands gegen den Orden 1454 schon wieder. Die mächtige Anlage blieb lange eine Ruine, erst im 19. Jahrhundert restaurierte man die Überbleibsel. Das einzige vollständig im Originalzustand erhaltene Bauwerk ist der **Dansker**, der Austritt der Ritter, aus dem 13. Jahrhundert. Unschwer sind auch die Reste des achteckigen Bergfrieds zu erkennen, und ansonsten gewinnt man bei einem Spaziergang durch die Relikte der alten Ordensburg immerhin eine Vorstellung vom Ausmaß der Anlage.

▸ Karte S. 67

In der Nachbarschaft wurde hinter der Stadtmauer vermutlich aus dem Backsteinreservoir der Burgruine ab 1489 der **Bürgerhof** (Dwór Mieszczański) errichtet. Den Hauseingang bildete eine im 13. Jahrhundert gebaute Bastei, die später neugotisch umgestaltet wurde und der man an der Wende vom 19. zum 20. Jahrhundert ein damals modisches Türmchen aufsetzte.

Am nahen **Brückentor** steht das heutige Hotel ›Karczma Spichrz‹ mit Gasthaus (Mo–Sa 12–23, So 12–22 Uhr). Der ehemalige Schwedische Speicher von 1719 wurde Anfang des 19. Jahrhunderts in eine Kaserne umgewandelt, ab 1823 diente das Gebäude als militärisches Nahrungsmittellager.

Tortürme

Vier der insgesamt sechs Tortürme der Stadtbefestigung führten im Mittelalter zum Flussufer. Drei sind noch erhalten und künden bis heute von der großen Bedeutung, die der Weichselhafen besaß. Am Ende der ul. Mostowa erhebt sich das **Brückentor** (Brama Mostowa), 1432 im Zuge einer Stadterweiterung von Johann Gotland mit einem von Backsteinzinnen gekrönten Torbogen erbaut. Im Tor sieht man eine Hochwassermarke,

Das Seglertor

am 18. Februar 1570 schwoll die Weichsel bis auf 10,74 Meter an. Dem Brückentor folgen das schlichtere, wenngleich nicht weniger mächtige **Seglertor** (Brama Żeglarska) und das wuchtige **Klostertor** (Brama Klasztorna).

Die Südwestecke des Stadtwalls beschließt der **Schiefe Turm** (Krzywa Wieża). Seinen Namen verdankt das aus der ersten Hälfte des 14. Jahrhunderts stammende kuriose Gebäude seiner 1,40 Meter aus dem Lot fallenden Neigung, die einst durch Verschiebungen im Untergrund entstand. In Nachbarschaft stehen der herausgeputzte **barocke Speicher** und daneben ein **gotischer Speicher**.

Der Schiefe Turm von Toruń

Weichselkreuzfahrten

Außerhalb der Altstadtmauern findet man an den Uferterrassen Freiluftgastronomie und den Schiffsanleger für die 40-minütigen Weichselfahrten auf Höhe des **Klostertors** (Brama Klasztorna). Der Bootsanleger trägt den Namen ›Rejs‹, das heißt ›Kreuzfahrt‹ und erinnert an den gleichnamigen Kinofilm, der hier 1970 unter Regie von Marek Piwowski gedreht wurde und in Polen noch immer Kultstatus hat. Das Weichselboot ›Katarzynka‹ schipperte Passagiere damals zur Aussichtsterrasse ans jenseitige Flussufer und wurde sozusagen zum technischen Hauptdarsteller des Films, einer Satire auf Wohl und Wehe des Kleinbürgertums. Heute legen hier die Schiffe **Wanda** und **Wiking** ab, wenn sich mindestens 15 Fahrgäste einfinden. Auf Höhe des **Brückentors** (Brama Mostowa) entstand am Flussufer ein neuer Brückenkopf zur Erinnerung an die erste hölzerne Weichelbrücke, erbaut zwischen 1497 und 1500. Oft zerstört, zeigt eine Tafel (nur von der Flussseite zu sehen) die Kopie eines Gemäldes vom Eisbruch im Jahre 1853.

Hier legt das kleine Boot **Katarzynka II** zur Weichselüberquerung ab.

i Toruń

Vorwahl: 056.

Internet: www.torun.pl

Touristinformation, Rynek Staromiejski 25, Tel. 6210930; Mo–Fr 9–18, Sa/So 10–18 Uhr.

www.visittorun.com

Hauptbahnhof Toruń-Główny, ul. Kujawska 1, auf dem der Altstadt gegenüberliegenden Weichselufer. Vom Bahnhof Toruń-Miasto fahren Nahverkehrszüge in etwa 3 Minuten dorthin. Regelmäßige Verbindungen gibt es nach Bydgoszcz und Poznań.

Copernicus Toruń Hotel (€€€), Bulwar Filadelfijski 11, Tel. 6115700. Neues, modernes Viersternehaus mit 149 Komfortzimmern und großem Spa an der

Weichselbrücke. Wegen des Straßenlärms auf ein Zimmer zur Weichselseite oder mit Blick ins Grüne bestehen.
www.copernicustorunhotel.com

Hotel 1231 (€€), ul. Przedzamcze 6, Tel. 6190910. Schickes Boutiquehotel am Dansker und den Resten der Ordensburg in historischem Gebäude aus dem 13.Jh., ideale Lage zum Erkunden der Altstadt. Auf der Eingangsseite ein rauschendes Bächlein. Sehr gutes Restaurant mit Sommerplätzen unter dem Dansker.
www.hotel1231.pl

Karczma Spichrz (€€), ul. Mostowa 1, Tel. 6571140. Im restaurierten Schwedischen Speicher von 1719 an der Weichsel; Gasthaus mit polnischen Spezialitäten.
www.spichrz.pl

Gotyk (€€), ul. Piekary 20, Tel. 6584000. Stilvoll mit höchstem Komfort in gotischen Gemäuern aus dem 14. Jahrhundert.
www.hotel-gotyk.com.pl

Petite Fleur (€–€€), ul. Piekary 25, Tel. 6215100. Reizendes kleines Hotel in zwei restaurierten Bürgerhäusern im Renaissance- und im klassizistischen Stil, die Zimmer gediegen-elegant.
www.petitefleur.pl

Hostel Freedom (€), Rynek Staromiejski 10, Tel. 731218415. Zimmer mit und ohne Bad, gegenüber dem Rathaus.
www.freedomtorun.pl

Campingplatz Tramp, ul. Kujawska 14, Tel. 0666/359924; ganzjährig. Gegenüber der Altstadt am Weichselauwald, sehr laut, da neben der Auffahrt zur Piłsudski-Brücke. Mit Hotelzimmern, Hüttenvermietung, Restaurant und Sportgelände.
www.campingtramp.pl

Szeroka No. 9, ul. Szeroka 9, Tel. 6228424; tgl. 12–23 Uhr. Gehobene polnische und mitteleuropäische Küche in der Fußgängerzone, unvergessliche Crème Brûlée, internationale Weine, freundlicher Service.
www.szeroka9.pl

Pierogarnia Stary Toruń, ul. Most Pauliński 2-10; tgl. 11–23 Uhr. Wohlschmeckende Piroggen; Wintergarten und Freiluftterrasse im 1. Stock. www.pierogarnie.com

Jan Olbracht, ul. Szczytna 15. Altstädtische Minibrauerei, auch Pfefferkuchenbier. Eine Bierprobe mit den Sorten Bernstein, Pils, Weizen und Pfefferkuchen zu je 125 ml kostet etwa 3 Euro. Nur zum Biertrinken eine Empfehlung.
www.browar-olbracht.pl

Cukiernia Sowa, Rynek Staromiejski 4; Mo–Sa 9–22, So 10–21 Uhr. In der ehemaligen Königsapotheke neben dem Artushof mit herrlicher Holzbalkendecke. Verführerisches Angebot an Torten, Kuchen, Eis, auch Schokolade, Pralinen, Konfitüre und Brot.
www.cukierniasowa.pl

Lenkiewicz, ul. Rynek Staromiejski 32/34 (Zugang neben Haus zum Stern); tgl. ab 9 Uhr. Torten und das beste Eis in Toruń. Schöner Garten und Dachterrasse, kleiner Spielplatz. Auch in der ul. Wielkie Garbary 14 befindet sich ein Café/eine Konditorei unter gleicher Regie. Hier bilden sich am Eisstand oft lange Warteschlangen.

Bezirksmuseum (Muzeum Okręgowe) im Altstädter Rathaus, Rynek Staromiejski 1; Mai–Sept. Di–So 10–18, Okt.–April Di–So 10–16 Uhr, Mittwoch freier Eintritt zu den Dauerausstellungen.
www.muzeum.torun.pl

Rathausturm; Mai–Sept. tgl. 10–20, Okt. und April tgl. 10–18, Nov.–März tgl. 10–16 Uhr.

Haus zum Stern (Dom pod Gwiazdą), Rynek Staromiejski 35; Mai–Sept. Di–So 10–18, Okt.–April Di–So 10–16 Uhr, Mittwoch freier Eintritt zu den Dauerausstellungen. www.muzeum.torun.pl

Kopernikus-Haus (Dom Kopernika), ul. Kopernika 15/17; Mai–Sept. Di–So 10–18, Okt.–April Di–So 10–16 Uhr.
www.muzeum.torun.pl

▶ Karte S. 67

Thorner Pefferkuchenmuseum (Muzeum Toruńskiego Pernika), ul. Strumykowa 4; Mai–Sept. Di–So 10–18, sonst bis 16 Uhr. Nebenan großer Verkaufsladen.

Pfefferkuchenwerkstattmuseum (Żywe Muzeum Piernika), ul. Rabiańska 9; tgl. 10–18 Uhr: Einlass 15 Minuten vor voller Stunde, bitte vorher wegen Vorbereitung der Zutaten anmelden unter Tel. 6636617 oder online unter www.muzeumpiernika.pl

Sankt Johanneskathedrale (Bazylika Katedralna św. Janów), ul. Żeglarska 16; Mo–Sa 9–17.30, So 14.30–17.30 Uhr.

Museum der Reisenden (Muzeum Podróżników), ul. Franciszkańska 11; Mai–Sept. Di–So 10–18, Okt.–April Di–So 10–16 Uhr.
www.muzeum.torun.pl

Planetarium, ul. Franciszkańska 15-21, Programminformation Tel. 6225066.
www.planetarium.torun.pl

Museum der Thorner Geschichte (Esken-Palais), ul. Łazienna 16; Mai–Sept. Di–So 10–18, Okt.–April Di–So 10–16 Uhr. Von der Urzeit bis zur Gegenwart, 3D-Film ›Das Thorner Buch‹ auch in deutscher Version.
www.muzeum.torun.pl

Ethnografisches Museum (Muzeum Etnograficzne), Wały gen. Sikorskiego 19; Juli–Sept. Di und Do–So 10–18, Mi 9–16, Okt.–April Di–Fr 9–16, Sa/So 10–16, Mai/Juni Di und Do 9–17, Mi 9–16, Fr–So 10–18 Uhr. Im Sommer öffnet am Eingang zum Freilichtmuseum ein historisches Gasthaus. Auch Wechselausstellungen.
www.etnomuzeum.pl

Weichselfahrten, ab Anlegestelle Bulwar Filadelfijski (Höhe Klostertor/Brama Klasztorna); 40-minütige Fahrten tgl. 9–19 Uhr, Abfahrt stündlich.

Thorner Lebkuchen sind in der Altstadt erhältlich: ul. Strumykowa 4 (Pfefferkuchenmuseum), ul. Żeglarska 24 und 26, Rynek Staromiejskie 6 (Artushof), ul. Kopernika 42 (nahe Kopernikusmuseum) und ul. Piekary 28 (Laden ›Emporium‹).

Wochenmarkt (Targowisko), ul. Szosa Chełmińska (nördlich der Altstadt, ca. 5 Min. Fußweg vom Ethnografischen Museum). Vielfältiges Obst- und Gemüseangebot, auch Textilien etc.

Bella Skyway, einige Tage im Aug. Außergewöhnliche Illuminationen an vielen Gebäudefassaden.
www.bellaskyway.pl

Am Weichselufer

Marienburg

Am rechten Ufer des Flusses Nogat thront die Marienburg neben dem gleichnamigen Städtchen **Malbork**. Sie ist eine der berühmtesten mittelalterlichen Festungen, dazu die größte gotische Burg in Europa und das weltgrößte Architekturensemble aus Backstein. Seit 1997 ist die Marienburg in die Weltkulturerbeliste der UNESCO eingetragen.

Vom 13. bis 14. Jahrhundert ließ der Deutsche Orden in seinem Machtbereich etwa 150 Burgen errichten. Die Marienburg wurde zum vollendeten Meisterstück der Ordensarchitektur. Die Gründungstafel im Innenhof des Mittelschlosses verrät auf Latein: ›Mailand wurde aus Marmor, Ofen aus Stein und die Marienburg aus Schlamm erbaut‹,

Die Marienburg: der größte Backsteinbau der Welt

wobei mit ›Ofen‹ das heutige Budapest gemeint ist.
Bevor die Ordensbrüder Ziegelsteine aufschichten konnten, mussten sie im Morast eine künstliche Insel anlegen. Im Jahr 1274 wuchs an der Nogat eine erste Komtursburg; sie diente als Basis für die Eroberung von Pommerellen. Es war eine bescheidene Feste. Erst ab 1309, als sie zum Sitz des Hochmeisters und zur Machzentrale des Ordens auserkoren wurde, nahm die Marienburg ihre heutige Gestalt an: Mit ihrer Größe und Pracht konnte es fortan keine andere Ordensfeste aufnehmen. Die über 20 Hektar große Anlage besteht aus einer **Vorburg** mit Zeughaus und Laurentiuskirche, dem **Mittelschloss** mit dem Palast der Hochmeister und der späteren Residenz polnischer Könige sowie dem **Hochschloss**, in dem die Ordensbrüder lebten. Insgesamt betrug die Bauzeit mit Pausen etwa 150 Jahre. Pestepedemien führten dazu, dass alle am Bau Beteiligten hinweggerafft wurden und die Arbeiten daher längere Zeit ruhten.

Erst die vernichtende Niederlage 1410 gegen polnisch-litauische Truppen bei Tannenberg, dem heutigen Grunwald, schränkte die Allmacht des Ordens ein. 1457 kam die Marienburg unverhofft in den Besitz der polnischen Krone. Die Burg musste nicht erobert werden: Nach aufreibenden Kriegen und Gebietsverlusten hatte der Orden kein Geld, seine Söldner zu bezahlen. Er gab die Burg deshalb als Pfand an das eigene Heer. Die neuen Eigentümer erwiesen sich aber als wenig loyal und warteten nicht, bis der Orden wieder über Geld verfügte, um die Burg auszulösen. Sie verkauften die Feste an den polnischen König. Hier regierten bis ins 18. Jahrhundert die Starosten, Statthalter des polnischen Regenten. Nach der Ersten Teilung Polens kam die Anlage in preußischen Besitz. Nun begann der Abriss, um Baumaterial für Häuser in der Stadt zu gewinnen; später nutzte man die Mauern als Kaserne. Die aufkommende Romantik setzte dem Treiben ein Ende. Ab 1817 wurde die Burg originalgetreu im spätgotischen Stil rekonstruiert. Der könig-

Im Großen Remter der Marienburg

liche Baumeister Karl Friedrich Schinkel rief eigens für die Burg eine Restaurierungsschule ins Leben. Etwa die Hälfte der Bausubstanz sank in Trümmer, als im Frühjahr 1945 deutsche und sowjetische Truppen erbittert um die Marienburg und die Nogatbrücke kämpften. Am 9. März kapitulierten die deutschen Verteidiger. Der originalgetreue Wiederaufbau im Stil der Ordenszeit ist mit der Instandsetzung der Vorburg weitgehend abgeschlossen.
Heute bilden Hoch-, Mittel- und Niederschloss ein einziges monumentales Museum, in dem Besucher mittelalterliche Skulpturen, Waffen, Ritterrüstungen, Münzen, Porzellan und eine große Bernsteinkollektion zu Gesicht bekommen.
Am Besucherausgang der Burg befindet sich eine Fußgängerbrücke über den Fluss Nogat.

Ein Rundgang

Wer sich für eine Besichtigung mit dem Audioguide entschließt, braucht nur den Zahlentafeln zu folgen. Die Besichtigung beginnt demnach am Verteidigungssystem des **Zwingers**.

■ Mittelschloss

Auf dem Hof des Mittelschlosses befindet sich linker Hand die **Ausstellung zur Geschichte des Bernsteins**, die größte ihrer Art in Polen.
Rechts besichtigt man die **Infirmerie**, das einstige Kreuzritterhospital. Hier kurierte man die Kranken, und Sterbende verbrachten hier ihre letzten Tage. Heute sieht man in dem früheren Hospital eine **Fotoausstellung** mit vielen ehemaligen Ordensburgen. Im Remter der Infirmerie blieb ein Säulenkapitel mit originaler Farbigkeit aus dem 14. Jahrhundert erhalten. Es zeigt eine Kampfszene zwischen Kreuzrittern und Heiden. Die höchsten Würdenträger des Deutschen Ordens und später die polnischen Könige hatten im Hochmeisterpalast ihre Gemächer, die Gewölbe sind mit Pflanzenornamenten, die Wände mit gemalten Vorhängen verziert.
Der **Große Remter**, ein repräsentativer Versammlungs- und Empfangssaal, macht seinem Namen alle Ehre: Es ist der größte je vom Orden erbaute Saal und weltweit einer der größten gotischen Säle überhaupt: 30 Meter lang, 15 Meter breit und 9 Meter hoch. Drei Säulen tragen das herrliche Sternengewölbe. Hier wurden alle hohen Gäste und Gesandte des Ordens begrüßt. Auf dem Fußboden in der Mitte sieht man viele kleine Deckelchen. Das war die Fußbodenheizung des Mittelalters, unter dem Boden strahlten heiße Steine Wärme ab. Die Wandmalereien stammen vom Anfang des 20. Jahrhunderts und verherrlichen die deutsche Nation, weshalb sie im Jahr 1958 übermalt und erst 2006 wieder freigelegt wurden. Die Küche des Großen Remters beeindruckt mit ihrer riesigen Kaminhaube.
Das fein gefächerte Rippengewölbe des **Sommerremters** wird nur von einer Säule getragen, von der reichen Verzierung blieb die Pflanzenornamentik erhalten. Die Kanonenkugel über dem Kaminabzug erinnert an die polnisch-litauische Belagerung von 1410, als mit einem Schuss vom Westufer der Nogat der Sommerremter zum Einsturz gebracht werden sollte. Die Kugel verfehlte ihr Ziel. Jüngste Mörteluntersuchungen bestätigten, dass die originale Munition hier wahrhaftig im 15. Jahrhundert für die Nachwelt eingemauert wurde.
Die berühmte **Waffenkammer** der Marienburg ging in den Nachkriegswirren verloren, die jetzige Schlosssammlung wurde ab dem Jahr 1961 zusammengetragen, darunter auch eine vollständige Husarenrüstung mit charakteristischem

Federschmuck aus dem 17. Jahrhundert. Im oberen Hof des Mittelschlosses stehen die lebensgroßen **Plastiken** von vier herausragenden Hochmeistern. Sie waren Teil eines größeren Denkmals, das sich bis 1945 vor dem Tor zum Mittelschloss befand.

Hochschloss

Hat man das Tor zum Hochschloss passiert, führt der Weg nach links in die **St. Annakapelle**. Es ist die Begräbnisstelle von elf Hochmeistern, aber nur drei Grabplatten sind erhalten geblieben. Außerhalb, an der östlichen Ringmauer, lag der **Friedhof** der Ordensbrüder. Hier fanden auch die Toten der Schlacht von Tannenberg ihre letzte Ruhe. Die heute vorhandenen sechs Grabsteine tragen nur schlichte Kreuze. Man fand sie 1948 auf dem Gelände der einstigen Danziger Ordensburg, auch die großen Grabplatten stammen von dort. In der Mitte des Hochschlosshofes steht ein **Brunnenhäuschen**, der Wasserspiegel liegt 14 Meter tief. Auf dem Brunnendach thront ein steinerner Pelikan, der die Jungvögel mit seinem eigenen Blut füttert. Die **Konventküche** zeigt sich so, als hätten sie die Köche gerade verlassen. Man ernährte sich damals vorwiegend von Obst, Gemüse, Pilzen und Grütze; der Hochmeister aß Weißbrot, die Ritter Schwarzbrot. Kartoffeln gab es zu jener Zeit in Europa noch nicht. Ein Kochmeister musste alle Speisen vorkosten – überlebte er, wurden die Speisen aufgetragen. Es wurde den Ordensbrüdern auch erlaubt, statt eines Kochmeisters eine über 60-jährige Frau einzustellen. Manchmal legten sie die Vorschriften weit aus und warben lieber zwei 30-jährige oder drei 20-jährige Frauen an.

Maria an der Burgkirche St. Marien

▸ Karte S. 80

Im ersten Stock des Hochschlosses verläuft der **Kreuzgang** mit einigen reich verzierten Kragsteinen. Hier befindet sich auch der Zugang zum **Turm**, von wo aus man die Burgszenerie aus einer neuen Perspektive erblickt.

Vom Kreuzgang gelangt man zur **Goldenen Pforte**, die alle anderen Bildhauerkunstwerke auf der Marienburg überstrahlt. Das herrliche Portal zur Burgkirche **St. Marien** entstand im 13. Jahrhundert aus gebrannten Tonziegeln. Der noch in den Originalfarben erhaltene Reliefschmuck zeigt das Jüngste Gericht sowie die klugen und törichten Jungfrauen. Hier liefen die Ordensbrüder alle drei Stunden hindurch zu liturgischen Gesängen. St. Marien war einst das wichtigste Gotteshaus des Ordens in Preußen und für die reichen Reliquiensammlungen berühmt. Im Zweiten Weltkrieg gingen fast alle Kunstwerke der Kirche verloren, auch die acht Meter hohe farbige Marienfigur – die Namensgeberin der Feste. Jetzt schmückt eine Replik der Maria den angestammten Platz in einer Außennische des Chores. Mehr als 300 000 Glassteinchen zieren als Mosaik die monumentale Statue Mariens mit dem Jesuskind. Bei der Rekonstruktion nutzten die Spezialisten etwa 60 Prozent Originalteile, die nach 1945 in den Trümmern der zerstörten Anlage gefunden wurden. Die bunten Glaselemente wurden in Venedig hergestellt, die mit Gold versehenen Mosaikplättchen stammen aus dem nahe gelegenen Danzig. Sie lassen die Skulptur bei Sonnenaufgang eindrucksvoll erstrahlen, ganz so, wie es ihre Schöpfer vom Deutschen Orden einst vorgesehen hatten, um ihre Patronin zu ehren. Innen können Besucher wieder das prächtige Sterngewölbe bestaunen und den schönen Keramikfußboden betreten, auch die Westempore mit einem Altaraufbau ist wieder zu sehen, der Hauptaltar hingegen bleibt verloren. Im Zuge der Arbeiten konnten auch die St. Annenkapelle mit den Gräbern von elf Hochmeistern des Ordens, der Pfaffenturm, das Glöcknerhaus und der Hauptturm erneuert werden.

Der **Kapitelsaal** des Hochschlosses war ein bedeutender Ort, hier trafen sich die Mönchsritter zu wichtigen Beratungen, hier wurde über Krieg und Frieden entschieden. Der **Konventremter** im zweiten Stock des Südflügels, der Sammlungs- und Ruheraum der Ordensbrüder, gefällt durch seine architektonische Harmonie: Sieben schlanke Pfeiler tragen ein herrliches Kreuzrippengewölbe. Das Wandgemälde ›Das letzte Abendmahl‹ stammt aus dem 19. Jahrhundert.

In Sommernächten verzaubert die Nachtshow **Licht und Klang** (światło i dświęk) die alten Mauern. Scheinwerfer strahlen die Burg an, auf dem Pflaster ertönt das Stimmengewirr der Ritter.

Sehenswertes im Ort

Das Städtchen Malbork erscheint im Schatten der Burg klein und unbedeutend – etwas zu Unrecht. Wer länger bleibt, besichtigt vielleicht das gotische **Rathaus**, die spätgotische **Stadtpfarrkirche St. Johannes** und die alten **Stadtwälle**.

In der Einkaufsstraße ul. T. Kościuszki steht ein bronzenes **Reiterdenkmal für König Kasimir den Jagiellonen**, der im Juni 1457 triumphal in der Marienburg einzog. Hier plätschert auch ein **Brunnen**, um 12.05, 15, 17 und 19 Uhr untermalt von Musik. Freitag- und Samstagabend gibt es dazu auch eine Lichtshow.

In der Piłsudski-Straße findet man eine **Miniatur der Marienburg**, erbaut aus einer Million kleiner Ziegel im Maßstab 1:30 auf 55 Quadratmetern.

Bahnliebhaber dürfen sich am wunderschön herausgeputzten Marienburger **Bahnhof** erfreuen. Er ist ein wahres Schmuckstück und erscheint wie ein Museum. Seine Haupthalle erinnert an die Hochzeit des deutschen Eisenbahnwesens zu Beginn des 20. Jahrhunderts. Unter der farbig verzierten Holzkuppel sind unter anderem die Stadtwappen von Berlin, Memel (heute Klaipėda) und Insterburg (heute Tschernjachowsk) zu sehen, die deutsche Beschriftung blieb erhalten. Auch im Wartesaal zeigt sich eine verzierte Holzdecke.

Etwas östlich der Burg liegt ein **Dinopark** mitsamt Klettergarten (ul. Toruńska 61, www.dinopark.malbork.pl, poln.).

i Malbork/Marienburg

Vorwahl: 055.

Welcome Center, ul. Kościuszki 54, Tel. 6474747. www.visitmalbork.pl

Bahnhof, östlich der Altstadt, ca. 1 km von der Marienburg entfernt. Halbstündlich Verbindungen mit Gdańsk und Warschau, mehrmals täglich Züge nach Elbląg. Der **Busbahnhof** ist direkt neben dem Bahnhof.

Parkplatz, ul. Sierakowskich (an der Burg) Auto (25 Zł für 3 Std), Caravan (50 Zł für eine Nacht).

Tel. 2723320 (Bahnhof)
Tel. 6472120 (pl. Wolności)

Centrum (€€), Aleja Rodła 7, Tel. 605405555. Modernes Boutique-Hotel in der Einkaufsstraße neben einem kleineren Shoppingcenter. Klimatisierte Zimmer, bewachter Parkplatz, nur ca. 5 Minuten Fußweg bis zum Eingang der Marienburg.
www.hotelmalbork.pl
Stary Malbork (€€), ul. 17-Marca 26–27, Tel. 6472400. Kleines Hotel in einem Jugendstilgebäude im Stadtzentrum, mit Restaurant und Café.
www.hotelstarymalbork.com.pl
Grot (€€), ul. Kościuszki 22d, Tel. 6469660. Kleines Mittelklassehotel mit Restaurant, am Kreisverkehr unweit vom Bahnhof.
www.grothotel.pl
Jugendherberge (€), ul. Żeromskiego 45, Tel. 2722408. Ganzjährig geöffnet, 50 Betten, etwa 600 Meter von der Marienburg entfernt.
www.schroniskomalbork.com (poln.)

Centrum Aktywnego Wypoczynku w Malborku, ul. Parkowa 3, 2722413; April–Okt. Vier-Sterne-Platz im Stadtpark nahe dem Fluss Nogat.
www.caw.malbork.pl
Nad Stawem, ul. Solskiego 10, Tel. 501406740. Neuer und gepflegter Caravanplatz an einem Teich, am Westufer der Nogat nahe der Bahnbrücke.
www.malbork-kemping.eu

Gothic Café/Restaurant, in der Marienburg, Tel. 6470889. Zugang vom Hof des Mittelschlosses auf der linken Seite. Stimmungsvoller Säulensaal, Elemente der Mittelalterküche. Das grüne Huhn mit Petersilie wird auf Karotten mit Nüssen und Sesam gereicht.
www.gothic.com.pl
Restaurant Piwniczka, ul. Starościńska 1, Tel. 6470917; April–Okt. tgl. 10–20, Nov.–März Di–So 10–17 Uhr. Eingang vom Graben oder dem Hof der Mittleren Burg. Polnische Küche.
U Flisaka, ul. Wałowa, Tel. 509800674; Mai–Sept. 10–22, sonst 11–20 Uhr. Restaurantschiff am Westufer der Nogat mit herrlichem Blick auf die Marienburg – besonders eindrucksvoll in der Abendsonne; auch Freiluftplätze. Zugang über die Fußgängerbrücke. Polnische Küche und Pizza, Tipp: Zanderfilet mit Gemüse.
www.uflisaka.pl

Spiżarnia Jazz Club, ul. Dworcowa 23 (nahe dem Bahnhof); tgl. ab 12 Uhr bis zum letzten Gast. 40 verschiedene Biersorten von regionalen Brauereien, darunter ein Honigbier altpolnischer Rezeptur.

Burgmuseum. Mai–Sept. tgl. 9–19, Okt.–April 10–15 Uhr, Burghof bis 20 Uhr, in der Nachsaison bis 16 Uhr. Ab 17.45 Uhr gilt ein Ermäßigungstarif (kleine Besichtigungsrunde), ab 18.45 Uhr ist nur noch das Burggelände frei zugänglich. Montags können nur wenige Räumlichkeiten kostenfrei besichtigt werden. Deutschsprachige Führungen sind ständig im Angebot. Mit der Eintrittskarte erhält man vor dem Burgeingang ein Audiogerät (auch deutsche Version). Für eine Besichtigung sollten etwa drei Stunden eingeplant werden.
www.zamek.malbork.pl
Burgturm im Hochschloss, Mitte April–Mitte Mai Mo 10–18.40, Di–So 11–18.40 Uhr.

Belagerung von Malbork; am dritten Juliwochenende. Großes mittelalterliches Spektakel
Magic Malbork; Aug.
www.magicmalbork.pl (poln.)

▶ Karte S. 80

Der Deutsche Orden

Auf eine über 800-jährige Geschichte blickt der Deutsche Orden zurück. Gegründet wurde er während der christlichen Kreuzzüge in der Stadt Akkon (heute Akko) im Heiligen Land. Zur Zeit des Dritten Kreuzzugs von 1189 bis 1192 gegen die muslimische Welt entstanden dort verschiedene Hospitalorden, deren Aufgabe in der Betreuung verletzter Ritter bestand – darunter der Templer- und der Johanniterorden sowie der von Bremer und Lübecker Hansekaufleuten finanzierte Orden des Spitals St. Marien vom Deutschen Haus zu Jerusalem. Acht Jahre später, 1198, wurde er bereits in einen geistlichen Ritterorden umgewandelt und unmittelbar dem Papst unterstellt. Damit war das Fundament für den Aufstieg der Deutschritter gelegt, wie man die Bruderschaft mit schwarzem Kreuz auf weißem Mantel als Ordenszeichen bald nannte. Der Orden wurde zu einer der größten Militärmächte des europäischen Mittelalters. In seiner Blütezeit gehörten ihm etwa 3000 Ritter an, und nur Edelleuten war es vergönnt beizutreten. Ein Novize legte dazu nach sechs Monaten Prüfung entweder als Ritter-Bruder oder als Priester-Bruder sein Gelübde ab, das ihn anschließend als Mönch oder Ritter zu Keuschheit und Gehorsam verpflichtete. Als Statthalter des Ordenshochmeisters führten so genannte Landmeister die einzelnen Landesprovinzen an. An der Spitze der Hierarchie stand der Hochmeister mit fünf Großgebietern an seiner Seite: dem Treßler als Finanzverwalter, dem Marschall als Oberbefehlshaber des Heeres, Spittler und Trappier für Gesundheit und Bekleidung sowie dem Komtur als Stellvertreter des Hochmeisters. Die alltäglichen Arbeiten verrichteten ›Halbbrüder‹ (Laienbrüder) aus nicht blaublütigen niederen Ständen.

1211 rief König Andreas II. von Ungarn die militärisch schlagkräftigen Deutschherren zur Sicherung seiner östlichen Reichsgrenze ins Burzenland (Siebenbürgen). Nach der Gründung von Kronstadt und dem Versuch, dort einen eigenen, souveränen Ordensstaat einzurichten, verwies sie der König 1225 wieder des Landes.

Im Anschluss an diesen Misserfolg begann einer der bedeutendsten Abschnitte in der Geschichte des Deutschordens: Der christliche polnische Herzog Konrad von Masowien wandte sich an den Ordenshochmeister Hermann von Salza mit der Bitte, ihn in seinem Kampf gegen die heidnischen Prußen zu unterstützen. Bereits 1221 war ein Kreuzfahrerheer unter Führung polnischer und deutscher Ritter tief ins Prußenland vorgedrungen; drei Jahre später hatten die Prußen ihrerseits zum Gegenschlag ausgeholt und waren weit nach Masowien und ins Kulmer Land vorgestoßen. 1226 rief Herzog Konrad deshalb den Deutschen Orden zur Hilfe und übertrug ihm als Belohnung für einen erfolgreichen militärischen Beistand die Gebietsrechte am Kulmer Land sowie ›alles Land, das er mit Gottes Zutun in Preußen erobern kann.‹ So wurde es 1226 in der ›Goldenen Bulle von Rimini‹ vom Kaiser des Heiligen Römischen Reichs, Friedrich II., schriftlich niedergelegt.

Darauf folgten rasch die Gründungen von Thorn (1231), Kulm (1232), Elbing (1237) und Königsberg (1255). Bereits 1283 waren die Prußen vollständig unterworfen und der Deutsche Orden zu einem mächtigen, souveränen Staatswesen geworden. Sein Territorium umfasste ein Gebiet von Pommerellen bis zum Finnischen Meerbusen und im Süden von Thorn bis nach Lyck im südöstlichsten Winkel des ehemaligen Ostpreußen. Kolonisten aus vieler Herren Länder ließen sich im Schatten der Ordensburgen nieder, und 1309 wurde schließlich der Hochmeistersitz von Venedig in die Marienburg am östlichen Ufer der Nogat verlegt, deren gewaltiger Ausbau damit begann. Die Deutschritter befanden sich auf dem Höhepunkt ihrer Macht.

Doch nachdem die Prußen-Mission so erfolgreich zu Ende gebracht war, geriet der ehrgeizige Ordensstaat zunehmend in Konfrontation zum benachbarten Königreich Polen. Dieses war seit der Heirat Jagiellos von Litauen mit Jadwiga von Polen 1386 zum mächtigen Doppelreich Polen-Litauen emporgewachsen. 1409 kam es zum Krieg und am 15. Juli 1410 zur berühmten Schlacht bei Tannenberg in Masuren (in Polen nach dem Nachbardorf Grunwald benannt), die mit einer vernichtenden Niederlage für die Deutschherren endete. Im Ersten Frieden von Thorn 1411 mussten sie beträchtliche Gebietsverluste hinnehmen sowie eine schmerzliche Geldstrafe entrichten. Der Dreizehnjährige Krieg, den die preußischen Stände mit 19 Städten unter Führung Danzigs 1454 bis 1466 gegen die Deutschritter führten, riss weitere Löcher ins Geldsäckel. Schon im dritten Kriegsjahr sah sich der Orden genötigt, die Marienburg an seine Söldnerheere zu verpfänden, welche die Burg dann an die polnische Krone weiterverkauften. Der Hochmeister mit seinem Tross zog in die Burg Königsberg um.

Der Zweite Thorner Frieden 1466 besiegelte endgültig den Untergang des Ordensstaats. Pommerellen mit Danzig, das Kulmer Land sowie die Gebiete von Marienburg, Elbing und das gesamte Bistum Ermland gingen verloren, die als ›Preußen Königlich Polnischen Anteils‹ der polnischen Krone zugesprochen wurden. Unter dem Hochmeister Albrecht von Brandenburg-Ansbach fand 1525 die Umwandlung des Ordensstaats in ein weltliches protestantisches Herzogtum unter polnischer Lehnshoheit statt. Vollständig aufgelöst wurde der Deutsche Orden 1809 durch Kaiser Napoleon, jedoch 1839 vom österreichischen Kaiser Franz I. unter dem Namen ›Deutscher Ritterorden‹ wieder in Stand und Würde gesetzt. Im Zuge der Machtergreifung der Nationalsozialisten wurde der Orden verboten und 1945 in Österreich und der Bundesrepublik abermals wiederbelebt. Heute betreibt er in Deutschland sowie in ostmitteleuropäischen Ländern Senioren- und Pflegeheime. Die Anzahl der Ordensmitglieder – Brüder, Klosterschwestern und Familiare – beträgt rund 1000 Personen, 5000 Angestellte hat der Orden. Im August 2000 wählte man Abt Dr. Bruno Platter zum 65. Hochmeister in der Geschichte des Deutschordens, der seinen Sitz heute in Wien hat.

Berühmte Hochmeister des Deutschen Ordens in der Marienburg

Gdańsk

Das Flair einer großen Hafenstadt, die charakteristische Luft des Nordens, Lachmöwen an der still dahin fließenden Mottlau (Motława) und Backsteingotik neben wundervoll geschmückten Fassaden der Patrizierhäuser – all dies macht heute das quicklebendige Danzig aus. Heute ist es kaum noch vorstellbar, dass im März 1945 rund 90 Prozent der Innenstadt in Trümmern lagen. In den Nachkriegsjahrzehnten wurde die Rechtstadt nach historischen Plänen mit viel Sachverstand und Liebe zum Detail wieder zum Leben erweckt. Das Preußische verschwand meist aus dem Stadtbild, man orientierte sich an den Vorbildern des 17. Jahrhunderts.

Die vielen architektonischen Juwelen im Zentrum verdienen zweifellos einen längeren Aufenthalt. Der Lange Markt mit seinen Giebelhäusern, Artushof und Neptunbrunnen gehört zu den schönsten Plätzen des Kontinents. Stilvolle Restaurants und Cafés, oft mit jahrhundertelanger Tradition, sowie einige erstklassige Museen und Ausstellungen laden zudem zum Besuch ein. Die Innenstadt besteht aus mehreren Teilen, die im Mittelalter selbständige Städte waren: **Rechtstadt**, **Altstadt**, **Alte Vorstadt**. Für Touristen wird hauptsächlich die Rechtstadt (Główne Miasto) mit den meisten Prachtbauten von Interesse sein. Die Rechtstadt kann man vom Hauptbahnhof (Gdańsk-Główny) bequem zu Fuß erreichen.

Das Stadtwappen von Gdańsk

Geschichte

Schriftlich wurde ›Gyddanzyc‹ (›Waldwasserstadt‹) bereits 997 in der Biografie des heiligen Adalbert – ›Vita sancti Adalbert‹ – erwähnt. Der Missionar pilgerte damals aus Prag an die Ostsee, um die Danziger Einwohner zu taufen. Zu jener Zeit war das Fischerdorf mit einem Hafen im Besitz des polnischen Herzogs Bołesław des Tapferen.

Die Stadtrechte wurden Danzig 1227 zuerkannt, zu jener Zeit waren hier die Herzöge von Pommerellen aus dem Weichselgebiet ansässig. 1308 hielt der Deutsche Orden Einzug; die Begleitumstände des Machtwechsels sind noch immer umstritten. Einigen Chroniken zufolge soll der Orden dabei die gesamte Bevölkerung ermordet haben, andere wiederum sprechen von einer ordensfeindlichen Propaganda.

An der Südgrenze der alten Stadt ließen die Rittermönche die sogenannte Rechtstadt errichten. Später gründeten sie die Neustadt und bauten die Innenstadt wieder auf. Im Jahr 1361 trat Danzig der Hanse bei.

Wasserspeier in der Rechtstadt

Mitte des 15. Jahrhunderts büßte der Deutsche Orden seine Vormacht ein. Die Danziger Bürger unterstellten sich freiwillig dem polnischen König, der im Gegenzug seinen Untertanen zahlreiche Privilegien zubilligte: das Handelsmonopol für den Seehandel mit Holz und Getreide im Königreich, außerdem weitgehende Autonomie.

Im Zuge der sich über Europa ausbreitenden Reformation wurde Danzig protestantisch. Die polnische Krone tolerierte die protestantische Insel im katholischen Reich und sicherte der Stadt 1557 den Protestantismus brieflich zu. Die Toleranz wurde belohnt: In den Nordischen Kriegen versuchten die protestantischen Schweden immer wieder, Danzig mit religiösen Argumenten auf ihre Seite zu ziehen. Doch die Danziger, darunter auch viele Deutsche, schworen, dem Polenkönig ›getreu und hold zu sein‹.

Schnell wuchs Danzig zur größten und mächtigsten Metropole an der Ostsee, im 16. und 17. Jahrhundert hatte sie etwa 90 000 Einwohner. In dieser Epoche entstanden viele Prachtbauten. Obwohl immer mehr Deutsche in Danzig lebten, stand die Stadt immer loyal zum polnischen König.

Nach der Zweiten Teilung Polens im Jahr 1793 wurde die Hansestadt preußisch. Ihre Blütezeit endete abrupt, da sie nun vom Weichsel-Hinterland abgeschnitten war. Napoleons Truppen besetzten die Stadt und zerstörten sie teilweise. Die Franzosen gründeten zugleich die erste Freistadt Danzig, dieser Status förderte den Aufschwung. 1815 kam Danzig wieder zu Preußen und ab 1871 zum Deutschen Reich. Der Hafenausbau und die profitablen Werften brachten eine erneute wirtschaftliche Blüte.

Gemäß den Bestimmungen des Versailler Vertrages wurde Danzig 1920 mitsamt seiner Umgebung, insgesamt etwa knapp 2000 Quadratkilometer, als ›Freie Stadt‹ der Kontrolle des Völkerbundes unterstellt. Viele polnische Waren für den Weltmarkt konnten nun günstig über den Danziger Hafen umgeschlagen werden: Polen wurde eine Zollunion mit der Freistadt eingeräumt. Das Experiment einer friedlichen Koexistenz zwischen Deutschen und Polen scheiterte an nationalistischen Umtrieben auf beiden Seiten.

▲ Karte: hintere Umschlagklappe

Am 25. August 1939 legte im Danziger Hafen Neufahrwasser das deutsche Schulschiff ›Schleswig-Holstein‹ an, scheinbar zum Besuch. Zuvor war heimlich auf der Ostsee eine Elitetruppe für Landungsunternehmen zugestiegen. Im Morgengrauen des 1. September 1939 wurde von hier der Überraschungsangriff auf die Befestigung der Westerplatte gestartet, unterstützt von Einheiten der ›SS-Heimwehr Danzig‹. Das war der Beginn des Zweiten Weltkrieges.

Bei zwei Angriffswellen der Roten Armee im Februar 1945 fiel die Rechtstadt in Trümmer. Die noch ältere Altstadt blieb unversehrt, wurde aber bei deren Eroberung am 30. März durch Flächenbrandstiftung der Sowjets zu 90 Prozent zerstört.

Nach dem Zweiten Weltkrieg wurden drei Zukunftsvarianten diskutiert: Die Ausweisung des riesigen Ruinenfelds als Mahnmal, der Wiederaufbau der Stadt in modernem Gewand oder die Rekonstruktion. Glücklicherweise entschloss sich die polnische Regierung für die letzte Variante. Die Gelder flossen nach einem Spendenaufruf der UNO aus ganz Europa. Bei den Wiederaufbauarbeiten war es das Ziel der Restauratoren, das historische Zentrum so wieder herzustellen, wie es im 17. Jahrhundert bestanden hatte. Unter Zuhilfenahme der Stadtarchive und unbehindert von Eigentumsansprüchen privater Spekulanten gelang es ihnen, das ursprüngliche Gesicht zu rekonstruieren: In wesentlichen Teilen war die Altstadt bis Anfang der 1960er Jahre auf einer Fläche von 40 Hektar wieder aufgebaut.

Ab den 1970er Jahren geriet Danzig oft in die Schlagzeilen der Weltpresse. Während des Streiks auf der Werft im Dezember 1970 wurden 45 Arbeiter erschossen. Nach neuen machtvollen Streiks erzwangen die Danziger Werftarbeiter im August 1980 die Geburt der Solidarność (Solidarität), der ersten freien Gewerkschaft im Ostblock. Die Streikenden der Lenin-Werft hatten damit den Untergang des Sozialismus eingeläutet. Im Jahr 1997 musste die Danziger Werft Konkurs anmelden und wurde ein Opfer des Systemwechsels, den sie selbst mit ausgelöst hatte. Zwei neue Reparaturwerften arbeiten heute jedoch so profitabel, dass die Arbeitslosenquote in der Stadt nur drei Prozent beträgt. In der Werfthalle B 90, in der einst Lech Wałęsa arbeitete, befindet sich heute der beste Musikclub der Stadt.

Die Rechtstadt

Das **Hohe Tor** (Brama Wyżynna) ist mit bildhauerischen Elementen von Willem van den Blocke geschmückt, so zum Beispiel rechts mit dem Wappen von Danzig, in der Mitte mit dem Wappen von Polen und links mit dem von Ostpreußen. An diesem prachtvollen Stadttor, das in den Jahren 1574 bis 1588 von Hans Kramer errichtet wurde, beginnt die touristische Hauptroute, der sogenannte **Königsweg**: Auf der Langgasse, der ul. Długa, ritten die polnischen Könige bei ihren Besuchen in die Rechtstadt ein. Eine Inschrift auf dem Tor lautet: ›Justitia et pietas duo sunt regnorum omnia fundamenta‹ – ›Gerechtigkeit und Glauben

Kunstvolles im Bernsteinmuseum

sind die Basis jeder Macht‹. Den zweiten Teil übersetzten die Danziger auch spaßeshalber mit: ›Rum ist die Hauptsache‹. Einst gab es hier einen Wassergraben mit Zugbrücke, von letzterer zeugen noch die Rollen oberhalb des Einganges. Im Hohen Tor befindet sich die **Touristinformation für die Region Pommern**.

Stockturm

Stadteinwärts steht der spätgotische Stockturm (Przedbramie) als Rest der ehemaligen Verteidigungsanlage; er wurde später zum Gefängnis mit Folterkammern umgebaut. Auf vier Etagen des Turms sind die Sammlungen des **Bernsteinmuseums** ausgestellt. Im zweiten Stock sieht man Bernsteine mit Pflanzen- und Tiereinschlüssen. Meist sind diese kleiner als 1 bis 15 Millimeter, die hier gezeigten erreichen eine Größe von über einem Zentimeter. Mehrere der großen Exemplare ähneln einem Brot, der schwerste Bernstein wiegt über acht Kilogramm. Im dritten Stock sieht man verschiedene Schmuckstücke, darunter Ketten, Truhen und Medaillons, aber auch ein Kruzifix. Große Humpen, ein Schachspiel, exotische Früchte und ein Flügelaltar sind in den Vitrinen des vierten Stocks ausgestellt und in der fünften Etage gar eine Fender-E-Gitarre aus Bernstein. Im ersten Stockwerk befindet sich auch eine kleine **Militaria-Schau** mit historischen Waffen und Uniformen. Anschließend kommt der Besucher in das **ehemalige Gefängnis**. In einer Zelle blieb ein Peinigerklotz erhalten. Der Verurteilte musste hier zur Enthauptung den Kopf auflegen. Es sind Nachbauten und Skizzen historischer Folterinstrumente zu sehen, im Hintergrund ist das Wehklagen der Gepeinigten zu hören.

Goldenes Tor

Das Goldene Tor (Złota Brama) ist das jüngste der drei Stadttore und wurde zwischen 1612 und 1614 römischen Triumphbögen im Stil der Renaissance nachempfunden. Einst war das Tor mit

▲ Karte: hintere Umschlagklappe

Viel besucht: die Langgasse

echtem Gold dekoriert. Die Attika zieren beidseitig allegorische Statuen bürgerlicher Tugenden: Frieden, Freiheit, Reichtum und Ansehen. An der Stadtseite befindet sich eine lateinische Inschrift, die übersetzt lautet: ›Durch Eintracht wachsen kleine Staaten, durch Zwietracht vergehen auch große‹.

Die backsteinerne **Sankt Georgshalle** (Dwór Bractwa św. Jerzego) neben dem Goldenen Tor war einst prunkvoller Sitz für die Schützengilde der Georgenbrüderschaft – im Ballsaal mit unglaublicher Akustik finden Konzerte statt (im Juli und August täglich um 20 Uhr). Eine Plastik des heiligen Georg mit dem Drachen zu seinen Füßen krönt die Turmspitze.

■ ul. Długa

Der Königsweg führt weiter durch das Goldene Tor in die ul. Długa. Nach dem Zweiten Weltkrieg wurde die Gasse zur Promenade verbreitert, die Beischläge verschwanden, und eine Häuserfront wurde einige Meter in die Tiefe versetzt. Die Gasse ist als Ganzes ein architektonisches Schmuckstück, einzelne Häuser sind besonders sehenswert.

Das **Uphagenhaus** (Dom Uphagena, Nr. 12) wurde 1776 bis 1779 für den Patrizier Johann Uphagen erbaut. Es ist zur Marktseite sehr schmal, seine Länge ist dafür erstaunlich; ein überdachter Trakt verbindet zwei Gebäude. Die Inbesitznahme Danzigs durch Preußen löste 1793 eine Wirtschaftskrise aus. Viele Bürger verarmten, so auch die Uphagens. Sie schenkten ihr Anwesen der Stadt. Ihren Wunsch, dass alles unverändert erhalten bleiben solle, beherzigten die neuen Eigentümer bis heute. 1998 wurde hier das Museum bürgerlicher Wohnkultur des 18. Jahrhunderts wiedereröffnet. Die Ausstellung bietet die einmalige Gelegenheit, eine Danziger Wohnung aus jener Zeit zu bestaunen. Auch das Uphagenhaus wurde im Zweiten Weltkrieg zerstört. Ein Teil des Inventars war zuvor ausgelagert worden, und so konnte vieles rekonstruiert werden. Eine Fotoausstellung zeigt die ursprüngliche Ausstattung.

Die **Hauptpost** (Poczta Główna) war Sitz der preußischen Post. Das Interieur zeigt ein getreues Bild vom Ende des 19. Jahrhunderts. Das Gebäude dient noch immer seinem ursprünglichen Zweck. Im schönen Lichthof mit einigen bunten Mosaikfenstern schweben Brieftauben an Fäden.

Das schmale **Ferberhaus** (Dom Ferberów) gleich daneben gefällt mit einer üppig verzierten Renaissancefassade. Das Gebäude war beinahe 300 Jahre Stammsitz der Familie Ferber. Keine andere Danziger Familie hatte ähnlich starken Einfluss auf die Stadtpolitik: Fünf Söhne bekleideten das Bürgermeisteramt, zwei wurden Stadtpfarrer, und ein Sohn brachte es sogar zum Bischof des Ermlandes.

Mit dem herrlichen **Zierenberghaus** (Kamienica Czirenbergów, Nr. 29) gelang es der Familie Freder, Missgunst bei den Nachbarn zu schüren. An der Fassade aus dem 17. Jahrhundert steht in der Mitte geschrieben: ›Pro invidia‹ – ›Für den Neid‹. So ließen die Besitzer ihre Mitbürger glauben, sie wären die Reichsten. Das schöne Haus ist mit den Porträts römischer Persönlichkeiten verziert, darunter sind die Kaiser Tiberius und Nero.

Das **Löwenschloss** (Lwi Zamek, Nr. 35) mit grüner Fassade fällt mit üppigem Zierrat und Pilasterschmuck auf. Vom Giebel grüßt die Glücksgöttin Fortuna. Zwei Löwen an der Brüstung und zwei kleine Löwenköpfe am Portal erklären den Namen des Gebäudes. Schloss nannten es die Danziger, weil sich hier die städtische Prominenz die Türklinke in die Hand gab. Zu den berühmten Gästen zählte auch König Władysław IV. (1595–1648).

Das **Schumannhaus** (Dom Schumannów, Nr. 45) besitzt zwei repräsentative Fassa-

Der prachtvolle Rote Saal im Rechtstädtischen Rathaus

den. Am Giebel der Marktseite steht eine Figur Athenes, auf der Seite der Langgasse sind Diana, Apollo und Zeus zu sehen. Heute befindet sich hier die **Touristinformation PTTK**.

Rathaus

Der Baubeginn des Rechtstädtischen Rathauses (Ratusz Głównomiejski) liegt im Dunkeln. Nach einem Brand 1556 wurde das ursprünglich gotische und wichtigste weltliche Gebäude der Stadt im Renaissancestil verändert. Aus jener Zeit stammt auch die vergoldete Statue des polnisch-litauischen Königs Sigismund II. August auf der Spitze des 85 Meter hohen **Turms** mit Aussichtsgalerie. Protestantische Bürger spendeten die Plastik zum Dank für die vom König garantierte Glaubensfreiheit. Kurioserweise trägt die Goldfigur keine Schuhe, der Meister hat sie angeblich vergessen. An der **Sonnenuhr** wird auf lateinisch verkündet: ›Unsere Tage sind nichts als Schatten‹. Zu jeder vollen Stunde erklingt das 37-teilige Glockenspiel, an Feiertagen hört man besonders schöne Melodien.

Heute ist das Rathaus Sitz des **Historischen Museums der Stadt Danzig**. Das von einem großen Stadtwappen geschmückte **Hauptportal** ist eine spätbarocke Beigabe von 1768. Einst besaß es nur zwei Kreuze, die königliche Krone bekam Danzig im 15. Jahrhundert vom polnischen König zuerkannt. Eine noch spätere Zugabe sind die zwei Löwen, die ein Schild halten. Nur auf diesem Stadtwappen schauen beide Löwenköpfe nach rechts zum Goldenen Tor: Von dort kamen einst die Könige und hohe Gäste; von links roch es nach Fisch.

In der **Vorhalle** mit alter Danziger Diele gefallen besonders die Deckenmalerei sowie die herrlich geschnitzte Wendeltreppe. Rechts schaut man in den **Weißen Saal**, früher der Große Gerichtssaal, heute für Konzerte und wechselnde Ausstellungen genutzt. Links führt ein Portal zum einstigen Versammlungsraum der Ratsherren: Der **Rote Saal**, auch Sommerratsstube genannt, fließt über vor Farbe und Gold. 25 Gemälde sind in üppig verzierten und vergoldeten Rahmen an der Decke zu bestaunen. Izaak van den Blocke wählte Anfang des 17. Jahrhunderts Motive, die die Bürger und Stadträte mit Szenen aus der Bibel und der Antike beständig an ihre Pflichten erinnern sollten. Das Gemälde in der Mitte stellt eine Allegorie des Danziger Handels dar und wird auch als Apotheose des Bündnisses Danzigs mit Polen betrachtet.

Die kunstvollen Schnitzarbeiten fertigte Simon Herle. Die Gemälde an den Wänden, unter anderem das ›Jüngste Gericht‹, schuf Hans Vredemann de Vries. Bemerkenswert ist der schöne Renaissancekamin aus dem Jahr 1593. Fast alle Kunstschätze blieben original erhalten, weil sie ausgelagert wurden, nur zehn Prozent der Originaleinrichtung gelten als Kriegsverlust.

Vom Roten Saal gelangt man in die **Winterratsstube**, hier amtierte der Bürgermeister in der kalten Jahreszeit. Von der früheren Herrlichkeit zeugen heute nur noch der reich verzierte Sims und ein Kamin aus rotem und schwarzem Marmor mit Stadtwappen und einem Salamander aus Bronze. Im Raum nach dem Kleinen Gerichtssaal dokumentieren Fotos den Wiederaufbau der Stadt. Vom gleichen Standort wurden Ruinen und Jahrzehnte später wieder aufgebaute Gebäude fotografiert.

In einem Raum im zweiten Stock wird eine private Sammlung als Leihgabe präsentiert: Alte und neue Kunstwerke aus Bernstein, so Bilder, Schiffe, Truhen, Schachspiele und vom Bernstein einge-

Neptunbrunnen und Artushof

schlossene Insekten. Vom Aufgang des zweiten Stocks gelangt man auch zum Rathausturm mit Aussichtsgalerie; hier wird ein gesondertes Eintrittsgeld erhoben.

Langer Markt

Auf dem Langen Markt, dem Długi Targ, stehen herrliche Häuser in Reih und Glied, geradeso, als solle eine Parade abgenommen werden. Früher bezahlte man wegen der teuren Grundstücke eine ›Fenstergebühr‹, deshalb wurden die Häuser auf der Marktseite sehr schmal gebaut, strecken sich aber dahinter in die Länge. Selbst das breiteste Haus besitzt lediglich fünf Fenster nebeneinander. Jeder reiche Kaufmann, Bankier, Patrizier oder Ratsherr wollte seinen Nachbarn an Glanz übertrumpfen. Viele der Barock- und Renaissancefassaden sind mit Skulpturen oder Malereien reich geschmückt. Wer genauer hinschaut, erkennt allegorische Figuren, goldenen Zierrat, exotische Früchte oder in Stein gemeißelte Handelsszenen längst vergangener Epochen.

Am Langen Markt schlägt seit über 700 Jahren das Herz der Stadt. Touristen bestaunen vor allem in dieser Straße das Wiederauferstehungswunder Danzig, denn keines der Gebäude ist älter als sechs Jahrzehnte. Allerdings wurden nach 1945 nur die Fassaden möglichst originalgetreu rekonstruiert, die Gebäude selbst aber zumeist modernen Wohnansprüchen angepasst. An schönen Tagen wird es eng auf dem Langen Markt. Fliegende Händler verleiten mit vielerlei Krimskrams zum Schauen und Kaufen.

Die **Königlichen Häuser** (Królewskie Kamienczki) am Langen Markt 1–7 waren bevorzugter Aufenthaltsort mehrerer Regenten bei ihren Danziger Besuchen. Besonders häufig kam König Sigismund III. Wasa (1566–1632) in die Stadt.

Der **Neptunbrunnen** (Fontanna Neptuna) ist eines der Danziger Wahrzeichen und symbolisiert die Verbundenheit der Stadt mit der Ostsee. Die Entwürfe für den bronzenen Meeresgott und sein Gefolge lieferte der flämische Bildhauer Peter Husen bereits 1615. Da sich Danzig aber damals gerade im Kriegszustand befand und wenig Geld für Kunst erübrigen konnte, wurde der Brunnen erst 1633 vollendet. Aus jener Zeit stammt auch das verzierte Eisengitter rundherum. Die Bronzefigur Neptuns bringt 650 Kilogramm auf die Waage, das Becken ist aus schwarzem Marmor.

Der **Artushof** (Dwór Artusa) war Sitz von sechs kaufmännischen Brüderschaften. Jedes Mitglied besaß seinen Stammplatz und gab Geld für die prächtige Ausstattung. Der Name Artushof war als Reverenz an den Ritter Artus gedacht. Der legendäre König der Kelten galt als Legende und der von ihm einst ins Leben gerufene ›Runde Tisch‹ für die Brüder-

▶ Karte: hintere Umschlagklappe

schaften als ein Zeichen von Gleichheit und Recht. Der Artushof spielte die Rolle eines offiziellen Kaufmannshauses, hier wurden die Preise von Holz und Getreide ausgehandelt. Das Patriziat fand sich zu Versammlungen, Festen, Konzerten und Bällen zusammen. Manchmal trieb es die vornehme Gesellschaft aber allzu arg: Wilde Trinkgelage erbosten diejenigen, die keinen Zutritt hatten.

Innen überrascht der Artushof mit einer gotischen Halle, die 25 Meter breit, 18 Meter lang und 12 Meter hoch ist. Das Sternengewölbe ruht auf vier schlanken Granitpfeilern. Erstaunen ruft der größte Kachelofen der Welt hervor, der in den Jahren 1545/46 erbaut wurde. Er ist fast elf Meter hoch und besteht aus 520 Kacheln, die farbigen Porträts zeigen unter anderem Kaiser Karl IV. (Nr. 4) und Ferdinand, Erzherzog von Österreich und König von Böhmen und Ungarn (Nr. 6). Ein Abbild aus weißem Marmor auf der unteren Ofenumrandung zeigt Till Eulenspiegel: Er offenbart sein nacktes Hinterteil. Genau an dieser Stelle trieben die Danziger Schabernack mit ihren ahnungslosen Gästen. Bei der ›Ofenumarmung‹ kniete der Auserwählte so, dass er zwangsläufig das Gesäß mit dem Mund verehrte. Originale Sitzbänke mit Schnitzereien, Ritterrüstungen, Bierschanktisch, Skulpturen wie zum Beispiel vom heiligen Georg auf einem Pferd, Gemälde und Schiffsmodelle schmücken den schönsten der drei erhaltenen Artushöfe in Europa. Die beiden anderen befinden sich in Riga und Tallinn.

Vom Artushof gelangt man in das benachbarte **Schöffenhaus** mit seiner herrlichen Danziger Diele. Einst fanden hier Gerichtsverhandlungen statt. Aus dem ovalen Giebelfenster schaut stündlich eine hübsche ›Bürgerstochter‹ auf den Langen Markt. Sie ist die Hauptheldin eines polnischen Liebesromans aus dem 19. Jahrhundert und wartet auf ihren Matrosen.

Details auf dem größten Kachelofen der Welt

Das **Goldene Haus** (Złota Kamienica, Nr. 41) ist das schönste Bürgerhaus der Rechtstadt und Beweis für den unermesslichen Reichtum seines Besitzers. Der Kaufmann und spätere Bürgermeister Hans Speimann brachte die Ideen für den Bau des Hauses von einer Italienreise mit nach Hause: An der Fassade im Stil der Spätrenaissance glitzern viele vergoldete Ornamente und Reliefs, über den Fensterreihen sind jeweils vier Herrschaftshäupter zu sehen. Auf der Balustrade stehen Statuen, die die Tugenden Klugheit, Gerechtigkeit, Mut und Mäßigkeit verkörpern. Über ihnen thront die Glücksgöttin Fortuna.

Das **Grüne Tor** (Zielona Brama) riegelt den Langen Markt vom Flussufer ab. Seinen Namen erhielt es von der einstigen Holzbrücke über die Motława (Mottlau), die mit grünen Algen bewachsen war. Die Fassade vereint Stilelemente der italienischen und niederländischen Renaissance. Das imposante Torhaus sollte eigentlich die Könige beherbergen, doch die Regenten folgten während ihrer Besuche in der Stadt lieber den Einladungen gastfreundlicher Bürger. Zum Torbau wurden kleine niederländische Backsteine verwendet, die als Schiffballast massenweise in die Stadt kamen und billig aufgekauft wurden. Im Grünen Tor befand sich einst die Waage, die alle Händler passieren mussten. Heute ist das Grüne Tor eine **Galerie für Fotografie**. Der Königsweg durch die Rechtstadt endet hier.

An der Mottlau

Längs der Mottlau erstreckt sich der **alte Hafen**, der bis zum 19. Jahrhundert in Betrieb war. Von der **Grünen Brücke** (Most Zielony) lässt sich das Panorama der Rechtstadt am Ufer sehr schön überblicken. Links schaut der Besucher auf die wiederauferstandene Stadt, rechts sind noch Ruinen der Speicherinsel zu sehen. Besonders auffällig erscheinen mehrere stattliche Tore. Diese sogenannten Wassertore waren in der Lage, bei Gefahr alle Straßen der Rechtstadt

Das Mottlau-Ufer mit dem Krantor

▲ Karte: hintere Umschlagklappe

zum Hafen hin abzuschließen. Vor dem Betreten der Stadt wurde an den Toren außerdem die Zollgebühr kassiert. Links vom Grünen Tor befindet sich das **Kuhtor**. Hier trieben die Leute früher das Vieh auf die nahegelegene Weide. Die **Lange Brücke** (Długie Pobrzeże) ist eine Flaniermeile. Vorbei an **Brotbänkentor** (Brama Chlebnicka), **Frauentor** (Brama Mariacka) mit dem dahinter befindlichen **Archäologischen Museum** und **Heiliggeisttor** (Brama św. Ducha) schlendern viele Leute zum berühmten Danziger Wahrzeichen, dem **Krantor** (Żuraw). Es stammt aus den Jahren 1442 bis 1444 und war im Mittelalter der größte Hafenkran Europas. Die vier Meter mächtigen Rundmauern waren im Erdgeschoss mit Kanonen zur Stadtverteidigung bestückt. Die Hubkraft wurde durch zwei mächtige Treträder erzeugt, an denen Gefangene oder Hafenarbeiter schufteten. So konnten vier Tonnen auf elf Meter Höhe oder zwei Tonnen auf 27 Meter angehoben werden. Neben dem Warenumschlag wurde der Kran auch zum Aufstellen von Masten der in Danzig gebauten Segelschiffe genutzt.

Nebenan eröffnete 2012 das **Zentrum für maritime Kultur** mit dem neuen polnischen **Schifffahrtsmuseum**. Auszuprobieren gibt es hier 60 interaktive Attraktionen, teils in Wasserbassins. Die Schau ›Arbeitsboote‹ umfasst eine Sammlung unter anderem mit venezianischer Gondel, Eskimokajak und indianischem Kanu.

Vom Zentrum setzt eine kleine Fähre zum **Meeresmuseum** auf dem gegenüberliegenden Ufer über: Im Bleihof (Ołowianka) werden Wrackfundstücke aus der Ostsee gezeigt, darunter auch Kanonen aus einem gesunkenen schwedischen Kriegsschiff. Im Museumsschiff ›S/S Sołdek‹ ist eine Ausstellung zu Schiffskatastrophen zu sehen. Dieses Schiff war das erste nach 1945 gebaute auf der Danziger Werft; es trägt seinen Namen nach dem Schiffskonstrukteur Sołdek. In der Meeresgalerie sind über 80 Gemälde mit maritimen Szenen zu sehen, von niederländischen Künstlern des 19. Jahrhunderts bis zu polnischen Malern. Nebenan wurde der **Königliche Speicher** (Spichrz Królewski) zum Hotel und die benachbarte Elektrozentrale zur Danziger **Philharmonie** mit einem Amphitheater umgebaut.

Auf der **Speicherinsel** (Wyspa Spichrzów) zwischen Mottlau (Motława) und Neuer Mottlau (Nowa Motława) standen zu Blütezeiten 320 Speicher. Es war die größte mittelalterliche Speicheranlage Europas – Danzig war auch der größte Getreideumschlagplatz der Hanse. Nur der **Neue Packhof** – heute das Hotel ›Gdańsk‹ – überstand den Zweiten Weltkrieg. Ein neuer Uferweg führt rund um die Speicherinsel; von April bis September steht auf der Insel ein **Riesenrad**.

Von der Grünen Brücke führt die **Milchkannengasse** (Stągiewna) vorbei an jüngst wieder aufgebauten Häusern im Stil des 17. bis 19. Jahrhunderts zur **Milchkannenbastei** (Stągwie Mleczne). Der kleine Turm heißt im Volksmund Sahnekännchen, der große Milchkanne. Auf der anderen Seite führt die ul. Szafarnia zum **Jachthafen**, zu neuen Apartmenthäusern und zum Hotel ›Gdańsk‹. Das **Haus Zum Mohren** (Dom pod Murzynkiem), ul. Szafarnia 3, war im 18. Jahrhundert Wohnsitz eines Bildhauers und ähnelt einem kleinen Schlösschen. Ein Wappenschild mit Mohrenköpfchen gab dem Haus seinen Namen. Heute können hier wohlbetuchte Gäste im Hotel ›Podewils‹ residieren. Davor genießt man einen herrlichen Blick auf die Rechtstadt mit Langer Brücke, Krantor und Marienkirche.

In der Frauengasse

Frauengasse

Von der Langen Brücke gelangt man durch das Frauentor in die stimmungsvolle Frauengasse (ul. Mariacka). Hier kommen die sogenannten Danziger **Beischläge** besonders schön zur Geltung. Auf diesen terrassenförmigen Vorbauten mit breiten Freitreppen speisten die Patrizierfamilien im Sommer, beobachteten das Treiben vor ihrer Haustür oder schwatzten mit Gästen. Der Beischlag war die Visitenkarte des Hauses und charakteristischer Schmuck für die Danziger Bürgerhäuser. Gleichzeitig schützte er das Erdgeschoss vor Hochwasser. Barocksteinkugeln oder Rokokopfeiler halten das oft kunstvoll geschwungene Treppengeländer, eingelassene Sandsteinplatten zeigen Motive mit verschiedenen Gleichnissen aus der Bibel. Aus fantasievollen Regenrinnenabschlüssen, zumeist Köpfe von Drachen oder Meeresungeheuern, plätschert das Regenwasser wie im Mittelalter aufs Pflaster.

Die Beischläge haben sich zu Freiluftgalerien oder Bühnen für Straßenmusikanten verwandelt, in den Kellern findet man heute kleine Läden und einige Werkstätten. Vor allem Bernstein, Silberschmuck, Holzschnitzereien und Gemälde werden zum Kauf angeboten. Die angebotenen Waren sind hier allerdings sehr teuer, günstigere Angebote findet man auf der Langen Brücke.

Die Frauengasse wird gern als Filmkulisse genutzt, so wurden hier 1979 die Außenaufnahmen für die 11-teilige ARD-Fernsehserie über die Lübecker Kaufmannsfamilie ›Die Buddenbrooks‹ gedreht.

▶ Karte: hintere Umschlagklappe

Marienkirche

Die Frauengasse endet an der Marienkirche (Kościół Mariacki). Die größte Kirche im Ostseeraum ist gleichzeitig die größte mittelalterliche Backsteinkirche der Welt, 25 000 Menschen finden hier Platz. Zu ihrer Vollendung benötigten mehrere Danziger Generationen anderthalb Jahrhunderte, die Bauzeit dauerte von 1342 bis 1502. Da früher jedes Gässchen seinen eigenen Eingang in die Kirche hatte, existieren sieben Tore. Der Haupteingang liegt unter dem Turm, wo der Kirchenbau vor etwa 600 Jahren begann. Durch 37 teils haushohe Fens-

Musikanten am Frauentor

ter strahlt Licht hinein. Die Marienkirche war das Gotteshaus der Danziger Patrizier, hier stifteten sie Altäre und Epitaphe und besaßen Familiengrüfte. Einst bestand der gesamte Fußboden aus Grabplatten, sie blieben allerdings nur teilweise erhalten.

Heute erscheint das Innere viel heller als früher. Weil Umweltschadstoffe die Backsteinwände bedrohten, wurden Wände, Gewölbe und Pfeiler mit einer weißen Schutzschicht überzogen. Über der Haupthalle breitet sich ein wundervolles Sterngewölbe aus, das mächtige achteckige Pfeiler tragen. Früher besaß jeder Pfeiler einen eigenen Altar. Sie wurden während des Krieges ausgelagert, nur wenige blieben erhalten, so auch der gotische **Hauptaltar** mit Marienkrönung: Der Dreiflügelaltar wurde von 1510 bis 1517 von Meister Michael aus Augsburg gefertigt. Für diese Auftragsarbeit griffen die Danziger Bürger tief in ihre Taschen. Ein Bürgerhaus war damals 400 Grzywny wert, der Meister erhielt die sagenhafte Summe von 13 500 Grzywny! Früher waren alle Kirchenfenster bunt, heute sind nur die neuen Gläser hinter dem Hauptaltar farbig.

Das schmale hölzerne **Turmmodell** links vor dem Hauptaltar stellt den geplanten Turm der Marienkirche dar. Doch der Ritterorden wünschte nicht, dass der Kirchturm höher ragen sollte als der des Rathauses, deshalb blieb der Turm unvollendet.

In der **Kapelle der Elftausend Jungfrauen** am Chor verdient die Kreuzigungsgruppe besondere Aufmerksamkeit. Die Gottesmutter und der heilige Johann stammen bereits von 1430. Der leidende Christus wurde erst um 1600 erschaffen: Um die Figur des Sterbenden zu studieren, soll der Künstler einer Legende zufolge seinen ungeliebten Schwiegersohn ans Kreuz genagelt haben. Nach der Fertigstellung verübten der Meister und seine Tochter Selbstmord.

An der Marienkirche

Die **astronomische Uhr** im Kirchenquerschiff zählt zu den größten und faszinierendsten Uhren der Erde. Wahrscheinlich baute sie der Thorner Uhrmachermeister Hans Düringer von 1464 bis 1470. Das Wunderwerk besteht aus drei Teilen: Kalendarium, Himmelsscheibe und Figurenspiel. Auf dem Kalendarium werden unter anderem die Neumonddaten minutengenau angezeigt. Vier Figuren, vom Königssohn bis zum Greis, versinnbildlichen den Lauf des Lebens. Im mittleren Teil werden volle Stunden auf einem römischen Ziffernblatt angezeigt. Jeden Tag Punkt zwölf Uhr mittags zieht Leben in das Figurenspiel ein: Die vier Evangelisten und die zwölf Apostel kommen zum Vorschein. Man sieht Szenen aus Mariä Verkündigung und die Verbeugung der heiligen Drei Könige. Ganz oben stehen Adam und Eva, die die vollen und Viertelstunden einläuten. Auch der Tod mit der Sense lässt sich blicken und erinnert daran, dass unsere Zeit begrenzt ist. Die Uhr hat eine lange Geschichte. Heute weiß man nicht, ob sie in allen Teilen der Wahrheit entspricht oder ob etwas hinzugedichtet wurde: Die Danziger Bürger waren überaus stolz auf ihre schöne Uhr. Als bekannt wurde, dass Meister Düringer für eine andere Stadt eine ähnliche Uhr bauen sollte, beschloss der Rat, den Uhrmeister zu blenden. Der so Bestrafte zerschlug jedoch den Mechanismus und brachte sich anschließend um. Über 400 Jahre stand die Uhr still. Ein Freundeskreis nahm sich Anfang der 1980er Jahre der Uhr an. Die Puzzlearbeit aus etwa 70 Prozent Originalteilen und zusätzlichen Neuanfertigungen wurde 1990 belohnt. Seither verrichtet das Uhrwerk wieder seinen Dienst.

In der **Annenkapelle** gefällt die Skulptur ›Schöne Madonna‹, die ein unbekannter Meister um 1420 schuf. Wenn es in Europa eine Ausstellung schöner Madonnen gibt, wandert auch das Danziger Kunstwerk jedes Mal dorthin.

Astronomische Uhr in der Marienkirche

In der **Sankt-Reinholdskapelle** links des Turmzugangs befinden sich eine gotische Pietà aus dem Jahr 1410 sowie eine Kopie des Gemäldes ›Das jüngste Gericht‹. Das Original ist im Danziger Nationalmuseum zu sehen. Das Kunstwerk wurde von den Medici in Auftrag gegeben, Hans Memling malte das Bild von 1467 bis 1473 in Brügge. Auf der Ostsee brachten Danziger Seeräuber das Schiff mit der kostbaren Ladung in ihre Gewalt, so landete der Altartriptychon in Danzig und nicht in Florenz! Die Freibeuter übergaben den Schatz als Votivgabe der Kirche. Er wurde vor Kriegsende von den Nazis in den Bergen der Rhön versteckt, 1945 von den Sowjets beschlagnahmt und in die Leningrader Ermitage gebracht. Erst 1956 kam das kostbare Gemälde zurück.

Die alte **Orgel** wurde beim Kirchenbrand im Frühjahr 1945 vernichtet. Der heutige Orgelprospekt stammt aus der Johanneskirche. Ein ehemaliger Danziger sammelte in Deutschland umgerechnet 250 000 Euro für die Instandsetzung. Weiteres Geld kam von einer Stiftung früherer Hansestädte und ehemaligen Bürgern Ostpreußens. 1985 konnte die Orgel durch deutsch-polnische Zusammenarbeit erstmals in der Marienkirche erklingen. Der Aufstieg zur Turmgalerie kostet einen Obolus, über 400 Stufen führen bis in eine Höhe von 78 Meter.

Neben der Marienkirche nehmen sich die barocke **Königskapelle** und das spätgotische **Pfarrhaus** unscheinbar aus. Ein Danziger Primas und der polnische Regent Jan III. Sobieski stifteten die Königskapelle. Hier hielten die wenigen Katholiken ihre Gottesdienste ab, nachdem Danzig und somit auch die Marienkirche protestantisch geworden waren.

▲ Karte: hintere Umschlagklappe

Die Danziger Diele im Restaurant ›Zum Lachs‹

In der Nähe der Marienkirche

Ganz in der Nähe, in der **Heiligengeistgasse** (Świętego Ducha, Nr. 111/113), wurde 1788 der Philosoph Arthur Schopenhauer geboren. Den Hausgiebel ziert eine Schildkröte. Diese Gasse mit hübschen Wasserspeiern wurde nur auf der Westseite wieder aufgebaut, auf der Ostseite befindet sich eine Grünanlage. Nur wenige Beischläge erinnern an die frühere Bebauung.

Die **Jopengasse** (ul. Piwna) verdankt ihren Namen der früheren Danziger Biersorte ›Jopen‹, die vom berühmten Johann Hevelius gebraut wurde. Hinter den Mauern der Hausnummer 19/21 versteckt sich das **Museum alter Spielzeuge** (Muzeum Polskich zabawek) mit einer in Polen einzigartigen Kollektion durchweg einheimischer Produkte. Ein großer Teil stammt aus der Zeit der ehemaligen Volksrepublik, manche Unikate sind noch aus der Zwischenkriegszeit der 1920er und 1930er Jahre.

Durch die Jopengasse gelangt man weiter in Richtung Kohlenmarkt (Targ Węglowy) zum **Großen Zeughaus** (Wielka Zbrojownia). Mit vier Giebeln und einer außergewöhnlich reich verzierten Fassade zählt es zu den schönsten Beispielen des niederländischen Manierismus. Um 1600 galt sein Erbauer Anton van Obberghen als einer der Stararchitekten in Europa. Vor dem Zeughaus steht etwas, was wie ein Brunnenhäuschen aussieht, es ist jedoch die Stelle, an der die Kanonenkugeln aus dem Keller gehoben wurden. Die Geschütze standen in der heutigen Handelspassage, leichte Waffen bewahrte man im Obergeschoss auf, wo heute die Kunsthochschule ihren Sitz hat.

An die Nordseite des Zeughauses lehnt sich die sogenannte **Alte Apotheke** (›Stara Apteka‹). Der Name für das Gebäude, das eine Gießerei beherbergte, war nur eine Scherz, denn hier wurden ›Pillen‹ (Kanonenkugeln) produziert. Das Pulvermagazin befand sich im **Strohturm** (Baszta Słomiana). Diese Bastei neben dem Zeughaus besitzt drei bis vier Meter dicke Mauern.

In der ul. Szeroka 52 lädt das traditionsreiche Restaurant **Zum Lachs** (›Restauracja pod Łososiem‹) ein (→ S. 105). Seit Anfang des 17. Jahrhunderts bis ins erste Viertel des 20. Jahrhunderts wurde hier ›Der Lachs – Original Danziger Goldwasser‹ gebrannt.

Die Dominikanerkirche **Sankt Nikolai** (Kościół św. Mikołaja) in der Johannisgasse (ul. Świętojańska) ist das einzige Gotteshaus der Altstadt, das den Zweiten Weltkrieg ohne Schaden überstand. Die Dominikaner kamen im 13. Jahrhundert aus Krakau an die Mottlau. Die katholische Kirche glänzt noch immer mit einer prächtigen Ausstattung, so den vielen barocken Altären an den Pfeilern. Zu den herausragenden Kunstwerken zählen auch das herrliche Chorgestühl aus dem Jahr 1550, die Kanzel von 1750 und eine schöne Orgel von 1755. Das benachbarte Kloster fiel einem Brand zum Opfer. Später blühte das Markttreiben mit über 100 Ständen. Um hier Ordnung zu schaffen, wurde 1896 die große, dreistöckige **Markthalle** erbaut (Hala Targowa). Im Sommer werden auch draußen Blumen, Obst und Gemüse verkauft. Unter der Markthalle findet sich eine **archäologische Ausstellung** mit Relikten der ältesten Danziger Kirche aus dem 12. Jahrhundert.

In der ul. Piwna, im Hintergrund die Marienkirche

In der Mitte des 13. Jahrhunderts riefen die Ordensbrüder einen Dominikanermarkt ins Leben. Die Markttradition wurde nur zwischen 1939 und 1972 unterbrochen. Heute verwandeln sich der **Fischmarkt** (Targ Rybny) und viele Gassen im Zentrum in den ersten drei Augustwochen wieder in einen riesigen Trödel- und Jahrmarkt; mit etwa 1000 Ständen und sechs Millionen Besuchern ist der Dominikanermarkt das größte Volksfest Polens!

Die gotische **Sankt Johanneskirche** (Kościół św. Jana) stammt aus dem 14. Jahrhundert und weist mit ihrem 69 Meter hohen Turm den Besuchern den Weg. Viele Kunstschätze sind im Krieg verschwunden, die Kirche selbst war stark zerstört. Die Wiederaufbauarbeiten währten bis Ende 2012. »Wenn man jetzt in die Sankt Johannes Kirche hineinkommt, hat man eine atemberaubende Ansicht. Man hat den Eindruck, dass man eine Märchenwelt betreten hat«, schrieb die Journalistin Anna Dąbrowska. Besonders schön anzuschauen ist der Hochaltar, der Johannes dem Täufer geweiht ist. Das zwölf Meter emporragende Renaissance-Kunstwerk aus grauem Sandstein und Marmor wurde von Abraham van den Blocke ausgeführt. Die Kirche wird heute auch als Konzertsaal genutzt.

▲ Karte: hintere Umschlagklappe

Das Restaurant ›Zum Lachs‹

Margaret Thatcher, George Bush senior und Papst Johannes Paul II. haben hier fürstlich gespeist, Ex-Bundeskanzler Schröder aber nicht: Sein Gefolge von 200 Begleitpersonen konnte das Nobelrestaurant ›Zum Lachs‹ (›Pod Łososiem‹) nicht fassen. Die Prominenten kamen natürlich nicht zufällig hierher: Das Lokal gehört zu den renommiertesten im Land. Bereits die Vorhalle wirkt wie ein Museum: Barocke Möbel, Spiegel, Kronleuchter und Gemälde in Goldrahmen zaubern eine festliche Atmosphäre. Eine kunstvoll geschnitzte Treppe führt zur Garderobe, die sogenannte ›Danziger Diele‹ war Ausdruck des Reichtums ihrer Besitzer. In der Breitgasse trafen sich Kaufleute und Abgesandte aus anderen Hansestädten, die Reisenden verbreiteten den Ruf des Hauses in ganz Europa.

Im Jahr 1598 gründete der Exil-Holländer Ambrosius Vermeulen, einer der vielen Zuzügler in dieser Zeit, in Danzig eine Likörfabrik. Das Wichtigste brachte er im Kopf mit, obwohl er als Mennonit keinen Alkohol trank: das Wissen um die besondere Kunst des Kornbrennens. Danzig wuchs zu einem europäischen Produktionszentrum für erstklassige Spirituosen, ihr Flaggschiff blieb über Jahrhunderte der ›Lachs‹. Nach einiger Suche war 1704 endlich ein neues Haus gefunden, das dem wachsenden Ansehen und Umsatz gerecht wurde, ein spitzgiebliger Bürgerbau in der Breitgasse. Statt einer Hausnummer besaß auch dieses Gebäude nur ein Symbol über der Tür, einen in Stein gehauenen Lachs. Dieser edle Fisch wurde zum Namensgeber für die Brennerei und ihren Likör, von hier schwärmte er auf alle Erdteile aus. Zar Peter der Große trank den ›Lachs – Original Danziger Goldwasser‹, und auch Zarin Katharina die Große bestellte Lachsliköre in großen Mengen. Die Spirituose fand sogar literarische Ehren, so in Werken von Heinrich von Kleist, Theodor Fontane und Gerhart Hauptmann.

Seit Anfang der 1970er Jahre ist die Hardenbergsche Kornbrennerei, jetzt Hardenberg-Wilthen AG, im Besitz der Rechte. Nur in Südniedersachsen wird seitdem die älteste Likörspezialität der Welt nach dem Rezept von 1606 produziert. Bereits 1922 hatte die Danziger Likörfabrik einen Berliner Zweigbetrieb gegründet, der für die Versorgung des westlichen Deutschlands und für den Export produzierte. So konnten die Rezepte und der Firmenname nach dem Zweiten Weltkrieg rechtmäßig in Deutschland weiterverwendet werden.

Ambrosius Vermeulen riet seinen Gästen: »Zuerst koste unsere ausgezeichneten Gerichte, danach aber ein Schluck Goldwasser, es wird Deine Seele mit großer Freude und geheimer Macht der vergangenen Zeitalter erfüllen!« Im Goldwasser schwimmen 22-karätige hauchdünne Goldplättchen, denn von der Beigabe des edelsten und reinsten Elements versprachen sich die Alchimisten eine gesundheitsfördernde Wirkung. Dass es tatsächlich heilt, haben Wissenschaftler erst in der Gegenwart erforscht: In kleinsten Dosen hat das Aurum metallicum, das ›Metall des Lichts‹, einen regulierenden Einfluss auf das Immunsystem. Goldsalze stoppen ein Protein, das für Entzündungsreaktionen verantwortlich ist.

Eingeschnittener Lachs mit Steinpilzen und Spinatklößchen ist nur eine der Spezialitäten des Hauses, der Ober kann den edlen Fisch auch in anderen Variationen empfehlen. Das Restaurant wurde mehrmals mit der ›Goldenen Bratpfanne‹ ausgezeichnet, der höchsten gastronomischen Ehrung in Polen.

Gdańsk

Vorwahl: 058.

Tourismusinformation PTTK, ul. Długa 45 (im Schumannhaus gegenüber dem Rechtstädischen Rathaus), Tel. 3019151; tgl. 9–18 Uhr. www.pttk-gdansk.pl

Danziger Touristinformation, ul. Długi Targ 28/29 (links neben dem Grünen Tor), Tel. 3014355. Hier liegen auch Audioguides für den Stadtrundgang bereit (www.audioguidegdansk.pl); ca. 3–5 Euro/Pers. www.gdansk4u.pl

Touristinfo am Lech-Wałęsa-Flughafen, Tel. 3481368.

3City Tour, Tel. 0663/303002. Stadtrundfahrt in Danzig, auch Touren nach Sopot und Gdynia, mit dem deutschsprachigen Andreas Kasperski.
www.3citytour.com

Vielerorts liegen in der Dreistadt die etwa vierteljährlich aktualisierten und kostenlosen Stadtführer **Gdańsk in your pocket** (auch auf Englisch) und **The Baltyk Visitor** (auch auf Deutsch) mit Adressen und Terminen aus.

Die **Touristische Karte der Dreistadt** (Karta turysty). Gilt für ein bis drei Tage mit Preisermäßigungen für viele Museen der Dreistadt sowie freie Fahrt im ÖPNV.
www.gdansk4u.pl

Polizei, Nowe Ogrody 27, Tel. 3216222.
www.gdansk.policja.gov.pl

Zahlreiche **bewachte Parkplätze**, eine Liste mit 23 zentrumsnahen Standorten (mit Angabe bewacht/unbewacht) findet sich hier: www.gdansk.pl/de/tourists,7,9095.html

Bahnhof Gdańsk Główny, Podwale Grodzkie 1. Direktverbindungen mit vielen Städten Polens. Täglich verkehrt ein Eurocity von Berlin-Hauptbahnhof direkt nach Gdańsk (Fahrtdauer knapp 6 Std.).

Andere Verbindungen aus Deutschland sind nur mit Umsteigen in Szczecin oder Poznań möglich; Fahrtzeit aus Berlin etwa 8–9 Std.

Busbahnhof, ul. 3 Maja 12 (am Hauptbahnhof). Zahlreiche Busverbindungen z.B. von Berlin oder Hamburg nach Gdańsk (Fahrzeit 8–10 Std.), buchbar z.B. über das Vergleichsportal: www.busliniensuche.de

Lech-Wałęsa-Flughafen (GDN), in Rębiechowo, ca. 8 km von Gdańsk und Sopot entfernt, Airport-Info Tel. 801066808. Die neue Metropolenbahn verbindet den Flughafen mit dem S-Bahnhof Wrzeszcz. Von hier fährt man noch drei Stationen zum Hauptbahnhof Gdańsk-Główny oder steigt in Richtung Sopot/Gdynia um. Direktflüge von Dortmund und Köln/Bonn (Wizz Air), von Frankfurt/Main (Lufthansa) und von München (Lufthansa) nach Gdańsk. Von Berlin erreicht man Gdańsk besser und schneller mit der Bahn.
www.airport.gdansk.pl

Hotel Gdańsk (€€€), ul. Szafarnia 9 (am Jachthafen), Tel. 3001714. Boutique-Hotel im einstigen Getreidespeicher verknüpft mit Neubau im modernen Seglerdesign. Aus vielen Zimmern herrlicher Altstadtblick. Spa, Sauna, Schneesalzkammer. Im Erdgeschoss die Minibrauerei ›Brovarnia Gdańsk‹ (Helles, Schwarzbier und Weizenbier) mit Biergarten.
www.hotelgdansk.com.pl
www.brovarnia.pl

Krolewski (€€€), Wyspa Ołowianka, ul. Ołowianka 1, Tel. 3261111. Neues Hotel mit 30 Zimmern und vier Apartments an der Mottlau neben der Philharmonie.
www.hotelkrolewski.pl

Hilton Gdańsk Hotel (€€€), ul. Targ Rybny 1, Tel. 7787100. An der Mottlau unweit vom Krantor.
www.gdansk.hilton.com

Radisson Blue (€€–€€€), Dlugi Targ 19, Tel. 3254414. Fünf-Sterne-Herberge in einem Bürgerhauskomplex am unteren Langen Markt.
www.radissonblu.com/en/hotel-gdansk

Karte: hintere Umschlagklappe

Admirał (€€), ul. Tobiasza 9, Tel. 3200320. Vier-Sterne-Haus nahe dem ›Hilton‹ und dem Mottlauufer, 10 Min. Fußweg zum Langen Markt. Sehr ruhige Lage, hübsche klimatisierte Zimmer, gutes Preis-Leistungs-Verhältnis. www.admiralhotelgdansk.pl

Hostel 22 (€), Panieńska 22, Tel. 7180617. Schlichte, aber geräumige Zimmer zum Superpreis. Die winzige Panieńska verläuft parallel der Olejarna. Gegenüber befindet sich der bekannte Club ›Bunkier‹ (oberirdischer Luftschutzbunker). www.hostel22.pl

Guesthouse Baltic (€), ul. Gałczyńskiego 22, Tel. mobil 536/305555. Einfache nette Pension zum Superpreis. Kein Frühstück, aber Tee und Kaffee gratis. 400 Meter durch den Park zum Strand, auf dem Radweg in 30 Min. ins Zentrum. Vom Hbf. mit der Straßenbahn Nr. 15 in 20 Min. erreichbar. www.ghbaltic.pl

Privatzimmer vermittelt das Reisebüro **Grand-Tourist**, ul. Garncarska 29, Tel. 3012634. www.gt.com.pl

Pod Łososiem (Zum Lachs), ul. Szeroka 52/54, Tel. 3017652; tgl. ab 12 Uhr bis zum letzten Gast. Im berühmtesten Restaurant der Stadt wird die Tischreservierung empfohlen. www.podlososiem.com.pl

Zappio, ul. Świętojańska 49, Tel. 3220174; tgl. 12–22 Uhr. Derzeit eines der besten Danziger Restaurants. www.zappio.pl (poln.)

Tawerna, ul. Powroźnicza 19/20, Tel. 3014114; tgl. ab 11 Uhr bis zum letzten Gast. Stilvolles Restaurant nahe dem Grünen Tor, mit Sommergarten und Schiffsmodellen; leckere Fischgerichte, schmackhafter Entenbraten. www.tawerna.pl

Kubicki, Wartka 5, Tel. 3010050; tgl. 12–23 Uhr. Traditionsrestaurant an der Mottlau, berühmt seit 1918. Nach Wiedereröffnung gediegene Ausstattung und gehobene Küche. Nahe dem Hotel ›Hilton‹. www.restauracjakubicki.pl

Pierogarnia Mandu, Elżbietańska 4/8 (hinter dem Altstädtischen Rathaus), Tel. 3000000; tgl. 11–22 Uhr. Bei der Zubereitung der Piroggen kann man durch eine Glasscheibe zuschauen. www.pierogarnia-mandu.pl

Browar Piwna, ul. Piwna 50/51, Tel. 3013924. Minibrauerei (u.a. süffiges Weizenbier) nahe der Marienkirche. www.browarpiwna.pl

Mon Balzac, ul. Piwna 36/39, Tel. 6822525; tgl. ab 8 Uhr mit delikatem Frühstück, Do–Sa abends Live-Musik. Angesagte Location für das mittlere Alter, gemütliche Atmosphäre. www.monbalzac.pl (poln.)

Bar Neptun, Długa 33/34 (gegenüber dem Rechtstädtischen Rathaus); Mo–Fr 7.30–19, Sa/So 10–18 Uhr (in der Saison jeweils eine Stunde länger). Schmackhafte polnische Hausküche zum günstigen Preis. www.barneptun.pl

Artushof, Długi Targ 43–44; Di 10–13, Mi, Fr u. Sa 10–16, Do 10–18, So 11–16 Uhr.

Museum der Stadtgeschichte, im Rechtstädtischen Rathaus (Muzeum Historii Miasta Gdańska), ul. Długa 46, Öffnungszeiten wie Artushof.

Uphagenhaus, ul. Długa 12, Öffnungszeiten wie Artushof.

Nationalmuseum (Muzeum Narodowe), ul. Toruńska 1 (im ehemaligen Franziskanerkloster), Di–So 10–17 Uhr.

Krantor (Żuraw), ul. Szeroka 67/68; März–Juni Mo–Fr 10–16, Sa/So 10–16.30 Uhr, Juli/Aug. tgl. 10–18 Uhr, Sept.–Nov. Di–So 10–16, im Dez. nur bis 15 Uhr.

Meeresmuseum (Centralne muzeum Morskie Spichlerze), ul. Ołowianka 9–13; Di–So 10–18 Uhr, Juli tgl. 10–18 Uhr. Dauerausstellung ›Die Polen auf den Weltmeeren‹, Maritime Galerie mit Gemälden, Unterwasserarchäologie. www.nmm.pl

Museum Zweiter Weltkrieg (Muzeum II Wojny Światowej), pl. Władysława Barto-

szewskiego 1; Di 10–19, Mi–So 10–20 Uhr. www.muzeum1939.pl
Zentrum für Maritime Kultur, ul. Tokarska 21–25; tgl. 10–19 Uhr. Das neue Zentrum für maritime Kultur auf fünf Stockwerken am Mottlauufer neben dem Krantor.
Bernsteinmuseum, im Stockturm, ul. Targ Węglowy 26; Di 10–13, Mi, Fr und Sa 10–16, Do 10–18, So 11–16 Uhr.
Europäisches Zentrum der Gewerkschaft Solidarność, pl. Solidarność 1; Mai–Sept. tgl. 10–20, sonst Mi–Mo 10–17 Uhr. www.ecs.gda.pl

Danziger Musiksommer; Ende Juni–Ende Aug.
Orgelmusikfestival; im Juli.
Baltic Sail; Juli.
Dominikanermarkt/Flohmarkt/Volksfest und Kulturveranstaltungen; die ersten drei Wochen im Aug.
Internationales Shakespeare-Theaterfestival; Ende Juli/Anfang Aug.
Jazzfestival Jazzjantar; Ende Okt./Anfang Nov. Programm: www.jazzjantar.pl

Der Danziger Hausstrand heißt **Brezno** (Brösen) und ist vom Hauptbahnhof mit der Straßenbahn Nr. 3 zu erreichen. Von der Endhaltestelle (30 Minuten Fahrt) sind es nur wenige Schritte zu Fuß.

Klub Kajakowy, ul. Żabi Kruk 15, Tel. 3057310; April–Okt. tgl. 10–18 Uhr. Kajakverleih in der Alten Vorstadt (Stare Przedmieście). Auf der Mottlau paddelt man etwa 15 Minuten bis zum Krantor. www.zabikruk.pl

Markthalle (hala Targowa), Plac Dominikański 1, Mo–Fr 9–18, Sa 9–15 Uhr. Günstiger Einkauf von **Silberschmuck**, **Bernstein** und **Kristallglas** auf der **Langen Brücke**: ul. Długie Pobrzeże 2 und 27.
Madison, ul. Rajska 10; Mo–Sa 9–21, So 10–20 Uhr. Einkaufsgalerie in der Altstadt mit 100 Geschäften sowie mehreren Restaurants und Cafés.

Blick auf die wiedererrichtete ›Altstadt‹ von Elbląg

▲ Karte: hintere Umschlagklappe

Elbląg

Elbląg (Elbing) liegt etwa 65 Kilometer östlich von Danzig in der Nähe des Frischen Haffs. Lange nahm man an, dass die Ortsgründung auf den prußisch-wikingischen Handelsplatz Truso aus dem 8. bis 10. Jahrhundert zurückgeht. Die archäologischen Untersuchungen, die durch die ungeheuren Zerstörungen des Zweiten Weltkrieges bis in die ältesten Schichten möglich waren, ergaben jedoch, dass Elbing erst im Jahre 1237 in Parzellen eingeteilt und auf der grünen Wiese gegründet wurde. Bald darauf errichtete der Deutsche Orden am Ufer der Elbing eine gewaltige Burg. Viele der Kolonisten kamen aus Norddeutschland in Elbnähe; daher erhielten die Stadt und der Fluss den Namen Elbing. 1358 erfolgte der Beitritt zur Hanse, und Elbing wuchs mit der Zeit zu einem starken Konkurrenten von Danzig. Zugang zur Ostsee besteht über die Elbing (Elbląg) und das Frische Haff. In der Stadt endet der Oberländische Kanal aus Ostróda (Osterode).

Im Winter 1945, während der Kämpfe vom 23. Januar bis 10. Februar, wurde Elbing zu 80 Prozent zerstört. Die Trümmersteine transportierte man zum Wiederaufbau der Altstadt nach Warschau. Für Elbing existierte ein Plan, das historische Terrain mit standardisierten vierstöckigen Plattenbauten zu bebauen. Glücklicherweise entschied man sich in den 1960er Jahren zugunsten historischer Vorlagen. Die ›neue‹ Altstadt entstand so als Kopie auf historischen Fundamenten und Grundrissen. Die Arbeit begann ab den 1980er Jahren zaghaft, ist heute aber weitgehend vollendet. Nur hier und da stören noch unvollendete Rohbauten. Die kleinteilige Bebauung an der Elbing, am einstigen Hermann-Balk-Ufer, vor der Kulisse des Glockenturms von St. Nikolai, ist jedoch vollkommen verschwunden – wer sehen möchte, wie es hier 1928 ausgesehen hat, der lenke seine Schritte ins Restaurant ›Pod Kogutem‹. Vom Eingang rechts fällt der Blick auf ein großes Gemälde aus jener Zeit. Einen Gesamteindruck vermittelt das Stadtmodell im Maßstab 1:300, das Elbing im Jahre 1635 mit doppelten Wassergräben zeigt, zu sehen im Vorraum der Touristinformation im ›neuen‹ gotischen Rathaus gegenüber der St. Nikolaikirche.

Einige wenige Kirchen und Bürgerhäuser sind nach historischem Vorbild rekonstruiert, die meisten Wohnhäuser sind aber modern gestaltet, wobei die Fassaden dem alten Stil angepasst wurden. Auch die alten Beischläge, typisch erhöhte terrassenförmige Vorbauten mit Freitreppe, wurden oft neu ausgeführt.

Die Bedeutung von Elbing als Hafenstadt ging durch die Grenzziehung nach dem Zweiten Weltkrieg verloren, denn 40 Jahre lang konnte der Hafen nicht genutzt werden. Der einzige Zugang vom Frischen Haff zur Ostsee liegt derzeit bei der russischen Stadt Baltijsk (Pillau). Gegenwärtig existiert keine Schiffsverbindung für Touristen nach Kaliningrad. Ab 2019 soll an der engsten Stelle der Nehrung mit dem Bau eines neuen Kanals begonnen werden, damit Schiffe unabhängig von Russland die Ostsee erreichen können.

Alter Markt

Die Altstadt ist klein und übersichtlich. Vom **Markttor**, als inneres Tor der Stadtbefestigung im Jahre 1319 erbaut, blickt man auf den Alten Markt (Stary Rynek), wochentags zwischen 10 und 18 Uhr auch aus der Vogelperspektive von der Aussichtsgalerie. Solch eine lange Straße war typisch für eine Hansestadt.

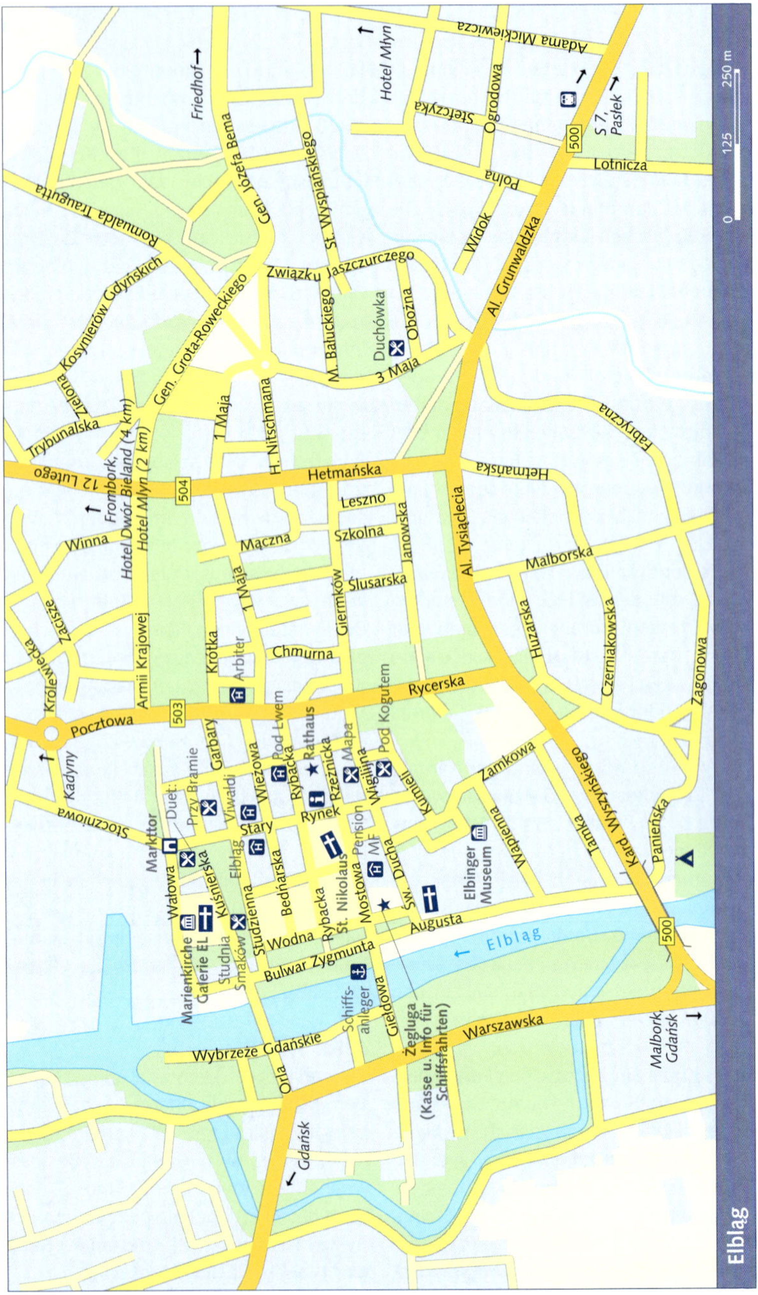

Elbląg
Adama Mickiewicza
Hotel Młyn
Friedhof
Stefczyka
Ogrodowa
S 7, Pasłek
500
Lotnicza
Polna
Gen. Józefa Bema
St. Wyspiańskiego
Romualda Traugutta
Widok
Al. Grunwaldzka
Związku Jaszczurczego
Kosynierów Gdyńskich
Gen. Grota-Roweckiego
M. Bałuckiego
Duchówka
Obozna
3 Maja
Zielona
1 Maja
H. Nitschmana
Fabryczna
Trybunalska
Frombork, Hotel Dwór Bieland (4 km)
Hotel Młyn (2 km)
12 Lutego
504
Hetmańska
Leszno
Szkolna
Janowska
Mączna
Winna
Al. Tysiąclecia
Malborska
Ślusarska
Giermków
Zacisze
Królewiecka
Armii Krajowej
Krótka
Arbiter
Chmurna
Huzarska
Czerniakowska
Zagonowa
Rycerska
Pod Kogutem
Pocztowa
503
Garbary
Pod Lwem
Rathaus
Rybacka
Rzeźnicka
Mapa
Kadyny
Przy Bramie
Wieżowa
Wigilijna
Kumieli
Zamkowa
Kard. Wyszyńskiego
Stoczniowa
Duet
Viwaldi
Rynek
Markttor
Stary
Elbląg
Pension MF
Wapienna
Tamka
Panieńska
Wałowa
Kuśnierska
Studziennа
Bednarska
St. Nikolaus
Mostowa
Św. Ducha
Elbinger Museum
Marienkirche
Galerie EL
Studnia Smaków
Wodna
Rybacka
Augusta
Elbląg
Bulwar Zygmunta
Schiffsanleger
Giełdowa
Żegluga (Kasse u. Info für Schiffsfahrten)
Wybrzeże Gdańskie
Orla
Warszawska
Malbork, Gdańsk
Gdańsk
0
125
250 m

Neben dem Eingang steht die lebensgroße **Plastik des legendären Bäckergesellen** (Elbląski Piekarczyk), der am Morgen des 8. März 1521 die Stadt vor dem Überfall der Ordensritter rettete: Die Burgbesatzung schlummerte, ohne eine Gefahr zu ahnen. Der Bäckerlehrling handelte beherzt, indem er mit seiner Schaufel blitzartig die Stricke des eisernen Torgitters kappte. Somit bewahrte er die Elbinger vor erneuter Fremdherrschaft. Die Nase des Bäckerleins ist ganz blank gerieben – es bringt Glück, sie zu berühren!

Vom Markttor blickt man auf die **Gebäude der einstigen Schichau-Werft**. Hier wurde im Jahre 1855 der erste Schraubenseedampfer (›Borussia‹) und 1860 eine der ersten Lokomotiven Deutschlands gebaut, die ›Fulda‹. Der Begründer, Ferdinand Gottlob Schichau, lebte von 1814 bis 1896 und galt als der bedeutendste Elbinger Unternehmer. Er war ein begnadeter Konstrukteur von Dampfmaschinen und Schiffen. 1945 verlegte die Werft ihren Sitz nach Bremerhaven.

Die benachbarte **St. Marienkirche** wurde im 13. Jahrhundert als Teil eines Dominikanerklosters erbaut. 1945 stürzte das gotische Gewölbe ein, und das Gotteshaus dient seither als Galerie moderner Kunst. Historische Grabsteine sind an Wänden und am Fußboden zu betrachten. Neu ist eine zweistöckige gläserne Empore, auf der Wechselausstellungen stattfinden.

Das heutige **Hotel Elbląg** am Alten Markt (Stary Rynek Nr. 54) ist ein herrliches Renaissancegebäude mit rot getünchter Fassade, zwei dorische Säulen fassen das Portal ein. Es ist das klassische Elbinger Bürgerhaus. Der wohlhabende Besitzer, ein Herr Spiering, gab dem Haus anfangs seinen Namen. Als später hier mehrere Königshäupter übernachteten, hieß es nur noch ›Königshaus‹. Nachweislich waren König Wladislaw IV., König Karl XII. von Schweden, Zar Peter der Große und König Friedrich II. (der Große) zu Gast. 1777 gab es eine Katastrophe, ausgelöst durch Brand nach einem Blitzschlag. St. Nikolai und das alte gotische Rathaus brannten ab. Gegenüber der Nikolaikirche steht jetzt eine sehr moderne Version eines ehemaligen gotischen **Rathauses** aus Klinkern, Glas und Stahl, nur die Formgebung erinnert an die Gotik. Im Erdgeschoss befindet sich die **Touristinformation**. Im dortigen Vorraum sieht man zwei Modelle: Elbing im Jahre 1635 und eine sogenannte ›Geneigte Ebene‹ des Oberländischen Kanals.

St. Nikolaikirche

An der St. Nikolaikirche ragt der Turm empor, bis in 67 Meter kann man zur neuen **Aussichtsgalerie** über 366 Stufen emporsteigen. Von 1948 bis 1958 wurde die Kirche wiederaufgebaut, das ursprüngliche Stern- und Kreuzgewölbe konnte aber aus statischen Gründen nicht rekonstruiert werden. Die Pfeiler werden von zwölf Apostelfiguren geschmückt,

Das Markttor aus dem 14. Jahrhundert

gefertigt um 1410. Glücklicherweise blieben auch fünf große Flügelaltäre erhalten, einst gespendet von den Elbinger Handwerkszünften. Darunter befindet sich rechter Hand in der Mitte der Südwand der **einstige Hauptaltar** (um 1520) – hier fehlt die einst berühmte Schutzmantel-Schrein-Madonna. In der Predella ist das Gemälde ›Das letzte Abendmahl‹ (1681) zu sehen.

Daneben befindet sich der spätgotische **Mälzenbraueraltar** mit Maria und Jesuskind, der heiligen Katharina und der heiligen Barbara (um 1511). An der rechten Seite des Chors steht der heilige Nikolai, Namensgeber der Kirche. Links zu seinen Füßen sieht man eine vergitterte Nische, hier wird das silberne **Reliquienkreuz** von 1242 aufbewahrt, eingearbeitet ist ein Splitter des Kreuzes, an dem Jesus verstarb. Das Gotteshaus wurde wegen dieser Reliquie in den Rang eines Sanktuariums der Reliquien des heiligen Kreuzes erhoben.

Die Mitte der Nordseite schmückt der **spätgotische Hauptaltar** aus der ehemaligen Dreikönigskirche. Er stellt die ›Anbetung des Gotteskindes durch die heiligen drei Könige‹ dar und wurde um 1520 vom Meister Schofstein geschnitzt. Davor steht das große gotische **Taufbecken** auf Löwentatzen, es ist ein Werk des Elbinger Meisters Bernhuser von 1387. Kaiser Wilhelm II. bestellte den neugotischen **Altar Kreuzigung**, ursprünglich für die Kirche von Cadinen (heute Kadyny), heute linkerhand vom Westeingang der Nikolaikirche zu sehen. Unterhalb des Kirchturms steht zur Erinnerung an den Besuch des Heiligen Vaters (1999) ein **Bronzedenkmal für Papst Paul II.**

Früher ›Königshaus‹, heute Hotel Elbląg

▶ Karte S. 110

Südlich des Alten Marktes

Gegenüber der St-Nikolaikirche, zwischen drei Pfarrhäusern (ul. Mostowa 17), beginnt der **Kirchweg** (Ścieżka Kościelna), ein besonderes architektonisches Überbleibsel der Elbinger Altstadt. Er ist gerade so breit, dass man einen Sarg hindurchtragen konnte oder Platz für einen Prozessionsgang war. Malerisch sind die vielen Stützbögen. Heute verbindet der Kirchweg nur noch die Brückenstraße (ul. Mostowa) mit der Heiliggeiststraße (ul. Św. Ducha). Die enge Gasse war einst wesentlich länger und verband drei Kirchen. Die **Heiliggeiststraße** ist weitgehend dem alten Vorbild nachempfunden. Das herrliche Renaissancehaus (Nr. 3) trägt auch den Namen **Geldsacksches Haus**. Bevor das ›Königshaus‹ zur Unterkunft der gekrönten Häupter wurde, war hier das Hauptquartier des Regenten. Während des ersten Schwedisch-Polnischen Krieges bezog es König Gustav II. Adolf Wasa, nachdem er die Stadt am 16. Juli 1626 kampflos eingenommen hatte, und bewohnte das Gebäude bis 1630. Vom einstigen **Heilig-Geist-Spital** sieht man heute nur noch die **Kirche** und einen kleineren Anbau. Gemäß der Stiftungsurkunde von 1242 sollten die Elbinger Bürger auf Geheiß des Deutschen Ordens ein Spital für Reisende, Arme und Kranke errichten. Nach Verlegen des Hochmeistersitzes von Venedig nach Marienburg (1309) war das Hospital zum Hauptspital ernannt worden. In den erhaltenen Mauern befindet sich heute die **Cyprian-Norwid-Bibliothek** mit wertvollen Sammlungen alter Drucke.

Südlich der Bibliothek befand sich das riesige Ordensschloss, von dem heute niemand mehr weiß, wie es ausgesehen hat, so gründlich haben es die aufgebrachten Elbinger nach 1454 abgetragen. Übrig blieben nur ein Gebäude des Vorschlosses, einige Kellergewölbe und die Mälzerei, heute das **Elbinger Museum der Archäologie und Geschichte**. Im Museum sind mittelalterliche Alltagsgegenstände ausgestellt, so auch Musikinstrumente, Pilgerzeichen, Wachstafeln und Kinderspielzeug. Möbel, Keramik und Zinngegenstände beweisen die einstige Kunstfertigkeit Elbinger Handwerker.

Elbląg

Vorwahl: 055.
Touristinformation, ul. Stary Rynek 25, Tel. 2393377.
www.elblag.eu

Der **Bahnhof Elbląg** liegt südöstlich der Altstadt. Dorthin sind es 30 Min. Fußweg oder man nutzt die Straßenbahnlinien 1 und 4. Täglich gibt es mehrere Verbindungen über Malbork nach Gdańsk sowie nach Olsztyn.

Busbahnhof, neben dem Bahnhof. Fast stündlich fahren Busse Richtung Gdańsk, täglich gibt es auch Busverbindungen nach Frombork.

Żegluga Ostródzko-Elbląska, ul. Wodna 1b, Tel. 2324307, Vorverkaufskasse und Informationen über Schiffsfahrten am Elbingufer. Schiffsfahrten auf dem Oberländischen Kanal nach Buczyniec (ca. 4.40 Std) und Rückfahrt mit dem Bus. Schiffsrundfahrt auf der Elbing (1 Std.). Fahrpläne auf www.zegluga.com.pl

Elbląg (€€–€€€), ul. Stary Rynek 54–59, Tel. 6116600. Spektakulärer Mix von Historie und moderner Architektur. Die schönste Herberge in der Altstadt nahe der Nikolaikirche ist ein Komplex mehrerer Bauten. Kern ist das ehemalige Königshaus im Renaissancestil mit rot getünchter Fassade. Klimatisierte Zimmer, sehr gutes

Frühstück, Spa mit Sauna und Pool. Auch Fahrradausleihe. www.hotelelblag.eu

Pod Lwem (€€–€€€), ul. Kowalska 10, Tel. 6413100. In einem gotischen Bürgerhaus am östlichen Rand der Altstadt.
www.hotelpodlwem.pl

Atrium (€€), ul. Mostowa 13, 2333366. Schickes kleines Haus nahe der St. Nikolaikirche.
www.atriumhotel.pl

Dwór Bieland (€€), ul. Haliny Poświatowskiej 1, Tel. 2321227. Herrenhaus am nordöstlichen Stadtrand in einem gepflegten Park mit zwei Teichen. Elegante Zimmer mit Antikmöbeln, einige mit Balkon. Frühstücksbuffet im prächtigen Speisesaal, auch Restaurant mit polnischer Küche. Hotelgäste dürfen in den Teichen angeln! Vom Stadtzentrum knapp 10 Min. Autofahrt.
www.dworbieland.pl

Młyn (€€), ul. Kościuszki 132, Tel. 2350470. In der restaurierten Strauchmühle, einer Wassermühle aus dem 13. Jahrhundert am Rande der ›grünen Lunge‹ Elbings, dem Stadtpark Vogelsang (Park Bażantarnia). Stilvolles Restaurant (tgl. 12–22 Uhr), Weinkeller und Spa. Kostenloser bewachter Parkplatz.
www.hotelmlyn.com.pl

Folwark Żuławski (€), Władysławowo 4A, Tel. mobil 0602/635070. Neuerbautes Vorlaubenhaus etwa 4 km westlich vor Elbląg. Von Lesern sehr empfohlen, radfahrerfreundlich.
www.folwarkzulawski.pl

Camping Nr. 61, ul. Panieńska 14, Tel. 6418666; Mai–Sept. Ausleihe von Paddelbooten, Angelmöglichkeit. Etwa 300 m vom Elbinger Museum entfernt.
www.camping61.com.pl

Pod Kogutem, ul. Wigilijna 8–9, Tel. 6412882; tgl. 10–23 Uhr. Gerichte nach Elbinger Tradition wie Königsberger Klopse und vorzügliche Steinpilzsuppe. Schattige Freiluftplätze, innen viele historische Elbinger Ansichten und einige Bücher über Elbing zum Anschauen. Man spricht Deutsch.
www.podkogutem.elblag.pl (poln.)

Duet:, ul. Stary Rynek 63/64, Tel. mobil 533/105643; tgl. 11–23 Uhr. Polnisch-litauische Küche nahe dem Markttor, nur Flaschenbier. Modernes Ambiente mit großem Bücherregal, angenehme Hintergrundmusik.

Przy Bramie, ul. Garbary 24/25, Tel. 6230039. Gute Küche im Gewölberaum.
www.przybramie.elblag.pl (poln.)

Mapa, ul. Rzeźnicka 4-6/A, Tel. mobil 696/899750; Di–So 11–22 Uhr. Offene Küche, die Gäste können beim Zubereiten zuschauen.
www.restauracjamapa.pl (poln.)

Duchówka, ul. 3-go Maja 13, Tel. 2330100; Mo–Do 12–21, Fr–So bis 22 Uhr. Moderne polnische Küche im Landhausambiente zwischen Altstadt und Bahnhof.

Studnia Smaków, ul. Studzienna 31 A, Tel. 6446464; So–Do 9–23, Fr/Sa bis 24 Uhr. Leckere Suppen, Steaks, polnische Ente, auch vegan. Engagiertes Personal.
www.studniasmakow.pl

Wyspa Skarbów, Ecke Stary Rynek/Garbary, Mo–Sa ab 10, So ab 11 Uhr. Nahe dem Markttor, mit Freiluftplätzen.

St. Nikolaikirche, **Aussichtsgalerie**; 15. Mai–15. Okt., Di–Fr 10–17, Sa 10–14, So 14–17 Uhr. Der Aufstieg ist kostenlos.

Elbinger Museum der Archäologie und Geschichte, Bulwar Zygmunta Augusta 11; Juni–Sept. Di–So 10–18, Okt.–Mai Di–So 8–16 Uhr.
www.muzeum.elblag.pl

Galerie EL – Zentrum der moderen Kunst (in der ehemaligen Marienkirche), Kuśnierska 6.
www.galeria-el.pl (poln.)

Markttor, Stary Rynek; Mo–Fr 10–18 Uhr.

▶ Karte S. 110

Der Oberländische Kanal

Der mit Abzweigungen etwa 150 Kilometer lange Wasserweg (Kanał Elbląski) verbindet **Ostróda** (Osterode) mit **Elbląg** (Elbing) und damit das westmasurische Seengebiet mit dem Frischen Haff und der Ostsee. Die Hauptattraktion sind die fünf **geneigten Ebenen** im unteren Abschnitt, auf denen die Schiffe über Schienen gezogen werden. Sie gleichen den größten Teil des fast hundert Meter betragenden Höhenunterschiedes im Verlauf des Kanals aus. Im Jahre 2010 fand der Oberländische Kanal Eingang in die UNESCO-Weltkulturerbeliste.

Im Jahr 1844 gab der preußische König Friedrich Wilhelm I. die Order zum Kanalbau. Der Königsberger Ingenieur Georg Jakob Steenke hatte die Entwürfe dafür schon seit 1825 in der Schublade. Doch erst durch die königliche Fürsprache gab es das nötige Geld für das kühne Projekt. An der Umsetzung waren dann auch Baurat Wilhelm Severin und Carl Lentze beteiligt – letzterer war auch einer der Väter des Suezka-

nals. Die Kanalbauer hatten sich vor eineinhalb Jahrhunderten die Aufgabe gestellt, den auf tieferem Land befindlichen Orten im weitläufigen Weichseldelta einen Zugang zur Ostsee zu ermöglichen. Während des Baus standen die Ingenieure vor vielen Fragen, und so sahen sie sich weltweit um, was ihre Berufskollegen in Bayern, Belgien, den Niederlanden und England für Lösungen gefunden hatten. 1850 gelang der entscheidende Durchbruch während einer Dienstreise durch die USA: Steenke sah in New Jersey am Morris-Kanal eine Rampenkonstruktion, die dort herkömmliche Schleusen ersetzte. Nach seiner Heimkehr konstruierte Steenke von Wasserrädern betriebene Schienenwagen. Im Jahr 1872 war der Wasserweg mit den sogenannten Rollbergen, die die Schiffe auf gegenläufigen Waggons befahren, fertiggestellt. Die Schienenwagen sind durch ein Endlosseil miteinander verbunden, die Wasserkraft erzeugt einen Antrieb von etwa lediglich 60 PS – das reicht, um zwei Schiffe gleichzeitig gegenläufig zu transportieren.

Um 1900 war der Oberländische Kanal ein enormer Wirtschaftsfaktor. Bis zum Ersten Weltkrieg wurden ausschließlich Güter, vor allem Holz, Gerste und andere Lebensmittel, transportiert. Nach 1918 entdeckte man auch das große touristische Potential.

Technisches Meisterwerk: der Oberländische Kanal

▸ Karte S. 115

Der künstliche Wasserweg stellt auch ein harmonisches Beispiel für das Miteinander von Mensch und Natur dar. Alle technischen Anlagen werden von erneuerbarer Energie mittels eines genialen Wassersystems betrieben. Daneben haben sich im Laufe der Zeit kleinteilige Biotope für heute bedrohte Tiere und Pflanzen entwickelt.

Die Tour mit der ›Weißen Flotte‹ auf dem Oberländischen Kanal beginnt am Binnenhafen **Elbląg** gegenüber der St. Nikolaikirche (im Juni nur am Wochenende, im Juli und August täglich). Eine Fahrkartenreservierung ist zu empfehlen, manchmal sind die Karten bereits sechs Wochen im Voraus ausverkauft. Die Fahrt zwischen Elbląg und **Pochylnia Buczyniec** (Buchwalder Rampe) dauert knapp fünf Stunden und führt über den **Drausensee** (Jezioro Drużno).

Anschließend werden nacheinander fünf schiefe Ebenen auf Schienen, sogenannte Rollberge, passiert: **Całuny Nowe** (Neu Kußfeld), **Jelenie** (Hirschen), **Oleśnica** (Schönfeld), **Kąty** (Kanthen) und **Buczyniec** (Buchwald). Auf dieser Strecke von etwa zehn Kilometern wird ein Höhenunterschied von exakt 99,5 Meter überwunden. Auch während der etwa 20-minütigen Passage auf dem Trockenen muss man das Schiff nicht verlassen.

Für Radfahrer: Zwischen den Rampen Jelenie und Kąty führt ein begleitender Fahrradweg am landschaftlich schönen Kanalufer entlang.

An der Buchwalder Rampe (Pochylnia Buczyniec) dokumentiert das **Museum zur Geschichte des Oberländer Kanals** mit multimedialen Elementen auch die Rekonstruktion zwischen 2012 bis 2015. Von Buczyniec verkehren Busse zurück zum Ausgangspunkt.

Mit dem Schiff über die Schiefe Ebene

Routenvorschlag für eine drei- bis vierwöchige Ermland-Masuren-Radrundreise

1. Tag
Anreise mit dem EC aus Richtung Berlin nach **Gdańsk** mit Übernachtung.

2. Tag
Bahnfahrt nach Elbląg, Stadtbesichtigung und Übernachtung.

3. Tag
Elbląg–Małdyty ► 50 km
Schiffsreise über die Rollberge (Schiefe Ebenen) von Elbląg nach Buczyniec (Vor- und Nachsaison nur Sa/So, Juli/Aug. tgl.; wegen starker Nachfrage mindestens 6 Wochen vorher per Mail reservieren. Fahrradmitnahme kostet 15 Złoty).
Eine alternative Radstrecke von Elbląg nach Pochylnia Buczyniec (35 km):
Am Westufer des Drausensees (Jezioro Druzno): Elbląg–Raczki Elbląskie (niedrigster Punkt Polens mit Infotafel)–Żurawiec–Jurandowo–Zółwiniec–Krzewsk, weiter nach Wiśniewo–Dzierzgonka–Stankowo–Topolne Małe–Marwica–Jelonki–Pochylnia Jelenie (Rollberg, von hier kann man dem Oberländischen Kanal bis Kąty auf einem den Kanal begleitenden Radweg folgen, dann auf der Straße nach Pochylnia Buczyniec/Buchwalder Rampe mit Museum des Oberländischen Kanals).
Ab Buczyniec weiter: Drulity–Dargowo–Marzewo–Sambród–Leśnica–(2,5 km Abstecher nach Małdyty empfohlen, Einkehr & Übernachtung im Hotel ›Zajazd Pod Kłobukiem‹)–Małdyty.

4. Tag
Małdyty–Morąg ► 20km
Małdyty–Zalesie–Kiełkuty–Dobrocinek–Nowy Dwór–Morąg.

5. Tag
Seenrunde östlich von Morąg ► ca. 35 km
Morąg–Dury–Piląg–Kretowiny–Lusajny (vor dem Ort links Badestelle)–Wilnowo–Boguchwały–Ponary–Roje–Niebrzydowo Wielkie (romantische Badestelle am nördlichsten Zipfel des Nariesees, ab hier 7 km auf der Straße nach Morąg oder auf schlecht befahrbarem Sandweg über Bogaszewo)–Morąg.

6. Tag
Morąg–Myłomłyn ► 25 km
Morąg–Jedrychówka–Kudypy–Wenecja–Słonecznik (zwischen beiden Ortschaften herrliche Lindenallee und tadelloser Asphalt)–Bartężek–Tarda–Myłomłyn–Abstecher 2,5 km nach Wielimowo zum Übernachten im Hotelkomplex ›Osada Danków‹.

7. Tag
Myłomłyn–Iława ► 36 km
Myłomłyn–Dębinka–Karnity–Mozgowo–Urowo–Sąpy–Kaletka (kleiner Campingplatz, auf den Steganlagen sonnen sich mitunter viele ungefährliche Ringelnattern)–Jazdźówki-Szałkowo–Lipowy Dwór–Iława.

8. Tag
Iława–Ostróda mit dem Zug.

9. Tag
Ostróda–Olsztynek–Mierki ► 45 km
Ostróda–Lubajny–Stary Jabłonki (ab Ortsausgang etwa 10 km grobes Kopfsteinpflaster mit Sommerweg, schlecht befahrbare sandige Abschnitte, aber schattig durch den Wald)–immer dem Kopfsteinpflaster folgen–Staszkowo-Parwółki (rechts unterhalb der wenigen Häuser schöne Badestelle)–Tomaszyn–Samagowo (hier rechts auf die tadellose Asphaltstraße abbiegen)–Olsztynek (Besichtigung Freilichtmuseum, hierfür lohnt es sich einen halben Tag Zeit zu nehmen)–Mierki–Übernachtung im Komplex ›Kormoran‹ (45 km).

10. Tag
Mierki–Olsztynek Bahnhof ► ca. 23 km
Bis **Olsztyn** mit dem Zug. Bei Übernachtung auf dem Campingplatz Nr. 16 am

Jezioro Ukiel (Okullsee) 10 km stadtauswärts. Bereits am Bahnhof Olsztyn-Zachodnie aussteigen und die ul. Bałtycka entlangradeln (Campingplatz Nr. 16 mit herrlicher Badestelle, ausgeschildert, 8 km vom Bahnhof Olsztyn-Zachodnie, die ul. Bałtycka entlang, letzter Kilometer Sandweg, nicht abschrecken lassen!).

11. Tag
Olsztyn–Lidzbark Warmiński ► 62 km
Olsztyn–Wadąg–Słupy (Badestelle am Ortsausgang rechts)-Gady–Tuławski–Gradki–Frączki-Derc (hier geradeaus, 1 km sandiger Weg, dann festgefahren, später Betonplattenweg)–Krokowo–Ustnik–Modliny–Żegoty–Klutajny–Kłębowo–Lidzbark Warmiński.

12. Tag
Lidzbark Warmiński–Reszel ► 49 km
Lidzbark Warmiński–Landstraße Nr. 513: Stoczek Klasztorny–Polapin-Wozławki (ab hier 5 km auf der Fernstraße Nr. 57) nach Bisztynek (hier auf die Landstraße Nr. 594 nach Reszel abbiegen)–Biel–Reszel.

13. Tag
Reszel–Sztynort Duży ► 50 km
Reszel–Straße Nr. 594 bis Kętrzyn-Św. Lipka–Kętrzyn-Ausfahrt auf Straße Nr. 592

Lindenallee bei Słonecznik

nach Giżycko, Radweg parallel der Straße bis Abzweig Karolewo (teilweise sehr schöne erhaltene Lindenalleen)–Gierłoż–Parcz–Jankowo–Mażany–Dłużec–Radzieje (ab Ortsausgang bis Kamionek Wielki grobes Kopfsteinpflaster mit zahlreichen Schiebeeinlagen)–dann herrliche Abfahrt nach Sztynort Mały (mit Eichenallee)–Sztynort Duży.

14. Tag
Sztynort Duży–Węgorzewo ► 20 km
Sztynort Duży–Kol. Harsz–Harsz–Pozezdrze–Stręgielek–Stręgiel–Kalskie Nowiny–Węgorzewo.

15. Tag
Węgorzewo–Giżycko mit dem Schiff (tgl. 15 und 17.30 Uhr, 62 Złoty, Fahrrad 10 Złoty, Fahrzeit 2.30 Std.).

16. Tag
Giżycko–Ryn ► 30 km
Giżycko–Wilkasy–Strzelce (herrliche Ausblicke aufs Wasser)–Bogaczewo–Kozin–Monetki–Stare Rudówka–Ryn (30 km)

17. Tag
Ryn–Mikołajki ► 20 km
Ryn–auf der Landstraße Nr. 642 bis Pszczółki–ab hier 6 km auf Fernstraße Nr. 16 nach Mikołajki.

18. Tag
Mikołajki–Ruciane Nida ► 20 km
Mikołajki–Kulinowo–Wierzba–Wejsuny–Ruciane Nida.

19. Tag
Ruciane Nida–Ruciana Nida ► 40 km
Ruciane Nida–Kokoszka–Śwignajno Małe–Ukta–Nowa Ukta–Kadzidłowo–Gałkowo–Krutyń-Krutiński Piesek–Rosocha–Wojnowo–Ruciana Nida.

20. Tag
Ruciana Nida–Olsztyn mit dem Zug (kein Fahrkartenschalter, Tickets im Zug).

Sanftes Hügelland mit Buchenwäldern ist charakteristisch für das alte Oberland. Viele Kanäle, Flüsschen und Seen machen die Region zu einem reizvollen Ziel für Wassersportler. Südlich davon beginnt das ›Land der dunklen Wälder und kristall'nen Seen‹, wie das alte Ostpreußenlied Masuren besingt.

Blick auf das Dorf Rus bei Morąg

HISTORISCHES OBERLAND UND SÜDWESTLICHES MASUREN

Das alte Oberland

Von Elbląg (Elbing) am Frischen Haff bis Ostróda (Osterode) im Süden erstreckt sich die historische Region Oberland. Ihren Namen erhielt sie wahrscheinlich nach dem Chronisten Peter von Dusburg, der 1326 die Landschaft in ›partes inferiores‹ und ›partes superiores‹ (untere und obere Teile) gliederte, deren Grenze der Fluss Passarge (Pasłęka) bildete. Im Mittelalter wurde das sanfte Hügelland, das sich mit Buchenwäldern und einem Flickenteppich von Seen schmückt, als ›Hockerland‹ bezeichnet und erhielt später den Spitznamen ›Ostpreußens gute Stube‹. In Form eines Dreiecks erstreckt es sich mit seiner Spitze vom Haff aus in südliche Richtung. Westlich verläuft die Grenze des Oberlandes bei Zalewo (Saalfeld) und östlich bei der Herder-Stadt Morąg (Mohrungen). Die Wassersportzentren Iława (Deutsch Eylau) und Ostróda (Osterode) beschließen es im Süden, in der West-Ost-Ausdehnung beschreiben in etwa die Weichsel und Passarge die Grenzen.

Im südlichen Teil des Oberlands dehnt sich die **Oberländische** beziehungsweise **Eylauer Seenplatte** (Pojezierze Iławskie) aus. Seit 1860 sind ihre Gewässer durch den **Oberländischen Kanal** (Elbląg-Ostróda-Kanal) mit Elbing und somit dem Frischen Haff und der Ostsee verbunden. Die Eylauer Seenplatte wird auch Westmasurische Seenplatte genannt, so wie man die gesamte Region gerne als Westmasuren bezeichnet. Im Herzen der Seenplatte funkelt der längste See Polens, der **Geserichsee** (Jezioro Jeziorak), den kleine Kanäle und Flüsschen kreuz und quer mit den anderen Seen verknüpfen und auf diese Art die Region zu einem Paradies für Paddler, Kanuten und Segler machen.

▲ Karte S. 123

Zwischen Wiesen und Feldern grünen im Sommer rund um die Seen Laubmischwälder, die erst im Südosten allmählich in Kiefernwald übergehen.

Pasłęk und Umgebung

Obwohl Pasłęk (Preußisch Holland) mit über 12 000 Einwohnern die Größe einer Kleinstadt hat, wirkt es recht verschlafen und wird meist nur im Rahmen eines Tagesausflugs besucht. Wegen der günstigen Lage an der Schnellstraße 7 legen viele Touristen auf dem Weg von Elbląg zu den Gewässern der Eylauer Seenplatte einen Zwischenstopp in Pasłęk ein.

Der alte deutsche Name des Städtchens erinnert an die holländischen Siedler, die sich Ende des 13. Jahrhunderts bei der vom Deutschen Orden eroberten Prußenburg Passlock niederließen. Von den Deutschrittern an den östlichen Rand des Weichseldeltas gerufen, entwässerten die erfahrenen Deichbauer die in der Umgebung teils unter dem Meeresspiegel liegenden feuchten Böden und machten sie urbar. 1297 erhielt der neu gegründete Holländerflecken bereits das Stadtrecht verliehen. Von 1319 bis 1340 folgte der Bau der backsteinernen Ordensburg und der wehrhaften, die Stadt umziehenden Befestigung. Teile der alten **Wehrmauern** haben bis heute den Zeiten getrotzt, darunter das 1330 errichtete gotische **Steintor** (Brama Kamienna), das von der Hauptverkehrsstraße aus Zugang in das nur wenige Straßen große historische Zentrum gewährt.

Nur ein kurzer Spaziergang ist es vom Steintor zum gotischen **Rathaus** und zur **Sankt Bartholomäuskirche** (Kościół św. Bartłomieja), beide im 14. Jahrhundert errichtet. Im Inneren zieren das Gotteshaus eine reich geschnitzte Kanzel und

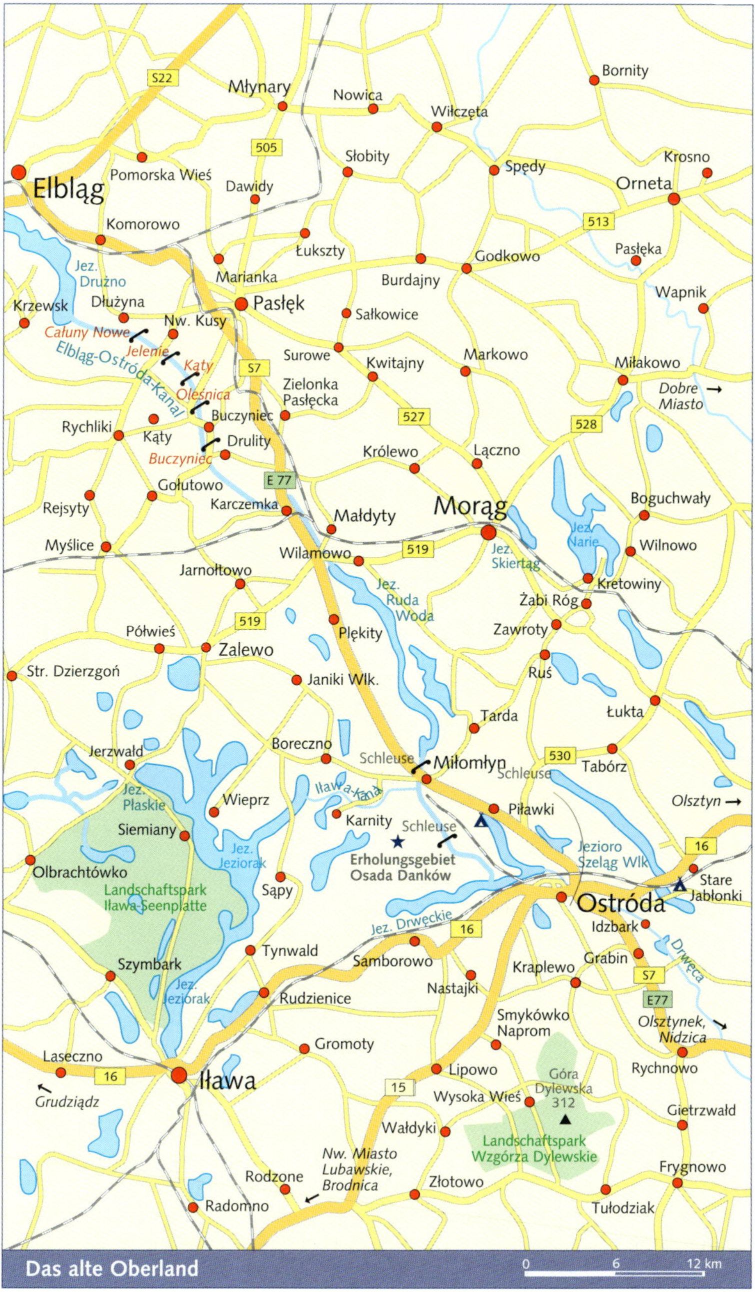
S22
Młynary
Nowica
Wilczęta
Bornity
505
Słobity
Spędy
Krosno
Pomorska Wieś
Dawidy
Elbląg
Orneta
513
Komorowo
Łukszty
Pasłęka
Godkowo
Jez. Drużno
Marianka
Burdajny
Wapnik
Krzewsk
Dłużyna
Pasłęk
Sałkowice
Nw. Kusy
Całuny Nowe
Jelenie
Elbląg-Ostróda-Kanal
Kąty
S7
Surowe
Markowo
Kwitajny
Miłakowo
Oleśnica
Zielonka Pasłęcka
Dobre Miasto
527
528
Buczyniec
Rychliki
Kąty
Drulity
Buczyniec
Królewo
Łączno
E 77
Gołutowo
Rejsyty
Karczemka
Morąg
Boguchwały
Małdyty
Jez. Narie
Myślice
519
Wilnowo
Wilamowo
Jez. Skiertąg
Jarnołtowo
Jez. Ruda Woda
Kretowiny
Żabi Róg
519
Półwieś
Plękity
Zawroty
Zalewo
Str. Dzierzgoń
Janiki Wlk.
Ruś
Tarda
Łukta
Boreczno
Jerzwałd
Schleuse
Miłomłyn
530
Tabórz
Schleuse
Jez. Płaskie
Wieprz
Iława-Kanal
Piławki
Olsztyn
Karnity
Schleuse
Siemiany
Erholungsgebiet Osada Danków
Jezioro Szeląg Wlk.
16
Jez. Jeziorak
Olbrachtówko
Stare Jabłonki
Landschaftspark Iława-Seenplatte
Sąpy
Ostróda
Jez. Drwęckie
16
Idzbark
Tynwald
Drwęca
Samborowo
Grabin
Szymbark
Kraplewo
Nastajki
S7
Jez. Jeziorak
Rudzienice
E77
Smykówko
Naprom
Olsztynek, Nidzica
Gromoty
Laseczno
Góra Dylewska 312
Rychnowo
16
Iława
Lipowo
15
Grudziądz
Wysoka Wieś
Gietrzwałd
Wałdyki
Landschaftspark Wzgórza Dylewskie
Nw. Miasto Lubawskie, Brodnica
Frygnowo
Rodzone
Złotowo
Radomno
Tułodziak
Das alte Oberland
0 6 12 km

Die ehemalige Ordensburg von Pasłęk

ein Taufbecken vom Ende des 16. Jahrhunderts sowie der vergoldete Hauptaltar des Königsberger Bildhauers Isaak Riga von 1687. In der Nachbarschaft steht die umgebaute **Ordensburg**, in deren drei Flügeln die Stadtverwaltung, eine Bücherei mit kleiner Heimatstube und das städtische Kulturzentrum untergebracht sind.

Der Weg nach **Małdyty** (Maldeuten), knapp 20 Kilometer südlich, lohnt einzig wegen der gastronomischen Institution **Zajazd pod Kłobukiem** mit Feinkostladen.

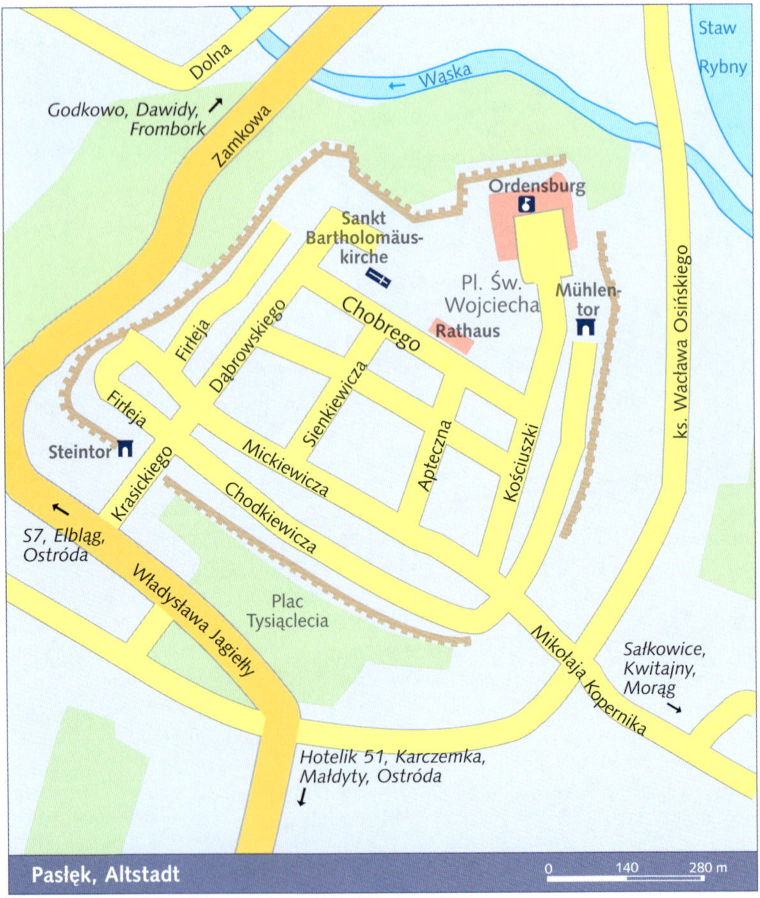

Pasłęk, Altstadt

Pasłęk und Umgebung

Vorwahl: 055.
Internet: www.paslek.pl (poln.)

Dwór Dawidy (€€), Dawidy 1, Tel. mobil 602/317969. Fünf Zimmer in einem alten Herrenhaus mit viel Liebe zum Detail, Lesesaal und Gartenterrasse.
www.dawidy.com (poln.)

Hotel Młyn Klekotki (€€), in Godkowo, Tel. 2490000. Restaurierte historische Mühle mit Nebengelassen, ca. 12 km östlich von Pasłek in traumhafter Alleinlage im Wald am See, die Zimmer im edlen Landhaus-Design, großer Spa-Bereich. Das Slowfood-Restaurant serviert leichte polnische Küche aus regionalen Produkten.
www.hotelmlynklekotki.pl

Folwark Karczemka (€€), Karczemka 7 (12 km südlich von Pasłek), bei Małdyty, Tel. 0601/306741. Stilvolles historisches Vorwerk in ruhiger Lage mit romantischen Apartments, Wellness sowie Restaurant mit regionaler Bioküche aus ökologischem Landbau. Große Auswahl an Weinen, Likören und Schnäpsen.
www.karczemka.pl

Hotelik 51 (€€), ul. Bohaterów Westerplatte 51 A, Tel. mobil 514078451. Acht klimatisierte Doppelzimmer und ein Apartment, Frühstück extra, in Bahnhofsnähe.
www.hotelik-51.pl

Zajazd pod Kłobukiem (€), Małdyty, ul. Zamkowa 11, Tel. 089/7585021. Sehr gute polnische Küche, motiviertes Personal. Es gibt auch günstige Übernachtungsmöglichkeiten in kleinen Zimmern. Tipp: Zimmer Nr. 1 mit Doppelbett. Im Feinkostladen wird ofenwarmes Kastenroggenbrot verkauft.
www.klobuk.pl (poln.)

Słobity

Etwa zehn Kilometer nordöstlich von Pasłek liegen bei dem Flecken Słobity (Schlobitten) die Überreste von **Schloss Schlobitten**. Von 1525 bis 1945 befand sich hier der Stammsitz der Familie Dohna, einer der bedeutenden Adelsfamilien Preußens. Graf Heinrich zu Dohna-Schlobitten (1882–1944) wurde als Beteiligter des Attentates auf Adolf Hitler am 20. Juli 1944 hingerichtet.

Das Schloss, 1621 bis 1624 erbaut und von 1696 bis 1736 zu einer feudalen Barockanlage erweitert, ging Ende des Zweiten Weltkriegs in Flammen auf. Von den einstmals drei Flügeln steht nur noch die steinerne Hülle des Haupthauses und trotzt der Zeit als imposante Ruine.

Kwitajny

Wer von Pasłęk aus südwärts nach Morąg möchte, keine Eile hat und die schöne Landschaft genießen möchte, sollte nicht den direkten Weg über die Schnellstraße nehmen, sondern die Nebenstrecke 527 über das reizende kleine Gutsdorf Kwitajny (Quittainen) wählen. Hügel hinauf und hinab schlängelt sich das schmale Asphaltband durch das romantische Bauernland, in dem sich Felder mit Buchenmischwäldern und Weilern abwechseln, und nach etwa zehn Kilometern ist Kwitajny erreicht. Malerisch spiegeln sich die kleine **Dorfkirche** und **Schloss Quittainen** im Teich. Das großzügige, 1699 nach Plänen von Jean de Bodt erbaute Herrenhaus war im Sozialismus Mietshaus, Schule und Sitz der Verwaltung; mittlerweile hat es wieder private Eigentümer. In der kleinen **Gutskirche**, die zwischen 1714 und 1719 entstand, werden heute wieder Gottesdienste abgehalten. Bis zum Ende des Zweiten Weltkriegs gehörten Schloss, Park, Teiche, Kirche und Dorf zum Besitz der Grafen von Dönhoff, deren bekannteste Nachkommin die Publizistin und ›Zeit‹-Herausgeberin Marion Gräfin Dönhoff (1909–2002) war. Ihre Flucht aus Quittainen im Winter 1945, das

Die Dorfkirche von Kwitajny

sie als letzte ihrer Familie verwaltete, fand Eingang in ihre viel gelesenen Erinnerungen an Ostpreußen, ›Namen, die keiner mehr nennt‹.

Morąg

Um 1280 wurde das heute 14500 Einwohner zählende, verträumte Landstädtchen Mohrungen an Mohrung- und Schertingsee (Rozlewisko Morąskie und Jezioro Skiertąg) vom Deutschen Orden gegründet. Anstelle einer eroberten prußischen Siedlung bauten die Ordensritter eine steinerne **Burg**.

Anfang des 14. Jahrhunderts folgte die Kirche **Sankt Peter und Paul**, und 1327 erhielt die Siedlung, die sie umgab, bereits das Stadtprivileg. Im letzten Krieg des Ordens vor seiner Säkularisierung, dem so genannten ›Reiterkrieg‹ von 1519 bis 1521 gegen die polnische Krone, wurde Mohrungen zerstört. Anschließend gelangte es 1525 im Zuge der Gründung des Herzogtums Preußen als Pfandgut an die Burggrafen zu Dohna. 1697 richtete ein Stadtbrand große Schäden an. 1744 erblickte der berühmteste Sohn der Stadt, **Johann Gottfried Herder**, als Sohn des Dorfschullehrers und Kantors das Licht der Welt. Am heutigen **Wohnhaus** in der ul. Herdera, das am Ort seines Geburtshauses steht, erinnert eine Gedenktafel an den bedeutenden Theologen, Geschichtsphilosophen und Dichter der Weimarer Klassik. Er lebte hier von 1744 bis 1762.

▲ Karte S. 123

■ Stadtmauern

Im 14./15. Jahrhundert wuchs die wehrhafte Mauer, die aus eiszeitlichen Gesteinen und Ziegeln besteht. Reste finden sich auf der Nordseite, alle vier Stadttore hingegen fielen dem Abriss zum Opfer.

■ Kirche St. Peter und Paul

In unmittelbarer Nachbarschaft erhebt sich die gotische Kirche St. Peter und Paul (Kościół św. Apostołów Piotra i Pawła). Ein großes **Kruzifix** von Ende des 14. Jahrhunderts, Fresken aus dem 15. Jahrhundert, **Relief-Grabplatten** (darunter die des Ehepaars Dohna), ein barocker **Hauptaltar** (1690) und eine **Barockorgel** (1705) zieren den Innnenraum.

Neben der Kirche steht das **Herder-Denkmal**. Das ursprüngliche verschwand in der Nachkriegszeit, das jetzige ist ein Geschenk des deutschen Kultusministeriums von 1964.

Ordensritterburg

Wenige Schritte entfernt stehen über dem Ufer des **Mohrungsees** (Rozlewisko Morąskie) ein letzter erhaltener Flügel der mittelalterlichen Ordensritterburg, umgeben von alten Mauern und Fundamenten. Die Feste war kurzzeitig auch Sitz des Ordensgroßmeisters Heinrich Reuß von Plauen, der hier im Jahre 1470 verstarb. Nach der Jahrtausendwende begannen erste Sicherungs- und Sanierungsarbeiten, die aber leider wieder eingestellt wurden.

In einem der beiden einstigen Türme, dem **Hexenturm**, hielt man im Mittelalter der Hexerei bezichtigte Frauen gefangen. Am 22. Juli 1749 – der Aufklärer Herder war zu diesem Zeitpunkt fünf Jahre alt – fand in Mohrungen die letzte öffentliche Hinrichtung einer ›Hexe‹ statt.

Rathaus

Das Rathaus mit backsteinernem Stufengiebel von 1444 hat seinen mittelalterlichen Charakter auch nach Umbauten bewahrt. Hier finden sich eine kleine

Das Dohna-Schlösschen

Kanone vor dem Rathaus von Morąg

Heimatstube und die **Touristinformation**. Die zwei stattlichen **Kanonen** vor dem Rathaus wurden 1864 im belgischen Lüttich gegossen und kamen im Deutsch-Französischen Krieg 1870 zum Einsatz. Die preußische Militärführung brachte die erbeuteten Waffen als Denkmäler unter anderem nach Mohrungen. Zwischen Rathaus und Kirche St. Peter und Paul stand das Geburtshaus von Herder, das 1945 zerstört wurde.

Dohna-Schlösschen

Das Dohna-Schlösschen (Pałac Dohnow) teilte das Schicksal vieler herrschaftlicher Häuser im alten Ostpreußenland, es wurde in den letzten Kriegsmonaten 1945 zerstört. Doch anders als beispielsweise Schloss Schlobitten baute man die ursprünglich 1562 bis 1571 für die preußische Adelsfamilie Dohna errichtete Anlage in den Jahren von 1976 bis 1985 wieder auf. Eine Dependance des Museums ›Ermland und Masuren‹ in Olsztyn zeigt im Schloss eine **Gemäldesammlung** der Grafen zu Dohna. Außerdem werden holländische Malerei des 16. und

Die Ferienanlage Osada Danków

17. Jahrhunderts sowie preußische Kunst vom 16. bis 19. Jahrhundert präsentiert. Zuvorderst widmen sich die Ausstellungen jedoch dem berühmtesten Sohn der Stadt, Johann Gottfried Herder, dessen Leben und Werk mit zahlreichen Exponaten gewürdigt wird.

Am Nariensee

Nicht weit östlich von Morąg lädt der sechs mal elf Kilometer große Nariensee (Jezioro Narie) mit zahlreichen Inseln und Buchten zum Baden oder Angeln ein. Das über 40 Meter tiefe, klare, fischreiche Gewässer gehört z den saubersten im ganzen Land. Hauptbadeort ist das Dorf **Kretowiny** auf einer Halbinsel südlich im See. Im Kiefernwald hinter dem Ufersaum ducken sich Feriensiedlungen, gefolgt von Bootsanlegern und einem Badestrand. Für den kleinen Hunger steht in der warmen Jahreszeit eine Budenmeile mit Schnellrestaurants zur Verfügung. Wer Stille und Einsamkeit den Vorzug gibt, findet bei Spaziergängen in den Wäldern rund um die Seeufer sein Plätzchen. Knapp vier Kilometer südwestlich von **Miłomłyn** (Liebemühl), einer Bahnstation zwischen Morąg und Ostróda, wuchs auf etwa 15 Hektar das Erholungsgebiet **Osada Danków** mit stilvollen Neubauten im Pseudo-Fachwerkstil. Darunter befinden sich der Palast auf dem Wasser (Pałac na wodzie) und mehrere hübsche Ferienhäuser.

i Morąg

Vorwahl: 089.
Internet: www.morag.pl
Touristinformation, im Rathaus, plac Jana Pawła II 1, Tel. 7573826; Mo–Fr 8–16, im Sommer auch Sa 9–15 Uhr. www.lot.mazury.pl (poln.).

Brzozowa Wyspa (€€), Kretowiny, Tel. mobil 605/154055.
Der Halbinsel Kretowiny etwa auf halber Höhe westlich vorgelagertes Inselchen mit eigener Fähre. Zimmer und Ferienhütten. Kanuverleih.
www.wyspabrzozowa.pl
Osada Danków (€€), Wielimowo 4a, 2,5 km südwestlich bei Miłomłyn, Tel. 6413158. Dreisternehotel mit hübschen Zimmern in mehreren Pseudofachwerkhäusern, verstreut im Kiefernwald, ruhige ländliche Abgeschiedenheit. Sauna, Fitnesscenter, Bibliothek, Grillhütte und Piraten-Kinderspielplatz.
www.dankow.pl (poln.)
Pensjonat Vertigo Narie (€–€€), Kretowiny 29, Tel. mobil 697/523402. Modernes kleines Haus auf der Nordwestseite der Halbinsel bei Kretowiny am Nariensee. Zimmer Nr. 6 hat Seeblick. Herrliche Ruhe, Terrasse mit Aussicht aufs Wasser, darüber Sonnenplätze mit Liegestühlen. Sauna 8 Euro/Pers. extra. Zur Badestelle 50 Meter. www.narie.pl
Narie Resort & Spa (€€€), Wilnowo 34, Tel. 7580173. Ideal zum Radfahren und Entspannen, Privatstrand.
www.narieresortspa.pl

▸Karte S. 123

Camping Nr. 247, Kretowiny 29, Tel. mobil 697/523402; Mai–Sept. Ruhige Lage auf der Halbinsel am Nordwestufer im Nariensee neben dem Pensjonat ›Vertigo Narie‹ mit Restaurant.

Johann-Gottfried-Herder-Museum, im Dohna-Schlösschen, ul. Dąbrowskiego 54; Juni–Sept. Di–So 9–17, sonst Di–So 10–16 Uhr.
http://morag.muzeum.olsztyn.pl

Restaurant Park, ul. 11-go listopada 12, Tel. 7572585; Mo–Do 11–22, Fr 11–1, Sa 12–3, So 11–21 Uhr. Unter anderem Piroggen und Fisch, große Terrasse. Vom Zentrum ca. 400 m in Richtung Bogaczewo.

Badestrand am Schertingsee, am Ortsausgang von Morąg Richtung Orneta auf der rechten Straßenseite. Große abschüssige Wiese, auch schattenspendende Bäume; mit Steganlage und WC.

Ostróda

Die kunst- und kulturhistorischen Sehenswürdigkeiten kann man an zwei Fingern abzählen, doch das von zwölf Seen gerahmte Ostróda (Osterode) ist mit herrlicher Natur gesegnet. Die mit 34 000 Einwohnern viertgrößte Stadt in der Woiwodschaft Ermland-Masuren, deren Zentrum sich ans Ufer des **Drewenzsees** (Jezioro Drwęckie) schmiegt, ist Endpunkt der vergnüglichen Ausflugspartien mit dem Schiff über den **Oberländischen Kanal** (→ S. 115).
Ostróda ist auch beliebt als Ausgangspunkt für Paddeltouren. Das Flüsschen Drewenz (Drwęca), der Iława- und Ostróda-Stare Jabłonki-Kanal verbinden die Gewässer der Umgebung.

Uferpromenade

Die L-förmige Mole mit einem Pavillon obenauf und die von einigen Cafés und Restaurants flankierte Uferpromenade bilden das Epizentrum des munteren kleinstädtischen Sommerlebens. Von Parkbänken aus lassen sich die beherzten Versuche manches Wasserskihasen an der Wasserskilift-Anlage in Augenschein nehmen oder auch ein Training auf der Kajak-Strecke verfolgen. Oder man bummelt die Promenade in einem maximal 20-minütigen Spaziergang zum nördlichen Seeufer hinauf, um im **Strandbad** am Drewenzsee einen Sprung in die erfrischenden Fluten zu wagen. Dabei führt der Weg auch am modernen **Amphitheater** mit 2500 Sitzplätzen vorbei.

Burg

Die kleine Backsteinburg wurde 1340 bis 1370 an der Mündung der Drewenz in den Drewenzsee vom Deutschen Orden errichtet. 1329 erhielt die Ansiedlung, die sich um sie herum entwickelte, das Stadtprivileg. 1376 wurde sie von Litauern in Schutt und Asche gelegt. 1380

Nixen an der Uferpromenade Ostróda

wurde die Leiche des in der Schlacht bei Tannenberg gefallenen Hochmeisters des Deutschen Ordenes, Ulrich von Jungingen, hierher überführt. 1381 verwüsteten Litauer die Feste erneut.

1628 fielen Schweden ein, im Siebenjährigen Krieg eroberten Russen die Stadt, und 1807 wurde Osterode von napoleonischen Truppen besetzt. Berühmtester Gast war 1807 Kaiser Napoleon, der sich während des Vierten Koalitionskriegs für drei Monate in der Ordensburg einquartierte und von hier aus halb Europa regierte (Gedenktafel im Innenhof). Nach der Zerstörung im Zweiten Weltkrieg wurde die Burg ab Mitte der 1970er Jahre wieder aufgebaut. In ihren Mauern sind heute das städtische Kulturzentrum, Galerie und Bibliothek untergebracht, das **Regionalmuseum** informiert über die bewegte Geschichte.

Kirche des heiligen Dominik Flavio

Am benachbarten plac 1000-lecia befindet sich die **Touristinformation**, und einen Katzensprung östlich davon lohnt die Kirche des heiligen Dominik Flavio (Kościół św. Dominika Savio) einen Blick. Aus der Gründungszeit ist ein steinernes **Taufbecken** erhalten.

Evangelische Kirche

Einen schönen Ausblick auf den Drewenzsee und die Dächer der Stadt verspricht die 1907 bis 1909 erbaute, neugotische Evangelische Kirche (Kościół Ewangelicko-Metodystyczne) im südlichen Ortszentrum. 105 Stufen sind bis in die Kirchturmspitze zu erklimmen, und man kann unterwegs das Uhrwerk der Kirchturmuhr und die drei großen Kirchglocken anschauen.

Kirche der unbefleckten Empfängnis

Kostbarstes Stück in der nahen katholischen Kirche der unbefleckten Empfängnis (Kościół Niepokalanego Poczęcia Najświętszej NMP), 1856/57 erbaut, ist eine gotische **Pietà** aus dem 14. Jahrhundert. Diese wurde einst vom Deutschen Orden in Auftrag gegeben und befand sich bis 1914 in der Kirche von Dietrichswalde (heute Gietrzwałd). Die **Kirchenfenster** wurden 1913 von Georg Schneider aus Regensburg eindrucksvoll bemalt.

Zwischen katholischer und evangelischer Kirche erinnert in der ul. Sienkiewiecza 10 eine Gedenktafel am **Geburtshaus von Hans Hellmut Kirst** (1914–1989) an den Schriftsteller, der zu den erfolgreichsten und meistgelesenen westdeutschen Nachkriegsautoren gehörte.

■ Paddel- und Bootstouren

Die knapp 50 Kilometer lange, dreitägige **Paddeltour Ostróda–Miłomłyn–Iława** führt zunächst nordwärts nach Miłomłyn, von dort westlich durch den Iława-Kanal und den Geserichsee (Jezioro Jeziorak) weiter zum größten Wassersportzentrum der westmasurischen Seenplatte, nach Iława (→ S. 133). Mit den Schiffen der Ostróda-Elbląg-Reederei lassen sich herrliche Ausflugsfahrten über den Drewenzsee (Jezioro Drwęckie) und den **Oberländischen Kanal** bis zur Schleuse Miłomłyn (Liebemühl) unternehmen. Abfahrt ist im Ortszentrum an der Mole des Drewenzsees.

■ Ausflug nach Stare Jabłonki

Etwa zehn Kilometer östlich von Ostróda am Kleinen Schillingsee (Jezioro Szelag Mały) gelegen, steht hier die **Jagdvilla** des legendären ostpreußischen ›Holzkönigs‹ Richard Anders. Ihm gehörten große Wälder und mehrere Sägewerke. Heute ist das historische Gebäude südlich der Bahnstation Stare Jabłonki (Altfinken) ein renommiertes Restaurant am Hotel ›Anders‹.

Nahe der Zufahrt zur Wasserstation (Stanica Wodna Stare Jabłonki) haben ein Kampfbunker und fünf kleinere **Bunker** aus dem Jahre 1938 überdauert. Von Mai bis September, jeweils samstags, kann man sie auch von innen besichtigen.

i Ostróda

Vorwahl: 089.

Internet: www.ostroda.pl (poln.)

Touristinformation, Plac 1000 lecia PP 1 a, Tel. 6423000; Juni–Sept. Mo–Fr 9–18, Sa 10–16, So 10–14, im Winterhalbjahr Mo–Fr 8–16 Uhr.
www.mazury-zachodnie.pl

Żegluga, ul. Mickiewicza 9a, Tel. 6709217. Rundfahrt auf dem Drewenzsee (1 Std.) und nach Miłomłyn (2,5 Std.).
www.zegluga.com.pl

Hotel Spa Dr. Irena Eris (€€€), Wysoka Wieś 22, Tel. 6471111. Zauberhafte Ferienanlage der 5-Sterne-Kategorie in luxuriösen Ferienhäusern. Schönheits-, Schlankheits- und Verjüngungskuren. 15 km südlich von Ostróda in einem Naturpark.
www.drirenaerisspa.pl/wzgorza-dylewskie

Hotel Willa Port (€€–€€€), ul. Mickiewicza 17, Tel. 6424600. Großer Neubaukomplex an der Uferpromenade am Drewenzsee, alle Zimmer mit Balkon oder Terrasse, im Restaurant gehobene italienische und internationale Gerichte. Pool und Spa-Bereich.
www.willaport.pl (poln.)

Promenada (€€), ul. Mickiewicza 3, Tel. 6428100. Gepflegtes Haus im Stil der Postmoderne, zwischen Hauptstraße und Uferpromenade kurz vor den Bahnschranken, weshalb es sich empfiehlt, ein Zimmer nach hinten zum See zu nehmen.
www.hotelpromenada.pl (poln.)

Anders (€€), ul. Spacerowa 2, Stare Jabłonki, Tel. 6427000. Hotelkomplex ca. 10 km östlich von Ostróda am Kleinen Schillingsee (Jezioro Szelag Mały). Auch Ferienhausvermietung. Restaurant mit herrlicher Terrasse und Blick aufs Was-

ser. Hotel und Restaurant in historischer Villa sind durch einen langen Gang im Pseudofachwerkstil verbunden. Spa mit Saunalandschaft, Tennisplätze, Bowlingcenter, Beachvolleyball, Garten.
www.hotelanders.pl

Dom Gościnny Stara Szkoła (€€), Wysoka Wieś 27, Tel. 6471523. Fünf entzückende Gästezimmer mit aufgearbeiteten Vorkriegsmöbeln in einer alten Zweiklassenschule von 1890. Langlaufski, Skiroller und Fahrräder, Küche aus einheimischen Bioprodukten, Gäste lieben die entspannte und friedvolle Atmosphäre.
www.dylewskie.pl

Młyn nad Rozlewiskiem (€€), Nastajki 14, Tel. 6405228. Historische Mühle abseits vom Zivilisationslärm mit viel Romantik, 8 km südwestlich von Ostróda.
www.mlynnadrozlewiskiem.pl (poln.)

Stanica Wodna Stare Jabłonki, ul. Turystyczna 5, Stare Jabłonki, Tel. 6411422; Mai–Sept. 7 km östlich von Ostróda (Straße Richtung Olsztyn). Malerisch am Kleinen Schillingsee (Jezioro Szeląg Mały), Campinghütten, herrlicher kleiner Badestrand, Wassersportgeräteverleih. Auch Platz für einige Caravans vorhanden.
www.stanica.mazury.pl (poln.)

Zajazd Przystanek Piławki, Miłomłyn, Tel. 6413007; Juli/August. Überschaubarer Rasenplatz 8 km nordwestlich von Ostróda direkt neben der Schnellstraße 7, deshalb recht laut, aber traumhaft schön am Nordufer des Drewenzsees gelegen; Campinghütten, Restaurant im Haus.
www.pilawki.pl (poln.)

Lalo, ul. Mickiewicza 17c, Tel. 7229500. Restaurant in Schiffsform an der Uferpromenade des Drewenzsees; Sa/So ab 11, sonst 12–23 Uhr. Modernes Design, köstliche Küche, schöne Aussicht vom Obergeschoss.

Gospoda Sajmino, ul. Olsztyńska 57, Tel. 6461833. Kopie eines historischen Gasthauses mit Reetdach. Terrasse mit Mühlrad und Bächlein.
www.gospoda.sajmino.pl

Tawerna, ul. Mickiewicza 21, Tel. 6405293. An der Uferpromenade am Drewenzsee neben dem Hotel ›Villa Port‹. Hausmannskost und Pizza, Terrasse am Flüsschen, mitunter lautes Froschkonzert.

Kresowa, Sienkiewicza 10a/1, Tel. 6466785. Restaurant im Stadtzentrum. Meist gut besucht, hier gibt es die besten Piroggen der Stadt, ansonsten auch Pizza.
www.restauracja-kresowa-ostroda.pl (poln.)

Trattoria La Riva, ul. Mickiewicza 17 (im Hotel Willa Port), Tel. 6424600. Köstliche italienische Küche mit Pasta, Fisch und Meeresfrüchten. Beste Pizza weit und breit. Samstag Live-Musik.

Austeria, Rychnowo 6b, Tel. 6412130. Regionale Küche, hausgemachte Brote und Kuchen, auch hübsche Übernachtungsmöglichkeit (€). Der Komplex ist eine architektonische Sehenswürdigkeit, an der Hauptstraße S7 (Warschau–Danzig), etwa 13 km südöstlich von Ostróda.
www.austeria.org (poln.)

Regionalmuseum, in der Ordensburg, ul. Mickiewicza 22, Tel. 6462602; Juli/Aug. Di–Fr 9–17, Sa/So 10–16, sonst Di–Fr 9–16, Sa/So 10–15 Uhr.
www.muzeumwostrodzie.pl (poln.)

Ostróda Reggae Festival, drei Tage im August. Größtes Reggae-Festival in Polen.
www.ostrodareggae.com

Sommerkonzerte an der Mole.

Segelclub (Klub Żeglarski Ostróda), ul. Sowińskiego 12.
www.zagle.ostroda.pl (poln.)

Wassersporthafen LOK (Przystań Ośrodoka Sportów Wodnych LOK), ul. Słowackiego 38a. Hier gibt es auch einen kleinen, einfachen Camping- und

▶ Karte S. 130

Caravanplatz. Relativ ruhige Lage am Uferweg (Fuß- und Radweg), ca. 1 km zur Promenade.

Wassersportklub Sokół, ul. Słowackiego 40. Alle drei Wassersportclubs liegen westlich vom Bahnhof am Seeufer.

Wasserski- und Wakeboard-Anlage, 800 Meter lange Bahn an der Uferpromenade im Ortszentrum.

Strandbad, im Ortszentrum am nördlichen Ufer des Drewenzsees.

Stadtstrand, am Nordufer des Sajmino-Sees an der südlichen Stadtgrenze; Badestrand in Karnity am Schlosshotel (10 km nordwestlich von Ostróda, Anfahrt über Miłomłyn).

Iława

Wegen ihrer ebenso schönen wie für Wassersportler günstigen Lage am Südufer des **Geserichsees** (Jezioro Jeziorak) ist die 34 000 Einwohner zählende Stadt heute das wichtigste Ferienzentrum an der westmasurischen Seenplatte. Der neue Hafen gilt als der modernste im Ermland und Masuren.

Mit 27 Kilometern Länge ermöglicht der Geserichsee als längster Rinnensee Polens Paddlern, Seglern und Kanuten zahlreiche Freizeitaktivitäten. Nur auf dem Wasserweg erreicht man die größte Binneninsel Polens, **Groß Werder** (Wielka Żuława).

Das heutige Iława (Deutsch Eylau) wurde 1305 vom Deutschen Orden an der

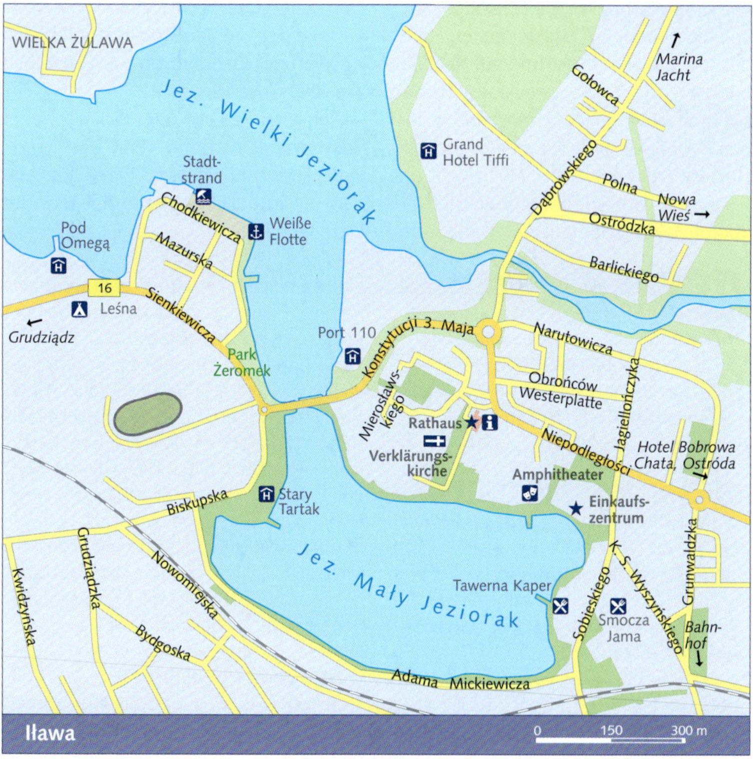

Stelle einer prußischen Siedlung gegründet. 1317 erstmals schriftlich als ›Ylavia‹ erwähnt, blieb es über viele Jahrhunderte lang ein abgeschiedener Flecken – bis 1860 der Oberländische Kanal (Elbląg-Ostróda-Kanal) eröffnet wurde und dank dem neuen Transportweg auch in Deutsch Eylau ein wirtschaftlicher Aufschwung Einzug hielt.

Anfang des 20. Jahrhunderts wurde die ›Perle im Oberland‹ touristisch entdeckt, ab den 1920er Jahren kreuzten Ausflugsdampfer auf dem Geserichsee.

Im Ortszentrum

Wegen der Zerstörungen im Zweiten Weltkrieg ist nur wenig vom alten Deutsch Eylau erhalten. Einziges historisches Schmuckstück ist die backsteingotische **Verklärungskirche** (Kościół Przemienienia Pańskiego) aus der ersten Hälfte des 14. Jahrhunderts. Im Lauf der Jahrhunderte mehrmals umgestaltet, thront sie inmitten von Nachkriegsbauten über dem Nordufer des Kleinen Geserichsees (Jezioro Mały Jeziorak). Nicht weit entfernt steht am Uferhang zwischen der Hauptverkehrsader ul. Niepodległości und der Uferpromenade das neobarocke **Rathaus** mit der **Touristinformation**. Hier kann man die wertvolle silberne Kette bewundern, die der damalige Bürgermeister zum 600-jährigen Stadtjubiläum erhielt. Auf den Turm lockt die schöne Aussicht.

Der **Hauptbahnhof** (Iława Glówna) war einst der größte und schönste Bahnhof von Ostpreußen. Damals kamen aus Berlin täglich zehn Züge, viele Gäste kamen extra, um sich im Rathausrestaurant den berühmten blauen Aal servieren zu lassen. In der Halle sieht man immer noch die Wappen derjenigen Großstädte, mit denen Deutsch Eylau früher auf dem Schienenweg verbunden war.

Hafen und Badestrand

Der neue **Hafen** (Port Iława) mit Anlegestelle der Weißen Flotte befindet sich westlich des Ortszentrums am Südwestufer des Geserichsees.

Gleich um die Ecke liegt der gepflegte **Stadtstrand**, dahinter steht das stillgelegte Hotel ›Kormoran‹. Umkleidekabinen, WC und Duschen findet man im Hafengebäude.

i Iława

Vorwahl: 089. **Internet**: www.ilawa.pl

Touristinformation, ul. Niepodległości 13 (im Rathaus), Tel. 6485800; Juni–Mitte Sept. Mo 8–16, Di–Fr 8–18, Sa/So 10–14, sonst Mo–Fr 8–16 Uhr. www.it-ilawa.pl (poln.)

Grand Hotel Tiffi (€€€), ul. Dąbrowskiego 9, Tel. 6519797. Neues großes Fünf-Sterne-Gebäude am Geserichsee (Jezioro Jeziorak), mit großen Zimmern und Betten. Restaurant mit Seeblick, asiatisches Spa mit Fachpersonal. www.grandhotel.tiffi.com

Hotel Port 110 (€€), Konstytucji 3 Maja 7, Tel. 6482050. Im modernen Businessstil direkt am See, mit Marina. Im Restaurant traditionelle polnische und internationale Küche. www.port110.pl

Seglerhotel Pod Omegą (€), ul. Sienkiewicza 24, Tel. 0603/091509; Anfang Juni–Ende August. Urige kleine Herberge mit Seglerhafen, die Zimmer funktional. Mit Gaststätte, Grillbar, Gartenwirtschaft und Bootsverleih. Sehr beliebt, rechtzeitig reservieren. www.podomega.pl (poln.)

Marina Jacht (€€), ul. Szałkowo 20A, Tel. 6485662. Schicke kleine Anlage am See, im nördlichen Stadtteil Szałkowo. Mit Café, Pool, Sauna, Kinderspielplatz, Kajak- und Wasserfahrradverleih. www.marinajacht.pl (poln.)

Taverna Kaper (€) ul. Jana III Sobieskiego 10, Tel. 6486373. Schnörkellose Gäste-

▸ Karte S. 133

zimmer, gelobtes Restaurant, Terrasse mit Seeblick (tgl. ab 10 Uhr).
www.kaper.pl (poln.)
Smocza Jama, ul. Sobieskiego 1D, Tel. 6486258; tgl. ab 11Uhr. Mit stimmungsvollem Kellergewölbe, das an den einst berühmten Rathauskeller erinnert, der aber heute nicht mehr existiert.
www.smocza-jama.pl
Karczma Łabedź (€), Nowa Wieś, ul. Marsa 2, Tel. 0604/070908. Hotel und Wirtshaus mit gelobter polnischer Küche in einem Blockhaus tim Zakopanestil in der nordöstlichen Nachbargemeinde Nowa Wieś.
www.karczma-labedz.pl (poln.)
Bobrowa Chata (€), Landgasthof Biberhaus, Dół 1c, Tel. 0609/843000. 6 km von Iława im Naturschutzgebiet der Eylauer Seenplatte, mit Seesteg, Gartenpavillon und Grillplatz, regionale Bioküche. Fahrräder und Boote können kostenlos ausgeliehen werden.
www.bobrowa.com.pl

Camping Nr. 14 Leśna, ul. Sienkiewicza 9, Tel. 6488188; Anfang Mai–Ende September. Leicht ansteigendes Waldgelände, nur eine Straße trennt es vom See, mit benachbartem einfachem Hotel.
www.lesna-ilawa.pl (poln.)

Rundfahrten über den Geserichsee (Jezioro Jeziorak). Anlegestelle und Ticketverkauf im neuen Hafengebäude, ul. Chodkiewicza 5.
www.zegluga.com.pl
Wassersportgeräteverleih auf dem Campingplatz ›Leśna‹ und im Segelzentrum ›Pod Omega‹, ul. Sienkiewicza 24.

Dni Iławi (Stadtfest); im Juli.
Jazz Festival Złota Tarka (Goldenes Waschbrett); drei Tage im August.
www.zlotatarka.pl (poln.)

Am Hafen von Iława

Szymbark

Zehn Kilometer nordwestlich von Iława ist die imposante **Burgruine Szymbark** (Schönberg) im gleichnamigen Weiler Szymbark ein schönes Ausflugsziel. Auf Schusters Rappen am **Silm-See** (Jezioro Silm) und dem Dorf **Kamionka** vorbei führt der Wanderweg zu der kleinen Anhöhe über dem **Haussee** (Jezioro Szymbarskie), wo die Domherren von Marienwerder im 14. Jahrhundert ein Domizil für den pomesanischen Dompropst Heinrich aus Skarlin errichten ließen. Nach mehreren Eigentümerwechseln seit der Reformation ging das Anwesen 1699 in die Hände der Grafen Finck von Finckenstein über, die es zu einem majestätischen Schloss ausbauen ließen. Zum Kriegsende war die vierflügelige Burg in der Hand der SS, nach Einnahme durch die Rote Armee wurde sie ein Raub der Flammen. Bis heute sind noch stattliche Mauern, Türme und Bastionen zu sehen, und man gewinnt eine Vorstellung davon, wie die einst größte Burg der Region einmal ausgesehen haben mag. Regisseur Volker Schlöndorff drehte hier im Jahre 1996 seinen Film ›Der Unhold‹ mit John Malkovich in der Hauptrolle.

Die Burgruine von Szymbark

▶ Karte S. 123

Südwestliches Masuren

Südlich von Ostróda steigt das Land mit der **Kernsdorfer Höhe** (Dylewska Góra) bis auf 312 Meter über dem Meeresspiegel an. Dieser letzte Ausläufer des Baltischen Höhenrückens bildet die höchste Erhebung in Nordostpolen. Masuren war nie von politischen Grenzen umgeben, und niemand vermochte je genau abzustecken, wo es eigentlich anfängt und endet. Im Lauf der Jahrhunderte bürgerte sich die Kernsdorfer Höhe als westlicher Anfangspunkt Masurens ein. Mondsichelförmig erstreckt sich Masuren von dort nordostwärts über die Großen Masurischen Seen bis zur Seesker Höhe (Szeska Góra) bei Gołdap.

Das ausgedehnte, von zahllosen Seen, Niedermooren und Sümpfen durchzogene Waldgebiet Südwestmasurens, das sich von Ostróda bis Olsztyn (Allenstein) und südwärts über Olsztynek bis nach Nidzica (Neidenburg) ausdehnt, blieb in seiner Urwüchsigkeit in weiten Teilen nicht zuletzt deshalb erhalten, weil es im sozialistischen Polen hermetisch abgesperrt war. Vom **Lansker** und **Plautziger See** (Jezioro Łańskie und Jezioro Pluszne) bis nach Nidzica diente es bis 1983 der polnischen Politprominenz und ihren Gästen als Jagdrevier. Heute lädt der Wald Naturliebhaber zu geruhsamen Wanderungen ein. ›Kaddig‹ ist der alte ostpreußische Spitzname für den immergrünen Wacholderstrauch, der sich hier an lichten Standorten wohlfühlt.

Im weiten Ackerland liegen die Dörfer **Grunwald** (Grünfelde) und **Stębark** (Tannenberg), wo sich 1410 die legendäre ›Schlacht von Tannenberg‹ des Doppelreichs Polen-Litauen gegen den Deutschen Orden zutrug. Das **Museum der Schlacht von Grunwald** erinnert an die Ereignisse. Im nahen **Olsztynek** (Hohenstein) befindet sich das Masurische Freilichtmuseum und bei **Nidzica** im südlichsten Zipfel der Region eine Ordensburg.

Landschaftspark Wzgórza Dylewskie

Etwa 15 Kilometer südlich von Ostróda erhebt sich im Landschaftspark Wzgórza Dylewskie die **Kernsdorfer Höhe** (Dylewska Góra). Seit 1994 stehen die teils bewaldeten Kuppen und Täler unter Schutz, insgesamt etwa 8000 Hektar. Wanderwege führen durch Felder und Buchenwald auf die Kernsdorfer Höhe. Lange war die Aussicht zugewachsen, aber 2014 wurde hier ein **Aussichtsturm** eröffnet, der einen herrlichen Rundumblick gewährt. Mitunter begegnet man auch einem Mufflon. Die Vorfahren dieser Wildschafe kamen aus Korsika und Sardinien und wurden Anfang des 20. Jahrhunderts hier ausgesetzt.

Rychnowo

Im Dorf Rychnowo (Reichenau) auf halber Strecke zwischen Ostróda und Olsztynek (Hohenstein) steht am südlichen Ortseingang auf dem Grundstück eines Nonnenklosters eine 1713 erbaute, traditionelle **Holzkirche** – eine der letzten noch original erhaltenen masurischen Holzkirchen. Zur Innenausstattung des achteckigen Gotteshauses gehören Wandmalereien aus der Zeit der Errichtung, ein 1714 vermutlich vom Königsberger Meister Georg Hintz geschaffenes Deckengemälde, das den Sündenfall thematisiert, sowie ein Flügelaltar von 1518. Diese typisch masurische Holzkirche findet sich als originalgetreue Kopie von 1913 auch im Freilichtmuseum im nahen Olsztynek.

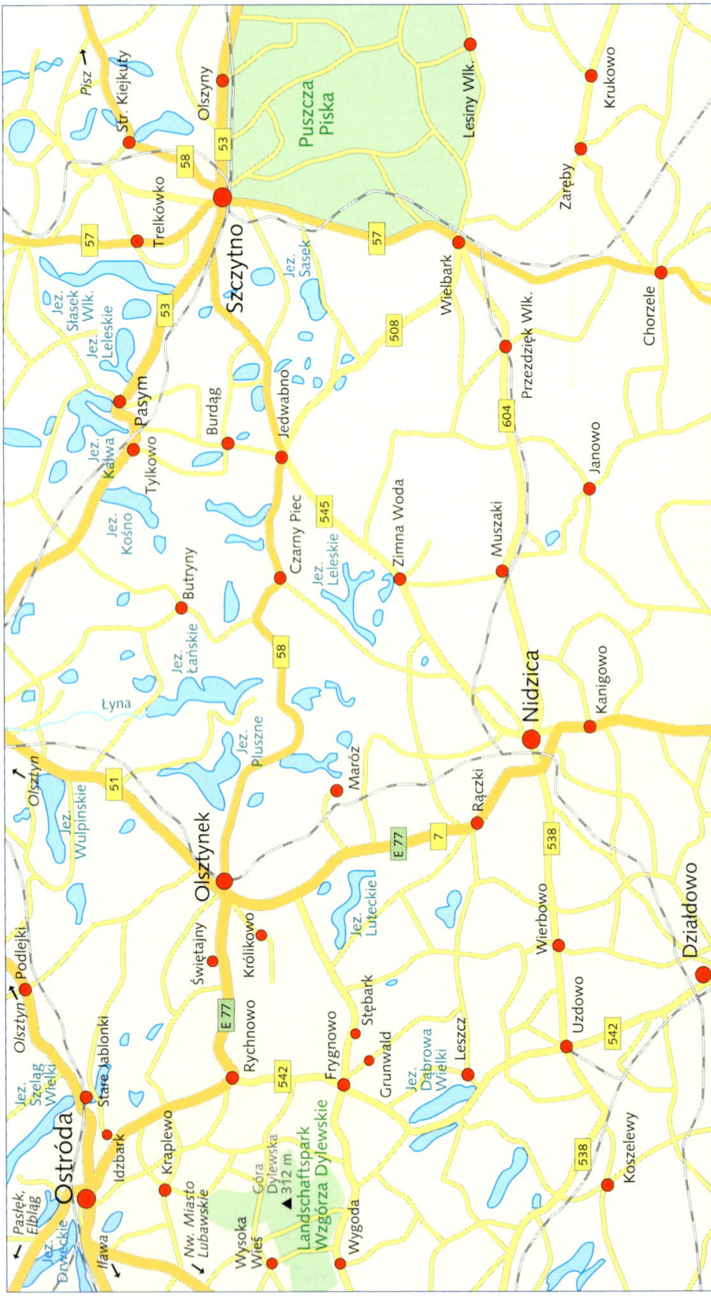

Das südwestliche Masuren

Im Freilichtmuseum Olsztynek

Grunwald/Stębark

In fast jeder polnischen Stadt gibt es eine Straße, die den Namen ›Grunwaldzka‹ (Grünfelde) trägt. Zwischen Grunwald und Stębark (Tannenberg) wurde am 15. Juli 1410 die größte Schlacht des Mittelalters in Zentraleuropa ausgefochten. Etwa 15 000 Soldaten des Deutschen Ordens standen 20 000 unter König Władisław II. Jagiełło im vereinigten polnisch-litauischen Heer kämpfenden Soldaten gegenüber und wurden vernichtend geschlagen. Die Schlacht von Grunwald, in der deutschen Historie nach dem Nachbarort Tannenberg benannt, läutete den Untergang der Deutschritter in Prußen/Preußen ein.

Zur zweiten Schlacht von Tannenberg kam es im August 1914, nachdem die russische Narew-Armee unter General Alexander Wassiljewitsch Samsonow von Süden her in Masuren einmarschiert war. General Paul von Hindenburg führte die 8. deutsche Armee gegen sie in den Kampf. Am 26. August 1914 begann nicht bei Grunwald, sondern in einem Gebiet weiter östlich zwischen den Orten Olsztynek, Nidzica und Pasym das, was später nach dem Vorschlag von Generalstabschef Erich Ludendorff aus Propagandazwecken die ›Schlacht von Tannenberg‹ heißen sollte. In vier Tagen kostete sie zahllose russische und deutsche Soldaten das Leben. Zu Ehren des enthusiastisch gefeierten ›Retters Ostpreußens‹ Paul von Hindenburg (ab 1925 Reichspräsident) weihte man im September 1927 in der Nähe von Olsztynek auf einem Feld das pompöse Reichsehrenmal Tannenberg ein. 1934 wurde dort Hindenburgs Leichnam beigesetzt – und 1945 wieder ausgegraben, um ihn vor der anrückenden Roten Armee in Sicherheit zu bringen. Das Tannenbergdenkmal selbst wurde zerstört.

Auf dem Freilichtgelände der legendären Schlacht im Jahr 1410 bei Grunwald prangen im Zentrum des **Museums der Schlacht von Grunwald** (Muzeum Bitwy pod Grunwaldem) ein Granitobelisk mit den Konterfeis zweier geharnischter Wächter und nahebei ein 30 Meter hoher Lanzenmast, der die Banner des siegreichen polnisch-litauischen Heeres symbolisiert. Von dort führen Stufen zu

Schlachtdenkmal bei Grunwald/Stębark

einem unterhalb des Ensembles gelegenen kleinen Museumsgebäude hinab, das zwischen einer Reihe von Ritterrüstungen mithilfe von Schautafeln über die historischen Kampfhandlungen informiert. 1960 wurde die Anlage zum 550. Jahrestag der siegreichen Schlacht gegen die Deutschordensritter als ›Zeugnis ewigen Kults der nationalen Vergangenheit‹ eingeweiht. Rundum zeichnen auf dem Terrain der vielbesuchten Freilichtanlage betonierte Wege, Treppen und gepflasterte Inseln in etwa die Schlachtordnung von 1410 nach. Einmal im Jahr kann man sie sogar leibhaftig in Augenschein nehmen: Immer am Wochenende um den 15. Juli lassen rund 1000 Hobbyrecken von Rittervereinen aus ganz Europa vor zehntausenden begeisterten Zuschauern den mittelalterlichen Waffengang noch einmal aufleben, begleitet von einem kunterbunten Treiben ringsum.

Grunwald/Stębark

Pałac Pacółtowo (€€–€€€), Pacółtowo 2, Tel. 089/6422984; 14 DZ verschiedener Größe und Ausstattung. In einem alten Schloss, umgeben vom Landschaftsschutzgebiet Wzgórza Dylewskie, mit Spa- und Wellnessbereich, auch Reiten. www.palacpacoltowo.com

Museum der Schlacht von Grunwald (Muzeum Pole Bity Grunwaldem), Stębark 1, 14-107 Gierzwałd; das Freilichtgelände ist das ganze Jahr über geöffnet, das Museumsgebäude April–Sept. tägl. 9.30–18.30 Uhr.
www.muzeumgrunwald.pl (poln.)

Tage von Grunwald, am Wochenende um den 15. Juli. Großes Volksfest mit Ritterfeldlagern und Ritterturnieren und als Höhepunkt Inszenierung der Schlacht von 1410.

Olsztynek

An dem eher unscheinbar wirkenden 7000-Einwohner-Städtchen Olsztynek (Hohenstein) würde man wahrscheinlich vorüberziehen, wäre es nicht von einer zauberhaften Seen- und Wälderlandschaft umgeben. Östlich erstreckt sich rund um den **Lansker See** (Jezioro Łańskie) und den **Plautziger See** (Jezioro Pluszne) in Richtung Olsztyn der **Ermländische Forst** (Las Warmiński). Überall glitzern im grünen Durchbruchstal der Alle (Łyna) zwischen Kiefern- und Laubmischwäldern tiefblaue Gewässer. Im Jahre 1349 ließ an einem dieser Seen der Komtur von Osterode, Günther von Hohenstein, eine kleine Ordensburg anlegen. Zehn Jahr später wurde Hohenstein bereits das Stadtprivileg zuteil. In ihrer ursprünglichen Gestalt gibt es die Burg längst nicht mehr. Im Lauf der Jahrhunderte häufig zerstört, wiedererrichtet und umgebaut, dient sie seit Mitte des 19. Jahrhunderts als Schule.

Masurisches Freilichtmuseum

Größte Attraktion in Olsztynek (Hohenstein) ist das Masurische Freilichtmuseum (Muzeum Budownictwa Ludowego). In einer sanft gewellten, beinahe 100 Hektar eingezäunten Landschaft mit Feldern, Wiesen, Wäldchen und einem Teich sind auf etwa 35 Hektar zahlreiche historische Gebäude des alten Ostpreußens, des Samlands, Kleinlitauens und des Weichsellands versammelt. Traditionelle masurische Bauernhöfe und Fischerkaten, weichselländische Windmühlen und stattliche Vorlaubenhäuser, eine Holzkirche, Ständer- und Fachwerkbauten, historische Werkstätten, Scheunen und Ställe und Wegekreuze entführen den Besucher in eine längst vergangene Zeit.

▶ Karte S. 138

Das Museum blickt auf eine über 100-jährige Vergangenheit zurück: 1907 (nach anderen Quellen 1909) trafen sich Experten in Königsberg, die das regionale Bauerbe Ostpreußens bewahren wollten. Zwischen 1911 und 1913 errichtete man fast 30 Objekte. Mitte der 1930er Jahre war das Freilichtgelände des Ostpreußischen Heimatmuseums am Königsberger Zoologischen Garten zu klein geworden. In Hohenstein fand sich ein geeignetes Areal für die Zukunft. Wegen der Nähe zum Tannenbergdenkmal besaß es zudem großes touristisches Potential. Der Umzug des Museums währte bis 1943, am Aufbau waren auch französische Kriegsgefangene beteiligt. Während der Kämpfe um Hohenstein im Winter blieb das Areal fast unversehrt.

Heute zählt man annähernd 80 Objekte der volkstümlichen Baukunst und traditioneller bäuerlicher Holzarchitektur, meist aus dem 19. Jahrhundert. Zu den herausragenden Bauten gehört die **Kirche aus Reichenau** (Rychnowo), eine Replik des Originals von 1714. Vor dem Eingang stehen zwei große Taufbecken aus Granit. Die unteren Innenwände schmücken gemalte Vorhänge. Darüber sind die Apostel, hinter dem Altar ist Martin Luther zu sehen. Die Deckenmalerei stellt die Erbsündeszene dar, in der Eva unter dem Paradiesbaum Adam den Apfel reicht; beide sind sehr freizügig dargestellt.

Prächtig sind auch mehrere **Vorlauben-Bauernhäuser**, so die Nr. 20a aus Bordehnen (Burdajny) und die Nr. 22a aus Hagenau (Chojnik). Im Bauernhof mit Hütte aus Kalborn (Kalborno), Nr. 33a, liegen auf einem Bett ein Frauenunterock sowie ein riesiger Schlüpfer. In anderen Räumen stehen bunt verzierte Möbel und in der Bauernhütte aus Neu Kockendorf (Nowe Kawkowo) ein vorsintflutlicher Musikautomat mit riesigen Polyphonplatten.

Vier **Windmühlen** sind zu sehen, Nr. 38 fehlen derzeit leider die Flügel. In der **Bernhütte aus Pempen** (heute Litauen), Nr. 39a, gibt es frischgepresste Säfte und Blechkuchen.

Wohnhaus im Masurischen Freilichtmuseum

Die Höfe werden durch Pferde, Kühe, Schafe, Ziegen, Kaninchen und Geflügel belebt, und über das Jahr finden im Freilichtmuseum mehrere Feste statt.

Am Dörfchen **Świętajny** (Schwentainen) an der Straße Nr. 7 kurz vor der westlichen Stadtgrenze von Olsztynek befindet sich ein Friedhof. Hier ruhen viele Kriegsgefangene, die im Stammlager (Stalag 1b Hohenstein) ums Leben kamen. 1939 hatten die Nazis zwischen Hohenstein und dem Flecken Königsgut (Królikowo) das größte Kriegsgefangenenlager Ostpreußens errichtet. Nicht weit entfernt ragten ab 1927 die Türme des Reichsehrenmals Tannenberg empor. 1934 wurde dort Reichspräsident Paul von Hindenburg beigesetzt. Das Reichsehrenmal wurde beim Rückzug der Deutschen Wehrmacht 1945 gesprengt und die verbliebenen Überreste Anfang der 1950er Jahre abgetragen.

Olsztynek

Vorwahl: 089.

Internet: www.olsztynek.pl (poln.)

Touristinformation, ul. Ratusz 1, Tel. 5195477; Mo–Fr 7.15–15.15, in der Saison bis 17 Uhr.

Warmia Park (€€€), in Pluski, ul. Pluszna 36, Tel. 5195300. Vier-Sterne-Anlage 10 km nordöstlich von Olsztynek nahe dem Großen Plautziger See (Jezioro Pluszne Wielkie). Mit attraktivem Aquapark; Ausritte und Reitstunden.
www.warmiapark.pl

Kolonia Mazurska Mierki (€€), Mierki 61b, Tel. 0501/721766. Auf einer Waldlichtung 7 km von Olsztynek, fünf Gästezimmer für Pferdeliebhaber, Wanderer und Einsamkeitssuchende. Garten mit Grillplatz. Es gibt Fische aus den nahen Seen - der Plautziger See ist etwa 1,2 km entfernt -, hauseigene Marmelade und Schwarzen Johannisbeerwein. Nicht ganz einfach zu finden: Von Olsztynek auf der Landstraße Nr. 58 Richtung Szczytno durch das Dorf Mierki fahren, am Waldrand noch vor der steilen kurvigen Abfahrt zum Ufer des Plautziger Sees (Jezioro Pluszne) dem Schild ›Kolonia Mazurska Mierki‹ folgen (schmaler Asphaltweg nach links), an der Gabelung den Waldweg weiter geradeaus, rechts halten, Hügel hinauf, Schlucht hinunter, dann nach ca. 50 m nach links.
www.koloniamazurska.pl (poln.)

Centrum Konferencyjno-Wypoczynkowe (€€), Kołatek 2, Tel. 5195100. Großes Haupthaus und Nebengebäude in spektakulärer Lage am Plautziger See, 4,5 km vom Ortsausgang Olsztynek auf der Landstraße Nr. 58 Richtung Szczytno. Leider schon etwas abgewohnt und mit chemischen Gerüchen, dafür aber herrliche Aussicht auf den See. Kleiner Badestrand am kristallklaren Wasser sowie kleine Schwimmhalle und Sauna.
www.kormoranmierki.pl (poln.)

Karczma w Skansenie, ul. Leśna 23, Tel. 5190534. Gasthaus im Freilichtmuseum, das ganze Jahr über wie das Freilichtmuseum geöffnet, leider häufig von Reisegruppen belegt.
www.karczmaskansen.pl (poln.)

Masurisches Freilichtmuseum (Muzeum Budownictwa Ludowego - Park Etnograficzny), ul. Leśna 23; Juli/Aug. tgl. 10–18, Mai/Juni tgl. 9–17, Mitte bis Ende April und Sept. Di–So 9–17, Okt. Di–So 9–16 Uhr. Auch in den Wintermonaten kann man über das Freigelände spazieren, die Gebäude bleiben aber verschlossen. Obwohl viele Objekte vor Ort auch kurz in Deutsch beschriftet sind, ist der Erwerb der reich bebilderten Broschüre ›Das Museum für volkstümliche Baukunst/Der ethnografische Park in Olsztynek‹ mit ausführlicheren Texten sehr zu empfehlen. Sie ist für vier Euro am Eingang zum Museum erhätlich.
www.muzeumolsztynek.com.pl

▸ Karte S. 138

Bei Mierki am Plautziger See

Nidzica

Das rund 14 000 Einwohner zählende Nidzica (Neidenburg), die südlichste Gründung des Deutschen Ordens in Masuren, blickt gleich auf drei berühmte Söhne. 1821 wurde an den Ufern der Neide (Nida) der Historiker Ferdinand Gregorovius geboren, der unter anderem 1848 ›Die Idee des Polenthums. Zwei Bücher polnischer Leidensgeschichte‹ und zwischen 1859 und 1872 eine achtbändige ›Geschichte der Stadt Rom im Mittelalter; vom V. bis zum XVI. Jahrhundert‹ verfasste. 1823 kam in Neidenburg der im 19. Jahrhundert wohl weltweit bekannteste Masure zur Welt: Baruch Hirsch Strausberg, beziehungsweise Barthel Heinrich Strausberg. Im Alter von 16 Jahren wanderte er nach London aus und stieg unter dem Namen Bethel Henry Strousberg zum europäischen Eisenbahnkönig mit zeitweilig über 100 000 Beschäftigten auf. Und auch die Wiege des Operettenkomponisten Walter Elimar Kollodzieyski (1878–1940), der unter dem Namen Walter Kollo Bekanntheit und Beliebtheit erlangte, stand in Neidenburg.

Seit dem Jahr 1400 thront auf einer kleinen Anhöhe die in drei Jahrzehnten ab 1370 errichtete, backsteinerne **Ordensburg**. In ihren Mauern befinden sich heute ein **Heimatmuseum**, eine Kunstgalerie und ein Hotel mit Restaurant. Im Sommer 1914, während des Einmarschs der Russen, wurde das alte Neidenburg zu großen Teilen zerstört. Was verblieb, ging im Januar 1945 in Flammen auf.

Im Norden der Gemeinde erstreckt sich ein herrlicher Wald mit dem malerischen **Omulewsee** (Jezioro Omulew). Nach Osten hin, in Richtung Szczytno, weitet sich dann das Land. »Es ist echtes Masuren«, beschreibt Marion Gräfin Dönhoff ihren ›Ritt durch Masuren‹ im September 1941, » ... und wohl der ärmste Teil von Masuren. Hinter Dembenofen nach Ortelsburg (Szczytno) zu, wird der Boden immer leichter, Heidekraut und Sand, dann und wann eine krüppelige Kiefer und endlose flache Hügel mit grauem Steppengras. Es hat fast etwas Asiatisches, dieses Land – übrigens nennt auch unser Meßtischblatt einen der breiten Wege, auf dem wir ein langes Stück galoppieren, ›Tatarenstraße‹.« Der Name jener Straße erinnert an die so genannte ›Tatarenwut‹ während des Zweiten Schwedisch-Polnischen Kriegs Mitte des 17. Jahrhunderts, als die im polnischen Heer kämpfenden, für ihre Grausamkeit berüchtigten Tataren die Bevölkerung ermordeten oder verschleppten und ihre Dörfer brandschatzten. Beim Weiler **Tartary** südlich von Nidzica erinnert der **Tatarenstein**, ein mit 4,50 Meter Breite und 9 Meter Länge riesiger Findling, an einen beherzten Schützen, der mit einem Kanonendonner 1656 die Tataren vertrieb – so erzählt es die Sage.

Nidzica

Vorwahl: 089.
Internet: www.nidzica.pl (poln.)
Touristinformation, ul. Zamkowa 2, Tel. 6250370; Mai–Okt. Mo–Fr 8–19, Sa 10–17.30, Nov.–April Mo–Fr 8–15.30 Uhr.

Zamek Nidzica (€), ul. Zamkowa 2, Tel. 5190500, 5278487. Logieren wie die Rittersleute, in zeitgenössischem Komfort in der restaurierten Ordensburg.
www.zamek.nidzica.pl
Zajazd Myśliwski (€), Wikno 4a, Tel. mobil 609210691. Von Wioletta und Eugeniusz Bielicki geführte Pension am Ufer des Omulewsees (Jezioro Omulew), nordöstlich von Nidzica. Mit Strand, Trimm-Dich-Pfad, Fahrradwegen, Reiterhof (300 m entfernt).
www.zajazdmysliwski.com

Szczytno

Szczytno (Ortelsburg) zählt etwa 24 000 Einwohner. Die **Ruinen der ehemaligen Deutschordensburg** wurden gesichert. Im Rathaus ist ein **Masurisches Heimatmuseum** mit historischen Alltagsgeräten, einer Wohnstube wie zu Urgroßmutters Zeiten, Möbeln, Keramik und einer Sammlung handbemalter Kacheln zu besichtigen.

Dank der unmittelbaren Nähe zur **Johannisburger Heide** (Puszcza Piska, → S. 144) ist das Städtchen ein idealer Ausgangspunkt für Aktivtouren zu Fuß oder mit dem Fahrrad. Empfehlenswert ist die **Tatarische Wanderroute**, die von Szczytno nach Babięta (Babenten) dem Flüsschen **Krutinna** (Krutynia) folgt. Auf diesem Weg drangen die Tataren im Jahre 1656 ins südliche Masuren ein.

Szczytno

Vorwahl: 089.
Touristinformation, ul. Polska 12, Tel. 6760999.
www.turystyka.szczytno.pl (poln.)

Krystyna (€€), ul. Żwirki i Wigury 10, Tel. 6242169. Großes Mittelklassehotel mit Restaurant im Ortszentrum nahe dem Kleinen Haussee (Jezioro Domowe Małe).
www.hotelkrystyna.pl
Natura Mazur Hotel & Spa (€€€), in Warchały, Brajnicka 1, Tel. 6426600. Von Szczytno 13 km, ruhige Lage am See, rollstuhlgerecht.
www.naturamazur.pl

Karczma Leśniczanka, ul. Kopernika 24, in Wielbark (20 km südlich), Tel. 6218165; tgl. ab 9 Uhr. Auch Spezialitätenladen.

Masurisches Museum, ul. Sienkiewicza 1 (im Rathaus); Mai–Sept. Di–So 9–17, Okt.–April Di–So 8–16 Uhr.
www.muzeumszczytno.art.pl (poln.)

▸ Karte S. 138

Die Masuren

Masuren war ursprünglich ein ethnografischer und linguistischer und kein territorialer Begriff. »Masuren sind überall dort, wo die evangelische Bevölkerung masurisch spricht«, erklärte es der Philologe Friedrich Krosta im Jahre 1875. Daher ist es nicht so einfach, die geografischen Grenzen festzulegen. Heute versteht man unter ›Masuren‹ die südlichen und südöstlichen Gebiete der ehemaligen Provinz Ostpreußen mit den Landkreisen Nidzica, Szczytno, Mrągowo, Pisz, Giżycko, Ełk, Olecko und kleinere Teile der Landkreise Ostróda, Kętrzyn, Węgorzewo und Gołdap.

Bis zur Eroberung der ›Großen Wildnis‹ durch den Deutschen Orden im 13. Jahrhundert war das Gebiet des heutigen Masuren von prußischen Stämmen besiedelt. Ihre Bevölkerungszahl betrug schätzungsweise 150 000 Menschen, tausende von ihnen starben bei der Landnahme durch die Deutschordensritter und den blutig niedergeschlagenen prußischen Aufständen. Andere Alteingesessene passten sich an und integrierten sich in den Ordensstaat, in dem um das Jahr 1400 noch geschätzte 140 000 Prußen lebten und bereits über 100 000 deutschsprachige und rund 27 000 polnischsprachige Kolonisten. Für die Kolonisierung der Wildnis brauchte man jedoch weit mehr Siedler. So rief der Deutsche Orden Einwanderer aus Flandern, Westfalen, Sachsen, Schlesien und dem südlich benachbarten polnischen Herzogtum Masowien ins Land. Die meisten deutschsprachigen Siedler ließen sich in der Weichselniederung und in den nördlichen Regionen bis Königsberg nieder, die polnischsprachigen Masowier siedelten vor allem nördlich ihrer alten Heimat im heutigen Masuren. Im Schutz der backsteinernen Ordensburgen errichteten sie ihre Hütten, rodeten das Land und machten es urbar. Als mit dem Ende des Dreizehnjährigen Kriegs (1454–1466) der Niedergang der deutschritterlichen Macht seinen Anfang nahm, verstärkte sich die Zuwanderung masowischer Migranten in die südlichen Gebiete des Ordensstaats. Auf rund 40 000 wird ihre Zahl im Jahr 1525 geschätzt. Nachdem in jenem Jahr der Deutsche Orden säkularisiert und Masuren Teil des protestantischen Herzogtums Preußen unter polnischer Lehnshoheit geworden war, verwandelte sich die ›Große Wildnis‹ vollends in ein Einwanderungsland. Protestantische Glaubensflüchtlinge von überallher fanden hier eine neue Heimat: aus Litauen, Frankreich, Flandern, Österreich, der Schweiz und natürlich weiterhin aus dem benachbarten katholischen Masowien. Man sprach überwiegend Polnisch, beziehungsweise einen polnischen Dialekt, die masowische Mundart, und Alteingesessene wie Zugewanderte nannten sich selbst Masowier oder Masauren. Ab Anfang des 18. Jahrhunderts strömten die im Zarenreich verfolgten russischen Altgläubigen ins Land, so dass sich schließlich eine ethnisch, kulturell und religiös kunterbunt gemischte masurische Einwohnerschaft bildete.

Wo auch immer sie herkamen, leicht hatten es die Menschen in Masuren nie. Nicht nur die kargen Böden waren es, die ihnen das Leben schwer machten, auch in die weltpolitischen Ereignisse wurden sie oft genug unfreiwillig verstrickt: Die geografische Lage zwischen Moskau und Berlin machte Masuren immer wieder zum Durchmarschgebiet mächtiger Heere. Kriege, die Pest und die ›Tatarenwut‹ kosteten im 17. Jahrhundert über 100 000 Menschen das Leben. Ganze Landstriche wurden entvölkert, Dörfer und Felder verwüstet. Die Industrialisierung ab der zweiten Hälfte des 19. Jahrhunderts zog dagegen an dem armen, unterentwickelten Ländchen vorüber, ohne große Spuren zu hinterlassen. Stattdessen machte sich in der kleinstädtischen Bürgerschicht, bei den Landräten und Beamten, Kaufleuten und Pastoren, zunehmend deutschnationales Gedankengut breit. Man ging in Stellung gegen das ›Polentum‹; dabei war weit über die Hälfte der Einwohner Masurens polnischer Herkunft. Nach der Gründung des Deutschen Reichs 1871 setzte die institutionelle Germanisierung ein: Bis 1888 wurde Polnisch in Schulen, Amtsstuben und schließlich auch im Gottesdienst verboten. Bereits in den 1920er Jahren sprach die Mehrheit der Bevölkerung Deutsch. Und so entstand schließlich die kuriose Mischung, die den typischen Bewohner Masurens kennzeichnete: »Seine polnische Abstammung, seine deutsche Schulung, seine slawischen Sitten und Gewohnheiten, seine deutsche Tradition, sein polnischer Familien- und sein deutscher Vorname, seine polnische Sprache und seine deutsche Schrift, das polnische Sprichwort, das deutsche Lied, die slawische Religiosität, die evangelische Konfession«. (Andreas Kossert: ›Masuren‹). Parallel zum Germanisieren erfolgte das Umbenennen polnisch klingender Ortschaften: Dziudziau wurde zu Thalheim, Krzywonoggen zu Krummfuß, Groß Przedzienk zu Großdankheim, Napiwodda zu Grünfließ, Trzianken zu Rohrdorf. Dennoch blieben in der Sprache zahlreiche slawische Elemente erhalten, ebenso wie die für die deutsche Hochsprache ungewöhnliche Syntax, das breite ›r‹ und der vielgebrauchte Diminutiv ›-chen‹ – so wie die deutsche Minderheit in Masuren diesen niedlich klingenden Dialekt heute noch pflegt.

Zwischen 5- und 10 000 ›Leutchen‹ deutscher Abstammung, so schätzt man, leben gegenwärtig noch in Mazury, wo nach Krieg und Vertreibung 1945 vor allem Menschen aus den sowjetisch gewordenen polnischen Gebieten östlich des Bug eine neue Heimat fanden. Zusammen mit einer litauischen, ukrainischen, alt- und weißrussischen Minderheit leben sie in der vierten und fünften Generation im ehemaligen südlichen Ostpreußen, wobei die Minderheiten seit der politischen Wende wieder ihre kulturelle Identität pflegen dürfen.

Mit besonderer Betonung eines regionalen masurischen Charakters gründeten sich in den 1990er Jahren zahlreiche polnisch-deutsche Vereine in Warmia und Mazury. Auch die jüngere polnische Generation hinterfragt zunehmend die bis 1989 geltende Ideologie, Masuren sei nach 600-jähriger Fremdherrschaft wieder in den Schoß Polens heimgekehrt, und begibt sich auf die Suche nach der deutschen Regionalgeschichte. Allen voran steht dabei die bereits 1990 von jungen polnischen Intellektuellen in Olsztyn gegründete Stiftung ›Borussia‹ für die Integration des kulturellen und historischen Erbes ihrer Heimat in die polnische Demokratie – jenseits nationaler und politischer Vereinnahmung. Man ist auf der »Suche nach einer eigenen Identität, nach Wegen zu einem authentischen, menschlichen Miteinander sowie nach der Möglichkeit, unsere sich verändernde regionale und überregionale Umwelt selbst mitzuschaffen«, wie die Gründer der ›Borussia‹, Robert Traba und Kazimierz Brakoniecki, schreiben. »Die bewusste Beziehung zu dem Ort, an dem wir leben, bildet einen der Hauptpfeiler der borussischen Weltauffassung: So weit sie durch ihre Universalität auch gefasst ist, umso näher ist sie uns durch ihren einmaligen genius loci. Unsere Familiengeschichten führen überwiegend zurück in die ehemaligen polnischen Ostgebiete und nach Zentralpolen. Die Generation der 1950er und 60er Jahre ist schon fest verbunden mit unserer Heimat, die seit 1945 Ermland und Masuren heißt.«

Nachbau der Kirche von Rychnowo im Freilichtmuseum Olsztynek

Das Ermland gefällt mit vielen Seen und Architekturdenkmälern. Wegrandkapellen und Wallfahrtskirchen, die Burgschlösser des ermländischen Domkapitels und prächtige backsteingotische Gotteshäuser sind steinerne Zeugen einer jahrhundertelangen Gläubigkeit.

DAS ERMLAND/WARMIA

An der heiligen Quelle in Gietrzwałd

Die Region Warmia

Von **Frombork** und **Braniewo** am Frischen Haff dehnt sich die Region Ermland (Warmia) in Form eines Dreiecks nach Südosten aus. Im Westen bildet der Fluss **Passarge** (Pasłęka) die Grenze des überwiegend landwirtschaftlich geprägten Landes, im Osten erstreckt es sich bis auf die Höhe von **Reszel** und im Süden bis **Olsztyn**.

Bevor der Deutsche Orden die Region eroberte, war die Region die Heimat der prußischen Stämme der Galinder und Barten sowie der Warmier, von denen das Ermland seinen polnischen Namen Warmia erhielt. Der deutsche Name erscheint erstmals im Jahr 1262 als ›Wormeland‹ und 1299 als ›Ermeland‹. Nach der Unterwerfung der Prußen ließ der Heilige Stuhl 1243 das Deutschordensland in vier Bistümer einteilen: Kulm, Pomesanien, Samland und Ermland, wobei der größten Diözese Ermland eine besondere Rolle zukam. Als Territorium der ermländischen Bischöfe erlangte sie eine weitgehende Unabhängigkeit vom Ordenstaat, anders als in den drei weiteren Bistümern gehörten die Bischöfe und Kapitelherren des Ermlands nicht dem Deutschen Orden an. Der Bischof mit Sitz zunächst in Wormditt (Orneta) und ab 1350 in Heilsberg (Lidzbark Warmiński) regierte zugleich als Fürst über das Land und war damit in Personalunion geistlicher und weltlicher Herrscher. In der Goldenen Bulle 1356 bestätigte Kaiser Karl IV. die Souveränität der ermländischen Fürstbischöfe.

Zahlreiche backsteinerne Bischofsburgen entstanden, die noch heute beredtes Zeugnis von der Machtfülle ihrer Bauherren abgeben. Herausragend sind die Burgschlösser in Lidzbark Warmiński, Reszel und Olsztyn.

Bereits ab Mitte des 13. Jahrhunderts kamen Kolonisten ins eroberte Prußenland, wobei sich im Ermland vorwiegend

Bischofsschloss in Lidzbark Warmiński

▲ Karte S. 151

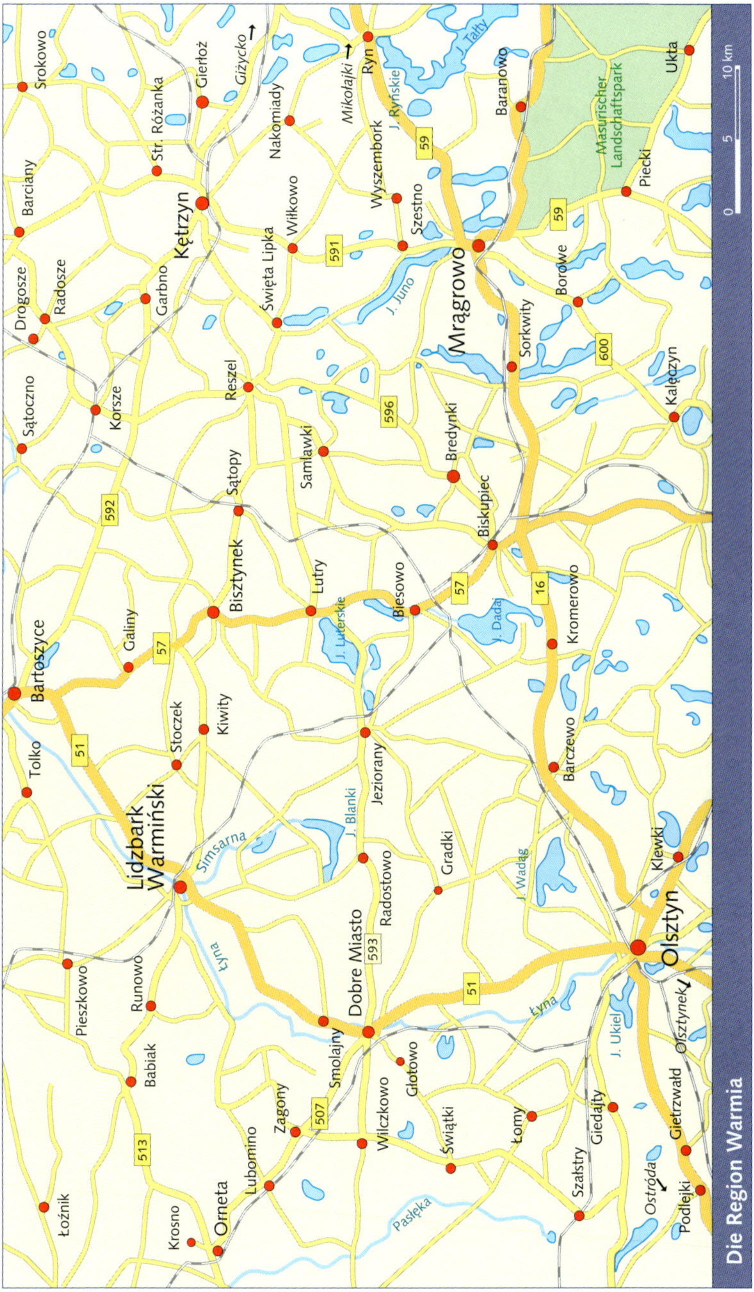
Die Region Warmia
Srokowo
Barciany
Drogosze
Radosze
Sątoczno
Korsze
Garbno
Kętrzyn
Str. Różanka
Gierłoż
Giżycko
Nakomiady
Wilkowo
Święta Lipka
Reszel
Sątopy
Samławki
Mikołajki
Ryn
J. Ryńskie
J. Tałty
Wyszembork
Szestno
Mrągowo
J. Juno
Baranowo
Masurischer Landschaftspark
Ukta
Piecki
Borowe
Sorkwity
Kałęczyn
Bredynki
Biskupiec
Bisztynek
Lutry
J. Luterskie
Biesowo
J. Dadaj
Kromerowo
Bartoszyce
Galiny
Kiwity
Stoczek
Tolko
Lidzbark Warmiński
Simsarna
Jeziorany
J. Blanki
Radostowo
Gradki
Barczewo
Klewki
J. Wadąg
Olsztyn
Olsztynek
Łyna
Dobre Miasto
Smolajny
Pieszkowo
Runowo
Babiak
Łoźnik
Krosno
Orneta
Lubomino
Zagony
Wilczkowo
Głotowo
Świątki
Łomy
Giedajty
J. Ukiel
Szałstry
Gietrzwałd
Podlejki
Ostróda
Pasłęka
0
5
10 km
51
57
59
591
592
593
596
600
16
507
513

Burg in Reszel

Schlesier und aus dem südlich benachbarten Masowien heraufziehende Siedler niederließen. Im Dreizehnjährigen Krieg 1454 bis 1466 gegen den Deutschen Orden schloss sich das Fürstbistum den Städten des Preußischen Bunds an und begab sich wie diese unter den Schutz der polnischen Krone. Nach Abschluss des Zweiten Thorner Friedens 1466 blieb es bis zur Einverleibung durch das Königreich Preußen über 300 Jahre unter der Oberlehnshoheit Polens und hielt – einer Insel im 1525 in ein protestantisches weltliches Herzogtum umgewandelten Ordensland gleich – weiterhin streng am katholischen Glauben fest. Während man ab 1525 allerorts im Herzogtum Preußen Gottesdienste nach lutherischem Bekenntnis feierte, entwickelte sich das direkt dem Papst unterstellte Fürstbistum Ermland zu einem Bollwerk der Gegenreformation.

Mit dem 1504 in Krakau geborenen Stanislaus Hosius, Spiritus rector der polnischen Gegenreformation, bekleidete ab 1551 erstmals ein Pole das Bischofsamt, und so blieb es bis zur Annektion des Ermlands 1772 durch das Königreich Preußen im Zuge der Ersten Polnischen Teilung. Obwohl das Ermland anschließend Teil der protestantischen Region Ostpreußen war, ließen die Ermländer nicht vom katholischen Glauben ab. Blutwunder und Erscheinungen der Muttergottes häuften sich bevorzugt an der Konfessionsgrenze zum protestantischen Preußenland: in **Heiligelinde** (heute Święta Lipka) bei Reszel, woraufhin dort eine der prachtvollsten ermländischen Barockkirchen entstand, in **Krossen** (heute Krosno) bei Orneta und in **Dietrichswalde** (heute Gietrzwałd) nahe Olsztyn.

Olsztyn

Olsztyn, die historische und gegenwärtige Hauptstadt des Ermlandes, liegt ganz im Süden der heutigen Woiwodschaft Warmia-Mazury. War das alte Allenstein eine Beamten- und Garnisonsstadt, vor 1939 mit 50 400 Einwohnern, zählt die moderne Großstadt Olsztyn heute 173 000 Bewohner. Nach dem Zweiten Weltkrieg zog der Bischof von Frauenburg um, seither sitzen auch seine Nachfolger in Olsztyn.

Größter Arbeitgeber in der Stadt ist der französische Konzern ›Michelin‹ mit über 3000 Beschäftigten, vorrangig werden hier LKW- und Traktorenreifen produziert. Daneben sind die Möbel- und Nahrungsgüterindustrie bedeutend.

Ein ostpolnisches Zentrum der Wissenschaft bildet die junge Universität mit vielen Fakultäten. 1999 gegründet, erfreut sie sich großen Zuspruchs. Hier lernen gegenwärtig mehr als 40 000 Studenten. Zwei Theater, mehrere Bühnen und die Philharmonie bilden ein solides kulturelles Fundament.

▸ Karte S. 151

Der **Markt**, die **Burg des Ermländischen Domkapitels** und die Kathedrale **St. Jakobus** sind die herausragenden Sehenswürdigkeiten. In der Umgebung der Stadt gibt es fünfzehn Seen und viel Wald.

Geschichte

1348 wurde Allenstein erstmals schriftlich erwähnt. Bereits zwei Jahre vorher hatten auf Geheiß des ermländischen Bischofsvogtes an einer Flussschleife der Alle (Łyna) die Bauarbeiten zum Burgschloss begonnen. Zu seinen Füßen entwickelte sich eine Siedlung.

Nach dem Dreizehnjährigen Krieg der preußischen Städte gegen die Deutschordensritter kam Allenstein zusammen mit dem Ermland, so wie im Frieden von Thorn 1466 besiegelt, unter die Oberhoheit der Krone Polens. Im Reiterkrieg (1519–1521), dem letzten militärischen Aufbäumen des Deutschen Ordens vor seiner Säkularisierung, belagerte Hochmeister Albrecht von Brandenburg-Ansbach mit seinem Heer Burg und Stadt und zog schließlich unverrichteter Dinge wieder ab. Denn der damalige Verwalter des Domkapitels, Nikolaus Kopernikus, hatte Allenstein rechtzeitig zur Verteidigung gerüstet und die Stadtmauern befestigen lassen. Die Entwicklung hemmten Feuersbrünste, der Schwedisch-Polnische Krieg (1655–1660), der Nordische Krieg (1700–1721) und schließlich die Pest, die von 1709 bis 1711 ein Drittel der Bevölkerung dahinraffte. 1772 verleibte sich das Königreich Preußen im Zuge der Ersten Polnischen Teilung mit dem Ermland auch Allenstein ein.

Der Anschluss an das Eisenbahnnetz (1872) trug den Wirtschaftsboom der Gründerzeit im deutschen Kaiserreich auch an die Alle. Das waldreiche Umland wurde zur Basis der Holzindustrie, ein Gymnasium und ein Landgericht öffneten ihre Tore. 1905 wurde Allenstein

Markttreiben in Olsztyn

zur Hauptstadt des neuen ostpreußischen Regierungsbezirks ernannt und wuchs fortan auf etwa 25 000 Einwohner an. Nach dem Ende des Ersten Weltkriegs stimmten 1920 beim Referendum über ihren nationalen Verbleib fast 98 Prozent der Alleinsteiner für Deutschland. Am 21. Januar 1945 rückte die Rote Armee in Allenstein ein. Erzpriester Johannes Hanowski gilt als Retter der Kirchen, alle blieben unversehrt. An seine Heldentat erinnert eine Gedenktafel in der Eingangshalle der St. Jacobkathedrale. Zwei verschiedene Geschichten kursieren über die Geschehnisse: Die eine berichtet davon, dass der Erzpriester den Russen entgegenging und darum bat, die Gotteshäuser zu verschonen. Die andere Version ist gewitzter: Die Kirchenvertreter waren angehalten, für die russischen Offiziere ein Festmahl zu organisieren, dabei flossen Unmengen Alkohol. Als die Militärs trunken unter den Tischen lagen, ließ man sie Anweisungen unterzeichnen. Darauf stand, dass, wer Kirchen zerstört, vor das Kriegsgericht kommt. Am nächsten Tag hielt man es den Verantwortlichen unter die Nase, die ihre eigenen Unterschriften erkannten. Die Kirchen blieben stehen, 40 Prozent der Stadt gingen aber durch Brandstiftung in Flammen auf.

Die Vertreibung der Deutschen und die Ansiedlung polnischer Neubürger schlossen sich an. Der Altstadtkern entstand nach historischem Vorbild ein zweites Mal.

Heute platzt die Stadt aus ihren Nähten, an der Peripherie wuchsen in den vergangenen Jahren Plattenbau- und Eigenheimsiedlungen. Jüngster Beweis für die Modernität der Woiwodschaftshauptstadt ist die Inbetriebnahme von drei Straßenbahnlinien im Januar 2016. Schon einmal gab es hier eine Elektrische, von 1907 bis 1965 war sie in Betrieb. Zum neuen Flughafen Olsztyn-Mazury verkehrt eine S-Bahn. Deutsche Partnerstädte von Olsztyn sind Gelsenkirchen und Offenburg.

Burg des Ermländischen Domkapitels

Von der Nordwestecke des Marktplatzes führt eine Straße geradewegs zur Burg. Rechterhand stehen die **evangelische Kirche** (1876/77) und ein bronzenes **Kopernikusdenkmal** – wer an seiner goldenen Nase reibt, dem winkt angeblich das Glück!

In der ersten Bauphase zwischen 1348 und 1353 entstand zunächst nur ein Flügel, im 15. Jahrhundert ein zweiter, und im 16. Jahrhundert war der wehrhafte vierflügelige Backsteinbau mit wuchtigen Türmen und Bastionen fertiggestellt. Im Burghof stehen eine große und zwei kleine **Götzenfiguren** (*baben*) aus dem 8. bis 9. Jahrhundert, damals lebten hier die heidnischen Prußen. Der Volksstamm wurde vom Deutschen Orden bis zum Ende des 13. Jahrhunderts christianisiert. Das mittelalterliche Gemäuer nahm zum Ende des Zweiten Weltkrieges keinen Schaden, daher ist fast alles original. Von 1516 bis 1519 und 1521/22 war Nikolaus Kopernikus als Verwalter der

Blick auf Olsztyn

▸ Karte S. 155

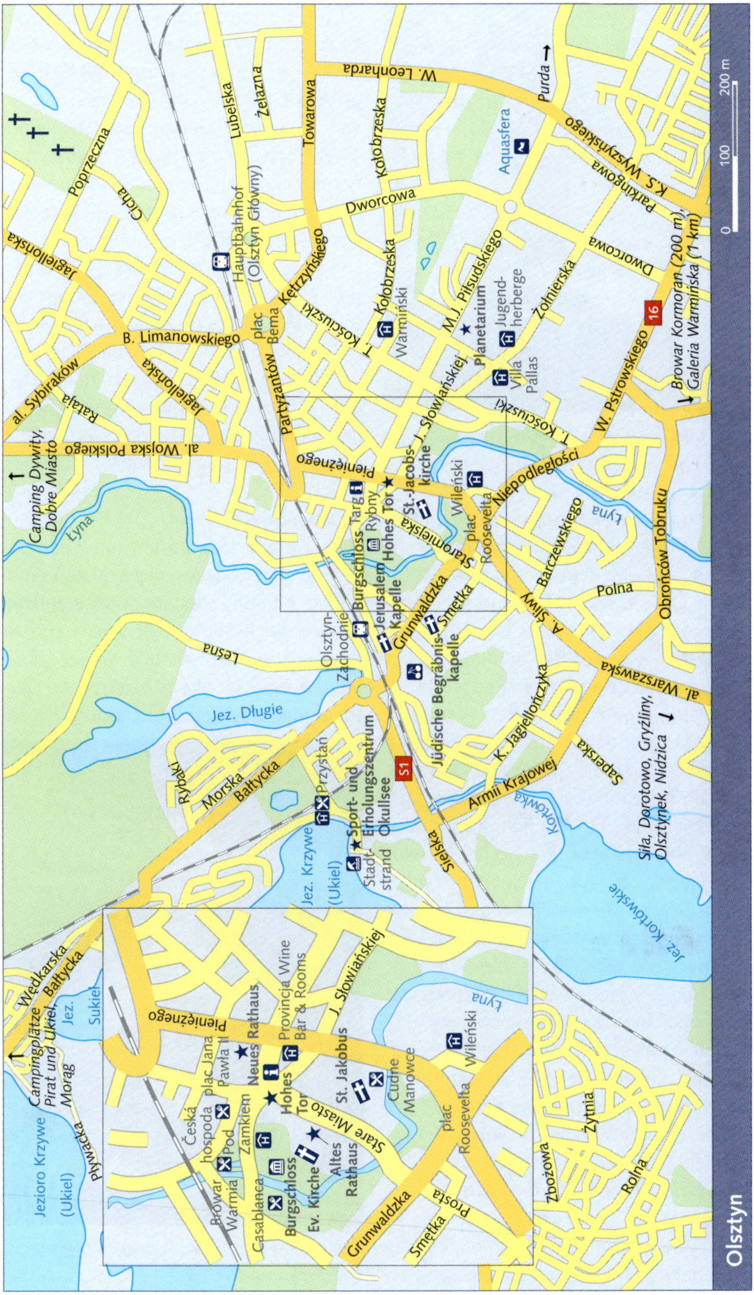
Olsztyn
0
100
200 m
Purda
Camping Dywity, Dobre Miasto
Campingplätze Pirat und Ukiel, Morąg
Browar Kormoran (200 m), Galeria Warmińska (1 km)
Siła, Dorotowo, Gryźliny, Olsztynek, Nidzica
Hauptbahnhof (Olsztyn Główny)
Olsztyn-Zachodnie
Jezioro Krzywe (Ukiel)
Jez. Krzywe (Ukiel)
Jez. Sukiel
Jez. Długie
Jez. Kortowskie
Łyna
Kortówka
Aquasfera
Planetarium
Jugendherberge
Villa Pallas
Burgschloss
Rybny Targ
Hohes Tor
Jerusalem Kapelle
St.-Jacobs-Kirche
Jüdische Begräbniskapelle
Sport- und Erholungszentrum Okullsee
Stadtstrand
Przystań
plac Bema
plac Roosevelta
Neues Rathaus
Altes Rathaus
Ev. Kirche
St. Jakobus
Česká hospoda
Pod Zamkiem
Browar Warmia
Casablanca
Provincja Wine Bar & Rooms
Cudne Manowce
plac Jana Pawła II
Wileński
Kołobrzeska
Warmiński
Staromiejska
Stare Miasto
Grunwaldzka
Smętka
Prosta
Pieniężnego
J. Słowiańskiego
Partyzantów
Kętrzyńskiego
Kościuszki
T. Kościuszki
B. Limanowskiego
Jagiellońska
al. Sybiraków
Rataja
al. Wojska Polskiego
Poprzeczna
Cicha
Lubelska
Żelazna
Towarowa
W. Leonharda
Dworcowa
Kołobrzeska
M.J. Piłsudskiego
Żołnierska
K.S. Wyszyńskiego
Parkingowa
W. Pstrowskiego
Niepodległości
Barczewskiego
Polna
Obrońców Tobruku
A. Śliwy
al. Warszawska
K. Jagiellończyka
Saperska
Armii Krajowej
Sielska
Leśna
Rybaki
Morska
Bałtycka
Wędkarska
Pływacka
Zbożowa
Żytnia
Rolna
S1
16

Zellengewölbe im Administratorensaal der Burg

Güter und Liegenschaften des Domkapitels tätig. Beim zweiten Aufenthalt war er auf der Flucht vor dem Deutschen Orden, der in Frauenburg eingefallen war. Auch in Allenstein nahm sich der Gelehrte neben den administrativen Aufgaben viel Zeit für wissenschaftliche Arbeiten. In einer verputzten Wand des Kreuzganges, direkt über dem Eingang zu seinem Gemach, blieb eine **astronomische Tafel** erhalten (7 Meter lang, 40 Zentimeter breit). Hier hielt Kopernikus die Frühlings-Tagundnachtgleiche fest, ein Spiegel projizierte die Sonnenstrahlen an die Wand. Mit seinen Beobachtungen konnte er den exakten Frühlingsbeginn nachweisen, was eine Kalenderreform auslöste. Der große **Administratorensaal** mit herrlichem Zellengewölbe war das Arbeitszimmer des Verwalters Kopernikus und gleichzeitig auch Schlafzimmer. Hier schrieb Kopernikus den ersten Band von ›De revolutionibus orbium coelestium‹, das Hauptwerk seines Lebens, das die Sonne anhielt und die Erde aus den Angeln hob.

Seit 1921 werden die Räumlichkeiten als **Ermland-und-Masuren-Museum** genutzt, zu sehen sind vor allem Schnitzkunstwerke und Malerei. Kunstexperten aus aller Herren Länder kommen hierher, nur um ein Gemälde von Cornelius Janson van Ceulen dem Jüngeren zu studieren: ›Das Porträt einer jungen Dame‹ mit herausragenden Details. Sie diskutieren stundenlang angeregt über ihre feinen Locken und den ungewöhnlich schönen Faltenwurf des Kleides. Wer die Schöne ist, blieb bislang ungewiss, man vermutet die Adlige Anna Maria Radziwiłł. Im ersten Stock sieht man die Oberseite des Zellengewölbes, eine auf den ersten Blick chaotische Anordnung von Ziegelsteinen, bei der man die Herrlichkeit darunter nie erahnen würde.

Marktplatz

Viele Häuser verbrannten zum Ende des Zweiten Weltkrieges, nicht durch unmittelbare Kämpfe, sondern durch Brandstiftungen der Roten Armee. Viele wurden nach historischem Vorbild wieder aufgebaut. Auf der Nordseite besitzen die Häuser zierliche Giebel und Laubengängen.

Porträt einer jungen Dame im Ermland-und-Masuren-Museum

▲ Karte S. 155

Das Alte Rathaus von Olsztyn

Das Eckgebäude Staromiejska 10/ul. św. Barbary ist das **Geburtshaus von Erich Mendelsohn**, der hier 1887 das Licht der Welt erblickte. Er ging als Meisterarchitekt und Theoretiker des Konstruktivismus in die Baugeschichte ein. 1997 enthüllte die Stadt eine Gedenktafel, auch mit deutscher Inschrift. Auf dem Potsdamer Telegrafenberg steht Mendelsohns berühmter Einsteinturm, in den USA ist er vor allem als Architekt vieler Synagogen bekannt. Als Jude erkannte er 1933 die braune Gefahr und flüchtete gleich nach der Machtergreifung nach England, 1941 emigrierte er in die USA, wo er 1953 verstarb. Sein Erstlingswerk in Allenstein blieb erhalten (→ Jüdischer Friedhof, S. 160).

In der Mitte des Marktplatzes steht das **Alte Rathaus**, ursprünglich in der zweiten Hälfte des 14. Jahrhunderts errichtet, nach einem Stadtbrand auf den alten Fundamenten 1623/24 neu aufgebaut und von 1946 bis 1949 rekonstruiert. Heute dient das hübsche Barockgebäude als Woiwodschaftsbibliothek.

Von der Nordostecke am Marktplatz führt die ul. Staromiejska zum **Hohen Tor**. Meist sind die Häuser in der heutigen Einkaufsstraße nicht originalgetreu rekonstruiert, sondern nur in Anlehnung an das alte Stadtbild wiederaufgebaut worden. Einige Fassaden zieren seither Sgraffito-Medaillons, so mit den Porträts des Komponisten Feliks Nowowiejski, des Dichters Michał Kajka, des ermländischen Bischofs und Literaten Ignacy Krasicki sowie des Astronomen Kopernikus.

■ Hohes Tor

Nördlich beschließt das Hohe Tor (Brama Wysoka) die Altstadt. Das gotische Backsteintor aus der zweiten Hälfte des 14. Jahrhunderts blieb als einziges von einst drei Torhäusern in der Stadtmauer erhalten. Ab 1788 wurde das obere Stadttor als Waffenkammer genutzt und 1858 zum Gefängnis umgebaut. Es war

Das Hohe Tor in Olsztyn

Polizeistation, und später befand sich hier eine der ersten Jugendherbergen in Deutschland, auch heute kann man hier in einfachen Zimmern übernachten. Das Hohe Tor blieb nur deshalb über die Jahrhunderte stehen, weil es immer eine Funktion innehatte. Wer vom Markt zum Hohen Tor bummelt, erblickt auch das farbenfrohe **Mosaik der Muttergottes mit dem Jesuskind** an der altstadtseitigen Fassade. Das ist kein historischer Zierrat, sondern ein Geschenk von Papst Johannes Paul II. an die Stadt Olsztyn. Im Jahre 2012 entdeckten Archäologen auf der Nordseite des Tors die Fundamente einer vorgelagerten Barbakane vom Ende des 14. Jahrhunderts - diese werden derzeit gesichert und sollen künftig unter Glas sichtbar bleiben.

Gleich nebenan befindet sich der **Sitz der regionalen Touristikorganisation** von Ermland-Masuren.

Vom Hohen Tor sieht man das **Neue Rathaus**. Das repräsentative Jugendstil-Gebäude aus dem Jahre 1915 überstand den Krieg unbeschadet. Vier Figuren an der Außenfassade, vielsagend an den Fenstern des Ratssaales aufgestellt, symbolisieren die Tugenden Gerechtigkeit, Klugheit, Tapferkeit und Wahrheit.

Kathedrale Sankt Jakobus

Östlich vom Markt steht die große dreischiffige Hallenkirche Sankt Jakobus (Kościół św. Jakuba). 1945 zog der Bischof von Frauenburg nach Allenstein um, seither ist St. Jakobus eine Bischofskirche. 2004 wurde das Gotteshaus von Papst Johannes Paul II. zur Basilica minor erhoben. Als Büste blickt der Heilige Vater an der Fassade rechts vom Haupteingang auf seine Schäfchen. Die **Bronzetür** zeigt Szenen aus dem päpstlichen Leben sowie Szenen seines Besuches in Olsztyn im Jahre 1991. Um 1370 bis 1380 wurde das Gotteshaus mit sehenswertem Netzgewölbe im Hauptschiff und Zellengewölben in den Seitenschiffen erbaut und ab 1866 im neugotischen Geschmack verändert. Von der ursprünglichen Einrichtung ist nichts geblieben, während der Napoleonischen Kriege war die Kirche ein Gefängnis, und frierende russische Soldaten verheizten alles Brennbare. Der neugotische **Hochaltar** stellt Leben und Tod Jesus Christus dar, das **Bleiglas-Fenster** dahinter ist das einzige originale aus dem 19. Jahrhundert, es zeigt die Krönung Marias. Vor dem Altar links steht der Bischofsstuhl. Kulturhistorisch wertvoll sind eine barocke **Rosenkranzmadonna** sowie ein großer **Kruzifix**, beide aus dem 18. Jahrhundert. Aus der ehemaligen Kirche zum heiligen Kreuz, für den Bau des Neuen Rathauses geschleift, stammt der kleine **Altar** aus der Frührenaissance (1533). Die große **Orgel** und eine kleinere neben dem Altar sind miteinander verbunden. Im Juli/August finden jeweils Samstagabend kostenlose Konzerte statt, die Kathedrale ist für ihre wunderbare Akustik berühmt. Auf der kleinen Orgel komponierte Feliks Nowowiejski während seiner Zeit als Kirchenorganist die ›Ostseelegende vom Untergang der sagenhaften Stadt Vineta‹.

Im Chor am Hauptaltar blickt die Skulptur des Hauptpatrons dieses Gotteshaus herab: Die Figur des heiligen Jacob des Älteren ist eine der erhaltenen aus dem einstigen Hauptaltar, der 1896 verbrannte.

Eine merkwürdige Geschichte hält der **Kronleuchter** mit Hirschkopf in der Eingangshalle bereit: Angeblich war 1596 während einer Treibjagd ein verletzter Hirsch mit letzter Kraft in die Kirche gesprungen. Man betrachtete dies als ein Zeichen Gottes und fertigte deshalb dieses Andenken. Mit etwas Glück treffen Sie hier Herrn Antonio Fabieński, einen der beiden Kirchenältesten, die abwechselnd das Gotteshaus beaufsichtigen. Er wurde als 13. Kind einer deutschen Familie geboren, seine Mutter konnte 1945 nicht fliehen. So blieb die Familie in Polen. Der Mann plaudert gern mit deutschen Besuchern und erläutert das eine oder andere Kirchendetail, in der Weihnachtszeit setzt er auch das große Krippenspiel in Bewegung.

Kapellen

Westlich der Altstadt steht dort, wo sich ul. Władisława Jagiełły und ul. Grunwaldzka im spitzen Winkel treffen, die spätgotische **Jerusalemkapelle** (Kaplica Jerozolimska). Das 1565 erstmals genannte kleine Backsteingebäude beherbergt als Schatz eine spätgotische Kreuzigungsgruppe. Nur wenige Schritte entfernt erstreckte sich einst der **Jüdische Friedhof**. Der Große Kurfürst (Friedrich Wilhelm von Brandenburg) war bestrebt, den rückständigen Landstrich wirtschaftlich voranzubringen und die Versorgung der wachsenden Bevölkerung zu verbessern. Die eigens dafür erbauten Stationen leiteten erfahrene jüdische Händler, diese erhielten vom Regenten einen Schutzbrief, befristet für ein Jahr. Von hier aus zogen sie auf die umliegenden Dörfer und tauschten ihre Waren gegen Agrarprodukte. Erst Anfang des 19. Jahrhunderts bildete sich in der Region Allenstein eine feste jüdische Gemeinde heraus. Nach dem Zweiten Weltkrieg wurde der Jüdische Friedhof eingeebnet, aber die **Begräbniskapelle** blieb stehen. Der Entwurf war die Diplomarbeit von Erich Mendelsohn. Das Haus der rituellen Reinigung **Bet Tahara** wurde 1913 eingeweiht. Heute befindet sich hier ein Kultur- und Begegnungszentrum. Der Saal und die zwei kleineren Räume können besichtigt werden. Im benachbarten Gärtnerhaus, ebenfalls nach einem Bauplan von Mendelsohn errichtet, arbeitet die Stiftung Borussia, die sich für Toleranz und interkulturellen Dialog einsetzt.

Planetarium

Südöstlich der Altstadt, im modernen Olsztyn, streben Sternengucker in das

Am Stadtstrand von Olsztyn

▶ Karte S. 155

Kopernikus-Planetarium. Es wurde 1973, anlässlich des 500. Geburtstages des Astronomen, eröffnet. Inzwischen sind moderne Großkuppel-Projektionsanlagen eingebaut.

Baden und Wandern

Ein modernes **Wassersportzentrum** wurde jüngst am westlichen Stadtrand am Okullsee (Jezioro Ukiel) eingeweiht. Neben dem neu gestalteten **Stadtbad** wuchs das schicke Vier-Sterne-Hotel ›Przystań‹. Aktive können hier auch Kajaks, Tretboote und Fahrräder ausleihen.

Bei Wasserwanderern sind **Paddeltouren auf der Alle** (Łyna) und den vielen Seen in der Umgebung beliebt. Markierte Wege führen durch den Allensteiner Stadtwald oder auf der **Kopernikus-Route** über 170 Kilometer bis nach Frombork.

Olsztyn

Vorwahl: 089.

Städtische Touristinformation, pl. Jana Pawła II 1 (im Rathaus, Eingang ul. 1 Maja), Tel. 5210398; Juni–Mitte Sept. Mo–Fr 10–18, Sa/So 12–18, ab Mitte Sept. tgl. 12–18 Uhr.
www.visit.olsztyn.eu

Bahnhof (Olsztyn Główny), Plac Konstytucji 3 Maja. Verbindungen unter anderem nach Poznań, Szczecin, Iława, Olsztynek, Ełk.

Przystań Hotel & Spa (€€€), ul. Żeglarska 4, Tel. 6519000. Die beste Wahl in Olsztyn mit herrlicher Lage am Okullsee (Jezioro Ukiel), ca. 3 km vom Stadtzentrum (Zufahrt über die ul. Bałtycka). Wellnesscenter mit Pool und Saunen, Fitnessraum und diverse Massagen, asiatische und regionale Küche, Biere aus der heimischen Brauerei ›Kormoran‹. Fünf Min. Fußweg zum Stadtstrand. Für passionierte Jogger führt eine 18-km-Rundstrecke nahe am Hotel vorbei um den See.
www.hotelprzystan.com

Galery 69 (€€–€€€), Dorotowo 38, Tel. mobil 606/743890. Designhotel am Wulpingersee (Jezioro Wulpińskie), 10 km von Olsztyn, herrliche Aussicht und Zimmer mit avantgardistischen Kunstwerken, Fischgerichte, gute Weinkarte.
www.hotelgalery69.pl

Hotel Marina Club (€€), Siła 100, Tel. 5238797. Neuer Hotelkomplex im skandinavischen Stil auf einer Halbinsel am Wulpingersee (Jezioro Wulpińskie). Von Olsztyn oder Gietrzwałd jeweils etwa 10 km entfernt. Fünf-Sterne-Komfort mit Abstrichen. Sehr gute Küche, Pool, zwei Mineralbäder und Dampfsauna. In 2 km Entfernung hoteleigener 18-Loch-Golfplatz.
www.hotelmarinaclub.pl (poln.)

Hotel Wileński (€€), ul. Ryszarda Knosały 5, Tel. 5350122. Kleines Komforthotel mit unaufdringlicher Eleganz, einen Katzensprung südöstlich der Altstadt; das Restaurant bereitet europäische und litauische Gourmetküche zu.
www.hotelwilenski.com

Warmiński (€€), ul. Kołobrzeska 1, Tel. 5221457. Angenehmes Businesshotel mit Tradition seit 1953. Große Zimmer und Bäder mit Wanne, Fitnessraum und Miniatursauna (im Preis inbegriffen), reichhaltiges Frühstück für jeden Geschmack. Eine sehr gute Wahl für Radfahrer (Fahrrad parkt in der Tiefgarage), die mit der Bahn an- oder abreisen möchten, da nah am Bahnhof (10 Min.) und der Altstadt (Fußweg 10 Min.).
www.hotel-warminski.com

Hotel HP Park (€€), Warszawska 119, Tel. 5240604. Modernes Dreisternehaus außerhalb an der Straße nach Olsztynek. Bad mit Wanne, gutes Frühstück, Terrasse mit Blick auf junge Fichten.
http://olsztyn.hotelepark.pl

Provincja Wine Bar & Rooms (€€), ul. Lelewela 3, Tel. mobil 665/600987. Auch Weingeschäft, Apartment für 2, 4 und 5 Personen, zentrale Lage in der Altstadt.
www.provincja.com

Jugendherberge (€), ul. Kościuszki 72/74, Tel. 5276650; ganzjährig.
www.ssmolsztyn.pl

Hotel/Camping Pirat (€–€€), ul. Bałtycka 95, Tel. 5211344. Gepflegte Anlage am nördlichen Ufer des Okullsees (Jezioro Ukiel) im Stadtteil Gutkowo an der Straße nach Morąg, daher sehr laut. Gästezimmer; in der Taverne Fisch; mit Pool, Spa-Bereich und Fahrradverleih.
www.pirat.com.pl (poln.)

Camping Ukiel, ul. Poranna 6, am Ukielsee, Tel. 5222766; ganzjährig geöffnet. 10 km vom Stadtzentrum Olsztyn, letzter Kilometer sandiger Fahrweg. Einfacher Naturplatz mit jungen Kiefern in schöner Hochlage über dem Okullsee (Jezioro Ukiel). Auf einem Wiesenpfad am Steilhang gelangt man in zwei Minuten zur Badestelle mit sandigem Untergrund, kristallklarem Wasser und unzähligen Teichmuscheln. Der Besitzer spricht ausgezeichnet Deutsch.
www.camping.mazury.pl

Camping Dywity, ul. Barczewskiego 47, im Ortsteil Dywity, Tel. 5120646; Mai–Sept. Schöner Wiesenplatz 11 km nördlich von Olsztyn (Straße Richtung Dobre Miasto) beim Dorf Dywity, in malerischer Alleinlage auf einer von der Alle (Łyna) umflossenen Halbinsel, mit Campinghäuschen und Paddelbootverleih.
www.masuren-camping-polen.de

Česká hospoda, Plac Targ Rybny 14, Tel. 5236011; Mo–Do 12–23, Fr/Sa bis 24, So bis 22 Uhr. Das beliebteste Gasthaus der Stadt, nahe dem Kopernikus-Denkmal am Zugang zur Burg. Phantastische böhmische Küche, Tipp: Svičková na smetaně (Lendenbraten auf Sahne mit Knödeln), einen solchen gibt es auch in Tschechien nur äußerst selten! Dazu munden die Fassbiere nichtfitriertes ›Staropramen‹, unpasteurisiertes ›Bernhard‹, helles ›Kozel‹ und das Schwarzbier ›Krušovice‹, 15 Flaschenbiere (auch alkoholfreies ›Birell‹) sowie mährische Weine. Von der Terrasse schöner Blick auf die Burg. Auf dem TV-Bildschirm erlebt der ›Kleine Maulwurf‹ seine Abenteuer in Endlosschleife.
www.ceskahospoda.olsztyn.pl (poln.)

Browar Warmia, ul. Feliksa Nowowiejskiego 15, Tel. 5235301; Mo–Do 13–23, Fr/Sa 12–1, So 12–22 Uhr. Neue Minibrauerei unterhalb der Burg am rauschenden Wehr an der Alle. Restaurant im Erd- und Obergeschoss, Pub im Keller. Biersorten ›Warmia Lager‹ und ›Warmia Hefe‹ (Pszeniczne), unfiltriert und nicht pasteurisiert. Bistroküche (Hühnchenschaschlik, Burger und Sandwich), Tipp: Würstchenplatte mit Kraut, Senf und Meerrettich. Terrasse am Ufer der Alle.
www.browarwarmia.pl (poln.)

Restaurant Casablanca, ul. Zamkowa 5, Tel. 5228464; Mo–Sa 12–22, So bis 20 Uhr. Leichte, kreative, europäische Küche im eleganten Ambiente der im 19. Jahrhundert erbauten, umfassend restaurierten Villa Casablanca zu Füßen der Burg, an den Wasserspielen mit der Brunnenplastik ›Delfin mit Kind‹.
www.casablanca.olsztyn.pl (poln.)

Restaurant Przystań, ul. Żeglarska 3, Tel. 5350181. Nahe dem Stadtstrand, am Ostufer des Okullsees. Beliebter Treffpunkt auch der gut situierten Einheimischen. Der Gastraum befindet sich im ehemaligen Bootshaus, im Sommer wird auch auf den Stegen serviert; internationale Gerichte.
www.przystanolsztyn.pl (poln.).

Cudne Manowce, Bolesława Chrobrego 4, Tel. 5350395; Di–Sa 12–22, So bis 20 Uhr. Polnische Küche und Pizza.
www.cudnemanowce.pl (poln.)

Ermland- und Masuren-Museum, in der Burg des Domkapitels; Juli/Aug. Di–So 10–18, Mai/Juni/Sept. Di–Sa 9–17, So 10–18, Okt.–April Di–Sa 10–16, So 10–18 Uhr.
www.muzeum.olsztyn.pl

St. Jakobuskirche, ul. Staszica 12; Mo–Sa 9–17, So 15–17 Uhr.

▶ Karte S. 155

Kopernikus-Planetarium, al. Piłsudskiego 38, Tel. 6500420.
www.planetarium.olsztyn.pl

Internationales Theaterfestival, im Stefan-Jaracz-Theater (Juli). Konzerte, Theaterwerkstatt, Treffen der Regisseure.
Sommerferiendonnerstage mit Nikolaus Copernikus, Juli/Aug., organisiert vom Museum.
Internationale Allensteiner Bluesnächte; an einem Juli-Wochenende. Konzerte am Altstadtmarkt und im Amphitheater.
www.blues.olsztyn.pl (poln.)
Orgelkonzerte polnischer und internationaler Organisten; Juli/Aug. Jeweils So 20 Uhr in der St. Jakobuskirche.
Allensteiner Kunstsommer (Olsztyńskie Lato Artystyczne/OLA); Juli–Aug. Pop, Jazz, Klassik, Theater, Kabarett und Film im Amphitheater an der Burg.
Ermländischer Weihnachtsmarkt, im Dez. Der Weihnachtsmann kommt mit Rentieren.

Sport- und Erholungszentrum Okullsee (Centrum Rekreacyjno-Sportowe Ukiel), ul. Kapitańska 23 (Südostufer). Der modernste Komplex seiner Art in Ermland-Masuren mit Promenade, Radwegen, Freibad und Sandstrand, Sportplätzen, Wasserspielplatz, Café, Restaurant, Aussichtsterrassen und Fahrradausleihe. www.ukiel.olsztyn.eu
Wassersport- und Erholungszentrum Aquasfera, Al. Marszałka J. Piłsudskiego 69b; tgl. 6–22 Uhr, Sauna ab 10 Uhr. Olympia- und Aufwärmschwimmbecken.
www.aquasfera.olsztyn.eu

Pajtuński Młyn, Pajtuny 7 in Purda (12 km südöstlich von Olsztyn), Tel. 5122199. Auch Pension (€).
www.pajtunskimlyn.pl (poln.)

Aeroklub Warmińsko-Mazurski, Airport Olsztyn-Dajtki, ul. Sielska 34, Tel. 5275240. Rundflüge in verschiedenen Maschinen, 15 Min. ab ca. 50 Euro, eine Stunde ab 100 Euro. www.aeroklub.olsztyn.pl

Cepelia, ul. Prosta 1/2; Mo–Fr 10–18, Sa 10–14 Uhr. Große Auswahl an Volkskunstartikeln für jeden Geschmack, direkt am Altmarkt.
Galeria Warmińska, ul. Tuwima 26; tgl. 10–21 Uhr. 170 Boutiquen, Läden und Verkaufsstände auf drei Etagen.
www.galeria-warminska.pl
Obst- und Gemüsemarkt, ul. Grunwaldzka (unterhalb des Bahnhofs Olsztyn-Zachodnie, südlich der Bahnstrecke). Nur am Samstagvormittag, reichhaltiges Angebot saisonaler und regionaler Produkte.
Betriebsverkauf der Brauerei Kormoran (Browar Kormoran) Al. Gen. Wł. Sikorskiego 2; Mo–Fr 7–15 Uhr.
www.browarkormoran.pl (poln.)

Marienwallfahrt Gietrzwałd

Rund 20 Kilometer westlich von Olsztyn ragt im Dorf Gietrzwałd (Dietrichswalde) die schlichte Turmspitze der **Kirche Heilige Jungfrau Maria** (Kośiół św. Maryi Panny) in den Himmel – eine der bedeutendsten Marienwallfahrten in Polen. Jährlich besuchen über eine Million Pilger das ›ermländische Lourdes‹, wie man Dietrichswald wegen seiner heiligen Quelle auch nennt. Die gotische Holzkirche vernichtete ein Feuer, um 1500 stand hier ein erstes massives Gotteshaus, das mehrfach umgebaut wurde. Heute trägt die zur Basilika minor erhobene Kirche ein neugotisches Gewand.

Die Marienerscheinung von Dietrichswalde ist die einzige in Polen, die der Vatikan anerkannte. 1877 erschien die Heilige Muttergottes zwei Mädchen im Dorf, nicht nur einmal, sondern wiederkehrend fast drei Sommermonate lang. Von da an strömten die Pilger herbei, um ihre Gebete an das wundertätige **Marienbildnis** zu richten, zu Hochzeiten reisten täglich tausende Pilger an. Im Zentrum des prachtvollen Hochaltars zeigt es eine silbergewandete Madonna mit Jesuskind in den Armen, über deren Krone zwei Engel ein Band mit der Inschrift entfalten: ›Ave Regina Cælorum, ave Domina Angelorum‹ (Sei gegrüßt, Königin des Himmels, sei gegrüßt, Herrin der Engel). Der kleine Jesus segnet den Betrachter mit der rechten Hand, seine linke ruht auf der Bibel. Der Meister des heiligen Gnadenbildes ist unbekannt, ebenso die genaue Datierung, doch wurde es bereits 1568 erstmals erwähnt. 1967 wurde es, der Tradition der Maria als Königin Polens gemäß, vom damaligen polnischen Primas Stefan Kardinal Wyszyński gekrönt. Kunsthistorischen Wert besitzen auch die hölzerne **Pietà** aus dem Jahre 1425 sowie die **Polychromien** von Justus Bornowski von 1898. Um wie viel unscheinbarer wirkt dagegen die zu Beginn der 2000er Jahre entstandene **Erscheinungskapelle** – der allerheiligste Ort im gesamten Wallfahrtsbezirk. An der Stelle, an der die Jungfrau Maria 1877 den beiden Mädchen in einem Ahorn neben der Kirche erschienen sein soll, befindet sich ein Freiluftaltar in Form einer Terrasse mit einem ummauerten Marienstandbild. Das Allerheiligste sei ›auf den ausdrücklichen Wunsch der Gottesmutter‹ hin aufgebaut worden, versichern die geistlichen Betreiber des Sanktuariums. Bereits Anfang der 1990er Jahre legte man in der Nachbarschaft einen provisorischen **Kalvarienberg** an. Ende der 1990er Jahre begann man dann mit der Errichtung der kleinen Kapellen, die die Szenen aus dem Kreuzigungsweg Jesu Christi nach Golgatha nachstellen. In der Nachbarschaft führt die Hainbuchenallee mit fünfzehn Rosenkranzkapellen in den Talgrund zur **heiligen Quelle**. Die am 8. September 1877 von der Gottesmutter gesegnete Quelle verspricht seither Kranken und Leidenden Genesung.

Gietrzwałd

Vorwahl: 089.
Internet: www.gietrzwald.pl
Marienheiligtum (Sanktuarium Maryjne), Tel. 5123102.
www.sanktuariummaryjne.pl (poln.)

Hotel Masuria & Spa (€€), Worliny 33, Tel. 0885/590021. Etwa 12 km nordwestlich bei Łukta (Locken) in Worliny (Worleinen) in Richtung Morąg am Eißing-See (Jezioro Isąg). Mit Pool und Spa-Bereich; auch Fahrrad- und Wassersportgeräteverleih.
www.hotelmasuria.pl
Pilgerhaus Johannes Paul II. (€), Tel. 5123102. Einfache Unterkunft in Ein- bis Fünfbettzimmern.
www.sanktuariummaryjne.pl (poln.)

Karczma Warmińska, ul. Kościelna 1, Tel. 5123423; Mo–Do 11–20, Fr/Sa bis 21 Uhr. Im Ermländischen Wirtshaus an der Hauptstraße unterhalb der Wallfahrtskirche kommen im bäuerlichen Ambiente regionale Gerichte wie deftige Rindfleischpiroggen, Sauerkrautsuppe, Gänseklein, herzhafte Teller von Rind und Schwein sowie Fisch- und Wildzubereitungen auf den Tisch. Hier wird auch hervorragender und sehr bekömmlicher Quittenschnaps ausgeschenkt! Juli/Aug. jeden Mi und Fr 18–21 Uhr traditionelle Folkloredarbietungen mit Tanz und Musik (Eintritt 10 Zł/Pers.). Im Sommer zieht Leben in das kleine Freilichtmuseum ein, dann können sich Besucher am Brotbacken, Hufschmieden oder Töpfern versuchen.
www.karczma.pl (poln.)

▸ Karte S. 151

Marienwallfahrt in Polen

Im Land der Kreuzwege, Prozessionen und Wallfahrten wird der heiligen Gottesmutter und Schmerzenskönigin Polens eine außerordentliche Verehrung entgegengebracht. So gehört eine Pilgerreise an die obere Warthe zum Bildnis der wundertätigen Schwarzen Muttergottes von Częstochowa (Tschenstochau) für die Gläubigen zu den besonderen heiligen Pflichten, und unbestritten ist es die berühmteste und populärste Marienwallfahrt im ganzen Land. Bereits im 14. Jahrhundert wurde Częstochowa nach einer Marienerscheinung zum Pilgerort, doch seit der wundersamen Errettung des dortigen Paulinerklosters auf dem Jasna Góra, dem Leuchtenden Berg, vor schwedischen Truppen 1655 durch die Jungfrau Maria stellt die Klosteranlage sowohl ein polnisches Nationalheiligtum als auch eines der wichtigsten Pilgerziele der polnischen Christenheit dar. Alljährlich wandern mehrere Millionen Wallfahrer auf den Leuchtenden Berg, um dort in der Wallfahrtskirche vor dem von Kerzenruß schwarz gefärbten Gnadenbild der Muttergottes niederzuknien.

Die Sanktuarien im nordöstlichen Polen stehen dem an Bedeutung kaum nach. Das Örtchen Gietrzwałd (Dietrichswalde) bei Olsztyn in der Diözese Warmia wird sogar das ›ermländische Lourdes‹ genannt. 1877 erschien dort die Jungfrau Maria den beiden aus bitterarmen polnischen Familien stammenden Mädchen Justyna Szafryński und Barbara Samulowski. 19 Jahre zuvor hatte sich die Heilige Mutter solch einfachen Dorfkindern über längere Zeit bereits im französischen Lourdes gezeigt, nun kam sie zwischen dem 27. Juni und 16. September 1877 mehrmals am Tag zu den beiden Mädchen in Dietrichswalde.

Schnell schlossen sich ihnen viele Menschen an, um Gebete, Bitten und Fragen an die Muttergottes zu richten: unter der Woche täglich rund 2000 Gläubige, sonntags um die 10 000 und rund 50 000 am 16. September, dem letzten Tag der Manifestationen der Heiligen Jungfrau in Dietrichswalde. Und die Antwort der Unbefleckten auf die zahllosen Fragen war stets dieselbe: Der besondere Weg zur Gnade liege im Rosenkranz, man solle nur immer eifrig den Rosenkranz beten. Nach eingehenden Untersuchungen durch Mediziner wie Theologen wurde die Marienerscheinung von Gietrzwałd 1977 durch einen Erlass des Erzbischofs mit päpstlicher Bewilligung für authentisch erklärt.

Erheblich älter als Gietrzwałd ist die Marienerscheinung von Heiligelinde (Święta Lipka, → S. 179) nahe den Großen Masurischen Seen, eine weitere vielbesuchte Wallfahrtsstätte und einer der wichtigsten Orte der Marienverehrung in Polen. Hunderttausende Gläubige pilgern alljährlich zur barocken Marienheimsuchungskirche mit der Madonna im Lindenbaum, die seit über 700 Jahren Wunder vollbringt. Die Legende erzählt: Um das Jahr 1300 erschien die heilige Jungfrau einem zum Tode verurteilten Mann, der im Verlies

Klosterkirche in Święta Lipka

des Rastenburger Schlosses seinem Ende entgegensah und die barmherzige Muttergottes um Gnade anflehte. Diese erlöste ihn, unter einer Bedingung: Der Verurteilte solle ein Marienbildnis schnitzen und es am ersten Lindenbaum aufrichten, den er zwischen Rastenburg (Kętrzyn) und Rößel (Reszel) ausmachen würde. So geschah es, und an der Stelle, wo der Mann nach längerer Wanderung das Marienstandbild schließlich unter einer Linde platzierte, ereigneten sich bald darauf unerklärliche Wunder und Heilungen.

Gefangenschaft, Besatzung und Fremdherrschaft, Wandern und Umherirren, wovon die schmerzensreiche Jungfrau Maria und Königin Polens ihr unter den Teilungsmächten leidendes Volk erlöst - diese auch in Warmia allgegenwärtigen Motive kulminieren im Mythos von Licheń, dessen Popularität das Dorf Licheń Stary bei Konin in der Woiwodschaft Großpolen eines der weltweit größten christlichen Gotteshäuser verdankt. Auch hier ist ein segensreiches Marienbildnis der Hauptdarsteller in der Legende. Der Schmied Tomasz Kłossowski, der als Soldat in der napoleonischen Armee kämpfte und in der Völkerschlacht bei Leipzig 1813 schwer verwundet wurde, musste das Gnadenbild im Gegenzug für seine Genesung im Auftrag der Muttergottes aufspüren. 23 Jahre dauerte die Wanderung, bis der Schmied fündig wurde und das Bild an einer Kiefer im Grąbliner Wald aufhängen konnte; woraufhin auf der Stelle viele Wunder geschahen. Ab Mitte des 19. Jahrhunderts entwickelte sich Licheń Stary zu einer der bedeutendsten Marienwallfahrten im damals russischen Teil Polens. Heute wird das Marienheiligtum jährlich von über einer Million Gläubigen besucht. In der Nachbarschaft zur älteren Wallfahrtskirche begann man deshalb 1994 mit der Errichtung der weit größere Pilgerscharen fassenden Basilika Unserer Lieben Frau von Licheń (Bazylika Najświętszej Maryi Panny Licheńskiej). 2004 wurde das fünfschiffige, größte Gotteshaus Polens und eines der größten der Welt, fertiggestellt. Es ist wie fast alle heiligen Orte im Land der Muttergottes geweiht und Ausdruck ihrer allerhöchsten Verehrung.

Maria in Bakałarzewo bei Olecko

Barczewo

20 Kilometer östlich von Olsztyn ist Barczewo (Wartenburg) zu trauriger Berühmtheit gelangt. In den Gemäuern des 1380 eröffneten Franziskanerklosters, 1810 säkularisiert, wurde 1834 eine Strafanstalt eingerichtet. Im Staatsgefängnis war der berüchtigte NSDAP-Gauleiter von Ostpreußen, Erich Koch, 40 Jahre lang inhaftiert. Viele Polen wurden auf seinen Befehl zur Zwangsarbeit verschleppt oder kamen in Konzentrationslagern ums Leben. Die jüdische Bevölkerung wurde unter seiner Schreckensherrschaft in die Massenvernichtungslager im ›Generalgouvernement‹ deportiert. Als treuer Vasall Hitlers zögerte Koch auch die Ausreise der Zivilbevölkerung heraus, 450 000 Deutsche flüchteten zu spät in Panik vor der Roten Armee, unzählige Menschen starben. Koch wurde 1950, nachdem er bis 1949 in der britischen Besatzungszone unerkannt unter falscher Identität gelebt hatte, nach Polen ausgeliefert und 1959 zum Tode verurteilt, es kam dennoch zu keiner Hinrichtung. Es wird gemunkelt, Koch hätte behauptet, er kenne das Versteck des legendären Bernsteinzimmers und hätte so seinen Kopf retten können. 1986 verstarb er im Alter von 91 Jahren in Barczewo.

Zu den Sehenswürdigkeiten in Barczewo gehört die backsteingotische **Klosterkirche Sankt Andreas** (Kościół św. Andrzeja Apostoła) mit dem Renaissancegrabmal des Kardinals András Báthory. In der an das einschiffige, ursprünglich turmlose Gotteshaus angebauten Sankt Antoniuskapelle liegen der Neffe des polnischen Königs Stephan Báthory und sein Bruder Baltazar zur letzten Ruhe. Das Marmorgrabmal schuf 1598 der für seine Bauwerke in Danzig gerühmte Architekt Willem van den Blocke. Zu den weiteren kostbaren Einrichtungsgegenständen

Rathaus und Pfarrkirche Sankt Anna in Barczewo

zählen das Chorgestühl vom Anfang des 17. Jahrhunderts, ein goldverbrämter Hauptaltar vom Anfang des 18. Jahrhunderts und eine Rokokokanzel, die aus der Zeit um 1760 stammt.

Die **Pfarrkirche Sankt Anna** (Kościół św. Anna) mit einem mächtigen Turm wurde Ende des 14. Jahrhunderts vollendet. Das Hauptschiff besitzt ein schönes Rippengewölbe. Eine um 1800 erbaute klassizistische Kanzel und klassizistische Seitenaltäre sowie eine Orgel von 1740 gehören zu ihren Schätzen.

Im **Geburtshaus von Feliks Nowowiejski** (1877–1946) ist heute das **Nowowiejski-Museum** untergebracht, das sich dem Leben und Werk des bedeutenden Komponisten widmet (ul. Mickiewicza 13; Mo–Fr 9–17, Sa 8–16 Uhr). Musikalisch in Regensburg und der Berliner Akademie der Künste in der Meisterklasse von Max Bruch ausgebildet, wurde Nowowiejski anschließend Musikdirektor in Krakau. 1910 vertonte er die Verse der zwei Jahre zuvor von der großen Lyrikerin Maria Konopnicka (1842–1910) verfassten ›Rota‹ (Eid), der heimlichen polnischen Nationalhymne. Zum 500. Geburtstag der siegreichen Schlacht des polnisch-litauischen Heeres bei Grunwald/Tannenberg über den Deutschen Orden von 1410 trat das Lied als Widerstandshymne im damals nicht existierenden Polen seinen Siegeszug an: »Wir werden nicht das Land unserer Väter verlassen, wir werden nicht unsere Sprache begraben ...«. Ebenfalls 1910 wurde Nowowiejski mit seinem Oratorium ›Quo vadis‹ weltweit bekannt. Doch sein Engagement für die Volksabstimmung im südlichen Ostpreußen zugunsten Polens Ende des Ersten Weltkriegs führte zum Zerwürfnis mit dem Lehrer Max Bruch, der sein ganzes Gewicht in die Waagschale warf und erfolgreich zum Boykott seines Schülers aufrief. Danach wurden Nowowiejskis Werke fast nirgendwo mehr in Europa aufgeführt. 1939 musste der Komponist, von der Gestapo verfolgt, untertauchen. Ein nicht unerheblicher Teil seiner Orchestersinfonien, sinfonischen Dichtungen, Instrumentalkonzerte, Oratorien, Opern- und Ballettstücke ging in den Wirren des Zweiten Weltkriegs verloren. 1946 verstarb Feliks Nowowiejski in Poznań.

Barczewo

Hotel Azzun Orient Spa&Wellness (€€), Kromerowo 29, Tel. 089/5375628. Vier-Sterne-Komfort mit gelobtem Restaurant und mehreren Thermalbädern, 10 km östlich von Barczewo.
www.azzun.pl

Warmińska Winnica (€), Skajboty 74, Tel. mobil 601/921272; Frühstück 9 Euro/Pers. Ferienhof mit Zimmern, Apartments und Hütten in ruhiger und abgelegener Lage (ca. 9 km südwestlich von Barczewo); Privatstrand und eigener Weingarten sowie -keller. www.warminskawinnica.pl

Dobre Miasto

Keine 30 Kilometer nördlich von Olsztyn liegt auf einem Hügelchen über der Alle (Łyna) die Kleinstadt Dobre Miasto (Guttstadt), wörtlich übersetzt ›Gute Stadt‹. Der Name kommt indes nicht, wie man annehmen könnte, von ihrer schönen landschaftlichen Lage, sondern leitet sich vom prußischen Wort ›gudde‹ (Gebüsch) ab.

Einen Zwischenstopp in Dobre Miasto ist vor allem die **Erlöser- und Allerheiligenkirche** (Kościół św. Najświętszego Zbawiciela i Wszystkich Świętych) wert. Fast 50 Meter hoch ist der Kirchturm, 60 Meter lang und beinahe 30 Meter breit die 1357 bis 1389 errichtete, dreischiffige Halle, deren chorloses Inneres ein schönes Sternengewölbe und reich mit Gold verzierte Altäre schmücken; darunter ein auf Mitte des 18. Jahrhunderts datierender barocker Hochaltar sowie der auf etwa 1430 geschätzte Rosenkranzaltar im rechten Seitenschiff. Aufmerksamkeit verdient außerdem die 1693 von Meister Johann Christoph Döbel aus Königsberg geschaffene Kanzel. Im benachbarten ehemaligen **Kollegiatstift**, das heute als Priesterseminar dient, sind im Kreuzgang alte Fresken erhalten. Von den mittelalterlichen Wehrmauern haben zwei Türme die Zeiten überdauert. Einer von ihnen trug auf seinem Dach lange Zeit ein Storchennest von beeindruckenden Ausmaßen, es war die berühmteste Storchenkinderstube Polens. Seit der Sanierung des **Storchenturms** (Baszta Bocianią) gleich am Ortseingang rechter Hand nahe der Brücke über die Alle ist das Nest verkleinert worden. In den Räumlichkeiten unter der Turmspitze ist eine kleine Kunstgalerie untergebracht. Fünf Kilometer nordöstlich von Dobre Miasto kann man im Flecken **Smolajny**

▸ Karte S. 151

(Schmolainen) einen Blick auf das Mitte des 18. Jahrhunderts erbaute Barockschlösschen der Bischöfe von Ermland werfen. Es war ein Lieblingsaufenthaltsort von Ignacy Krasicki (1735–1801), Bischof von Ermland, Satiriker, bedeutender Poet der Aufklärung und Begründer des polnischen Romans. Heute ist hier eine Landwirtschaftsschule ansässig.

Wallfahrt Głotowo

Vier Kilometer südwestlich bildet der Weiler Głotowo (Glottau) seit mehr als 700 Jahren ein wichtiges Pilgerziel. Die Legende berichtet davon, dass im Jahr 1290 heilige Hostien zum Schutz vor den Übergriffen heidnischer Litauer auf einem Feld bei Glottau vergraben wurden, und zwar genau an der Stelle, an der sich vor der Landnahme durch die Deutschordensritter ein prußisches Heiligtum befand. Lange Zeit nahm man an, die kostbaren Weihegaben seien verloren, doch eines Tages knieten auf einer Weide die Ochsen nieder und lobpreisten die soeben wieder aufgetauchten Gottesgaben. Die Wallfahrt nach Głotowo nahm ihren Anfang. Für die stetig anschwellende Pilgerschar wurde anstelle eines älteren Gotteshauses zwischen 1722 und 1726 vom Wormditter Baumeister Johann Christoph Reimers die **Wallfahrtskirche des heiligsten Erlösers** (Kościół Najświętszego Zbawiciela) errichtet. In einem ihrer Seitenaltäre zeigt sie die Szene der Anbetung des Allerheiligsten durch zwei kniende Ochsen. Zu den weiteren Sehenswürdigkeiten im Gotteshaus gehört der 1726 vom Königsberger Bildhauer Johannes Krüger geschaffene, nach 1800 veränderte Hochaltar.

In Nachbarschaft zu der mehrmals umgebauten und 1854 mit einer neubarocken Turmhaube versehenen **Erlöserkirche** wurde zwischen 1878 und 1894 ein **Kalvarienberg** angelegt, den die Gläubigen seitdem mit Inbrunst begehen.

Die Erlöser- und Allerheiligenkirche in Dobre Miasto

Orneta

Im nordwestlichen Ermland liegt an der Grenze zum historischen Oberland das 9600 Einwohner große Ackerbürgerstädtchen Orneta (Wormditt). 1308 wurde die vom Deutschen Orden eroberte prußische Burg und Siedlung ›Wurmedythin‹ erstmals schriftlich genannt. Um 1320 entstand eine Backsteinburg, die ab 1341 als Residenz der ermländischen Bischöfe diente, bevor diese ihren Sitz 1350 nach Heilsberg verlegten. 1806 trug man die Burg zusammen mit der Stadtmauer und den Stadttoren ab, auf den Fundamenten der alten Feste steht seitdem eine Schule.

Den Mittelpunkt im überschaubaren Ortszentrum bildet der **Marktplatz**, den teils mit Laubengängen geschmückte Bürgerhäuser des 18. und des 19. Jahrhunderts säumen. Im Zentrum des Marktes wiederum steht das gotische, mit einem

Das Hohe Tor in Lidzbark Warmiński

Treppengiebel versehene **Rathaus**. Es wurde um das Jahr 1375 errichtet und gegen 1800 umgestaltet, heute beherbergt es neben der Stadtverwaltung auch eine kleine touristische Informationsstelle.

Das architekturhistorisch bedeutendste Bauwerk Ornetas stellt die **Kirche des heiligen Johannes des Täufers und Johannes des Evangelisten** (Kościół św. Jana Chrzciciela i św. Jana Ewangelista) dar. Die kurz Johanniskirche genannte, dreischiffige und chorlose Backsteinbasilika wurde 1379 geweiht. Manche mittelalterliche Fresken im Inneren stammen noch aus der Gründungszeit. Weitere kostbare Einrichtungsgegenstände sind die Kanzel und der barocke Hauptaltar aus der Mitte des 18. Jahrhunderts sowie eine Orgel von 1738. Unter den vielen Altären an den Pfeilern und in den Seitenkapellen sticht der Rosenkranzaltar aus dem 18. Jahrhundert mit einer Marienkrönung und Schnitzfiguren des Tiroler Bildhauers Christoph Perwanger besonders hervor.

■ Wallfahrtskirche von Krosno

Keine drei Kilometer nordöstlich erhebt sich mitten in Wiesen und Feldern die barocke Wallfahrtskirche von Krosno (Krossen). Wie die Erlöserkirche in Głotowo wurde sie vom Wormditter Baumeister Johann Christoph Reimers errichtet, und wie in Głotowo berichtet die Legende auch hier von einem Hostienwunder und niederknienden Tieren. In diesem Fall sind es Kühe, die sich um ein paar Hostien herum versammelten, die Kirchenräuber achtlos auf eine Wiese geworfen hatten.

Seit dem 17. Jahrhundert begaben sich immer mehr Pilger auf Wallfahrt nach Krosno, sie erhofften sich Hilfe von der hiesigen Marienfigur. An der Stelle einer bereits um 1400 verbürgten Marienkapelle wurde von 1715 bis 1720 der heutige Saalbau errichtet. Von einer barocken doppeltürmigen Westfassade geschmückt und auf allen vier Seiten einem Kreuzgang umzogen, wirkt das Marienheiligtum insgesamt wie die kleine Schwester der berühmten Święta Lipka (Heiligelinde, → S. 179) bei Reszel. Seit 1991 werden das Gotteshaus und die benachbarte Abtei von 1740 unter der Ägide der Deutsch-Polnischen Stiftung Schritt für Schritt restauriert.

i Orneta

Vorwahl: 055.

Touristinformation Orneta (im Rathaus), plac Wolności 26, Tel. 2421116; Juni–Sept. Mo–Fr 10–18, Sa/So 10–16 Uhr.

Lidzbark Warmiński

Heilsberg, die historische Residenzstadt der Fürstbischöfe von Ermland, besitzt mit seiner mächtigen Bischofsburg das nach der Marienburg bedeutendste Bauwerk der Deutschritter im alten Ordensland.

1240 unterwarf der Deutsche Orden die an der Mündung der Simser (Symsarna) in die Alle (Łyna) gelegene Prußenburg Lecbarg und errichteten an ihrer Stelle eine hölzerne Burg. Während Prußenaufständen wurde die Feste wieder zerstört, und so dauerte es noch fast bis zum Ende des 13. Jahrhunderts, bis sich die ersten, vorwiegend aus Schlesien stammenden Siedler niederließen.

1294 wurde Heilsberg erstmals in einer Urkunde erwähnt, 1308 erhielt es die Stadtrechte verliehen. 1350 verlegten die ermländischen Fürstbischöfe ihre Residenz sowie den Sitz der zentralen Diözesenverwaltung an den mittleren Lauf der Alle. Fortan herrschten sie von Heilsberg aus bis zur Ersten Teilung Polens 1772 – und damit der Inkorporation des Ermlands ins Königreich Preußen – über ein mehr als 4200 Quadratkilometer großes Dominium. 1350 begannen die Kirchenfürsten auch mit der Errichtung ihres imposanten Domizils. Wehrhaft, ganz im Stil der kriegserprobten Ordensritterburgen, entstand auf quadratischem Grundriss ein von Vorschloss, Wassergräben und Zwingmauern umgebenes, vierflügeliges **Kastell** mit mächtigem Bergfried und drei zierlichen Ecktürmchen. 1401 war es weitgehend fertiggestellt, doch dauerten die Ausbau- und Umbauarbeiten viele weitere Jahre an. 1380 folgte im Innenhof der über zwei Stockwerke reichende Kreuzgang mit eleganten Säulen und schönen Wandmalereien. Anschließend widmete man sich der Gestaltung der Wohn- und Repräsentationsräume, darunter der prachtvolle Gerichtssaal und der Kapitelsaal sowie die ursprünglich gotische, später im überbordenden Rokoko ausgeschmückte Schlosskapelle und, großartig ausgemalt, der Sommerremter und der Große Remter. Erst in der Amtszeit des Bischofs Lukas Watzenrode 1489 bis 1512 war das Bauwerk vollendet.

Nach Watzenrode und nachfolgend seinem Neffen Nikolaus Kopernikus, der sich von 1504 bis 1510 im Heilsberger Burgsschloss aufhielt, residierten dort zahlreiche weitere bedeutende Fürstbischöfe; unter ihnen der Dichter, Humanist und Politiker Johannes Dantisgus (Jan Dantyszek, 1485–1548), der Geschichtskundler und vehemente Streiter für die Gegenreformation Martin Kromer (Marcin Cromer, 1512–1589) und als letzter berühmter Bewohner der Aufklärer, Philosoph und Satiriker Ignacy Krasicki (1735–1801). Nach seiner Berufung 1795 zum Erzbischof von Gnesen verwaiste das Schloss.

Lidzbark Warmiński

Die Bischofsburg von Lidzbark Warmiński

Die Bischofsburg wurde nach den Zerstörungen im Zweiten Weltkrieg restauriert, 2015/16 erneut mit Geldern aus Island, Lichtenstein und Norwegen. Heute sind die Mauern Heimstatt des **Ermländischen Museums** mit ehemaliger Rüstkammer und bischöflichen Gemächern. Im Sommerspeisesaal sieht man die Porträts der Grafenfamilie aus Siecin, im Audienzsaal eine Gemäldesammlung mit religiösen Motiven. Man hat Zutritt zur Schlosskapelle und zum Großen Remter mit einer Schau mittelalterlicher Kunst aus Ermland und Ostpreußen.

■ Pfarrkirche Sankt Peter und Paul

Erstmals um 1400 fertiggestellt, wurde der gotische Hallenbau der Pfarrkirche Sankt Peter und Paul (Kościół św. Piotra i Pawła) mit drei Kirchenschiffen und einem 70 Meter hohen Turm nach einem Stadtbrand 1497 neu errichtet. Das Gotteshaus schmücken ein herrliches **Sternengewölbe** sowie eine im frühen 15. Jahrhundert geschnitzte **Skulpturengruppe**, welche die Ereignisse um Christus am Ölberg darstellt.

■ Hohes Tor

Im Stadtbild sind einige wenige alte Fachwerkhäuser, Fragmente der mittelalterlichen Stadtmauer und das spätgotische Hohe Tor (Wysoka Brama) aus dem 14. Jahrhundert erhalten. Es ist das letzte von ehemals drei Toren.
Wenige Schritte vom Hohen Tor entfernt erhebt sich die 1821 bis 1823 erbaute **ehemalige evangelische Kirche**. Sie entstand nach dem Schinkelschen Generalentwurf und ist seit 1945 das Gotteshaus der russisch-orthodoxen Gemeinde.

i Lidzbark Warmiński

Vorwahl: 089.
Touristinformation, ul. Krasickiego 1, Tel. 5190052. www.domwarminski.pl
www.lidzbark.pl (poln.)

Hotel Krasicki (€€–€€€), pl. Zamkowy 1/7, Tel. 5371700; bewachter Parkplatz 12 €/Nacht. Vier-Sterne-Komfort; der perfekte Mix aus gotisch-barockem Gemäuer und Top-Design in der Vorburg im einstigen Palast des Bischofs Grabowski. Einige der 122 Zimmer tragen die Namen prominenter Gäste der Vergangenheit. Das Hotel zählt derzeit zu den schönsten weltweit! Großer Spa-Bereich und königlicher Pool mit Kopien von Rubens-Gemälden im gotischen Keller (für Hausgäste freier Eintritt); Restaurant im gotischen Gewölbe mit ausgezeichneter regionaler und internationaler Küche, gute Weinauswahl. Sehr reichhaltiges Frühstück für jeden Geschmack. Kleine Bibliothek und Sternwarte im Hotel. Gondelfahrten auf der Alle. www.hotelkrasicki.pl

Hotel Kopernik (€), ul. Zielona 1, Tel. 7675010. Mittelklassekomfort im sorgfältig sanierten Altbau, zentral in der Ortsmitte gegenüber vom Bischofschloss. www.kopernikhotel.pl

Jugendherberge (€), Kłębowo 50, (7 km südlich), Tel. 7662360; ganzjährig.

Gościniec Myśliwski, ul. Spółdzielców 2b, Tel. 7675259; tgl. ab 8 Uhr, häufig Reisegruppen. Urige kleine Gastwirtschaft in einem Fachwerkhaus, 5 Min. Fußweg von der Burg. Mit mehreren Plüschsofas, im zweiten Raum historischer Kachelofen. Polnische Küche mit Wildschweinbigos, Rehsteak und -gulasch und Wildschweinbraten. Fassbier ›Żubr‹. Vorsicht: Große schwarze Katze kann ohne Vorwarnung kratzen!

Starówka, ul. Hoża 39, Tel. 7670060; tgl. 11–23 Uhr. Modernes Restaurant im Schatten der Bischofsburg. Polnische und internationale Küche, Fassbier ›Tyskie‹, auch regionale Flaschenbiere im Angebot.

Ermländisches Museum, im Palast der Bischöfe, plac Zamkowy 1; Mai–Aug. Di/Mi 10–18, Do–So 9–17, sonst Di–So 9–16 Uhr. http://lidzbark.muzeum.olsztyn.pl

Thermy Warmińskie, ul. Kąpielowa 1, Tel. 517/246704. Anfang 2016 eröffnet. Mit Mineralwasser, großen Schwimmbecken, Außenpools, mehreren Saunen, Salzgrotte und Spa mit Massage. Bestimmendes Motiv ist die Masurische Kiefer, vielfach auf Fotos abgebildet, noch häufiger in großen und kleinen Kübeln anzutreffen. Angeschlossen sind moderne Apartments (€€), im Übernachtungspreis inbegriffen ist ein zweistündiger Thermenaufenthalt. Mo–Fr Rabatte auf jeweils verschiedene Anwendungen. Am südwestlichen Stadtrand, nahe der Hauptstraße nach Olsztyn. www.termywarminskie.pl

Kloster Stoczek

Bischof Hermann von Prag veranlasste 1349 die Gründung des Flecken Springborn (Stoczek). Elf Kilometer östlich von Lidzbark Warmiński gelegen, ist er heute immer noch 300 Einwohner klein und doch eine der bedeutenden Marienwallfahrten Nordpolens.

Eine wundertätige elfenbeinerne Marienstatue setzte einst die Pilger in Gang. Der Legende nach hatten zwei Mädchen die Figur in einer hohlen Eiche entdeckt, und wohin sie von da an auch immer gebracht wurde, kehrte sie unverzüglich wieder an ihren Platz in der Eiche zurück. Also ließ man schließlich an angestammter Stelle eine Kapelle errichten, und die Springborner Wallfahrt begann; seit dem 17. Jahrhundert ist die Anbetung der Muttergottes im ›Friedenstempel der allerseligsten Jungfrau Maria zu Springborn‹ schriftlich dokumentiert.

Nach dem Schwedisch-Polnischen Krieg (1600–1629), in dem das protestantische Schweden Teile des katholischen Ermlands verheert hatte, ließ Fürstbischof Nikolaus Szyszkowski von 1639 bis 1641 als Friedensgruß am Ort der Kapelle Kloster und **Kirche** errichten. Bernhardinermönche bezogen die Holzhäuser, die ab 1666 dann gemauerten Klostergebäuden wichen.

▸ Karte S. 172/151

Der **Kreuzgang** mit seinen Eckkapellen und Kreuzwegstationen, die vom Bildhauer Christoph Perwanger stammen, sowie die Erweiterung der Rundkirche mit Kuppeldach zu ihrer aktuellen Gestalt folgten 1708 bis 1717. Wichtigstes heiliges Kleinod in dem Maria als Friedenskönigin geweihten Gotteshaus ist das **Gnadenbild** im 1713 von Christoph Peucker geschaffenen Hochaltar. 1983 krönte es Papst Johannes Paul II. und erhob die Kirche vier Jahre später in den Rang einer Basilika Minor. In den Jahren der inoffiziellen Herrschaft des Verteidigungsministers und Armeechefs Konstantin Rokossowski wurde das Kloster auch zu einem politischen Pilgerort. Von 1953 bis 1954 war es Gefängnis für den polnischen Primas, Kardinal Stefan Wyszyński (1901–1981). Im Rahmen der politischen Umwälzungen 1956, die Władisław Gomułka an die polnische KP-Spitze brachten, erhielt die Diözese die Anlage zurück. 1957 wurde der Marianer-Orden mit der Betreuung der hiesigen Marienwallfahrt betraut, bis heute nehmen sie diese Aufgabe wahr. Kirche, der Kreuzgang mit zum Teil aufgefrischter herrlicher Bemalung, die **Zelle von Kardinal Wyszyński** sowie der kleine gepflegte **Barockgarten** können besichtigt werden, der Zugang ist kostenlos.

Kloster Stoczek

Kloster Stoczek, Pilgerheim (€), Tel. 089/7660911. Einfaches Pilgerheim.
www.stoczek.pl (poln.)

Dworek Romanowski w Sułowie (€€), 11-230 Bisztynek (bei Sułowo), Tel. 089/7188105. Romantisches Restaurant an der Straße Nr. 513 zwischen Lidzbark Warmiński und Bisztynek, Tipp: Entenbraten mit Klößchen und Bratapfel. Übernachtung, Reiten, Pool.
www.dworek.romanowski.pl (poln.)

Bisztynek

Das nur 2500 Einwohner zählende Bisztynek (Bischofstein) blickt auf eine für Ermland-Masuren ungewöhnliche Geschichte zurück. Anders als die meisten Gründungen des Deutschen Ordens entwickelte es sich aus einer dörflichen Ansiedlung, die nie eine Burg besaß. Und was seinen früheren deutschen Namen betrifft, kommt ausnahmsweise einmal keine Heiligenerzählung, sondern der Teufel ins Spiel. Den Namen ›Bischofstein‹, sagt man, verdankt der Ort einem mächtigen **Findling**, den einst der Gottseibeiuns persönlich aus Afrika ins nordöstliche Ermland gewuchtet hatte. Der Koloss ist über drei Meter hoch, fast sechs Meter breit und neun Meter lang und aus deutscher Zeit als ›Griffstein‹ bekannt. Die Polen haben ihn Teufelsstein umbenannt (Diabelski Kamień). Der größte erratische Block von Ermland und Masuren ist in der ul. Kolejowa nahe der Grundschule zu finden. Fürstbischof Heinrich III. Sorbom verlieh Bischofstein 1385 das Stadtprivileg.Kurz danach begannen die Bauarbeiten zur **Sankt Matthiaskirche** (Kościół św. Macieja i Przenajświętszej Krwi Chrystusa), die im

Kreuzgang im Kloster Stoczek

Das Ermland/Warmia

Jahr 1400 vollendet war. Noch aus der Gründungszeit stammt die Blutwunder-Legende, die seit dem 17. Jahrhundert einen Pilgerstrom nach Bischofstein auslöste. Es ist überliefert, dass aus einer Hostie, die der Fürstbischof Heinrich in seinen Händen hielt, plötzlichl Blut tropfte, und so wurde die Matthiaskirche dem teuren Lebenssaft des Herrn Jesus geweiht.

Umbau- und Erweiterungsarbeiten am Gotteshaus prägten das 18. Jahrhundert. Bis 1739 war das nördliche Seitenschiff fertiggestellt, bis 1781 folgte das südliche Seitenschiff, und den von 1509 stammenden Glockenturm krönte man 1791 mit einer Barockhaube. Die barocke Möblierung überdauerte zu großen Teilen die Zeiten, so der Hochaltar aus dem Jahr 1772 von Christan Bernhard Schmidt und der Marienaltar mit der Unbefleckten im Silberkleid von 1726.

Galiny

Eine Perle unter den ehemaligen ostpreußischen Herrensitzen liegt zehn Kilometer nördlich von Bisztynek: **Schloss**, **Gut** und **Dorf** Galiny (Gallingen), mit 1260 Hektar Fläche an der Wende vom 19. zum 20. Jahrhundert eines der größten Landgüter Ostpreußens. 1336 wurde Gallingen unter dem Komtur von Balga gegründet, bis 1945 befand sich das Gut im Besitz der Grafen zu Eulenburg, einem der bedeutendsten Adelsgeschlechter des deutschen Kaiserreichs, das Minister und Ministerpräsidenten stellte. Ab 1589 ließ Freiherr Botho zu Eulenburg wohl unter Einbeziehung von Vorgängerbauten die ursprünglich U-förmige und von einem Wassergraben umgebene Schlossanlage erbauen. Im 18. Jahrhundert folgten Nebengebäude, Orangerie, Toreinfahrt mit Uhrturm, Remise, Meierhof und Pferdeställe. Im 19. Jahrhundert wurden sie im neugotischen Geschmack umgestaltet, außerdem wurde der Graben zugeschüttet und ein Landschaftspark angelegt. Rund um den bereits seit 1745 stehenden Meierhof wuchsen Wirtschaftsgebäude empor, von denen der großzügige Fachwerk-Ziegelsteinbau von 1889 heute zusammen mit dem Schloss als elegantes Hotel fungiert. Seit 1995 ist es in Privatbesitz. So bilden das Ensemble aus Schloss und Gutshof mit Vorwerk, gepflegtem Park mit Brücken, Stegen und Gartenhäusern, das Dorf und die 1350 erbaute Kirche heute eines der wenigen noch vollständig erhaltenen Beispiele eines historischen ostpreußischen Landguts.

Empfohlen sei ein längerer Spaziergang entlang des **Drei-Teiche-Wanderweges**: Er nimmt seinen Anfang an betagten Eichen, steigt an zu fast gebirgigen Wiesen und führt zurück entlang der Bäche. Auf den hiesigen Weiden grasen viele Pferde. Am größten der Teiche gibt es einen kleinen Badestrand. Außer dem Hotel ist der Anlage ein Gestüt angeschlossen, das Reitausflüge und Kutschfahrten anbietet.

Galiny

Vorwahl: 089.

Palac i Folwark Galiny (€€), Nr. 110, Tel. 7612167. Familienfreundliche Drei-Sterne-Unterkunft im aparten Landhausstil; etwas günstigere Zimmer im Meierhof, Restaurant im historischen Speicher mit gehobener Küche, Kräuter und Obst stammen aus eigenem Bioanbau. Streichelzoo für die Kleinen, Tennisplätze und Reitmöglichkeiten (→ Gestüt Galiny). www.palac-galiny.pl

Gestüt Galiny (Stadnina Koni Galiny), Tel. 7612167. Gestüt mit ca 80 Trakehnern, Englischem Vollblut, Holsteinern, Westfalen und weiteren Pferderassen. Reitparcours, Reithalle, überdachte Reitbahn sowie Ausritte und Kutschfahrten in die schöne Umgebung. www.palac-galiny.pl

▸ Karte S. 151

Reszel

Manche meinen, das mittelalterlich anmutende Städtchen Reszel (Rößel) mit knapp 5000 Bewohnern erinnert ein wenig an Orvieto in Umbrien. Mit dem Bau der **Ordensburg** begann man um das Jahr 1350. Vorher hatten die Prußen, die ursprünglich Ort und Region ›Resel‹ bewohnten, vergeblich gegen den Deutschen Orden gekämpft. Ein letzter Aufstand 1262 konnte dessen Eroberungszug nicht mehr aufhalten. Noch vor 1300 wurde Rößel an der Grenze zur ›Großen Wildnis‹ Masuren von den Ordensrittern eingenommen und anschließend zum nordöstlichen Eckpfeiler des Bistums Ermland ausgebaut. Auf einem quadratischen Grundriss entstand die mit einem mächtigen Bergfried bestückte Backsteinburg, 1371 war sie fertiggestellt.

Der Zweite Weltkrieg zog an Reszel vorbei, ohne allzu viel Schaden anzurichten. In den 1980er Jahren schulterte der Bildhauer und Burgherr Bolesław Marschall das Mammutprojekt, die alte Anlage originalgetreu zu restaurieren. 2001 konnten die Arbeiten abgeschlossen werden. Seitdem bietet die Burg, die sich am Ortsrand über den Dächern von Reszel erhebt, Raum für eine renommierte Galerie, die zeitgenössische polnische und internationale Kunst präsentiert. Darüber hinaus wurden die geschichtsträchtigen Gemäuer von Bolesław Marschall mit feinem Gespür für die historische Architektur in ein attraktives Hotel und Restaurant umgewandelt. Gäste können den Burgturm besteigen, im Rittersaal werden Waffen und Foltergeräte ausgestellt.

Der alte Ortskern mit kleinen Ackerbürgerhäusern rund um den **Marktplatz** zeigt sich heute noch so, wie er nach dem großen Stadtbrand von 1806 wieder aufgebaut wurde. 1816 konnte das **Rathaus** von Neuem seine Tore öffnen, 1817 war auch die **Pfarrkirche** wiederhergestellt. Insgesamt aber dauerte der Wiederaufbau noch bis in die 1840er Jahre.

Die verheerende Feuersbrunst lastete man der Magd Barbara Zdunk an, der man Zauberkräfte nachsagte. Beweise lagen nicht vor, die Haft währte bis 1811. Die Ärmste wurde, nach dem man ihr den Prozess gemacht hatte, 42-jährig auf dem Scheiterhaufen außerhalb der Stadtgrenze verbrannt. Offiziell galt ›Hexerei‹ im aufgeklärten Preußen zwar nicht mehr als Straftat, die Anklage war auch allen preußischen Richtern und dem Regenten selbst bekannt, dennoch kannte die Justiz in diesem Fall keine Gnade. Es war die letzte Hexenverbrennung in Europa. Damit endete in Rößel ein dunkles und bis heute kaum aufgearbeites Kapitel der Kirchengeschichte, das unzählige Frauen das Leben kostete.

Das **Rathaus** (1815/16) säumen gepflegte Rabatten, auf der Südseite des Platzes am ul. Rynek 23 blieb eine **Barockapotheke** (1657) erhalten.

Die mächtige Ordensburg von Reszel

Die ursprünglich von 1360 bis 1381 errichtete, nach dem Stadtbrand im Jahr 1817 neu geweihte **Pfarrkirche St. Peter und Paul** (Kościół św. Piotra i Pawła) verfügt über eine sehenswerte Inneneinrichtung aus den Jahren nach dem Wiederaufbau: die Kanzel von 1823, der 1820 bis 1823 vom Bildhauer Wilhelm Biereichel geschaffene Hochaltar und das 1833 gefertigte Taufbecken, das ebenfalls von Meister Biereichel stammt. Aus der Zeit vor dem Stadtbrand blieben ein Tabernakel von 1767 und ein mittelalterliches steinernes Weihwasserbecken erhalten. Nach dem Stadtbrand 1806 erhielt die Kirchengemeinde Apostelfiguren aus Frauenburg geschenkt. Eine äußerliche Zierde ist der herrliche Stufengiebel auf der Ostseite, besonders schön vom Zugang zur Burg anzuschauen. Auf den 52 Meter hohen Kirchturm kann man hinaufsteigen.

Skulptur in der Ordensburg

Einen solchen **Stadtpark** (Park Miejski) mit Steilhängen wie in Reszel vermutet man in Masuren nicht, beim Spaziergang im grünen Bachtal wähnt sich der Besucher eher im Mittelgebirge. Von der Burg geht man die ul. J. Słowackiego, vorbei an der Pfarrkirche, geradeaus bis zur Jugendstilvilla ›Marie‹ (1906). Hier links in die Asphaltstraße nach Biskupiec/ Luty abbiegen und nach etwa 50 Metern die Stufen nach links absteigen. Am plätschernden Lauf der Zaine (Sajna) aufwärts gelangt man erst zur großen **gotischen Brücke** (Most Wysoki), über welche die ul. Mazurska verläuft, dann zur kleinen Brücke (Most Niski), die heute Fußgängern vorbehalten ist. Linker Hand kommt man wieder zum Markt und der Burg.

Reszel

Vorwahl: 089.
Internet: www.reszel.pl (poln.)

Hotel Zamek (€€), ul. Podzamcze 3, Tel. 7550109. Mit originellen Möbelunikaten ausgestattete große Zimmer, Nr. 9 ist das schönste Gemach (mit großem Bad und Badewanne, Blick ins Grüne), allerdings nur über eine sehr steile Treppe zu erreichen. Der Verwalter spricht ausgezeichnet Deutsch und beantwortet gern alle Fragen. Im Burgrestaurant (tgl. 8–23 Uhr) werden polnische und regionale Delikatessen zubereitet. Besondere Gäste durften sich im Burgrestaurant an den Wänden verewigen. www.zamek-reszel.com

Pension und Restaurant U Renaty (€), ul. Wyspianskiego 3. Tel. 7552160. Ruhig in einer Gasse nahe der Pfarrkirche. www.u-renaty.reszel.pl (poln.)

Galerie zeitgenössischer Kunst des Ermländisch-Masurischen Museums, in der Burg Reszel; Di–So tgl. 9–17 Uhr. http://reszel.muzeum.olsztyn.pl

▸ Karte S. 151

Święta Lipka

Sechs Kilometer Landstraße, von Kapellen und Wegekreuzen gesäumt, trennen das beschauliche Reszel vom Wallfahrtsort Święta Lipka (Heiligelinde), einer der meistfrequentierten, zu den wichtigsten Orten der Marienverehrung zählenden Pilgerstätten in Polen, zugleich ein herausragendes Juwel der barocken Sakralarchitektur. Neben den Touristenscharen, die der prunkvollen **Basilika** ihre Aufwartung machen, pilgern alljährlich hunderttausende Gläubige zur **Marienheimsuchungskirche** mit der wundertätigen Madonna im Lindenbaum. Höhepunkte im katholischen Wallfahrtsjahr sind dabei Marias Heimsuchung am letzten Sonntag im Mai, das Fest der heiligen Linde am 11. August und vier Tage später Maria Himmelfahrt, das größte und innigste aller der Heiligen Jungfrau gewidmeten Feste im katholischen Kirchenjahr.

Seit über sieben Jahrhunderten werden hier im Talgrund südöstlich von Reszel von der Gottesmutter Wunder vollbracht. So erzählt es zumindest die Sage: Um 1300 flehte im Verlies des Rastenburger Schlosses ein zum Tode Verurteilter die Heilige Jungfrau um Gnade an. Diese gab ihm darauf Werkzeug und Schnitzholz zur Hand, woraus er ein Abbild Mariens herstellen und es an der ersten Linde aufrichten sollte, die er zwischen Rastenburg (Kętrzyn) und Rößel (Reszel) ausmachen würde. Gesagt, getan, der Mann wurde freigelassen und löste voller Dank sein Versprechen ein – und das Standbild Mariens unter der Linde entfaltete sofort seine Zauberkraft. Blinde erhielten ihr Augenlicht zurück, Taube ihr Gehör, und Lahme konnten wieder gehen. Alle Versuche der Rastenburger, das wundertätige Bildnis für sich zu vereinnahmen und ihm einen Ehrenplatz in ihrer Kirche zu geben, scheiterten. Die Marienfigur kehrte stets über Nacht an ihren angestammten Platz unter der Linde zurück. Und auch »eine in der Nähe weidende Schafherde (ist) vor dem Bilde in der Linde auf die Knie gefallen«, so steht es im Büchlein des Jesuitensuperiors Thomas Clagius, der die Chronik der Wunder bis 1659 notierte.

Die nachfolgenden Mysterien lassen sich anhand der zahllosen Votivmalereien an den Wänden, Pfeilern und Bögen im Gotteshaus von Heiligelinde nachlesen: »Gregorius Scurbowski wurde gesund von Schwellungen an den Füßen und am Unterleib und von Asthma 1654«; »M.D. Johannes Gaulowik, Konsul von Wien und Sekretär seiner Römischen Majestät, verlor nach langer Schlaflosigkeit den Schwindel im Kopf und wurde wieder gesund 1700«; »Die Herrin Johanna Grikowski gesundete nach einer schweren Geburt 1655«; ein »Kaufmann Andreas Kosakowski erlitt bei Thorn Schiffbruch, er lag drei Stunden im Wasser und tauchte mit Hilfe der Gottesmutter wieder glücklich auf 1688«.

Darüber hinaus ist verbürgt, dass die katholische heilige Linde von der Reformati-

Die Klosterkirche Święta Lipka

on 1525 bis zur Westverschiebung Polens 1945 knapp hinter der Konfessionsgrenze auf protestantischem Boden stand. Und so sehr die ›Lutherischen‹ sich auch bemühten, die verehrte Madonna im Lindenbaum fortzuschaffen, es gelang ihnen nicht, selbst dann nicht, als sie die erste am heiligen Ort erbaute Kapelle niederrissen und an ihrer Stelle einen Galgen aufrichteten. Besagte Kapelle wurde erstmals 1473 schriftlich erwähnt, als der Domherr von Płock sich beklagte, dass das Bildnis der ›Madonna in Lipki‹ zwar von überall Pilger anzöge, jedoch keine Ablassrechte besäße, ergo der Stuhl Petri in Rom keinen müden Heller für Marias Wunder kassiere. Nach der Verkündung der Religionsfreiheit begannen die Gläubigen für eine neue Kapelle zu sammeln. 1619 wurde sie eingeweiht und gelangte 1631 unter die Obhut der Jesuiten. 1687 begannen schließlich die Bauarbeiten zu der gegenwärtigen Basilika. 1690 hielt man in dem dreischiffigen barocken Gotteshaus die erste Messe ab, 1694 war die Wallfahrtskirche grundlegend vollendet. Doch bis weit ins 18. Jahrhundert hinein wurde noch an den Ausbauten und an der prächtigen Innenausstattung gearbeitet. Zu den ersten Erweiterungsbauten gehören die in den Jahren 1694 bis 1708 entstandenen, das Gotteshaus umziehenden Kreuzgänge und Kapellen, die dem stetig anwachsenden Pilgerstrom Rechnung trugen. 1983 erhob Papst Johannes Paul II. die Wallfahrtskirche in den Rang einer Basilika Minor.

Eingangstor zur Bąsilika von Święta Lipka

▸ Karte S. 151

Um das Sanktuarium herum gruppieren sich verschiedene Dienstleistungsbetriebe, gleichermaßen für Touristen wie Pilger: eine kleine Informationsstelle, Devotionalienhandlungen, Imbissstuben und Cafés. In Nachbarschaft zur Marienheimsuchungskirche unterhält der Jesuitenorden ein Pilgerhaus.

Besichtigung der Basilika

Bis auf wenige Ausnahmen stammen die einzigartigen **Fresken**, die die Wände und Gewölbe des dreischiffigen Gotteshauses sowie den westlichen und nördlichen Kreuzgang zieren, von Hand des Meisters Matthias Meyer aus Heilsberg (Lidzbark Warmiński). Noch mit der Ausmalung des Nordkreuzgangs beschäftigt, verstarb der Künstler 1737, ohne sein Werk vollendet zu haben. Matthias Meyer, der auch durch seine Arbeiten an der Szembeckschen Kapelle in Frombork (Frauenburg) bekannt ist, wurde mit drei Pinseln in der Hand in der Krypta unter dem Hauptschiff von Święta Lipka beigesetzt. Unter seinen beeindruckenden Freskomalereien verdienen die Deckengemälde im Chor und im Hauptschiff, welche die Verherrlichung Marias darstellen, besondere Aufmerksamkeit.
Unzählige **Votivtafeln** gläubiger Hilfesuchender bekleiden Pfeiler, Bögen und Wände, die in Bildunterschriften Aus-

kunft über die Person, die Art der Erkrankung und das Datum der Heilung nach der Fürbitte in Heiligelinde geben. Das wundertätige **Bildnis der Madonna mit Jesuskind im Lindenbaum** befindet sich gegenüber der Kanzel am zweiten linken Pfeiler im Mittelschiff. Der holzgeschnitzte Lindenstamm mit schmiedeeisernem Blattwerk und einer silbernen Statue Marias mit Kind stammt aus dem Jahr 1645. Der Name des Künstlers ist unbekannt.

Die **Kanzel** und den kostbaren barocken **Hochalter** schuf der Königsberger Meister Christoph Peucker zwischen 1712 und 1714. Im Mittelpunkt strahlt im unteren Teil des Altars das Gnadenbild der Gottesmutter von Heiligelinde. Bartholomäus Pens malte es 1640. Das silberne Kleid trug 1719 der Königsberger Künstler Samuel Grew der himmlischen Königin an. 1720 stellte Goldschmied Grew das Tabernakel für den Hochaltar her. Als Szenen zeigt es ›Das letzte Abendmahl‹ und ›Jesus mit den Jüngern in Emmaus‹. Die beiden oberen Altarbilder sind der Heimsuchung und der Himmelfahrt Mariens gewidmet und stammen aus der Hand des ermländischen Malers Peter Kolberg.

Berühmtester Schatz in Heiligelinde ist die überbordend verzierte **Barockorgel**, 1719 bis 1721 in der Werkstatt Johann Josua Mosengels in Königsberg gebaut. Sie verfügt über 40 Register und 4965 Orgelpfeifen – von denen jedoch nur 200 sichtbar sind –, die in ihrer Größe von bleistiftlang bis zu vier Meter Länge variieren. Auf dem Orgelprospekt heben bewegliche Engelsfiguren, je nach gezogenem Register, zum Musizieren an, so dass die Orgelvorführungen in Święta Lipka nicht nur ein Ohrenschmaus, sondern auch eine Augenweide sind. Bei den Kirchenkonzerten, die verteilt über den Sommer stattfinden, erklingen unter anderem die päpstliche Hymne ›Christus vincit‹, das ›Ave Maria‹ und natürlich die ›Toccata d-moll‹ von Johann Sebastian Bach.

i Święta Lipka

Vorwahl: 089.
Information: beim Pfarramt, św. Lipka 29, Tel. 7553512.
www.swlipka.pl (poln.)

Hotel Taurus (€€), św. Lipka 16, Tel. 7553737. Großes Haus im Fachwerkstil, Mittelklassekomfort, einen fünfminütigen Spaziergang oberhalb der Wallfahrtskirche gelegen.
www.hoteltaurus.pl (poln.)
Pilgerhaus des Jesuitenordens (€), św. Lipka 29, Tel. mobil 512/730475. Einfache Unterkunft im Pilgerhaus des Jesuitenordens neben der Kirche. www.swlipka.pl

Karczma Berta, Nr. 23, Tel. mobil 060/0045044; tgl. 10–18 Uhr. Neu erbautes kleines Fachwerkhaus zwischen Kirche und Hotel ›Taurus‹. Spezialitäten wie Piroggen und Pelmeni, kleiner Sommergarten. www.karczmaberta.com.pl (poln.)
Restaurant Błękitny Anioł, Nr. 26, mobil 604784259. Gegenüber der Kirche an der Hauptstraße.
www.blekitny-aniol.eu

Marienheimsuchungsbasilika, außerhalb der Gottesdienste tgl. 8–18 Uhr; Messen und Andachten Mai–Sept. Mo–Sa 7, 9.50, 12, 18, So 7, 9, 11, 14, 17, Okt.–April Mo–Sa 7 und 17, So 7, 9, 11, 14, 17 Uhr.

Orgelvorführungen in der Basilika; Mai–Sept. Mo–Sa stündl. 9.30–11.30 und 13.30–17.30 (bei Hochzeiten keine Orgelpräsentation), So 10, 12.30, 13.30, 15.30, 16.30, Okt.–April Mo–Sa 10, 12 und 14, So 10, 12.30, 13.30 und 15 Uhr.

»Wild fluten die Wellen auf Vaterlands Seen,
Wie schön!
O tragt mich auf Spiegeln zu Hügeln, Masovias Seen.
O Heimatland, Masovias Strand, Masovia, lebe mein Vaterland.«

›Masurenlied‹,
1855 geschrieben von Friedrich August Dewischeit

Am Löwentinsee

LAND DER TAUSEND SEEN

Die Großen Masurischen Seen

Wo die Seen am größten sind, liegt das Herz von Masuren. Nirgends im Land der kristall'nen Seen und dunklen Wälder ist es schöner als hier, und so wundert es nicht, dass die Region rund um den **Mauer-** und **Spirdingsee** (Jezioro Mamry/ Jezioro Śniardwy) zu den beliebtesten Sommerurlaubszielen in Polen zählt.

Etwa ein Sechstel der Landschaft ist von Wasser bedeckt. Dabei warten die Seen mit einigen geografischen Superlativen auf: Auf beinahe 114 Quadratkilometern dehnt sich der **Spirdingsee** (Jezioro Śniardwy) aus, Polens größtes Binnengewässer, das deshalb auch ›Masurisches Meer‹ heißt. Es folgen der **Mauersee** (Jezioro Mamry) mit 104 Quadratkilometern Wasserfläche und als tiefster See in Masuren mit 51 Metern zwischen Wasserspiegel und Seeboden das **Talter Gewässer** (Jezioro Tałty).

Giżycko (Lötzen) zwischen Kissainsee (Jezioro Kisajno) und Löwentinsee (Jezioro Niegocin) sowie **Mikołajki** (Nikolaiken) am Übergang vom Talter Gewässer in den Nikolaikensee (Jezioro Mikołajskie) haben sich zu bedeutenden Ferien- und Wassersportzentren entwickelt. Andere Ortschaften wie das am nördlichen Ufer des Mauersees gelegene **Węgorzewo** (Angerburg) oder ganz unten im Süden **Ruciane-Nida** (Rudschanny) stehen ihnen kaum nach. Über ein dichtes Netz von Flüssen und Kanälen, mit deren Bau man bereits Mitte des 18. Jahrhunderts begann, sind die ungezählten Gewässer miteinander verbunden. Auf insgesamt 170 Kilometern von Nord nach Süd über die Großen Masurischen Seen eröffnen sie Seglern, Paddlern und Kanuten paradiesische Wassersportmöglichkeiten.

In Naturschutzgebieten an den schilfreichen Seeufern leben noch viele anderswo bedrohte Wasservögel. Die **Johannisburger Heide** (Puszcza Piska) ist Rückzugsgebiet einer Reihe von Raubvogelarten, darunter der sehr seltenen Seeadler. Im **Masurischen Landschaftspark** werden bei **Popielno** Tarpanpferde rückgezüchtet, und im **Borkener Forst** (Puszcza Borecka) grast in einem Reservat eine Herde der fast ausgestorbenen Wisente.

▲ Karte S. 185

Am Kirsaitensee

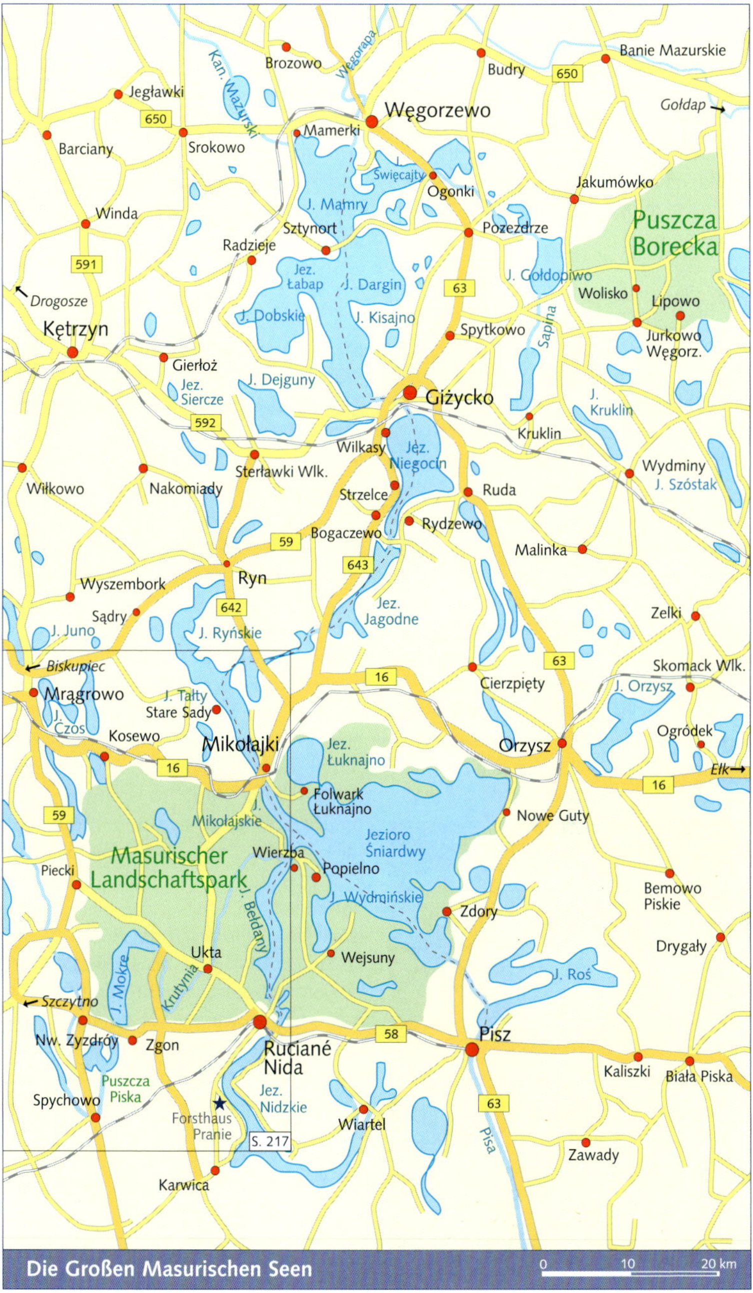
Brozowo
Węgorapa
Kan. Mazurski
Budry
Banie Mazurskie
650
Jegławki
Gołdap
Węgorzewo
650
Mamerki
Barciany
Srokowo
Święcajty
Ogonki
Jakumówko
J. Mamry
Winda
Sztynort
Pozezdrze
Puszcza Borecka
Radzieje
591
Jez. Łabap
J. Dargin
J. Gołdopiwo
Wolisko
Drogosze
63
Lipowo
J. Dobskie
J. Kisajno
Sapina
Kętrzyn
Spytkowo
Jurkowo Węgorz.
Gierłoż
Jez. Siercze
J. Dejguny
Giżycko
J. Kruklin
592
Kruklin
Wilkasy
Jez. Niegocin
Wydminy
J. Szóstak
Wilkowo
Nakomiady
Sterławki Wlk.
Ruda
Strzelce
Rydzewo
59
Bogaczewo
Malinka
643
Ryn
Wyszembork
642
Jez. Jagodne
Zelki
Sądry
J. Juno
J. Ryńskie
63
Biskupiec
16
Skomack Wlk.
Cierzpięty
Mrągrowo
J. Tałty
J. Orzysz
Stare Sady
J. Czos
Ogródek
Kosewo
Mikołajki
Jez. Łuknajno
Orzysz
16
Ełk
16
Folwark Łuknajno
59
J. Mikołajskie
Nowe Guty
Jezioro Śniardwy
Wierzba
Masurischer Landschaftspark
Popielno
Piecki
J. Bełdany
J. Wydmińskie
Bemowo Piskie
Zdory
Drygały
Ukta
Wejsuny
J. Mokre
Krutynia
J. Roś
Szczytno
58
Pisz
Nw. Zyzdrój
Zgon
Ruciané Nida
Kaliszki
Biała Piska
Puszcza Piska
Spychowo
Jez. Nidzkie
63
Forsthaus Pranie
Wiartel
Pisa
S. 217
Zawady
Karwica
Die Großen Masurischen Seen
0
10
20 km

Steinerne Zeugen wie **Schloss Dönhoffstätt** in der Nähe von **Kętrzyn** (Rastenburg) oder **Schloss Steinort** (Sztynort) am Mauersee (Jezioro Mamry) künden von der deutschen Vergangenheit ebenso wie die **Bunker von Mauerwald** (Mamerki) und bei Kętrzyn die Ruinen des ›Führerhauptquartiers‹ **Wolfsschanze**, Hitlers Machtzentrale im Zweiten Weltkrieg. Westlich der Großen Seen schlängelt sich die **Kruttinna** (Krutynia) und verbindet die Sensburger Seenplatte. Die über 100 Kilometer lange Paddelbootroute mit Start in **Sorkwity** (Sorquitten) nahe der quirligen Sommerfrische **Mrągowo** (Sensburg) gehört zu den beliebtesten in Polen.

Kętrzyn

Wie die meisten Ortschaften Nordostpolens ist auch das fast 28 000 Einwohner zählende Kętrzyn (Rastenburg) eine Gründung des Deutschen Ordens. 1329 errichteten die Ordensritter hier im Süden des historischen Bartener Lands eine erste hölzerne Burg, 1345 wurde sie von den feindlichen Litauern jedoch wieder zerstört. Das Bartener Land, dessen größter Teil heute auf dem Gebiet des russischen Bezirks Kaliningrad liegt, trägt seinen Namen nach den ursprünglich dort beheimtateten prußischen Barten, und auch der deutsche Name von Kętrzyn, Rastenburg, erinnert noch an den prußischen Stamm: Nach dem Einzug der Deutschritter fügten diese der prußischen Siedlung ›Rast‹ (deutsch: Pfahl) einfach das Wort ›Burg‹ hinzu.

Burggiebel in Kętrzyn

▲ Karte S. 185

Zwischen 1360 und 1370 wurde die verwüstete Ordensburg mit wehrhaften Backsteinmauern neu aufgebaut. Im Schatten des vorgeschobenen Grenzpostens gegen die Litauer, der bereits 1357 das Stadtrecht erhielt, siedelten sich mehr und mehr Kolonisten an. Schnell blühte die Ortschaft auf, deren tonige Böden zu den fruchtbarsten weit und breit zählen – bis heute prägen großflächige Äcker und Felder die Landschaft rund um Kętrzyn –, und Mitte des 17. Jahrhunderts war Rastenburg schließlich, nach Königsberg und Memel, die drittreichste Stadt im späteren Ostpreußen. Doch Kriege und Tatareneinfälle, Stadtbrände und schließlich die Pest machten den Reichtum bald wieder zunichte.

Nach dem Einmarsch der Roten Armee im Januar 1945 ging das alte Rastenburg in Flammen auf. Im Jahr darauf erhielt Rastembork, wie es auf polnisch hieß, seinen neuen Namen ›Kętrzyn‹. Damit ehrte man den Nestor der polnischen Masurenforschung, Wojciech Ketrzyński, der 1838 unter dem Taufnamen Adalbert von Winkler in Lötzen (Giżycko) das Licht der Welt erblickt hatte. Nachdem der Historiker, Volkskundler und mehrfach inhaftierte Anwalt für die polnische Sache die kaschubisch-polnischen Wurzeln seiner Familie wiederentdeckt hatte, vollzog er 1861 den Namenswechsel und nannte sich fortan Wojciech Ketrzyński. Elf Jahre später erschien seine Schrift ›O Mazurach‹ (Über Masuren), in der er den slawischen Stamm der Masuren ausmachte und darin den polnischen Anspruch auf die Region begründete.

Sehenswertes

Das überschaubare historische Zentrum wird von den zwei massigen Türmen der gotischen Wehrkirche **Sankt Georg** (Kościół św. Jerzego) überragt, der Glockenturm ist 48 Meter, die einstige Wehrbastei 40 Meter hoch. Der wuchtige, mit bis zu anderthalb Meter dicken Mauern hochgezogene Backsteinbau wurde ab 1359 bis um 1370 als Teil der mittelalterlichen Stadtbefestigung angelegt. Wegen der massiven Bauweise konnte im Inneren auf Stützpfeiler verzichtet werden. Die eigenartige Linksneigung des Altarraums ist eine Seltenheit in Europa. Wahrscheinliche Ursache ist dessen Anfügung nach 1500, Gläubige sehen diese als eine Entsprechnung des auf die Schulter gesenkten Hauptes Jesu am Kreuz. Innen schmückt sich Sankt Georg mit prächtigen Zellengewölben, unter dem eine Kanzel von 1594, ein 1862 errichteter neugotischen Hochaltar und die 1721 vom Königsberger königlich-preußischen Hoforgelbauer Johann Josua Mosengel geschaffene Orgel zu den besonderen Schätzen zählen. Das Sprengen der Bunker in der Wolfsschanze beschädigte die Kirche schwer, unter anderem fielen alle Fenster heraus und die Gewölbe bekamen Risse, im Frühjahr 1945 wurde dazu noch die Innenausstattung ausgeraubt.

In der wenige Schritte unterhalb von Sankt Georg gelegenen kleinen **Ordensburg** – 1360 bis 1370 erbaut und letztmals im 19. Jahrhundert umgestaltet –

Die Wehrkirche Sankt Georg

sind eine öffentliche Bücherei und das **Wojciech-Ketrzyński-Museum** untergebracht, das Wissenswertes auch zur Stadtgeschichte sowie gotische Skulpturen und Möbel des 17. bis 19. Jahrhunderts präsentiert.

Bedeutende Kinder der Stadt sind die Begründerin der Landfrauenbewegung Elisabeth Boehm (1859–1943), der Komponist Siegfried Tiefensee (1922–2009), Vater des späteren Bundesverkehrsministers Wolfgang Tiefensee, und der Dichter, Dramatiker und Theoretiker des ›konsequenten Naturalismus‹ in der Literatur, Arno Holz (1863–1929). Nach letzterem hat sich die Gesellschaft für polnisch-deutsche Verständigung aus Kętrzyn den Namen **Arno-Holz-Gesellschaft** gegeben. Sie residiert nur einen Steinwurf vom großen Innenstadtkreisel rondo Jana Pawła II entfernt.

Das von 1860 bis 1865 im neugotischen Stil errichtete Gebäude, das heute eine kleine Grünanlage umgibt, diente der 1818 in Rastenburg gegründeten Freimaurerloge ›Drei Tore des Tempels‹ als

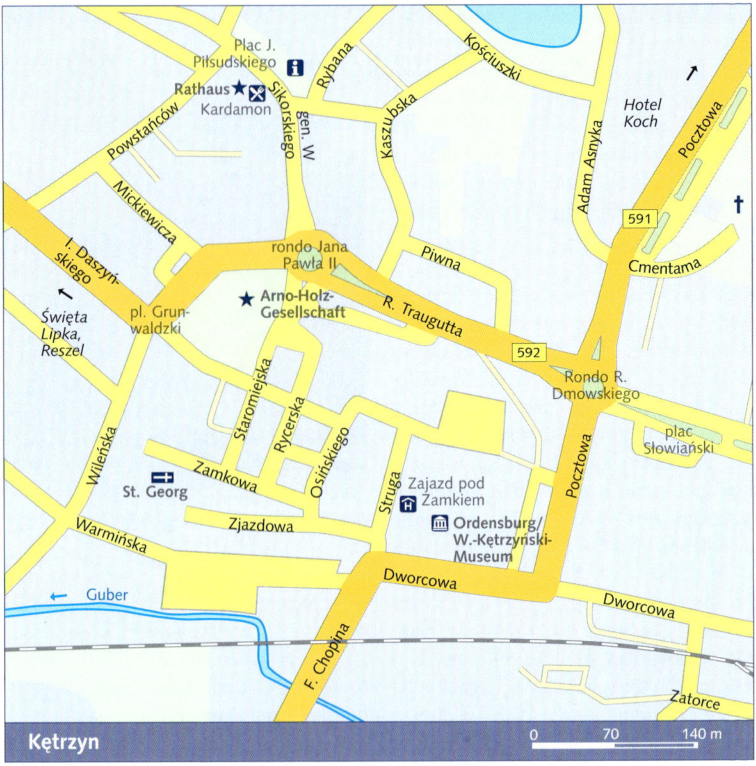

Logenhaus. Im Zweiten Weltkrieg wurde das Haus schwer beschädigt, bis 1981 wieder aufgebaut und bietet heute neben der Arno-Holz-Gesellschaft außerdem Platz für die städtische Bibliothek. Zur Marienwallfahrt Heiligelinde (Święta Lipka) knapp 20 Kilometer südwestlich von Kętrzyn → S. 179.

Kętrzyn

Vorwahl: 089.

Internet: www.miastoketrzyn.pl

Touristinformation, plac M. J. Piłsudskiego 10/1, Tel. 7514765; Juni–Aug. Mo–Fr 9–18, Sa, So 10–15, sonst Mo–Fr 8–16 Uhr. www.it.ketrzyn.pl (poln.)

Hotel Koch (€€), ul. Sportowa 1, Tel. 7511093. 300 Meter vom städtischen Oberteich (Jezioro Górne), Fahrradverleih, großer Garten.
www.hotelkoch.pl

Zajazd pod Zamkiem (€), ul. Struga 3A, Tel. 7523117. Der schönste Stadtwinkel mit kleinem Hotel und romantischem Biergarten im Schatten zweier alter Weiden neben dem Zugang zur Ordensburg. Beliebtes Restaurant mit polnischer Küche (tgl. 10–22 Uhr). Verkauf von masurischen Spezialitäten, auch Roggenbrot.
www.zajazd.ketrzyn.pl

Restaurant Kardamon, Plac Piłsudskiego 1 (im Rathaus), Tel. 7511022; Mo–Do 10–22, Fr, Sa 10–23, So 11–22 Uhr. Romantische Atmosphäre.
www.kardamonketrzyn.pl (poln.)

Wojciech-Kętrzyński-Museum, pl. Zamkowy 1 (in der Ordensburg); 1. Juni–30. Sept. Di–So 9–18, das restliche Jahr Di–So 9–17 Uhr, Dienstag freier Eintritt. Im Burghof werden Käse- und Brotspezialitäten verkauft.
www.muzeum.ketrzyn.pl (poln.)

Nakomiady

Alte Linden säumen die Alleen, die in das Dorf Nakomiady (Eichmedien) führen. Rund zehn Kilometer südlich von Kętrzyn gelegen, kann man hier mit dem Schlossherren ins Gespräch kommen (polnisch und englisch), in den Gästezimmern übernachten, einen kleinen Park und Garten erleben oder die **Keramikmanufaktur** besichtigen.

1653 hatte der Große Kurfürst Friedrich Wilhelm von Brandenburg seinem Gesandten in Polen, Johann von Hoverbeck, das Land als Eigentum überschrieben. 1664 ließ der Gesandte den Grundstein zu dem schlichten **Barockschloss** legen, dessen Bau 1680 vollendet war. In sozialistischer Zeit hatten die Gemäuer die unterschiedlichsten Funktionen inne, verwaisten nach der Wende in den 1990er Jahren und waren dem Verfall preisgegeben, bis 1998 der neue Privateigentümer mit der Sicherung, Instandsetzung und aufwändigen Restaurierung von Schloss und Schlosspark begann.

Schloss und Keramikmanufaktur Nakomiady Pałac (€€€), in Nakomiady, Tel. 661/255653; Manufaktur Juni–Mitte Sept. tgl. 7–18, sonst Mo–Fr 7–15 Uhr.
www.nakomiady.pl

Piotr Ciszek, Schlossherr auf Nakomiady

EXTRA

Die wundersame Geschichte von Schloss Eichmedien

Dass Piotr Ciszek einen Vogel hat, glaubten viele seiner Freunde und Bekannten. Vor über 20 Jahren machte sich der ehemalige Computerexperte aus Warschau auf, um in der Provinz einen Ort für eine neue Existenz zu suchen. Nach dem Besichtigen von 50 Schlössern und Palästen, fast alle zu Ruinen verfallen, fand der Enthusiast in Nakomiady endlich seinen Traumplatz. Das Gemäuer bestand zwar nur noch aus Wänden mit einem eingefallenem Dach, aber alles passte: Genau das Richtige, um einen Lebenstraum zu verwirklichen. Er und seine Frau Joanna pendelten das nächste Jahrzehnt jedes Wochenende zwischen der Hauptstadt und dem kleinem Dorf, dann war es geschafft. Nach Ansicht der Experten für Kunstgeschichte und Denkmalschutz ist der Palast Eichmedien heute einer der am besten restaurierten in Polen!

Als Vorlage für die Restaurierung gab es nur zwei erhaltene Innenfotos. Zum Glück hatten die noch lebenden Nachfahren der früheren deutschen Besitzerfamilie von Redecker noch vieles im Kopf bewahrt und halfen mit ihrem Wissen, das Anwesen stilgerecht einzurichten. Atmosphäre, wohin das Auge schaut: Die schwere Barocktüre lässt sich nur behäbig öffnen. Über einen abgewetzten Stiegenaufgang, liebevoll konserviert, sind über drei Jahrhunderte lang alle Bewohner nach oben und unten geeilt. Selbst kleine Details wie Türschlösser, Scharniere, Fenstergriffe, Keramikrahmen für Steckdosen und Lichtschalter sind hübsch in Szene gesetzt. Piotr Ciszek meint: »Schloss Eichmedien ist kein normales Hotel, es ist ein Haus mit klassischer Schönheit. Die erhaltenen Formen wurden beim Renovieren und Wiederherstellen mit Respekt behandelt. Es ist ein Haus für Liebhaber von Ruhe, Schönheit der Form, Harmonie und Ordnung«. Im Winter hätten Gäste das Schloss fast für sich alleine.

Mini-Kachelöfen aus Nakomiady

Das Rabenzimmer in Schloss Nakomiady

Neun unverwechselbare Doppelzimmer stehen zur Auswahl. Eines davon heißt Rabenzimmer und erinnert an jene Zeit, als der Hausherr tatsächlich zwei Vögel hatte. Die beiden Rabenküken waren aus dem Nest gefallen, und die Schlossbesitzer nahmen sie in Pflege. Ein freies Zimmer verwandelte sich in eine Rabenkinderstube, bis beide das Fliegen gelernt hatten. Endlich freigelassen, schaffte es der eine, der andere nicht. So endete der Ausflug für den Unglücksraben in einem Gewitter, halbgelähmt fand man ihn im Schlossgarten. Wieder aufgepäppelt, lebte er noch sechs Jahre. Rabe Krunio lernte das Imitieren von Schimpfkanonaden der Bauarbeiter oder den Ruf des Hausmeisters nach dem Hund, naschte gern Kekse, aber mit dem Fliegen klappte es trotz vieler tapferer Versuche von der Schlosstreppe nicht mehr. Er landete immer auf dem Schnabel. Im Rabenzimmer hängt Krunios Porträt über dem Bett, das Bad dekorieren Fliesen mit seinem Konterfei und aus dem Fenster blickt der Besucher auf jenen Baum, aus dem die zwei Küken herunterfielen.

Um 1704 gründeten die damaligen Besitzer eine kleine Ziegelei, um ihr Anwesen zu erweitern. Piotr Ciszek lässt in der heutigen kleinen Schlossmanufaktur vor allem Repliken traditioneller Keramiken, Kacheln und Kachelöfen aus alten ostpreußischen Schlössern und Herrenhäusern anfertigen. Den Produktionsprozess – manuell vom Gießen über das Bemalen bis zur Glasur – kann man mitverfolgen.

Hinter jedem Ofen versteckt sich auch eine Geschichte. Immer haben sich Menschen sehnsüchtig daran erwärmt und auf den Frühling gewartet. »Ich hab dich so lieb. Ich würde dir ohne Bedenken eine Kachel aus meinem Ofen schenken«, reimte einst Joachim Ringelnatz. Dieser Liebesbeweis lässt sich steigern: In Nakomiady kann man für seine Angebetete einen ganzen Ofen kaufen! Es handelt sich im Gegensatz zu den großen um stilechte Miniaturen, die hier auch gebrannt werden. An der Feuerstelle ist Platz für ein Teelicht und so erwärmt sich das Öfchen tatsächlich. Nur 30 Zentimeter hoch, passt solch ein Danziger Barockofen sogar locker ins Handgepäck.

Drogosze

Ungefähr 20 Kilometer nordwestlich von Kętrzyn erhebt sich beim Flecken Drogosze (Dönhoffstädt) das majestätische **Schloss Dönhoffstädt** (Karte → S. 155). Im Jahr 1710 initiierte Graf Boguslaw Friedrich Dönhoff den Bau des imposanten, 100 Meter langen Barockschlosses, das in sechsjähriger Bautätigkeit als eine der größten und vornehmsten Adelsresidenzen Ostpreußens entstand. Die Baumeister Jean de Bodt und John von Collas griffen dafür auf ihre Pläne für das weiter nördlich gelegene Dönhoffsche Stammschloss Friedrichstein an der Pregel unweit von Königsberg im heutigen Oblast Kaliningrad zurück, mit dessen Errichtung sie bereits ein Jahr zuvor begonnen hatten – und von dem heute kein Stein mehr zu sehen ist. Anders dagegen Schloss Dönhoffstädt: In die fürstlichen Gemächer und Flure des Mitte des 18. Jahrhunderts noch um Seitenflügel erweiterten ›ostpreußischen Versailles‹, wie man es nannte, zog nach dem Zweiten Weltkrieg ein Mähdrescher- und Traktoristen-Schulungszentrum ein. Wenige Jahre nach der Wende ging es in Privatbesitz über, steht seitdem leer und ist ungeschützt Wind und Wetter ausgesetzt. Die einstige Pracht lässt sich jedoch noch immer erahnen, und vielleicht zieht ja einmal, wie in so viele der alten ostpreußischen Herrenhäuser, ein Luxushotel ein? Bis dahin lässt sich Schloss Dönhoffstädt zumindest von außen in Augenschein nehmen und man kann im umliegenden **Park** mit drei Teichen lustwandeln. In der nahen **gotischen Kirche** findet sich die Grabkapelle der Familie Dönhoff.

Wegweiser zur Wolfsschanze

▸ Karte S. 185

Die Wolfsschanze

Östlich von Kętrzyn liegt im Wald nahe dem Dorf **Gierłoż** (Görlitz) das ehemalige ›Führerhauptquartier Wolfsschanze‹ (Wilczy Szaniec). Von Juni 1941 bis November 1944 befand sich hier die deutsche Kommandozentrale des Zweiten Weltkriegs, von der aus der Führer und der Führungsstab der Wehrmacht die Militärstrategie der deutschen Kriegsmaschinerie planten. Die Pläne der Nationalsozialisten für den Überfall auf die Sowjetunion 1941 erforderten ein strategisch günstig gelegenes Quartier, von dem aus Hitler und sein Stab die so genannte ›Operation Barbarossa‹ im Detail ausarbeiten und befehligen konnten. Der Rastenburger Forst mit seinen Sümpfen und Mooren, nicht weit von den Großen Masurischen Seen entfernt, bot sich als idealer Standort an.

Für die Zivilbevölkerung wurde das Gebiet hermetisch abgeriegelt, anschließend legten 3000 Arbeiter der ›Organisation Todt‹ auf 1000 Hektar einen Komplex mit annähernd 200 Objekten an. Betonbunker, ein Bahnhof und zwei Flugplätze sollten dem Obersten Heereskommando der Wehrmacht als Ausgangspunkt für ihren Eroberungskrieg im Osten dienen. Die Arbeitskräfte tauschte man halbjährlich aus, zur Tarnung wurde das Gerücht verbreitet, hier werden angeblich eine neue Fabrik der ›Chemischen Werke Askania‹ errichtet. Über die riesige Anlage breitete man Tarnnetze aus, so dass sie im Wald von feindlichen Piloten nicht ausgemacht werden konnte. Zusätzlich wurden auf den Bunkerdächern Gräser und Sträucher gepflanzt, die Wände mit Bäumen getarnt und in den Beton Seetang gemischt. Außerdem legte man rund um die Wolfsschanze breite Minengürtel an. Bis zum Abschluss der Entminung im Oktober 1955 entschärfte man in dem Waldgebiet fast 55 000 Sprengkörper, darunter waren auch neuartige aus Holz und Keramik – während der über zehnjährigen Beräumung starben mehrere Spezialisten.

Ihren Namen erhielt die Bunkeranlage nach dem ›Herrn Wolf‹, wie sich Adolf Hitler in den 1920er Jahren gerne nannte, er selbst bezeichnete sie als ›Mückenloch‹. Wenn alle Bahnsignale auf Grün standen, konnte der Diktator im Sonderzug die Reichshauptstadt Berlin in acht Stunden erreichen. Mit Unterbrechungen verbrachte Hitler hinter den meterdicken Bunkerwänden im ›Führerhauptquartier‹ über 800 Tage. In einer der Lagerbaracken nahe vom heutigen Besuchereingang verübten am 20. Juli 1944 Oberst Claus Schenk Graf von Stauffenberg und sein Adjudant Werner von Haeften das Sprengstoffattentat auf Hitler. Vier Monate später verließ dieser auf der Flucht vor der Roten Armee die Wolfsschanze und ordnete die Vernichtung der geheimen Festung an. Acht Tonnen TNT waren dazu nötig, und trotzdem gelang das Zerstörungswerk nur relativ unvollständig.

Das Areal gliederte sich in drei Sperrzonen. Im **Sperrkreis 1** nördlich der Eisenbahnschienen wurden neben Kasino, Verwaltungs- und Wohnbaracken die Bunker für den Führer und seine Getreuen errichtet: Hermann Göring, Oberbefehlshaber der Luftwaffe, Martin Bormann, Leiter der Parteikanzlei und Hitler-Sekretär, Wilhelm Keitel, Chef des Oberkommandos der Wehrmacht (OKW), und Alfred Jodl, Chef des Wehrmachtführungsstabs im OKW.

In **Zone 2** südlich der Schienen befanden sich unter anderem die Gebäude der Kommandantur des Führerhauptquartiers und des Führungsstabs der Wehrmacht, Versorgungsanlagen, Fernsprech- und Telegrafenzentrale, Krankenrevier und Mannschaftsunterkünfte. Beide Sperrkreise umgab **Zone 3,** in der sich Sicherungs- und Verteidigungsstellungen und die Mannschaftsunterkünfte der Bewachungseinheiten befanden.

Heute ist das ehemalige Führerhauptquartier ein viel besuchtes Touristenziel. Hunderttausende Besucher aus aller Welt kommen jährlich in den Wald bei Gierłoż, um die Bunkerstadt wie einen Abenteuerspielplatz zu erkunden.

Besichtigung

Mit dem Auto fährt man ab Kętrzyn auf der Straße 592 Richtung Giżycko/Ełk und biegt nach der Stadtgrenze hinter den Bahngleisen links via Gierłoż ab. Ab hier ist der Weg mit ›Wolfsschanze, Wilczy Szaniec‹ beschildert (etwa sechs Kilometer).

Je nachdem, wie intensiv man diesen geschichtsträchtigen Ort besichtigen möchte, hat man die Wahl zwischen zwei **Rundwegen**. Der **kürzere mit roter Markierung** führt durch die ehemalige Sperrzone 1 mit den Bunkern Hitlers, Görings, Bormanns sowie der Lagerbaracke, in der sich das missglückte Hitler-

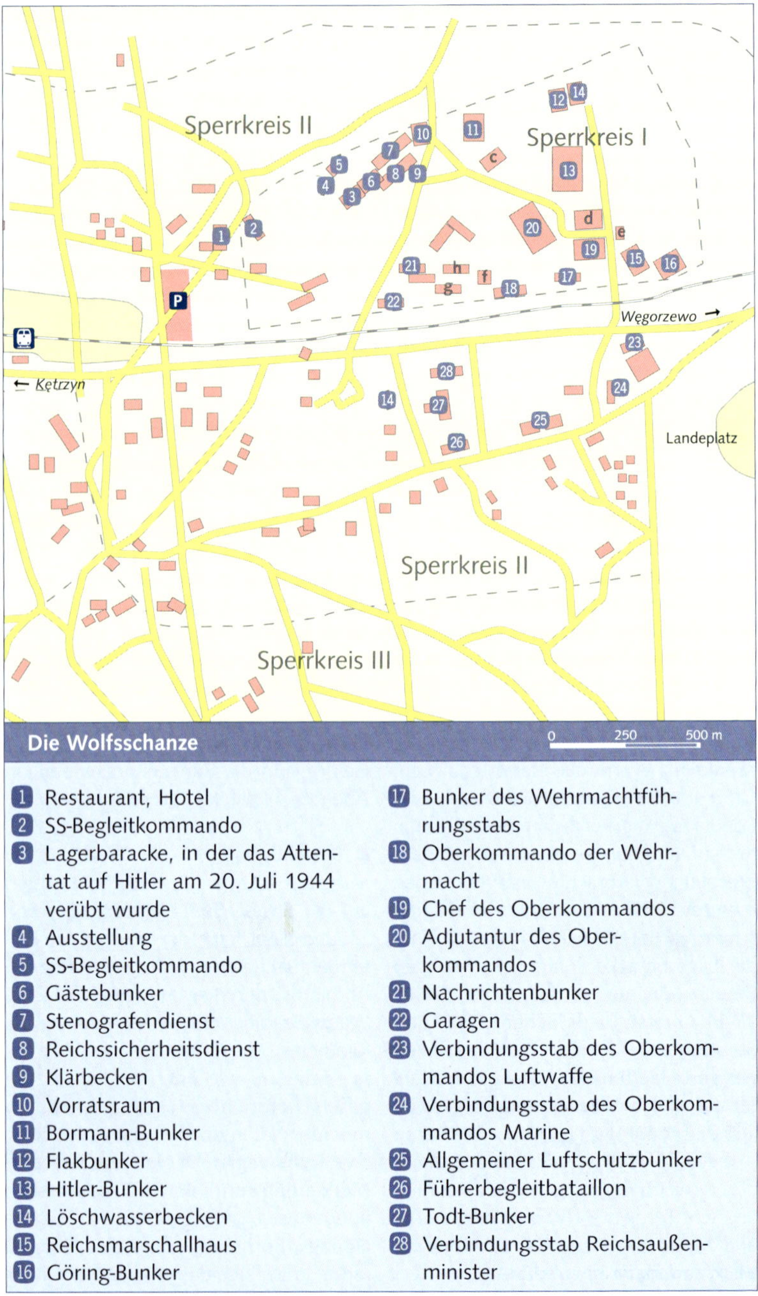

Die Wolfsschanze 0 250 500 m

1 Restaurant, Hotel
2 SS-Begleitkommando
3 Lagerbaracke, in der das Attentat auf Hitler am 20. Juli 1944 verübt wurde
4 Ausstellung
5 SS-Begleitkommando
6 Gästebunker
7 Stenografendienst
8 Reichssicherheitsdienst
9 Klärbecken
10 Vorratsraum
11 Bormann-Bunker
12 Flakbunker
13 Hitler-Bunker
14 Löschwasserbecken
15 Reichsmarschallhaus
16 Göring-Bunker
17 Bunker des Wehrmachtführungsstabs
18 Oberkommando der Wehrmacht
19 Chef des Oberkommandos
20 Adjutantur des Oberkommandos
21 Nachrichtenbunker
22 Garagen
23 Verbindungsstab des Oberkommandos Luftwaffe
24 Verbindungsstab des Oberkommandos Marine
25 Allgemeiner Luftschutzbunker
26 Führerbegleitbataillon
27 Todt-Bunker
28 Verbindungsstab Reichsaußenminister

Attentat ereignete. Für diesen 1,3 Kilometer langen Rundgang benötigt man gut eine Stunde.
Wer weitere Objekte in den Zonen 1 und 2 besichtigen möchte, kann zusätzlich den **blau gekennzeichneten Weg** nehmen und ist etwa anderthalb bis zwei Stunden unterwegs. Welchen Weg man durch das Gelände auch nimmt, die grauen, moosbewachsenen Betonruinen dürfen nicht betreten werden, denn es besteht Einsturzgefahr.
Die Rundgänge, geführt oder individuell, beginnen am großen Parkplatz am ehemaligen Hotel der SS- und Reichssicherheitsoffiziere, in dem heute ein einfaches Hotel mit Schnellrestaurant untergebracht ist 1. An der Ruine des SS-Begleitkommandos 2 vorbei gelangt man zur Lagerbaracke, in der am 20. Juli 1944 das Hitler-Attentat verübt wurde 3.
Es schließen sich Dienstleistungsbaracken 4 5 7 8 an. Nahebei steht auf der rechten Wegseite der mächtige Gästebunker 6, den Hitler bis zum Abschluss der Verstärkungsarbeiten an seinem Privatbunker von Juli bis Oktober 1944 bewohnte. Als 9 ist weiter unten auf der linken Seite des Weges ein Klärbecken gekennzeichnet, als 10 der Abstieg zu einem Vorratsraum. Die gesamte Anlage war mit Kanalisation, fließendem Wasser, Zentralheizung und Strom ausgestattet. Gegenüber sind vom Bunker 11 und Haus [**c**] des Hitler-Sekretärs Bormann nur noch Reste vorhanden. 12 markiert einen Flakbunker und 13) den Hitler-Bunker, dessen Vorderseite der Sprengung 1945 standhielt. Der Bau hatte eine Deckenstärke von acht und eine Wandstärke von fünf Metern, die Fundamente reichten mindestens sechs Meter tief in die Erde.
Wer hinter dem Hitler-Bunker rechts abbiegt, gelangt auf dem kürzesten Weg zum Parkplatz zurück. Geradeaus geht es am Reichsmarschallhaus 15 und dem Bunker des Reichmarschalls Göring 16 vorbei.
Im Anschluss passiert man den Bunker des Chef des Wehrmachtführungsstabs Jodl 17 den Bunker des Chef des Oberkommandos der Wehrmacht (OKW) Keitl 18 und die Adjudantur des OKW

Bunkeranlage im Sperrkreis II südlich der Gleise

Gedenktafel an der Lagerbaracke, in der das Attentat stattfand

20, einen Nachrichtenbunker 21 sowie Kasino [**f**], Teehaus [**e**], Heizhaus [**f**], Fahrerhaus [**g**], Kino [**h**] und Garagen 22. In Sperrkreis 2 südlich der Straße und der Schienen befinden sich Betonbauten der Verbindungsstäbe 23 und 24, der allgemeine Luftschutzbunker des OKW 25, die Kaserne des Führerbegleitbatallions 26, der Bunker, den zunächst der Minister für Rüstung und Kriegsproduktion Fritz Todt bezog, der dort bis zu seinem Tod 1942 lebte, und nachfolgend ›Reichsarchitekt‹ Albert Speer 27, sowie der Bau des Verbindungsstabs Reichsaußenminister 28. Von dort geht es ein Stück an der Straße entlang zum Parkplatz zurück.

Wer sich den Eintritt sparen möchte, kann vom Eingang (Wärterhaus mit Schranke) noch etwa 300 Meter weiter fahren und rechts mehrere grün bemooste Betonbauten des Sperrkreises II frei besichtigen.

Wolfsschanze

Vorwahl: 089.

Internet: www.wolfsschanze.pl (mit Video zur Besichtigung)

Hotel Księżycowy Dworek (€€), Tel. 7524277. In dieser im Jahre 1913 erbauten Villa residierte Hitlers Geliebte Eva Braun im Wald nahe der Wolfsschanze während ihrer Besuche, heute wieder ein elegantes Hotel mit Restaurant. Von Kętrzyn kommend an der Straße zur Wolfsschanze kurz nach dem Waldanfang abbiegen (500 Meter). Der kleine Badestrand am Zeiser See (Jezioro Siercze) ist umzäunt und nur für Hausgäste zugänglich. www.ksiezycowydworek.pl (poln.)

Wilczy Szaniec (€), Tel. 7410031. Einfache Unterkunft im Gebäude des ehemaligen Restaurants der SS- und RDS-Offiziere auf dem Gelände der Wolfsschanze, auch Camping möglich.

Wolfsschanze; ganzjährig tgl. ab 8 Uhr bis Sonnenuntergang.

Mazurolandia, ca. 1 km östlich der Wolfsschanze an der Straße nach Sztynort; Ende Juni–Ende Aug. tgl. 9–20 Uhr, sonst kürzer. Mit Vergnügungs- und Miniaturenpark, auch Camping. www.mazurolandia.pl (poln.)

▸ Karte S. 194

Operation Walküre – Der 20. Juli 1944

Es war nicht der erste Umsturzversuch gegen das NS-Regime, und auch nicht das erste Attentat gegen den Massenmörder und Führer des Dritten Reichs Adolf Hitler. Doch es war der Staatsstreich mit dem Decknamen ›Operation Walküre‹, dessen Ereignisse sich am 20. Juli 1944 zuspitzten, der als zentrales Datum in die Geschichte des deutschen Widerstands einging. Der Großteil der Verschwörer des 20. Juli stammte aus den konservativen deutschen Eliten: Adelige, Spitzenbeamte und insbesondere ranghohe Wehrmacht-Offiziere beteiligten sich an Putsch-Plänen, die bereits seit 1938 in Militärkreisen gereift waren – damals noch, um den von Hitler beabsichtigten großen Krieg abzuwenden. Mit diesen Plänen war maßgeblich Generaloberst Ludwig Beck verbunden, der seit seinem Rücktritt als Generalstabschef des Heeres 1938 aus Gewissensgründen nunmehr im Hintergrund gegen Hitler operierte. Nach erfolgreichem Umsturz sollte Beck Staatsoberhaupt werden; als Reichskanzler war der führende Kopf des konservativen bürgerlichen Widerstands, der Politiker Carl Friedrich Goerdeler, vorgesehen.

Weitere Schlüsselrollen im Rahmen der ›Operation Walküre‹ spielten der Infanterie-General Friedrich Olbricht, der Leiter des Stabs des Allgemeinen Heeresamts Albrecht Ritter Mertz von Quirnheim, der Erste Generalstabsoffizier der Heeresgruppe Mitte Henning von Tresckow und schließlich der Stabschef des Befehlshabers des Ersatzheeres und wohl berühmteste aller Hitler-Attentäter, Claus Schenk Graf von Stauffenberg. Anders als Tresckow, der den Zweiten Weltkrieg von Anfang an ablehnte und bis 1942 mehrere gescheiterte Attentatspläne gegen Hitler entwickelte, zeigte sich Stauffenberg zunächst von den Siegen über Polen und Frankreich begeistert. Erst die deutschen Massenmorde an Juden, Polen, Russen, und dazu seine Überzeugung, dass dieser Krieg nach dem Angriff auf die Sowjetunion nicht mehr

Die zerstörte Lagerbaracke nach dem 20. Juli 1944

Erinnerung an die Attentäter in der Gedenkstätte Deutscher Widerstand im Bendlerblock in Berlin

zu gewinnen sei, führten zum Umschwung. Ab 1943 arbeitete er zusammen mit Tresckow den Umsturzplan aus, der am 20. Juli 1944 in der masurischen ›Wolfsschanze‹ seinen Höhepunkt fand: Mit zwei jeweils ein Kilo schweren Plastiksprengstoffladungen sollte während einer Lagebesprechung im Führerhauptquartier das Leben Hitlers und seiner obersten Schergen ausgelöscht werden.

Doch weil unerwartet der italienische Diktator Mussolini für den Nachmittag seinen Besuch ankündigte, wurde die Besprechung um 30 Minuten vorverlegt. Wegen der Zeitknappheit konnte Stauffenberg nur noch eine der beiden Bomben schärfen, weshalb das Attentat scheiterte. Von 20 Anwesenden in der Baracke erlagen vier ihren Verletzungen. Hitler überlebte dagegen mit ein paar leichten Prellungen. Davon wusste Stauffenberg allerdings nichts. In der Überzeugung, der Führer sei tot, flog er sofort nach Berlin und leitete die weiteren Maßnahmen der ›Operation Walküre‹ ein: die Abriegelung des Berliner Regierungsviertels, Übernahme des Rundfunks, Verhaftung der SS-Führung und Besetzung der Gestapo-Zentrale. Kurz danach wurde bekannt, dass Hitler nur leicht verletzt sei. Der Staatsstreich brach daraufhin noch in den späten Stunden des 20. Juli zusammen. Wenige Minuten nach Mitternacht wurden Friedrich Olbricht, Albrecht Mertz von Quirnheim, Stauffenberg und sein Adjutant Werner von Haeften im Hof des Bendlerblocks in Berlin standrechtlich erschossen. Der ebenfalls verhaftete Ludwig Beck durfte sich selbst erschießen und erhielt, nachdem dies misslang, einen Todesschuss. Henning von Tresckow wählte, nahe der Kriegsfront, den Freitod.

Keine drei Wochen später fanden die ersten Prozesse statt. Die Verschwörer Feldmarschall Erwin von Witzleben, Oberleutnant Peter Graf Yorck von Wartenburg, Generaloberst Erich Hoepner, Oberstleutnant Robert Bernardis und andere mehr wurden zum Tode verurteilt und in Berlin-Plötzensee hingerichtet. Weitere 50 Schauprozesse folgten, die in über 110 Todesurteile wegen Hochverrat mündeten. Es waren mutige Menschen, die mit ihrem Leben für die Freiheit eintraten.

Mauersee

Unweit von Kętrzyn (Rastenburg) und der Grenze zum Ermland bildet der Mauersee (Jezioro Mamry) das nördliche Herz von Masuren. Mit 104 Quadratkilometern besteht er aus einer Vielzahl miteinander verbundener Binnengewässer. Im Norden findet sich das Urlauberzentrum **Węgorzewo** (Angerburg). **Giżycko** (Lötzen) im Süden am Kissainsee (Jezioro Kisajno) ist das größte Wassersportzentrum Masurens. Dazwischen erstrecken sich **Schwenzait-**, **Dargainen-**, **Labap-** und **Dobensee** (Jezioro Święcajty, Jezioro Dargin, Jezioro Labap und Jezioro Dobskie). Alle diese Gewässer machen zusammen mit etwa 20 Kilometern Länge und bis zu 12 Kilometern Breite den Mauersee aus: ein Paradies für Wassersportler ebenso wie für Vogelliebhaber. Auf seinen über 30 Inseln haben zahlreiche seltene Wasser- und Raubvogelarten in Naturschutzgebieten noch eine sichere Heimat.

Um den Mauersee mit dem Spirdingsee (Jezioro Śniardwy) zu verbinden, hob man bereits in den Jahren 1765 bis 1772 die ersten Kanäle aus. Allmählich entstand so ein über 200 Kilometer langes Wasserwegenetz, das südlich über die Pissek (Pisa) zudem noch an die Weichsel anknüpft.

Für historisch Interessierte sind rund um den Mauersee Ausflüge zur **Schlossruine Steinort** (Sztynort) und zu den Bunkeranlagen des Generalstabs der deutschen Wehrmacht in **Mauerwald** (Mamerki) zu empfehlen.

Węgorzewo

Keine 20 Kilometer von der Grenze zum russischen Bezirk Kaliningrad entfernt liegt am Nordufer des Mauersees (Jezioro Mamry) am Flüsschen Angerapp (Węgorapa) das Städtchen Węgorzewo (Angerburg) mit knapp 12 000 Einwohnern. Angerburg ist eine späte Gründung des Deutschen Ordens. 1335 errichteten die Ritter hier eine hölzerne Wehrburg, die jedoch noch im selben Jahr von den Litauern zerstört wurde. Im späten 14. Jahrhundert wurde sie wenig landeinwärts aus Stein wieder aufgebaut. Im Schatten der Ordensburg entwickelte sich eine Siedlung, der Herzog Albrecht Friedrich von Preußen 1571 die Stadtrechte verlieh. 1945 gingen die meisten historischen Bauwerke in Flammen auf. Anschließend durch die Grenze nach Königsberg des angestammten Einzugsgebiets beraubt, wirkte sich die Randlage ungünstig für seine weitere wirtschaftliche Entwicklung aus. So liegt der Reiz des Städtchens heute besonders in seiner herrlichen Lage am Mauersee, ein idealer Ausgangspunkt für Wasserwanderungen über die Masurische Seenkette. Im Winter ist die Gegend das Paradies für Eissegler.

1856 wurde eine **Dampfschiffahrtslinie** nach Lötzen (Giżycko) eingerichtet,

Am Hafen von Węgorzewo

Hafen am Freilichtmuseum

lange bevor die Stadt an das Bahnnetz angeschlossen wurde. Von Juni bis September verbindet heute die **Weiße Flotte** (Żegluga Mazurska) Węgorzewo über die Großen Seen mit Giżycko im Süden. **Segler** dürfen sich freuen: Die Route der Großen Masurischen Seen führt von Węgorzewo über Giżycko, Ryn und Mikołajki und weiter nach Pisz oder Ruciane-Nida in ein paar Tagen bis zum Niedersee (Jezioro Nidzkie). Auf direktem Wasserweg sind das über 100 Kilometer, mit Abstechern etwa 330 Kilometer. Letztere Variante dauert bei ruhiger Fahrt knapp zwei Wochen.

Sehenswertes

Im Zweiten Weltkrieg fiel das alte Angerburg zu vier Fünftel in Schutt und Asche. Die restaurierte Kirche **Peter und Paul** (Kościół św. Piotra i Pawła), die auf einer leichten Erhebung über dem Freiheitsplatz (Plac Wolności) steht, stammt aus dem 17. Jahrhundert. 1729 fügte man einen Querflügel an, erhöhte 1741 den Kirchturm und setzte diesem 1826 eine Haube auf. Zur kostbaren Inneneinrichtung zählen der Barockaltar von 1652, eine zwischen 1610 und 1620 geschaffene Kanzel und die 1647/48 vom Rastenburger Meister Joachim Thiele gefertigte älteste Orgel Masurens.

Die unscheinbare kleine **Ordensburg** am Mühlenkanal (kanal Młyński) ist heute in Privatbesitz und nicht zugänglich. Von dort nur wenige Schritte entfernt befindet sich in der ul. Portowa nahe dem Segelhafen das kleine **Freilichtmuseum der Volkskultur** (Muzeum Kultury Ludowej).

Eine zauberhafte Aussicht auf den Schwenzaitsee (Jezioro Święcajty) eröffnet sich von der ehemaligen **Jägerhöhe** südöstlich von Węgorzewo mit einem Ehrenfriedhof aus dem Ersten Weltkrieg. Hier ruhen über 300 deutsche und mehr als 200 russische Opfer der masurischen Winterschlacht 1914/15. Die Gestaltung lag in den Händen des Berliner Gartenbaudirektors Hans Martin. Graf Lehndorff aus Steinort stiftete das erste hohe Holzkreuz, heute eine Kopie. Ein etwa 30-minütiger Spaziergang führt vom Ortszentrum durch Felder und am Seeufer entlang zur Jägerhöhe.

Węgorzewo

Vorwahl: 087.

Internet: www.wegorzewo.pl (poln.)

Touristinformation, Bulwar Loir Et Cher 4 (in der Ekomarina am Hafen nahe dem Freilichtmuseum), Tel. 4274009.

Ognisty Ptak (€€), Sztynorcka 6, Tel. 4272879. Hotel und Ferienhäuser im südöstlichen Vorort Ogonki herrlich und ruhig am Schwenzaitsee (Jezioro Święcajty) gelegen, 6 km südöstlich von Węgorzewo. Mit Swimmingpool (auch für Tagesbesucher zugänglich; 8–22 Uhr), Sauna, kleinem Bootsanleger sowie Badestrand mit Strandkörben. Restaurant im Juli/Aug. 8–22, sonst 12–21 Uhr, Tawerne nur Juli/Aug. 12–24 Uhr. www.ognistyptak.pl

Karte S. 185

Villa Mamry (€€), Dziaduszyn 5, Tel. 4271448 oder in Deutschland: Tel. 08136/893019. Große neue Ferienhäuser direkt am Schwenzaitsee (Jezioro Święcajty). www.masuren.com

Apartamenty Żeglarskie Vęgoria (€–€€), ul. Mała 6, Tel. 4270187. Freundliche Apartments verschiedener Größe am Jachthafen des Mauersees (Jezioro Mamry). www.apartamenty-mazury.pl

Feriendorf Mamry (€), Trygort 132 (etwa 5 km westlich von Węgorzewo), Tel. 4270343. Die reizende Pension ›Aniata‹ hat sich um eine kleine Ferienanlage mit Holzhäusern im skandinavischen Stil erweitert. Nahe dem Weiler Trygort herrlich auf einer kleinen Halbinsel direkt am Mauersee, mit 13 Hektar Garten und Wiesen. Hauseigener Strand, Bootsanleger, Bootsverleih, großartiger Blick über die Seenlandschaft; das Restaurant ›Góra Wiatrów‹ serviert schmackhafte polnische Hausmannskost. www.sealand-travel.de

Willa Dwa Jeziora (€), Kal 23J, Tel. 0882/133133. Maritimes Interieur, herrliche Lage zwischen Mauer- und Schwenzaitsee (Jezioro Święcajty), mit Hamam, Garten und Grillpavillon. www.dwajeziora.pl (poln.)

Piękny Brzeg na mazurach (€), Tel. 570955544. Ferienhütten (auch klimatisierte) für 2, 4 und 6 Pers., Strand, Taverne, Camping am Schwenzaitsee (Jezioro Święcajty) nahe Węgorzewo. www.pieknybrzeg.pl (poln.)

Siedlisko Sabinowo (€€), in Stawki 31, Tel. 696309314. Herrlich ruhig, 7 km westlich von Angerburg, sehr bemühte Gastgeber, gesundes Frühstück, nahe dem Mauersee. www.sabinowo.eu

Camping Rusałka, ul. Leśna 4, Tel. 4272191; Mai–Sept. 4 km südlich von Węgorzewo am Schwenzaitsee (Jezioro Święcajty), leichte Hanglage unter schattenspendenden Kiefern, einfache Sanitärausstattung, Badewiese, Wassersportgeräteverleih, Gaststätte. www.cmazur.pl

Restauracja Karczma, Zamkowa 10, Tel. 4273223; tgl. ab 12 Uhr. Angenehmes Haus mit polnischer Küche zu günstigen Preisen. Große Flaschenbierauswahl. An der Hauptstraße gegenüber der ehemaligen Ordensburg am Ende des Hafenkanals. www.karczmamazury.com

Tawerna Keja, am Port Keja; tgl. 8–24 Uhr. Gemütliche Tawerne am Hafen Węgorzewo mit Liegestühlen davor und schönem Blick auf das Freilichtmuseum.

Museum der Volkskultur (Muzeum Kultury Ludowej), ul. Portowa 1; Mitte Juni–Mitte Sept. Mo–Fr 8–18, Sa/So 10–18, sonst Mo–Fr 8–16 Uhr. www.muzeum-wegorzewo.pl (poln.)

Weiße Flotte Masuren (Żegluga Mazurska); Juni–Sept. Schiffsausflüge über den Mauersee und nach Giżycko, Tickets und Abfahrt ab Anlegestelle Węgorzewo, Bulwar Loir et Cher. www.zeglugamazurska.com.pl (poln.)

Bootsverleih, am Campingplatz ›Rusałka‹.

Plaża Mamry, am Mauersee/Angerapp. Moderner Stadtbadestrand.

Mamerki

Etwa zehn Kilometer südwestlich von Węgorzewo und keine 20 Kilometer von der Wolfsschanze (→ S. 192) entfernt verbirgt sich im Wald am Ufer des Mauersees in der Nähe des Forsthauses Mamerki der **Bunkerkomplex** des deutschen Oberkommandos des Heeres (OHK). Von 1941 bis 1944 war die Anlage, die unter dem Decknamen ›Mauerwald‹ entstand, inneres OHK-Hauptquartier sowie Sitz des Heereshauptversorgungsdienstes. Auf sechs Quadratkilometern dehnte sie sich aus, gut getarnt im Schutz des

Hinweisschild zur Bunkeranlage Mauerwald

Waldes, mit damals über 250 Objekten – Stahlbetonbunkern, Wach- und Versorgungseinrichtungen sowie Unterkünften, die Platz für gut 1500 Offiziere und Wehrmachtsoldaten boten. 30 Betonluftschutzbunker, darunter der größte mit 25 Meter Länge und sieben Meter dicken Mauern und Decken sind unbeschädigt erhalten. Denn anders als im ›Führerhauptquartier‹ Wolfsschanze wurden die Bunker beim Rückzug der Wehrmacht im Januar 1945 nicht gesprengt. Rund 50 Hektar der Bunkeranlage sind für die Besucher erschlossen, dazu gibt es einen **Aussichtsturm** sowie ein **U-Boot-Museum.** Die verkleinerte **Replik des Bernsteinzimmers**, gefertigt aus Kunstharz, ist in einem der Bunker zu sehen, in dem sich das **Museum der Ostfront des Zweiten Weltkrieges** befindet. Die hiesigen Bunkeranlagen galten als eines von möglichen Verstecken. Probegrabungen in den Jahren 2916/17 waren erfolglos (Mai–Okt. tgl. 9–20 Uhr, www.mamerki.com). **Anfahrt**: Etwa sechs Kilometer westlich von Węgorzewo nach Süden in die Landstraße Richtung Sztynort abbiegen. Kurz nach dem Masurischen Kanal (kanal Mazurskie) folgt ein großer Waldparkplatz mit dem Einlass zum Bunkergelände.

▲ Karte S. 185

Im Jahre 1911 begann in Mauerwald der Bau des **Masurischen Kanals**, der die Großen Masurischen Seen über Rehsauer See (Jezioro Rydzówka), Alle (Łyna) und Pregel (Pregolja) mit Königsberg verbinden sollte. Fertiggestellt wurden bis 1942 auf heute polnischem Territorium aber nur 22 Kilometer mit fünf Schleusen. An der Doppelschleuse bei **Bajory Małe** (Klein Bajohren) beeindrucken große Stahlbetonwände. Die Schleuse in **Guja** (Groß Guja) ist noch heute funktionsfähig.

Sztynort

Auf einer Halbinsel, die den Mauersee (Jezioro Mamry) vom Dargainensee (Jezioro Dargin) trennt, erhebt sich malerisch im Weiler Sztynort (Steinort) das **Schloss Steinort**. Annähernd 600 Jahre befanden sich Gut und Schloss im Besitz der Grafen von Lehndorff, bis zum Jahr 1422 lässt sich ihre Gegenwart in Steinort in Dokumenten zurückverfolgen. Seit dem 16. Jahrhundert war im Ort ein großes Gutshaus bekannt, auf dessen Fundamenten ab 1688 dann das heutige Barockschloss entstand. Bauherrin Marie-Eleonore Dönhoff hatte seine Errichtung nach dem Tod ihres Mannes Ahasverus Lehndorff in Auftrag gegeben. Ab 1860 folgte der Anbau zweier Seitenflügel, 1880 war das repräsentative Schloss in seiner gegenwärtigen Gestalt fertiggestellt – die ›Große Wildnis am See‹, wie es später Marion Gräfin Dönhoff in den Erinnerungen an ihre ›Kindheit in Ostpreußen‹ beschrieb, »ein sagenumwobener Ort. Nicht nur, dass es dort – wie übrigens in jedem besseren

Schloss in Ostpreußen – spukte, auch der See mit den vielen abenteuerlichen Geschichten, die die Fischer zu berichten wussten, sowie die Einsamkeit der Wälder, überhaupt der Natur, gab den lustigen Tagen dort eine unheimliche, fast magische Note. Natürlich spielte der Mauersee, dieses Paradies nicht nur der Wasservögel, sondern aller Vögel, eine riesige Rolle.«

Letzter Schlossherr auf dem einst so prachtvollen Anwesen war Marion Dönhoffs Cousin Heinrich Graf Lehndorff (1909–1944). Seit 1941 gehörte er zum Kreis der Widerständler. Er war für längere Zeit vom Militärdienst befreit, um das Gut wieder zum Laufen zu bringen. Bereits im Jahre 1941 beschlagnahmte Reichsaußenminister Joachim von Ribbentrop den linken Schlossflügel als standesgemäße Bleibe in Hitlers Dunstkreis, wenn sich dieser in der nahen Wolfsschanze aufhielt. 30 Bedienstete sorgten für sein Wohlergehen.

Nach dem missglückten Hitler-Attentat gelang Lehndorff die Flucht, er versteckte sich eine Woche in den hiesigen Wäldern. Er stellte sich aber freiwillig, als er erfuhr, dass seine Familie in Sippenhaft genommen werden sollte und wurde am 4. September 1944 in Berlin-Plötzensee hingerichtet. Seine Frau, Gottliebe Gräfin von Kalnein, überlebte den Krieg mit der neugeborenen Tochter Catherina zeitweise in einem Arbeitslager. Weitere drei Töchter erhielten andere Namen und kamen zunächst in ein Kinderheim. Mittlerweile erinnert kaum noch etwas an die vergangene Pracht. Der Zustand von Schloss Sztynort ist kritisch. Vorwerk und Wirtschaftsgebäude sind verwahrlost, und der seit vielen Jahren leerstehende Herrensitz selbst, ungeschützt Wind und Wetter ausgesetzt, zeigt sich inzwischen als eine Ruine. Verschiedene neue Besitzer, darunter der letzte

Am Dargainensee bei Harsz

kommunistische Premier Mieczysław Rakowski und anschließend Privatinvestoren, versuchten mit einer Sanierung vergeblich ihr Glück. Jeder von ihnen unterschätzte bisher den finanziellen Aufwand allein für die Sicherung und Instandsetzung. So scheiterte auch der jüngste Investor, der Anfang des dritten Jahrtausends den neuen Sporthafen am Dargainensee (Jezioro Dargin) baute und im alten Gemäuer ein Edelhotel plante. 2007 gründete sich die Deutsch-Polnische Stiftung Kulturpflege und Denkmalschutz, die sich seitdem für die Rettung der Anlage einsetzt. Die Sicherungsarbeiten unter ihrer Ägide haben mittlerweile begonnen, so mit dem Einbau von Flächendrainagen und der statischen Sicherung der Mauern. Im Ostflügel soll demnächst ein Informationszentrum eröffnen und Besuchern einen kleinen Einblick in das interessante Gemäuer ermöglichen. Weiterhin wurde mit dem Sanieren der Schlosskapelle auf der Halbinsel vor dem Schloss, einem Werk des Berliner Baumeisters Friedrich August

Stüler, begonnen. Am Schloss steht ein Gedenkstein für Heinrich Graf Lehndorff (1909–1944), aufgestellt anlässlich seines 100. Geburtstags im Jahre 2009.

Am Ufer des Dargainensee befindet sich ein moderner Sporthafen mit Imbiss, Campingmöglichkeit, aber leider keiner Badestelle.

Sztynort

Pensjonat Sztynort (€), Sztynort 10, Tel. mobil 663/427783. Im etwa 300-jährigen restaurierten Wirtschaftsgebäude am Schloss Steinort; mit einladendem Restaurant. Einfache Zimmer unter dem Dach, im Sommer sehr warm, keine Klimaanlage. www.portsztynort.pl (poln.)

Stara Szkoła (€), im Storchendorf Harsz, Nr. 25/5, Tel. mobil 501339106. Hübsche Pension in der Alten Schule nahe am Haarschensee (Jezioro Harsz). Auch vegane Küche und Hausliköre. www.harsz.mazury.pl

Tawerna Zdorkowo, Kolonie Harsz 62a (an der Straße von Sztynort nach Węgorzewo); in der Saison tgl. 8–22 Uhr. Gegenüber Badestelle und Bootsanleger, auch Ferienhäuschen. www.zdorkowo.pl (poln.)

Kirsajty, Kolonie Harsz, Tel. mobil 790/228727. Schöner Naturplatz auf großer Wiese, umgeben von Erlenwäldchen, an der wenig befahrenen Straße Richtung Węgorzewo. Auch Kajakverleih. www.kirsajty.pl (poln.)

Park Sonata, Kolonie Harsz, Tel. 087/4279509; Mai–Okt. Naturplatz am Dargainensee (Jezioro Dargin), auch für Wohnmobile, ca. 100 Meter von der Straße, bis zur Badestelle mit Sandstrand ca. 300 Meter. Auch Verkauf von Angelscheinen. www.masuren-campingplatz.de

Sklep, Supermarkt am Eingang zum Seglerhafen; tgl. 8–22 Uhr.

Giżycko

Giżycko (Lötzen) mit etwa 30 000 Einwohnern ist das größte und neben Mikołajki das wichtigste und beliebteste masurische Wassersportzentrum. Besonders die schöne Lage zwischen dem **Löwentinsee** (Jezioro Niegocin) im Süden und dem **Kissainsee** (Jezioro Kisajno) im Norden macht Lötzen zu einem viel besuchten Ferienort. Ein

Am Lötzener Kanal

▲ Karte S. 185/206

Nach der Regatta in Giżycko

Kanal verbindet beide Gewässer. Gegründet wurde die Stadt mit den drei Fischen (Brassen) im Stadtwappen im 13. Jahrhundert, an der schmalsten Stelle errichtete der Deutsche Orden eine Zollstation. 1365 wurde sie bei einem Einfall der Litauer zerstört, ab 1390 folgte in der Nähe der Bau einer neuen Ordensburg. Kolonisten ließen sich nieder, und 1612 erhielt Lötzen das Stadtrecht verliehen. Die ›Tatarenwut‹ und der Schwedisch-Polnische Krieg Mitte des 17. Jahrhunderts sowie eine Pestepedemie Anfang des 18. Jahrhunderts prägten die Stadtgeschichte ebenso wie der Eisenbahnanschluss 1868 und die Gründung der ›Gesellschaft zur Erleichterung des Personenverkehrs auf den Masurischen Seen‹ im Jahr 1890. Mit jener 1892 in ›Masurische Dampferkompagnie Lötzen‹ umbenannten Schifffahrtslinie setzte der Wassertourismus in Lötzen ein. 30 Jahre später war das Städtchen bereits einer der größten Freizeithäfen Masurens. Am Ufer des Löwentinsees wurden Gaststätten eröffnet, Segel- und Ruderklubs sowie ein Strandbad verzeichneten regen Zulauf, und im Winter bevölkerten Eissegler die gefrorenen Seen.

Aktivitäten

Das ist bis heute so geblieben. Urlauber bestimmen die muntere Atmosphäre des Ortes, Hotels, Pensionen und Privatzimmer sind reichlich vorhanden. Gut zwei Dutzend **Segelhäfen** an den Gewässern rund um Giżycko bieten über 1200 Booten Platz. Die Schiffe der **Weißen Flotte Masurens** (Żegluga Mazurska) verbinden den Ort nördlich mit Węgorzewo und südlich mit Mikołajki.

Auf der über 170 Kilometer langen **Bootspartie über die Großen Masurischen Seen** gibt es zahlreiche Campingplätze, Marinas und Versorgungsstationen für Wassersportler. Zahlreiche **Wasserwandertouren** lassen sich in einem Tagesausflug erpaddeln, darunter die 32 Kilometer lange Tour auf dem Flüsschen **Sapiene** (Sapina) mit Start am Zeltplatz beim Forsthaus Kruklin und Endpunkt beim Dorf Ogonki am Schwenzaitsee (Jezioro Święcajty), oder die **Galinde-Route** (Teil der Pissek/Pisa), die 30 Kilometer südöstlich in Orzysz beginnt und in Giżycko am Löwentinsee (Jezioro Niegocin) endet. Darüber hinaus führen markierte Vorschläge für **Radwanderer** von Giżycko aus zwischen 25 und 70 Kilometer weit durch die schöne Umgebung. Angaben und Adressen zu sämtlichen Sportmöglichkeiten rund um die Stadt hält die Touristinformation parat.

Sehenswertes

Historische Sehenswürdigkeiten findet man im Städtchen nicht viele. Im Zentrum steht die evangelische **Pfarrkirche** im klassizistischen Stil. 1826/27 wurde sie vermutlich nach Plänen von Karl Friedrich Schinkel erbaut. Nicht weit entfernt zählt auch die von Hand zu bedienende **Drehbrücke** über den Lötzener Kanal (Kanal Łuczański) vom Ende des

19. Jahrhunderts zu den Attraktionen. Sie verbindet den Ost- und Westteil der Stadt miteinander. Die über 100 Tonnen schwere Konstruktion besitzt ein stählernes Joch, das sich seitwärts und nicht in die Höhe öffnet. Per Handbetrieb dauert das Öffnen/Schließen fünf Minuten. Mit der feierlichen Brückenöffnung im Mai beginnt die masurische Segelsaison. In Nachbarschaft der Brücke ist der von der zerstörten Ordensburg noch erhaltene Wohnflügel mit barockem Giebel in das Luxushotel ›St. Bruno‹ integriert. Stadtzentrum und Promenade am Hafen verbindet eine sehenswerte moderne **Fußgängerbrücke** mit einem knallgelben Pylon.

Auf einer Anhöhe am Löwentinsee (Jezioro Niegocin) steht das gusseiserne **Brunokreuz**. Die Inschrift lautet: ›Dem mutigen deutschen Missionar, der als Wegbereiter in Masuren am 9. März 1009 mit 18 Weggefährten für Christus und sein Königreich den Märtyrertod fand – dem edlen Bruno aus Querfurt zum Gedächtnis, Evangelische Kirche Lötzen 1910‹. Nach der Zerstörung im Zweiten Weltkrieg wurde das Kreuz wiedererrichtet. Man folgt dem Fuß- und Radweg nach Wilkasy für etwa zwei Kilometer, ab dem Hotel ›St. Bruno‹ ist der Weg zum Brunokreuz ausgeschildert.

Auf dem schmalen Landstreifen zwischen Kissain- und Löwentinsee, nahe der Hauptstraße Richtung Ryn (Rhein) wuchs zwischen 1843 und 1851 die **Festung Boyen** (Twierdza Boyen), die ihren Namen nach dem preußischen Kriegsminister und General der Befreiungskriege Hermann von Boyen (1771–1848) erhielt. Die aus Backsteinen gemauerten Wälle der sternförmigen Anlage sind noch sehr

gut erhalten. Sukzessive wurden sie restauriert und für Besucher zugänglich gemacht. Die gemauerten Fronten mit sechs Bastionen haben eine Gesamtlänge von 2,3 Kilometern, dazu wurden etwa 16 Millonen Ziegel verbaut. Im Gebäude neben der Kasse befindet sich eine geschichtliche Austellung (auch mit deutschen Texten), vor dem Tunnelzugang ein Café.

Der neugotische **Wasserturm**, erbaut im Jahre 1900 aus Backsteinen, war bis 1996 in Betrieb. Anstelle der ehemaligen Kuppel befindet sich heute eine Aussichtsplattform und darunter das Café **Wieża Ciśnień**. Hinauf führen 129 Stufen oder ein Fahrstuhl, im Treppenaufgang sieht man historische Fotos von Lötzen. Sehenswert in der Umgebung sind die um 1580 erbaute Kirche in **Rydzewo** sowie die Ende des 16. Jahrhunderts errichtete, nach einem Brand 1669 umgestaltete Kirche in **Miłki** (Milken) mit Altar und Orgelempore vom Ende des 17. Jahrhunderts.

Hermann von Boyen am Festungstor in Giżycko

Giżycko

Vorwahl: 087.
Internet: www.gizycko.com.pl (poln.)
Touristinformation, ul. Wyzwolenia 2, Tel. 4285265; Juni–Mitte Sept. Mo–Fr 9–17, Sa/So 10–14, sonst Mo–Fr 8–16 Uhr. www.gizycko.turystyka.pl

Täglich Züge nach Białystok, Ełk, Kętrzyn, Olsztyn, Szczecin, Gdańsk und Wrocław.

Stanica Wodna Stranda (€€€), ul. Pierkunowo 36, Tel. 0501/122610 (nur 10–18 Uhr, poln. und engl.). Apartments im skandinavischen Stil in herrlicher Lage am Kissainsee (Jezioro Kisajno) am Ausgang des Lötzener Kanals. Seglerhafen, Tawerne mit großer Terrasse, kleiner Badestrand, Lagerfeuerstelle. Dazu Campingplatz mit 1-A-Sanitäranlagen und WLAN. Fahrradweg am Kanal entlang in die Stadt. Einziger Wermutstropfen: Vom nahen Schießstand hört man mitunter auch nachts laute Ballerei. www.stranda.pl (poln.)

Hotel St. Bruno (€€), ul. Św. Brunona 1, Tel. 7326500. Luxuriöses Hotel in der einstigen Ordensburg mit modernem Anbau. Pool, Wellness, Spa und Restaurant mit feiner Küche. Am Lötzener Kanal nahe der Drehbrücke, 10 Min. Spaziergang zum Hafen. www.hotelstbruno.pl

Mazurskie Siedlisko Kruklin (€€), Kruklin 47, Tel. 7341200. Gepflegtes Hotel mit vorzüglicher Küche, Paradies für Naturfreunde, auch Außenpool, Pferdestall, Lagerfeuerplatz und Anglersteg mit Weiher. www.mazurskiesiedliskokruklin.pl

Hotel Masovia (€–€€), ul. Dąbrowskiego 8, Tel. 7371322. Dreisternehotel in historischem Gewand, nahe Bahnhof und Hafen. www.hotelmasovia.pl

Stary Młyn (€), Upałty 2, Tel. 4292718. 100jährige Mühle im östlichen Vorort. Im Gasthaus werden Krebse mit Kartoffelpuffer serviert. www.karczma-upalty.com

Hotel AZS (€€), ul. Niegocińska 5, Tel. 4280700. Beliebtes Erholungsheim oberhalb vom Hafen in Wilkasy mit eigenem Sandstrand. www.azs-wilkasy.com.pl

Camping Zamek, ul. Moniuszki 1, Tel. 4283410; Mai–Sept. Einfacher Platz in Giżycko am Löwentinsee (Jezioro Niegocin).

Camping Szekla, Strzelce, am Löwentinsee (Jezioro Niegocin), daneben die ›Tawerne Wachta‹ mit herrlichem Seeblick (Tel. mobil 662/547433).

Camping Wilkasy, ul. Niegocińska 1, Tel. mobil 0507/183832; Mai–Sept. Größter Platz am Ort, 6 km südlich beim Dorf Wilkasy am Ufer des Löwentinsees (Jezioro Niegocin), mit Campinghäuschen, Gastronomie und Wassersportgeräteverleih. www.pttkwilkasy.pl (poln.)

Przystań, ul. Olsztyńska 3a (nahe Tourist-info). Tel. 4282066; tgl. 12–22 Uhr. Tipps: Kohlroulade mit Gans und Pilzsoße sowie Masurischer Kartoffelauflauf mit Zander. Tyskie und Lech vom Fass. www.restauracjaprzystan.com (poln.)

Dom Perkun, Pierkunowo 10a, Tel. mobil 696/860421; Di–Fr 14–18, Sa/So ab 13 Uhr. Modernes Restaurant am Ostufer des Kissainsees (Jezioro Kisajno) im Dorf Pierkunowo, 5 km nordöstlich von Gizycko. Herrliche Aussicht von der Terrasse. Kalbs- und Schweinefleisch aus eigener Mast. www.domperkun.pl (poln.)

Tawerna Marina (Port Ekomarina), ul. Dąbrowskiego 14, Tel. 4284734; tgl. 10–22 Uhr. Maritimes Ambiente, Tipp: Masurischer Fischteller (300 g). www.tawernamarina.pl (poln.)

Łabędzi Ostrów, OT Piękna Góra, Tel. mobil 601/078620; tgl. ab 13 Uhr. Regionale Leckerbissen, insbesondere Fisch. Kinderspielplatz. www.pieknagora.pl

Gasthaus Pod Czarnym Łabędziem (Zum schwarzen Schwan), ul. Mazurska 98, Rydzewo (Rotwalde), 9 km südlich von Giżycko, Tel. 4211252. Das einzige masurische Gasthaus, das original aus dem 19. Jahrhundert erhalten blieb. In einem Fachwerkhaus auf der Landzunge zwischen Löwentin- und Saitensee (Jezioro Niegocin/ Boczne). Gemütlich im Bauernstil eingerichtet, bodenständige Küche mit regionalen Zutaten nach alten Rezepten, leckere Kartoffelpuffer oder masurische Piroggen ›Dzyndzalki‹. Eine alkoholische Spezialität des Hauses ist der Honigschnaps ›Bärenfang‹ (Mix aus Honig und Wodka). Einfache Gästezimmer (€) gibt es auch, das schönste mit der Nr. 26 besitzt Balkon und Seeblick. Im Sommer Wassersportschule, im Winter Lehrgänge im Eissegeln, Gasthausbesitzer Jurek Nowakowscy ist polnischer Vizemeister im Eissegeln. Dann auch Snowtubing, Schlittenfahrten, Skilanglaufverleih, Eisangeln. In der Nähe kleiner Zeltplatz, Jachtanleger. www.gospoda.pl

Kuchnia Regionalna Agromargot, ul. Olsztyńska 20, Wilkasy; tgl. 12–20 Uhr. Hier kochen Andrzej und Eulalia Paszkiewicz regionale Köstlichkeiten wie Aalsuppe, Kartoffelplinse mit Hackfleisch und Klops auf masurische Art mit Pilzen. An der Wand hängen etwa 20 Diplome für die ausgezeichnete Küche. Auch Verkauf von eingelegtem Obst und Gemüse, Marmeladen, Rosenzucker und Kräutern.

Wieża Ciśnień, ul. Warszawska 37, Tel. 4285170; tgl. 10–22 Uhr, Eintritt 2,50 Euro. Café im ehemaligen Lötzener Wasserturm. www.wieza-gizycko.pl

Weiße Flotte Masuren (Żegluga Mazurska), Tel. 4282578; Juni–Sept. tgl. 9–18 Uhr. Schiffsausflüge über die Großen Masurischen Seen bis Węgorzewo im Norden (2.30 Std.) und Ruciane-Nida im Süden, Tickets und Abfahrt im Hafen, ul. Kolejowa 9. Fahrten nur bei mindestens 10 Gästen. www.zeglugamazurska.com.pl (poln.)

Ausleihe von Tretbooten, Kanus, Kajaks und Segeljachten bei vielen Verleihern, unter anderem:

▲ Karte S. 206

Internationales Segel- und Wassertourismuszentrum (Międzynarodowe Centrum Żeglarstwa i Turystyki Wodnej), ul. Moniuszki 24, Tel. 4285898.
www.sail-mazury.pl
Wassersportzentrum COS, ul. Moniuszki 22, Tel. 4417100. www.gizycko.cos.pl

Stadtstrand mit großer Liegewiese am Nordufer des Löwentinsees (Jezioro Niegocin) neben dem Hafen.

Schwimmende Sauna auf dem Löwentinsee (Jezioro Niegocin), Tel. 0885/696699, kapitansauna@gmail.com; tgl. 10–22 Uhr, im Sommer bis zum letzten Gast. Eintritt ca. 12 Euro/Pers. oder komplett für 2 Std. für 47 Euro (max. 12 Pers.). Bei Bogaczewo (Bogatzewen) unter Regie des Ehepaars Monika und Pawel Winnicki. Zur Schwimmenden Sauna gelangt man entweder per Jacht oder Paddelboot oder man lässt sich per Boot vom Land abholen. www.mazurskasauna.pl (poln.)

Puszcza Borecka

Ein schöner Ausflug von Giżycko führt nordöstlich in die etwa 20 Kilometer entfernte Hügellandschaft des Borkener Forsts (Puszcza Borecka). In dem rund 250 Quadratkilometer großen Kiefer-, Fichten- und Laubwald leben im Dickicht zwischen Seen, Tümpeln und Mooren Marder, Iltis, Biber und Dachs. In den Baumkronen haben Raubvögel ihre Horste gebaut, auch Luchse und Wölfe wurden in jüngster Zeit wieder gesehen. In vier Reservaten ist die Natur sich selbst überlassen, so dass sich der Wirtschaftswald allmählich wieder in einen Urwald verwandelt. Im Reservat Lipowo kann man mit viel Glück sogar eine Herde der Anfang des 20. Jahrhunderts beinahe ausgestorbenen Wisente beobachten. Wenige Exemplare dieser sehr scheuen Verwandten der Bisons konnten im ältesten polnischen Nationalpark, dem Białowieża-Nationalpark südöstlich von Białystock, gerettet und wieder aufgezüchtet werden. 1956 brachte man eine Gruppe Wisente aus dem Nationalpark in die Puszcza Borecka. Rund 70 dieser urtümlichen, scheuen Zottelgesellen tummeln sich heute im Borkener Forst. Am besten lassen sie sich an der Wisentzuchtstation (Stacja Hodowli Żubrów) in Wolisko nördlich vom Flecken Lipowo in Augenschein nehmen (Fütterungen Mai–Okt. tgl. 9–11 und 16–18 Uhr).

Ryn

In Ryn leben heute knapp 3000 Einwohner. Weil die ersten deutschen Siedler aus der Rheingegend kamen, trug der Ort zu deutscher Zeit den Namen ›Rhein‹. Auf einer kleinen Anhöhe über der Landenge zwischen Rheiner- und Ollofsee (Jezioro Ryńskie, Jezioro Ołów) blieb eine große **Ordensburg** erhalten. 1377 veranlasste der Hochmeister des Deutschen Ordens Winrich von Kniprode den Bau der mächtigen vierflügeligen Burg ›zur Ryne‹. Sie war eine heraussragende Basis für weitere Eroberungszüge, vor allem

Eindrucksvoll bedacht: Der Burghof in Ryn

Richtung Litauen. Von hier aus wurde das gesamte Ordensgebiet regelmäßig mit Fisch, Honig und Wildbret versorgt. 1393 zur Komturei erhoben, behielt der Ort diesen Status mit zwei kurzen Unterbrechungen bis zur Säkularisation des Ordenssatates im Jahre 1525.

Unterhalb der Burg befand sich ein Hafen der Fischerflotte des Deutschen Ordens. Das Stadtrecht erhielt Rhein 1723 durch den preußischen König Friedrich Wilhelm I. 1854 startete in Rhein mit der ›Masovia‹ das erste Passagierdampfschiff über die Großen Masurischen Seen, das regelmäßig nach Johannisburg und Nikolaiken verkehrte; auf der Jungfernfahrt war König Friedrich Wilhelm IV. an Bord. Bis heute ist der Hafen Ryn ein wichtiger Anlaufpunkt der kleinen Masurischen Flotte.

Die Geschichte der Burg verlief ab Mitte des 19. Jahrhunderts dagegen weniger rühmlich: Nach mehrmaligem Eigentümerwechsel dienten die dicken Mauern ab 1861 als Gefängnis. Den Zweiten Weltkrieg überstand die Vierflügelanlage relativ unbeschadet, in sozialistischer Zeit beherbergte die Anlage Museum, Bibliothek und Verwaltung. Heute genießt das historische Gemäuer einen ausgezeichneten Ruf als luxuriöses Vier-Sterne-Hotel **Zamek Ryn**, eine der größten Burgherbergen der Welt. Besonders eindrucksvoll ist der Burghof. Das Glasdach ist mit bedruckten Leinenbahnen effektvoll unterspannt – ein riesiger Baldachin.

Wenige Kilometer südwestlich, auf halbem Weg nach Mrągowo lädt im Dorf **Sądry** (Zondern) an der Pension ›Christel‹ das kleine **Privatmuseum Masurische Hütte** ein. Im 200-jährigen Bauernhaus und in der Scheune sind historische Möbel, Haushalts- und Landwirtschaftsgeräte zu sehen.

Ryn

Burghotel Zamek Ryn (€€€), pl. Wolności 2, Tel. 4297000. 350 Betten im Ritter-, Komturs-, Gefängnis- und Jagdflügel – kein Zimmer gleicht dem anderen! Pool im gotischen Kellergewölbe, Bowlingbahn, Casino, Weinstube. Restaurant im Großen Refektorium; der Chefkoch begeistert mit Kombinationen aus traditioneller polnischer und internationaler Küche. Im Frühling werden Spargel, Krebse und Lammbraten angerichtet, im Sommer viele vegetarische Speisen, im Herbst verabeitet man vorwiegend Wildbret und Pilze, im Winter ist die polnische Küche populär: Piroggen, Kartoffelkuchen und -klöße sowie Knödel. Der Burgkonditor kreiert das ganze Jahr über verführerische Torten, Kuchen und Desserts.
www.zamekryn.pl

Ryński Młyn (€€), Hanki Sawickiej 3, Tel. mobil 785/888422; tgl. 11–22 Uhr. Fantastische Schänke in der ehemaligen Wassermühle unterhalb der Ordensburg am Rheiner Seeufer – aus einigen Fenstern und von der Sommerterrasse herrlicher Blick aufs Wasser. Küchenspezialtäten sind Russische Piroggen, Schweinefleischschaschlik am Spieß mit Dinkelbrot und Kartoffelklöße mit Fleisch, Zwiebeln und Speckgrieben sowie Fischsuppe. Die Kartoffelpuffer mit Quark, Fleisch, Pflaumen und Kohl waren das Siegergericht bei der Wahl der besten masurisch-ermländischen Kartoffelspeise des Jahres 2016. Acht hübsche und klimatisierte Doppelzimmer (Rezeption im Burghotel) gibt es auch, einige mit Terrasse und Seeblick.
www.rynskimlyn.pl

Pension Christel (€), in Sądry Nr. 3, Tel. 089/7423611. Auf halbem Wege zwischen Ryn und Mrągowo. Große Zimmer mit Kiefernholzmöbeln; zur Herberge gehören ein kleines Museum, ein Fahrradverleih und die weit und breit gerühmten hausgebackenen Streuselkuchen.
www.christel.com.pl

Stanica Żeglarska Zielony Gaj (€), Zielony Lasek 4, Tel. 087/4213754. Sympathischer Ort an der Landstraße nach

▶ Karte S. 185

Mikołajki am Kanal mit Restaurant und hübscher Terrasse.

Privatmuseum Masurische Hütte (Mazurska Chata), Sądry 3 (an der Pension ›Christel‹), tgl. 10–18 Uhr.

Sklepik Mazur, Hanki Sawickiej 3; Di–Do und So 10–17, Fr/Sa bis 18 Uhr. Spezialitäten aus Ermland und Masuren, auch frische Delikatessen. Dazu gibt es Masurenliteratur, Karten und Bildbände. In der Etage über dem Gasthaus ›Ryński Młyn‹.

Mrągowo

Im Herzen der Mrągowo-Seenplatte am Westrand der großen Masurischen Seen liegt die 22000 Einwohner zählende Kreisstadt und muntere Sommerfrische Mrągowo (Sensburg) an den Ufern von **Juno-** und **Schosssee** (Jezioro Juno und Jezioro Czos).

Wie die meisten Orte in der Region geht sie auf eine Gründung des Deutschen Ordens zurück, der 1348 auf einem ringsum von Seen und Sümpfen umgebenen Platz eine hölzerne Wehranlage errichtete. Um diese herum entstand unter dem Hochmeister Konrad von Jungingen 1393 eine Siedlung, der Anfang des 15. Jahrhunderts die Stadtrechte verliehen wurden.

Zahlreiche Feuersbrünste zogen im Lauf der Jahrhunderte über ihre Dächer hinweg: ein erstes Mal 1520 im so genannten ›Reiterkrieg‹, dem letzten Versuch der Ordensritter, die polnische Lehnshoheit über Ostpreußen abzuschütteln; 1568 und 1693 wüteten Stadtbrände und in den Koalitionskriegen 1806/07 schließlich die napoleonische und die russisch-preußische Armee. Unermüdlich bauten

Sommerabend am Schosssee

die Sensburger ihren Ort wieder auf, letztmalig nach einem verheerenden Großfeuer 1822, so wie er im Kern bis heute steht.

Aus der Zeit nach dem Stadtbrand stammt das **Rathaus** am Marktplatz mit **Heimatmuseum**, das sich auch dem Leben und Werk des Schriftstellers Ernst Wiechert (1887–1950) widmet. Der Dichter kam nicht weit entfernt von Sensburg im Forsthaus Kleinort bei Piecki (Peitschendorf) zur Welt.

Aus der Chronik der Stadt mit der Bärentatze im Wappen sei noch vermerkt, dass nicht weit südlich von Sensburg im Jahr 1804 der letzte masurische Bär erschlagen wurde. Die Sage greift noch weiter, bis ins 15. Jahrhundert, zurück: Ein

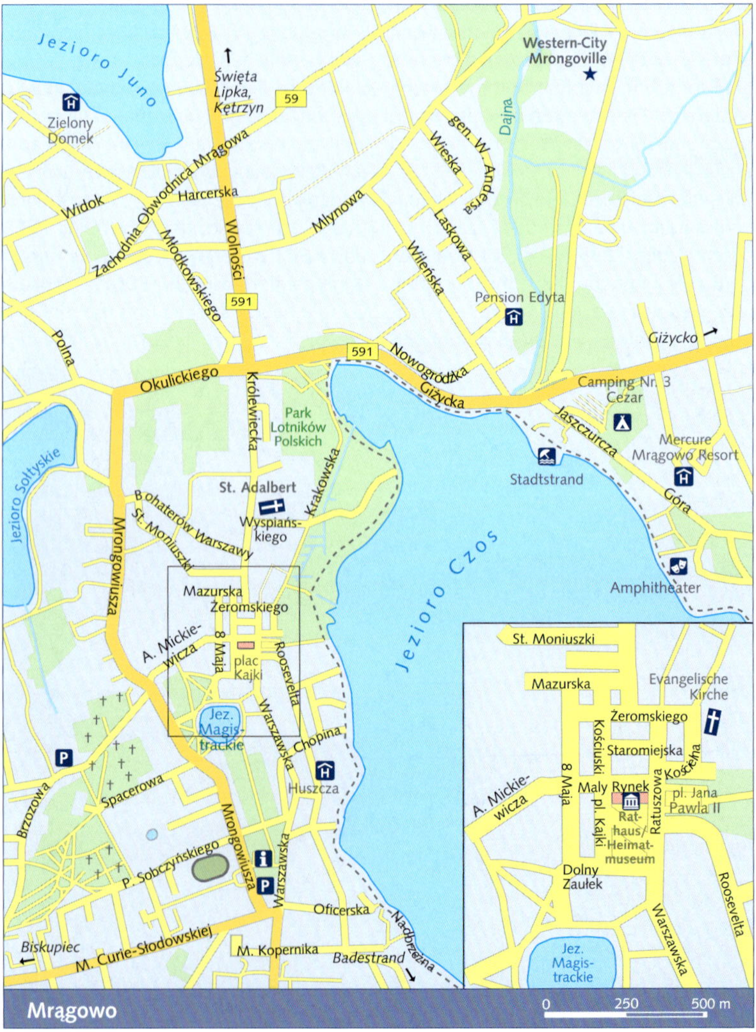

Mrągowo

gefährlicher Meister Petz, wird erzählt, riss das Vieh und ließ sich die Vorräte der Menschen gut schmecken. Erst nach langer Jagd konnte dem Schädling der Garaus gemacht werden. Die Tatze, die ihm die Jäger zum Beweis abschnitten, schmückt seither das Stadtwappen. Nach dem Zweiten Weltkrieg erhielt Sensburg den Namen Mrągowo nach dem masurischen Pastor und Lehrer Christoph Coelestin Mrongovius beziehungsweise Krzysztof Celestyn Mrongowiusz (1764–1855). Im Sprachenkonflikt ab Mitte des 19. Jahrhunderts setzte sich der Gelehrte gegen das ›Germanisieren mit so unangemessenem Eifer‹ und für die Beibehaltung des Polnischen als Schulsprache ein.

Die evangelische Kirche **Sankt Trinitatis**, deren Grundmauern von 1734 stammen, überdauerte das Feuer im Jahr 1822 unbeschadet. Eine Rekonstruktion erfolgte nach der Brandschatzung Ende des Zweiten Weltkriegs, auch die moderne Innenausstattung stammt aus der Nachkriegszeit. Die nicht weit entfernte katholische Kirche **St. Adalbert** (Kościół św. Wojciecha) wurde 1860/61 neugotisch erbaut.

Heute gehört Mrągowo zu den masurischen Urlaubszentren, ist Ausgangspunkt für **Paddel-** und **Wandertouren** und zeigt sich dabei als quirlige kleinstädtische Sommeridylle. Neben Wassersportlern und Feriengästen lockt sie außerdem jedes Jahr Ende Juli Countrymusic-Fans zum internationalen **Picknick Country** ins Amphitheater am Nordufer des Schosssees (Jezioro Czos), dem größten derartigen Festival in Mittel- und Osteuropa. Namhafte Künstler aus aller Welt sind dann in Mrągowo zu Gast.

i Mrągowo

Vorwahl: 089.

Touristinformation, (im Haus für Kultur und Tourismus), ul. Warszawska 26, Tel. 7418039; Juli–Aug. Mo–Fr 8–18, Sa/So 10–16, Sept.–Juni Mo–Fr 8–16 Uhr. Auch Zimmervermittlung.
www.it.mragowo.pl (poln.)

Hotel Mercure Mrągowo Resort & Spa (€€), ul. Giżycka 6, Tel. 7433100. Vier-Sterne-Komfort nahe am Schosssee (Jezio-ro Czos), 100 Meter vom Amphitheater und knapp 2 km vom Stadtzentrum. Mit Aquapark, Saunen, Salzwasserpool, Minigolf- und Tennisplätzen, Badestrand, Bootsverleih. www.mercure.com

Huszcza (€–€€) ul. Roosevelta 21, Tel. 7414095. Dreisternehotel in ruhiger Lage am Schosssee (Jezioro Czos), Holzsauna, Sonnenterrasse, Fahrradverleih.
www.hotelhuszcza.pl

Pension Edyta (€), ul. Laskowa 10, Tel. 7414366. Schönes Haus auf dem Hügel oberhalb vom Nordufer des Schosssees (Jezioro Czos). Swimmingpool, Dampfsauna, Fischteich im großen Garten, Fahrrad- und Paddelbootausleihe. Man spricht Deutsch.

Hotel Zielony Domek (€), ul. Młodkowskiego 24, Tel. mobil 502/531079. Kleines Fischerholzhaus in schöner Lage außerhalb vom Ortszentrum unmittelbar am Junosee (Jezioro Juno), Badestrand, Zeltmöglichkeit im großen Garten (Boote, Kanus und Fahrräder stehen zur Verfügung). Im Restaurant Grillgerichte, mediterrane Küche und köstliche Fischgerichte.
www.zielonydomek.com.pl

Camping Nr. 3 Cezar, ul. Jaszczurcza Góra 1, Tel. 7412533; Mai–Sept. Campingplatz in sanfter Hanglage, terrassiert, am Stadtstrand beim Nordufer des Schosssees (Jezioro Czos) mit Grillbar und Campinghütten.

Heimatmuseum, ul. Ratuszowa 5 (im Rathaus); Juli/Aug. Di–So 9–17, sonst Mo–Sa 10–16 Uhr.

Western-City Mrongoville, ul. Młynowa 50, Tel. 0790/600761. Mit typischem Westernstädtchen, Pferdedressurvorführungen, Reitschule und Übernachtungsmöglichkeit.
www.mrongoville.pl (poln.)

Picknick Country; Ende Juli im Amphitheater am Schosssee (Jezioro Czos). Countrymusic-Festival; lustige Begleitveranstaltungen wie z.B. Wettbewerbe um die besten Reiter und die originellsten Cowboykostüme.

Festival der Grenzlandkultur (Festiwal Kultury Kresowej), an einem Wochenende im August. Traditionelle Lieder und Musikstücke aus den ehemaligen polnischen Gebieten in Litauen, Lettland, Weißrussland und der Ukraine, begleitet von Volkstänzen und Trachtenumzügen.

Stadtstrand, ul. Jaszczurcza Góra, am Nordufer des Schosssees (Jezioro Czos), Verleih von Wassersportgeräten.
Badestrand am Südwestufer des Schosssees, südlich vom städtischen Segelhafen.

Piecki

Zehn Kilometer südlich von Mrągowo erblickte nicht weit vom Dorf Piecki (Peitschendorf) mitten im Wald im Forsthaus Kleinort (Piersławek) 1887 der Schriftsteller Ernst Wiechert das Licht der Welt. Neben dem Heimatmuseum im Rathaus in Mrągowo würdigt sein Geburtshaus **Piersławek** mit einer Ausstellung den großen Schriftsteller Masurens.
Wie kein anderer schrieb Wiechert von den einsamen Wäldern, kargen Sandergebieten und weiten Seen der masurischen Heimat. Vor der nationalsozialistischen Machtergreifung erzielten seine Werke Millionenauflagen und zählten zu den meistgelesenen deutschsprachigen Titeln. Nach seiner Verhaftung und viermonatigen Internierung im Konzentrationslager Buchenwald 1938 lebte der Schriftsteller bis zum Untergang des Nazi-Reichs unter ständiger Aufsicht durch die Gestapo. Die Erlebnisse jener Zeit verarbeitete Wiechert in seinem 1946 erschienenen Roman ›Der Totenwald‹.
An Wiecherts Geburtshaus erinnert seit seinem hundertsten Geburtstag eine Gedenktafel an den Schöpfer der Romane ›Die Jerominkinder‹ und ›Wälder und Menschen‹; sie ehrt den 1950 im Schweizer Exil verstorbenen Dichter als ›rechtschaffenen Menschen, Gegner des Faschismus und Häftling in Buchenwald‹.

Piecki

Ernst-Wiechert-Museum, Forsthaus Kleinort (Piersławek); Mai–Sept. Di–Fr 9–15 Uhr. Anfahrt: Von Mrągowo die Landstraße etwa zehn Kilometer südlich in Richtung Szczytno; kurz nach dem nördlichen Ortseingang von Piecki zweigt am nördlichen Ortseingang die Stichstraße nach Mikołajki ab, von dort sind es noch etwa drei Kilometer bis zum Forsthaus mit Picknickanlage am Waldrand. Die kleine Gedenkstube befindet sich in einer Scheune, unter anderem ist dort Wiecherts Schreibtisch zu sehen.

Sorkwity

Südwestlich von Mrągowo schlängelt sich das seichte Flüsschen **Krutinna** (Krutynia) durch romantisches Seen- und Auenland. Still und sanft zieht es seine Bahnen durch die schöne Natur. Sie verbindet die Gewässer der Sensburger Seenplatte, durchströmt ab dem Weiler Babięta die Johannisburger Heide (Puszcza Piska), schwenkt im Süden bei Spychowo wieder nach Norden, vorbei an den Dörfern Krutyń und Ukta. Nach über 100 Kilometern, darunter 20 Seen, ergießt sich die Krutinna in den Beldahn-

▲ Karte S. 212/185

see (Jezioro Bełdany). Die **Krutynia-Tour** (→ S. 216) gilt als die schönste und beliebteste masurische Paddelroute. Startpunkt ist die **PTTK-Wasserstation** am Lampaschsee (Jezioro Lampackie) bei Sorkwity (Sorquitten), wenige Kilometer westlich von Mrągowo. Hier findet man Zelt- und Caravanplatz, einfache Unterkunft sowie einen Bootsverleih.

Gleich nebenan steht das zinnenbewehrte **Backsteinschloss** der Grafen von Mirbach – 1788 anstelle eines Vorgängers erbaut und zwischen 1850 und 1856 im englischen Tudorstil erweitert und umgestaltet. Ende der 1990-er Jahre wurde das Schloss privatisiert und zum Mittelklassehotel umgebaut.

Schönste und älteste Sehenswürdigkeit in Sorkwity ist die kleine **Dorfkirche** im Ortszentrum nördlich der Landstraße. Von außen wirkt das 1470 erstmals erwähnte, an der Wende zum 17. Jahrhundert neu erbaute Gotteshaus unspektakulär, doch innen zeigt es sich dem Betrachter als eines der reizendsten Beispiele des masurischen Bauernbarocks. Besonderes Augenmerk verdienen der auf 1694 datierende hölzerne Taufengel, der von der Decke herabschwebt und mit seiner silbernen Schale als Taufbecken dient, sowie der 1701 vom Königsberger Meister Isaak Riga geschaffene

Kirche in Wojnowo an der Krutynia

Holzschnitzaltar, in dessen Zentrum die Golgatha-Szene steht, umgeben von masurischen Fischern, Bauern in Sorquitter Tracht und im Hintergrund Schloss Mirbach in seiner Gestalt vor dem Umbau.

Land der tausend Seen

Sorkwity

Vorwahl: 089.

Hotel im Park (€€), Jędrychowo 15, Tel. 7428084. Romantisches historisches Gutshaus, idyllisch im großen Park am Lampaschsee (Jezioro Lampackie), vornehm im Landhausstil, sehr guter Service. Vorzügliches Restaurant mit altpolnischer und regionaler Küche, insbesondere Fisch- und Wildspezialitäten. Kleiner Hotel-Badestrand, Ruder- und Paddelbootausleihe. 200 Meter vom Gutshaus kann man auch in einer von sechs Ferienhütten übernachten. Mit Grill- u. Feuerplatz. www.masuren-hotel.de

Wasserstation Sorkwity (Stanica Wodna PTTK), ul. Zamkowa 13, Tel. 7428124 und 0606/627503; Mai–Sept. Rasenplatz am Lampaschsee (Jezioro Lampackie), Gaststätte, Ferienhäuschen, Badestelle, Fahrrad- und Bootsverleih. www.sorkwity.pttk.pl (poln.)

Wassersportgeräte- und Fahrradverleih, an der PTTK-Wasserstation in Sorwkity.

EXTRA

An der Krutynia

Völlig zu Recht wird die sanfte Krutinna (Krutynia) als der schönste Wasserlauf gerühmt, eine Paddeltour auf dem Flüsschen ist die beliebteste Wasserwanderung Masurens. Über die von dichtem Röhricht gesäumten Seen gleiten die Kanus und Kajaks dahin oder lassen sich von der schwachen Strömung auf dem Fluss treiben, durch grüne Wiesen und Auen, Baumtunnel und an blumengeschmückten Ufern vorbei. An engen Stellen versperren manchmal umgestürzte Gehölze den Weg, und im seichten Wasser huschen die Fische wie Silberpfeile vorüber.

Dank der geringen Wassertiefe und Fließgeschwindigkeit ist die Flussbefahrung auch für Anfänger gut geeignet. Mit Start an der PTTK-Station in Sorkwity plant man für die 100-Kilometer-Strecke, ohne Geschwindigkeitsrekorde aufstellen zu wollen, etwa acht bis neun Tage ein.

Etwa ein bis zwei Wasserwandertage südlich von Sorkwity fließt die Krutynia kurz nach dem Örtchen Babięta in die Johannisburger Heide (Puszcza Piska, → S. 26), vollzieht zwei Seen später bei Spychowo ihre südlichste Schleife und zieht bald darauf in den Masurischen Landschaftspark ein. Dort lohnen in Zgon am südlichen Ufer des Muckersees (Jezioro Mokre) masurische Holzhäuser, in Krutyń das Museum des Masurischen Landschaftsparks und schließlich in Wojnowo das ehemalige Kloster der russischen Altgläubigen einen Blick (→ S. 227).

Radler und Autofahrer können von der Tour, die wie kaum eine andere die landschaftlichen Schönheiten Masurens vorstellt, ebenfalls einen Eindruck gewinnen. Denn es besteht die Möglichkeit, sich an den Wasserstationen für einen kleineren Paddelausflug ein Boot auszuleihen, oft mit Rücktransport inklusive. In den Paddler-Hochburgen Krutyń und Ukta, wo die Krutynia mit nur noch einem halben Meter Tiefe am allerseichtesten ist, hat man darüber hinaus die Möglichkeit, sich ein kleines Stück über den romantischen Fluss staken zu lassen.

Unterwegs auf der Paddelstrecke bieten Wasserstationen in den Weilern Bieńki, Babięta, Spychowo, Zgon, Krutyń, Nowy Most, Ukta und Kamień Unterkunft und Versorgung. Bootsverleihe und Zeltplätze säumen das Ufer; und so geht es gemütlich über den Fluss, mit vielen Kurven und Kehren und durch rund 20 Seen hindurch, bis man über den Beldahnsee (Jezioro Bełdany) zum Endpunkt der Paddeltour in Ruciane-Nida gelangt. Die Wasserstationen liegen meistens sehr malerisch, verfügen über Gästezimmer in festen Häusern und in Campinghütten, Gastronomie, Zeltplatz und Bootsverleih. Für eine Übernachtung rechnet man für zwei Personen mit Frühstück um die 120 Złoty. Geöffnet sind die Wasserstationen in der Regel von Mai bis September.

Sorkwity, Stanica Wodna (Wasserstation), ul. Zamkowa 13, Tel. 089/7428124. www.sorkwity.pttk.pl
Bieńki, Stanica Wodna, Tel. 089/7421059.www.bienki.pttk.pl
Babięta, Stanica Wodna, Nawiady Babięta 43, Tel. 089/7420017. www.stanicababieta.pl (poln.)
Spychowo, Stanica Wodna, ul. Juranda 28, Tel. 089/6225278. www.stanicaspychowo.pl (poln.)

Zgon, Stanica Wodna, Zgon 46, Tel. 089/7420114.
www.stanicazgon.pl
Krutyń, Stanica Wodna, Krutyń 15, Tel. 089/7421293.
www.kajaki-krutynia.pl (poln.)
Ukta, Stanica Wodna, Tel. 087/4257046, www.pttkukta.pl (poln.)
Nowy Most, Stanica Wodna, Nowy Most, Tel. 087/4236045.
www.nowymost.pl
Kamień, Stanica Wodna, Tel. 087/4236022.
Ruciane-Nida, Stanica Wodna, Tel. 087/4231012.
www.pttkruciane-nida.pl (poln.)

Spirdingsee

Der Spirdingsee (Jezioro Śniardwy), das ›Masurische Meer‹, ist mit über hundert Quadratkilometern der größte See in Polen. Wenn es vom Mauersee heißt, dass er mit seinen Sandbänken ein unwegsames Gewässer sei, so kann das Masurische Meer unerfahrenen Wassersportlern sogar gefährlich werden. Vor allem im Bereich der Inseln und Halbinseln verstecken sich zahlreiche Felsblöcke manchmal unmittelbar unter der Wasseroberfläche, und hohe Schilfgürtel und steinige Untiefen machen die zur Hälfte sumpfigen Seeufer schwer zugänglich. Typisch sind hier schnelle Wetterwechsel. Besonders im Frühjahr, sobald das Eis getaut ist, peitscht plötzlich scharfer Wind das Wasser zu hohen Wellen auf. Unerfahrene sollten dann, bevor sich der Himmel vollends verdunkelt, unverzüglich das rettende Ufer ansteuern.

Meist aber zeigt der Mauersee sein friedliches Gesicht. Meterbreite Schilfgürtel wiegen im sanft über das Wasser streichenden Wind. Die Schilfgürtel bevölkern zahlreiche Vogelarten: Möwen, Kormorane und Fischreiher, und mit etwas Glück kann man auch Adler beobachten.

Auf der kleinen **Teufelsinsel** (Czarci Ostrów), auf der sich von 1784 an bis Mitte des 19. Jahrhunderts eine preußische Festung befand, sollen böse Geister umgehen. Es seien die Seelen der den prußischen Hauptgöttern Perkunos, Pekollos und Patrimpe geopferten Menschen, erzählt man sich. Tatsächlich belegen Aus-

▲ Karte S. 185

Der Spirdingsee, auch ›Masurisches Meer‹ genannt

grabungen die Annahme, dass die Insel im 12. Jahrhundert eine Kultstätte der Prußen war. Menschliche Überreste aus jener fernen Epoche hat man allerdings keine gefunden.

Mikołajki

Nikolaiken ist nach dem heiligen Nikolaus benannt, dem Schutzpatron der Seefahrer. Wer den wohl hübschesten und beliebtesten masurischen Ferienort besucht, macht auch Bekanntschaft mit dem sagenhaften **Stinthengst**. In Gestalt eines Holzfischs mit kleiner Krone auf dem Haupt schwimmt der ›König der Maränen‹ (Król Sielaw), an einen Brückenpfeiler gekettet, an der Einfahrt in den Nikolaiker See (Jezioro Mikołajskie). Seit dem 16. Jahrhundert soll er dort bereits gefangengesetzt sein. So berichtet die Sage: Als gefürchteter Feind der Fischer zerstörte der Stinthengst ihre Netze und brachte ihre Boote zum Kentern, so dass der Fischfang fast zum Erliegen gekommen war und die Menschen zu hungern begannen. Den Gebeten und

Sommerliches Mikołajki

Opfergaben, die eine tapfere Frau an die alten prußischen Gottheiten richtete, war es zu verdanken, dass der Fischkönig nach langem vergeblichen Mühen endlich ins Netz ging. Als die Nikolaiker anschließend über ihn Gericht hielten, begann er plötzlich zu sprechen und bot ihnen zum Tausch für sein Leben allezeit volle Netze. Die Menschen ließen sich auf den Handel ein, schmiedeten den Stinthengst aber sicherheitshalber an den Brückenpfeiler – genau dort, wo er heute noch schwimmt. An der Straßenbrücke über die Wasserenge zwischen **Talter Gewässer** (Jezioro Tałty) und **Nikolaiker See** (Jezioro Mikołajskie) wird das Wahrzeichen von Mikołajki jedes Jahr Anfang Juli zu Wasser gelassen. Begleitet von einem Stadtfest wird damit die Sommersaison eingeläutet, während der der Holzfisch die zahllosen Segel- und Paddelboote, die in den beliebten Ferienort einziehen, standesgemäß begrüßt. Dauerhaft findet man den Stinthengst auf dem Marktplatz (Brunnenfigur) sowie einen zweiten vor dem Restaurant ›U Hamera‹ (Aleja Kasztanowa). Ein ebenbürtiger Gevatter aus Stein schmückt den Brunnen auf dem rechteckigen **Marktplatz** im Herzen des ›Masurischen Venedig‹, wie man das Dorf mit dem Stinthengst im Wappen dank seiner traumhaften Lage zwischen den Großen Seen auch nennt. 1444 wurde es erstmals als Nickelsdorf oder Niklasdorf erwähnt, nach dem Beschützer der Seefahrer, dem heiligen Nikolaus; 1726 bekam es von König Friedrich Wilhelm I. das Stadtrecht verliehen. Bis zur Erfindung der Sommerfrische Ende des 19. Jahrhunderts hielt das kleine Dorf einen Dornröschenschlaf. Nur im Juli und August zog mit einigen wenigen Sommergästen zeitweilig Unruhe ein. Doch bald darauf senkte sich wieder die Schläfrigkeit über den Ort, so wie sie Arno Surminski in seiner Erzählung ›Die Reise nach Nikolaiken‹ beschreibt: »Brachen neue Zeiten an, erreichten sie Masuren mit gehöriger Verspätung so um die Vesperzeit, nachdem sie sich unterwegs ausgetobt hatten.«

▸ Karte S. 219

Heute liegen im großen **Jachthafen** zur Hochsaison unzählige Boote vor Anker. War das keine 4000 Einwohner zählende Dorf schon zu früheren Zeiten eines der beliebtesten polnischen Ferienziele, prägt der Tourismus heute vollends die Atmosphäre. Seit 1989 hat sich die bebaute Fläche mehr als verdoppelt. Vieles ist neu entstanden, zur Freude der Urlauber, die auf eine ausgezeichnete touristische Infrastruktur zurückgreifen können. Zahlreiche neue Hotels und Pensionen haben eröffnet, die Unterkunft für jeden Geschmack und Geldbeutel bieten. Jüngstes Fünf-Sterne-Objekt ist das 2013 in Form eines überdimensionierten Glas-Beton-Baus errichtete Hotel **Mikołajki** auf der Vogelinsel im Nikolaiker See, mit dem Festland durch eine hölzerne Brücke und für Schlechtwetter einen gläsernen Tunnel verbunden. Zwischen Marktplatz und Nikolaiker See prangt ein neues **Fußgängerviertel** im historisierenden Fachwerkstil, in dem sich ebenerdig Cafés, Restaurant und Boutiquen einquartiert haben und in den Etagen darüber den Urlaubern Apartments zur Verfügung stehen. Den benachbarten, denkmalgeschützten alten **Speicher** hat man liebevoll restauriert und zur Seepromenade Restaurants eröffnet. **Ausflugsdampfer** der Weißen Flotte schippern von hier im Stundentakt zum Mauer- oder Spirdingsee. Einen Steinwurf entfernt zeigt das **Museum der Polnischen Reformation** (Muzeum Reformacji Polskiej) neben der **Pfarrkirche** Dokumente der polnischen Reformattion in Masuren. Ein weiteres kleines **Flanierviertel** mit Pianobars, Restaurants, Galerien, Geschäften und Unterkunftsmöglichkeiten ist auf der anderen Seite der zentralen Dorfstraße entstanden, weitere neue Hotels und Ferienanlagen ziehen sich am Ufer des Talter Gewässers (Jezioro Tałty) entlang.

Überall im Ort herrscht in der Sommerzeit Trubel. Im Hafenbereich klappern vor Biergärten und Schnellrestaurants die Tampen zahlloser Segelboote im Wind, und bis spät abends wummert die Diskomusik. Doch spätestens Ende September werden die Rollos schon wieder heruntergelassen und die Bordsteine hochgeklappt – und Mikołajki fällt wieder in den Winterschlaf.

Jezioro Łuknajno

Markierte Wanderwege führen von Mikołajki aus östlich zum etwa fünf Kilometer entfernten **Biosphärenreservat** am **Lucknainer See** (Jezioro Łuknajno), wo jährlich um die tausend Höckerschwanpaare ihre Nachkommen ausbrüten. Mit durchschnittlich nur 60 Zentimetern Tiefe herrschen optimale Aufzuchtbedingungen, da sie die Nahrung leicht vom Gewässergrund aufnehmen können. Die Schwäne fressen mit Vorliebe die hiesigen großen Armleuchteralgen, die am schlammigen Boden leben. Im Frühjahr legen Vögel ihre Eier in Nestern im Schilf ab, bebrüten sie über einen Monat lang und betreiben, nachdem die Jungen geschlüpft sind, bis zum Sommerende die

Blick von der Fußgängerbrücke

Pflege. Erst Mitte bis Ende September sind die Kleinen flügge, so dass man sie vom Ufer aus beobachten kann. Das Reservat selbst darf nicht betreten werden, um die Brutruhe nicht zu stören. Von **Hochsitzen** am Rande der Pfade rund um den See kann man den Tieren jedoch – am besten mit einem Fernglas – jederzeit zusehen. Daneben bevölkern weitere 175 Vogelarten das Revier. Ein weiterer Hochsitz steht im Schilfdickicht beim Gasthaus **Zum Schwan** (Gościniec Pod Łabędziem) im Flecken **Folwark Łuknajno** am südlichen Seeufer.

Mikołajki

Vorwahl: 087.

Touristinformation, plac Wolności 7, Tel. 4216850; Mai–Sept. Mo–Fr 10–16, Sa/So bis 15 Uhr.www.mikolajki.eu

Hotel Mikołajki Conference & Spa (€€€), Aleja Spacerowa, Ptasia Wyspa, Tel. 4206000; DZ im Juli/Aug. ca. 150 Euro. Exponierte Lage auf der Vogelinsel, maritimes Flair mit wundervollem Ausblick, luxuriöse und geräumige Zimmer. www.hotelmikolajki.pl

Hotel Gołebiewski (€€€), ul. Mrągowska 34, Tel. 4290700; DZ im Juli/Aug. ca. 200 Euro. Weithin sichtbare, wie eine Festung auf einem Hügel über dem Ort thronende Hotelanlage mit über 550 Komfortzimmern, mehreren Bars und Restaurant, Tennisplätzen, Spaßbad, Kasino und Golf; Badespaß und Golfabschlag stehen gegen Entgelt auch Nicht-Hotelgästen zur Verfügung. www.golebiewski.pl

Hotel Amax (€€–€€€), Aleja Spacerowa 7, Tel. 4219000. Drei-Sterne-Haus in einer ruhigen Bucht am Nikolaiker See mit herrlichem Blick, auch Suiten und Villenapartements, Wellnessangebote. 15 Min. Fußweg ins Zentrum. www.hotel-amax.pl

Stare Sady Chillout Rooms (€€), Stare Sady 13, Tel. 0602/425723. Ca. 5 km außerhalb von Mikolajki, herrliche Lage am Talter Gewässer (Jezioro Tałty), kleine Marina für Gäste mit eigenem Boot. www.mikolajki.com.pl

Aparthotel Mikołajki (€€), pl. Handlowy 7, Tel. 4219845. Ansprechende Neubauvilla im Flanierviertel, freundlicher Mittelklassekomfort, im Restaurant mit Biergarten polnische und regionale Spezialitäten. Das Hotel ist das wichtigste Eissegelzentrum in Masuren und verfügt über die größte Flotte von Eisseglern, die den Urlaubern vom ersten Eis bis ins Frühjahr zur Verfügung stehen; angeschlossen ist ein Wohnmobilstellplatz. www.aparthotelmikolajki.pl (poln.)

Ach! Mazury (€€), ul. Leśna 1, Tel. 4216022. Vor dem Hotel ›Amax‹ mit schönem Blick auf Mikołajken und die Vogelinsel. www.achmazury.pl

Santa Monica (€€), ul. Papieża Jana Pawła II nr 3, Tel. 4207057. Modernes Haus mit freundlichen Zimmern etwas abseits vom Trubel oberhalb vom Plac Handlowy. www.hotelsantamonica.pl

Przechowalnia Marzeń (€€), Na Górce 29, Tel. mobil 060/8865459. Zu Gast bei Künstlern; mit Galerie, Frühstück, Kaffee, Tee und Desserts. www.przechowalniamarzen.com (poln.)

Pension Mikołajki (€€), ul. M. Kajki 18, Tel. 087/4216437. Schöne, gemütliche Ferienvilla mit Holzbalkonen zur Straße und zum See, mit herrlichem Seeblick und Ankerplätzen für Segelboote direkt vor der Tür im Garten, außerdem Fahrrad- und Bootsverleih. www.pensjonatmikolajki.pl

Gościniec Pod Łabędziem (€), Łuknajno 2, Tel. 087/4216862. Etwa 5 km östlich Mikołajki liegt das ›Gutshaus zum Schwan‹ allein weit und breit im Biosphärenreservat, wenige Schritte vom südlichen Ufer des Lucknainer Sees. Die Zimmer sind mit Kiefernmöbeln eingerichtet, im Restaurant genießt man regionale Spezialitäten. Fahrrad- und Bootsverleih. www.luknajno.pl

Karte S. 219

Camping Wagabunda, ul. Leśna 2, Tel. 4216018; Mai–Sept. Gut besuchte, gepflegte Rasenanlage am Westufer des Nikolaiker Sees (Jezioro Mikołajki) gegenüber vom Ortszentrum, mit Campinghütten, Gaststätte und Fahrradverleih. www.wagabunda-mikolajki.pl

Wohnmobilstellplatz, beim ›Aparthotel Mikołajki‹, Sanitär, Ver- und Entsorgung.

Biwakplatz (Pole namiotowe), ul. Okrężna. Kleiner Platz auf einem Gehöft unter Obstbäumen nahe der Westseite der Fußgängerbrücke.

An Gastronomie (Restaurants und Fast Food) besteht an der Uferpromenade und im Zentrum eine große Auswahl. Persönliche Favoriten:

Restaurant Spiżarnia, Plac Handlowy 14, Tel. 4215218; im Sommer tgl. 10–22, sonst 13–20 Uhr. Gute polnische Küche, auch bei Einheimischen beliebt. www.spizarnia.mazury.pl (poln.)

Restaurant & Pub U Hamera, Aleja Kasztanowa 2, Tel. 4216622; Mitte April–Mitte Okt. tgl. 10–22 Uhr. Schöne Location am mittleren Abschnitt der Promenade mit Blick auf die Boote. Fisch und polnische Küche. www.uhamera.pl

Weiße Flotte Masuren (Żegluga Mazurska), Plac Wolności 15, Tel. 4216102 (Hafen Mikolajki); Juni–Sept. tgl. ab 9 Uhr. Über die Großen Masurischen Seen, nach Norden über Ryn bis Giżycko und Richtung Süden bis Ruciane-Nida; ab Anlegestelle an der Fußgängerbrücke. www.zeglugamazurska.com.pl

Żegluga Robert's Port (nördlich der Fußgängerbrücke), Tel. 4298476. Unter anderem nach Ruciane-Nida.

Stadtstrand, am Nordwestufer des Nikolaiker Sees (Jezioro Mikołajki), gegenüber vom Ortszentrum an der Vogelinsel vor dem Hotel ›Mikołajki‹.

Wassersportgeräteverleih, beim Segelzentrum (Wioska Żeglarska) am Hafen, ul. Kowalska 3, Tel. 4216040.

Driving Range und **Golfakademie**, am Hotel ›Gołębiewski‹.

Wochenmarkt (Targowisko) am plac Handlowy neben dem Hotel ›Złota Rybka‹ im Zentrum.

Masurischer Landschaftspark

Südlich von Mikołajki dehnt sich auf 55 000 Hektar der Masurische Landschaftspark (Mazurski Park Krajobrazowy) aus. Mit seinem Gründungsjahr 1977 ist er der älteste Naturpark in Ermland-Masuren und umfasst den gesamten Spirdingsee (Jezioro Śniardwy) sowie südlich und westlich davon große Teile der Johannisburger Heide (Puszcza Piska).

Wierzba und Popielno

Die Flecken Wierzba (Wiersba) und Popielno (Spirding) liegen auf der Spitze der Landnase, die sich mit Wald, Sümpfen und Moorseen zwischen Nikolaiker-, Spirding- und Beldahnsee (Jezioro Mikołajskie, Śniardwy, Bełdany) südlich von Mikołajki schiebt. Von Mikołajki führt nahe dem Campingplatz ›Wagabunda‹ ein sandiger Fahrweg über fünf Kilometer in Richtung Wierzba. Hier ist in der Saison eine kleine **Fähre** in Betrieb, auf die nur vier bis fünf Autos passen. Im idyllischen Flecken **Wierzba** befinden sich ein Konferenzzentrum der Polnischen Akademie der Wissenschaften mit Hotel sowie ein kleiner Jachthafen und die Pension ›Siedlisko Wierzba‹.

Von Wierzba geht es etwa einen Kilometer in östlicher Richtung quer über die

Die Fähre bei Wierzba

Halbinselspitze nach **Popielno** zur zoologischen Forschungsstation, wo man sich seit über 60 Jahren der Wiederansiedlung von Bibern, Wisenten und der Rückzüchtung der ausgestorbenen Tarpanpferde verschrieben hat. Das letzte dieser ebenso robusten wie zierlichen, nur bis 1,30 Meter kleinen Wildpferdrasse, die einst in Ostpreußen und im Steppengebiet der Ukraine lebte, wurde 1876 erschlagen. Die heutigen Tarpane, wie man sie auf mehreren Koppeln in Polpielno sieht, sind das Ergebnis der Rückzüchtungen seit 1957. Im Stationsgebäude informiert ein kleines Museum über die wissenschaftliche Arbeit. Etwa 100 Meter Fußweg weiter ist der kleine Hafen mit einfacher Bar erreicht.

Von Wierzba/Popielno führt eine Straße durch den Masurischen Landschaftspark mit herrlichem Kiefern-Blaubeerwald in Richtung Ruciane Nida (15 km).

Wierzba und Popielno

Fähre Wierzba; 25. Mai–29. Sept. tgl. 11–17.40 Uhr.

Hotel Wierzba (€–€€), Wierzba 7, Tel. 087/4231619. Herrliche Lage mit Ausblick aufs Wasser, Dependance nahe der Fähre (mit einfacherer Ausstattung und noch ruhiger, dafür günstigerer Übernachtungspreis); dort auch kleiner Campingplatz mit hübscher Badestelle. Das Hotelrestaurant ist für seine ausgezeichnete Küche bekannt. Tipp: Gänsebrust mit gebackenem Apfel. In der Grillhütte nahe der Fähre kommt unter anderem Pizza aus dem Steinbackofen. Für Hausgäste ist die Sauna im Hauptgebäude inklusive. Reichhaltiges Frühstück. www.wierzba.pan.pl (poln.)

Siedlisko Wierzba (€), Wierzba 1, Tel. 4236517. Haus am Wasser nahe der Fähre neben dem Hotel ›Wierzba‹, die Eigentümer sprechen ausgezeichnet Deutsch. Sauna im Fass am Seeufer. Im Restaurant von Marianna und Kazimierz Koss kommt schmackhafte regionale Küche mit einheimischen Zutaten auf den Tisch. Tipp: Hausgemachte Knödel mit Erd- oder Blaubeeren.
www.siedliskowierzba.pl (poln.)

Naturkundemuseum Popielno (Muzeum Przyrodnicze); tgl. 10–16 Uhr.

Krutyń und Ukta

▸ Karte S. 185/217

In Richtung Krutyń (Krutinnen) und Ukta (Alt Ukta) weicht der Wald romantischem Wiesen- und Weideland, und in dem einen wie dem anderen Dorf hat sich zwischen staubigen Sandwegen manches typisch masurische Holzhaus bewahrt. Der Name ›Krutinnen‹ stammt aus dem Altpreußischen und bedeutet ›schnellfließender und gewundener Fluss‹.

Mit Wasserstationen und Bootsverleihen sind beide das ›Paddler-Mekka‹ auf der landschaftlich malerischen **Krutynia-Pad-**

delroute (→ S. 216). Wahlweise zwischen zwei und acht Stunden von Krutyń bis Ukta oder Zgon beziehungsweise bis Nowy Most oder Iznota kann man mit dem Mietboot einzelne Etappen der Krutynia-Route zurücklegen, Rücktransport zum Ausgangsort inklusive.

Und wer nicht selbst paddeln mag, hat die Möglichkeit, sich von einem Bootsmann über das seichte Gewässer staken zu lassen. Der Bootshafen befindet sich unterhalb des Restaurants ›Krutynianka‹ im Fachwerkstil an der Hauptstraße. Schräg gegenüber wartet in einem traditionellen Holzblockhaus von Anfang des 20. Jahrhunderts am Verwaltungssitz des Masurischen Landschaftspark ein kleines **Naturkundemuseum** auf einen Besuch. Weitere alte Holzhäuser lassen sich im winzigen Flecken **Zgon** (Hirschen) am Südufer des Muckersees (Jezioro Mokre) in Augenschein nehmen. Hier, an der Hauptstraße, befindet sich in einer solchen masurischen Hütte aus dem 19. Jahrhundert auch die **Galerie der Köpfe** (Galeria głów) des Künstlers Adam Szubski. Viele Köpfe und Büsten sind auch unter freiem Himmel zu bestaunen.

Boote auf der Krutynia

Krutyń und Ukta

Vorwahl: 087.

Oberża pod psem (€), Kadzidłowo 1, Tel. 4257474; Tgl. 9–20 Uhr. Beliebtes Gasthaus unter der Regie von Danuta und Krzysztof Worobiec, in der Saison oft Hochbetrieb. Tipps: Masurische Ziegen- und Schafskäseplatte, Bigos, Gemüse aus der Pfanne, Flaschenbier aus der Brauerei ›Kormoran‹. Sehr gutes Weinangebot. Kadzidłowo (Einsiedelei) liegt bei Nowa Ukta, Abzweig von der Landstraße Nr. 610, vom Abzweig 1 km auf welligem Fahrweg durch den Wald. Man kann hier auch Zimmer oder ein Gästehaus mieten, gegen Aufpreis traditionelle russische Sauna. Das Wirtshaus ist Teil eines kleinen Heimatmuseums und Wildparks, u.a. mit Damwild und Elchen (tgl. 10–18 Uhr).
www.oberzapodpsem.com.pl

Gościnec Szuwary (€€), Krutyń 54b, Tel. mobil 060/7291262. Drei große Holzhütten stehen beim Ortsausgang idyllisch am Fahrweg von Krutyń nach Gałkowo. Hübsche DZ und Apartments.
www.szuwary.info

Restaurant Krutyńska, Krutyń 72, Tel. 7422358; Mai–Sept. tgl. 10–20 Uhr. Neues, großes und sympathisches Haus am Ortsausgang Richtung Spychowo. Reichhaltiges Angebot, die Lokalität wird aber auch von Reisegruppen angesteuert. Tipp: Apfeleierkuchen.
www.restauracjakrutynska.pl (poln.)

PTTK-Wasserstation, Krutyń 15, Tel. 89/7421293. Zeltplatz, Campinghütten, Grill, Bar, Gastwirtschaft, Bootsverleih, traumhaft schön an der Krutynia; Gästezimmer im Haus mit Duschbad (€).
www.kajaki-krutynia.pl (poln.)

Naturkundemuseum des Masurischen Landschaftsparks (Muzeum Przyrodnicze Mazurskiego Parku Krajobrazowe-

go), Krutyń 66, Tel. 7421405; Mo–Fr 7.30–15.30 Uhr.
www.parkikrajobrazowewarmiimazur.pl (poln.)

Stakfahrten und geführte **Paddelfahrten** in Krutyń, Krutyń 4, Tel. 0600/427868. www.krutynia.com.pl

Bootsverleih in Krutyń: PTTK-Wasserstation (→ Hotels).

Wasserstation AS-Tour, Krutyń 4, Tel. mobil 608/319014.www.splywy.pl

Flamingo, Krutyń 72, Tel. mobil 060/5364242. Kajakausleihe und Bootstouren.
www.kajak.org.pl (poln.)

In Ukta: **PTTK-Wasserstation**, Ukta 42a, Tel. 087/4257046.

Bootsverleih Nemo, Most Ukta, Tel. 0697/215277.www.ukta.pl (poln.)

Kajakicentrum, Ukta 106, Tel. 087/4257340. www.kajakicentrum.pl (poln.)

Gałkowo

Gut zwei Kilometer westlich von Ukta (Alt Ukta), an der Straße Richtung Piecki, finden Reiter ihr Glück im **Gestüt Ferenstein** in Gałkowo (Galkowe). Für Ausritte, geführte Tagesreitausflüge, Kutschfahrten oder auch zum Reit- und Springunterricht werden auf dem Hof etwa 100 Pferde bereitgehalten, für die Kleineren auch Ponys.

Die damals 35-jährige Marion Gräfin Dönhoff war auf der Flucht aus Ostpreußen im Winter 1945 etwa 1000 Kilometer bis nach Hamburg auf dem Pferd geritten. Im **Jagdhaus Gałkowo** (Galkowen) erinnert der Dönhoff-Salon an die bekannte Publizistin und Advokatin der deutsch-polnischen Aussöhnung, Marion Gräfin Dönhoff (1909–2002). Das historische Jagdhaus aus dem 19. Jahrhundert, das sich ursprünglich in Steinort (→ Sztynort, S. 202) am ehemaligen Sitz der Grafen von Lehndorff befand, wurde hierher versetzt und liebevoll restauriert, heute ein renommiertes Restaurant. In der Nachbarschaft stehen zwei kleine Gästehäuser im masurischen Stil, hier kann man in zehn hübschen Doppelzimmern oder in einem der drei Apartements übernachten.

Das Jagdhaus Gałkowo stand ursprünglich in Steinort

Renate Marsch-Potocka, ehemals dpa-Korrespondentin in Warschau, führt Besucher durch den Salon Marion Gräfin Dönhoff, sie kannte die Gräfin noch persönlich und erzählt gern die eine oder andere Episode. So war die Gräfin Dönhoff von der Bundesregierung unter Willy Brandt nach Warschau zur Unterzeichnung der Ostverträge eingeladen. Zwei Tage vor Abreise sagte sie ab: Sie könne nach dem Vertragsabschluss nicht mit Champagner auf den Verlust der Heimat anstoßen – Brandt nahm die Entschuldigung an und bedankte sich bei ihr nichtsdestotrotz nochmals für die Unterstützung seiner Politik der Versöhnung.

▸ Karte S. 217

Seit der Wende gibt es in Mikołajki eine Marion-Dönhoff-Schule. Die Adlige reiste seit 1995 jedes Jahr zur Abiturfeier und überreichte den Jugendlichen die Zeugnisse.
In der kleinen Bibliothek im ersten Stock des Jagdhauses finden sich alle Werke von Dönhoff, viele Bücher über Ostpreußen und zum 20. Juli 1944. Der damalige Besitzer der Jagdhauses Steinort, Heinrich Graf Lehndorff, war an der Vorbereitung des Attentats beteiligt und wurde später in Plötzensee hingerichtet. Er war ein Cousin und enger Jugendfreund der Gräfin gewesen.
Auch Marion von Dönhoff war wohl in die Umsturzpläne eingeweiht, stand aber auf keiner Fahndungsliste. Sie musste nur ein Verhör bei der Gestapo über sich ergehen lassen.

Gałkowo

Vorwahl: 087.

Jagdhof Gałkowo/Dwór Łowczego (€), Gałkowo 46, Tel. 4257073. Bildschöne Anlage, die Zimmer in traditionellen masurischen Holzhäusern, im Haupthaus, Schuppen und Scheune; im Restaurant werden Gerichte aus regionalen Zutaten serviert wie Lamm-Piroggen mit saurer Sahne und gebratener Barsch (Mo–Do 11–20, Fr bis 21, Sa 9–21, So 9–20 Uhr). Reiten und Kutschfahrten direkt gegenüber im Gestüt ›Ferenstein‹. www.galkowo.pl
Acqua di Rosa Health & Spa (€€€), Zameczek 5, Tel. mobil 695/900005. Im Sommer 2016 eröffnete luxuriöse Verwöhnoase im Weiler Zameczek bei Wojnowo (auf dem Weg nach Gałkowo). www.acquadirosa.pl (poln.)

Wojnowo

Im Dörfchen Wojnowo (Eckertsdorf) südlich von Ukta blieb eine ansehnliche Zahl masurischer **Holzhäuser** bewahrt. Unter ihnen steht – für Masuren ungewöhnlich – eine 1840 errichtete orthodoxe **Holzkirche** mit blau-weißem Anstrich. Falls die Tür verschlossen ist, klingelt man im Gebäude am Friedhof.
Am südlichen Ortsrand, kurz vor der Straße nach Ruciane-Nida, thront auf einem Hügelchen über dem Dußsee (Jezioro Duś) das winzige **Kloster der heiligen Dreifaltigkeit und des Erlösers**. Die einstige orthodoxe Präsenz erklärt sich mit der russisch-orthodoxen Kirchenreform 1667 im zaristischen Russland, nach der die Altgläubigen verfolgt wurden. 1825 räumte ihnen König Friedrich Wilhelm III. das Recht zum Ansiedeln ein, 1836 gründeten sie die Einsiedelei Eckertsdorf. 1847 wurde die Abtei eingeweiht, und noch bis weit ins 20. Jahrhundert konnte man in den Dörfern in der Region eine altrussische Mundart vernehmen. Die größte Blütezeit fällt in die Jahre 1852 bis 1867, als sich die Repressionen im Zarenreich verschärften. Den Innenraum der ländlich-pittoresken Klosterkirche schmücken eine reich verzierte Ikonostase und zahlreiche schöne Ikonen. Die kostbarsten Stücke aus dem Altgläubigenkloster befinden sich allerdings im Schlossmuseum von Lidzbark Warmiński.
Auf dem **Friedhof** nahe der Abtei sind auch die letzten beiden Schwestern Helena und Afimia bestattet († 2005/2006). Mit ihnen endete die fast 160-jährige Klostergeschichte. Seither wird das Areal nur noch museal genutzt.

Ruciane-Nida

Ruciane-Nida (Rudschanny) ist von Wasser umgeben. Touristisch interessant ist nur der Ortsteil Ruciane. In Nida finden sich lediglich Wohnhäuser, wenige kleine Geschäfte und zwei Supermärkte.

Das interessanteste Bauwerk findet sich am östlichen Ende der ul. Dworcowa Richtung Pisz, auf der rechten Seite gleich nach der Brücke über den Kanal, nahe dem Hafen. Hier steht die größte **historische Schälanlage** Ostpreußens, eröffnet wurde sie 1892. Die Anlage konnte maximal 180 Tonnen Zapfen (von Fichten, Kiefern, Tannen und Lärchen) aufnehmen, die in Behältern trockneten. Die so gewonnenen Samen wurden zum Anlegen von Baumschulen genutzt. Im Norden ist der **Beldahnsee** (Jezioro Bełdany) als schmale Rinne mit dem Spirdingsee (Jezioro Śniardwy) verbunden, im Süden erstreckt sich der **Niedersee** (Jezioro Nidzkie).

Vom Ortsteil Ruciane am **Guschienen-See** (Jezioro Guzianka Wielka) nimmt die Weiße Flotte von Juni bis September Kurs auf Mikołajki und Giżycko. Nebenan befindet sich der Segelhafen. An der Schleuse **Guzianka**, die im gleichnamigen Ortsteil Beldahn- und Niedersee verbindet, herrscht im Sommerzeit Hochbetrieb. Zweieinhalb Meter Wasserstandsunterschied werden bei einer Durchfahrt ausgeglichen, von einer kleinen Brücke kann man beim Schleusen zuschauen.

Am Niedersee

Vielen gilt der malerische Niedersee (Jezioro Nidzkie) südlich von Ruciane-Nida als das schönste masurische Gewässer. Seine Ufer sind an vielen Stellen von Schilfgürteln gesäumt, Seerosen blühen am Uferrand und überziehen die kleinen Buchten.

Im Ufergebüsch leben Möwen und Seeschwalben, Wildenten, Schwäne, Gänse, Hauben- und Seetaucher, und auch Störche, Reiher und Greifvögel lassen es sich hier gut gehen. Wie eine Mondsichel zieht sich das Gewässer im Bogen

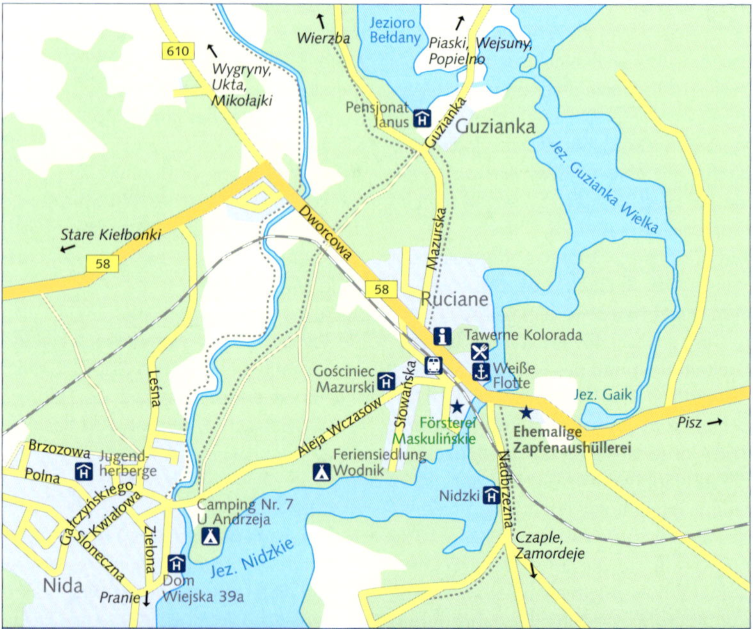

Ruciane-Nida

durch die Kiefern- und Fichtenwälder der **Johannisburger Heide** (Puszcza Piska). Ein etwa zehn Kilometer langer Waldspaziergang führt vom Ortsteil Nida aus südwärts zum **Forsthaus Pranie** am Ufer des Niedersees. Auf einer Lichtung in der Nähe des Steilufers liegt der weinumrankte Klinkerbau, und findet man ihn nicht auf Anhieb, helfen womöglich die Worte seines ehemaligen Bewohners weiter, des Schriftstellers Konstanty Ildefons Gałczyński (1905–1953), der schrieb: »Um ein Forsthaus in Masuren zu finden, muss man in den grünen Wäldern einfach nur nach roten Dachziegeln Ausschau halten«.

In seinen letzten Lebensjahren zog sich Gałczyński als ebenso berühmter wie umstrittener Avantgarde-Dichter in die hiesige Idylle zurück. Seit 1980 ist im Forsthaus ein kleines **Gałczyński-Museum** untergebracht, an Sommerwochenenden finden Lesungen und Konzerte statt.

Ruciane-Nida

Vorwahl: 087.

Internet: www.ruciane-nida.pl

Touristinformation, ul. Dworcowa 14 (nahe vom Kreisverkehr gegenüber dem Bahnhof), Tel. 4231989; Mai–Sept. tgl. 7.30–19, Okt.–April Mo–Fr 7.30–15.30 Uhr. www.lotmp.pl

Mazurski raj (€€), in Piaski 5, Tel. 4252100. Zimmer, Apartments und Ferienhäuser in herrlicher Lage am Ufer des Beldahnsee (Jezioro Bełdany). Kleine Doppelzimmer, Sauna kostet extra. Taverne am Strand. Fünf Kilometer nördlich von Ruciane-Nida.
www.mazurskiraj.pl (poln.)

Letni Ogród (€€), im OT Wygryny 30 a, Tel. mobil 607/757381. Kleiner Jachthafen mit Pension und Hüttenvermietung.
www.letniogrod.eu

Hotel Nidzki (€€), ul. Nadbrzeżna 1, Tel. 4236401. Herrliche Waldlage in einer kleinen Bucht am Niedersee (Jezioro Nidzkie), Restaurant, Spa und Badestelle, Sauna kostet extra. Keine schlechte Wahl wegen der entzückenden und ruhigen Lage, aber Abstriche an der Inneneinrichtung; Service und Frühstück von Lesern gelobt.
www.hotelnidzki.pl

Dom Wiejska 39a (€), ul. Wiejska 39a, Tel. mobil 509/756566. Sehr gute Wahl für Selbstverpfleger in schöner Lage am Niedersee (Jezioro Nidzkie), keine Haustiere. www.domwiejska.pl

Pension Janus (€), ul. Guzianka 1, Tel. 4236450. Freundliches Haus im Ortsteil Guzianka in einer lauschigen Bucht am Beldahnsee (Jezioro Bełdany), Café, Restaurant, großer Garten, eigener Bootsanleger, Rad- und Wassersportgeräteverleih.
www.pensjonatjanus.pl

Feriensiedlung Wodnik, al. Wczasów 13, Tel. 4231075. Ausgedehnter Platz unter schattigen Bäumen am Niedersee (Jezioro Nidzkie) an der Straße zwischen Ruciane und Nida. Neue Holzhütten, auch Camping, Mai–Sept.
www.wodnik-mazury.pl

Camping Wejsunek, in Wejsuny (6 km nördlich von Ruciane-Nida), Tel. 0500/804303; Mitte Mai–Mitte Sept. Idyllischer Rasenplatz im Weiler Wejsuny am Seeufer an der Straße Richtung Wierzba/Popielno, mit kleiner Pension, Gastronomie, Campinghütten, Badestrand und Wassersportgeräteverleih.
www.wejsunek.pl

Restaurant und Tawerne Kolorada, Dworcowa 6e, Tel. 0503/122451. Von der Terrasse im 1. Stock Blick aufs Wasser. Zweites Haus ein Stück weiter Richtung Bahnhof an der Hauptstraße. www.kolorada.pl

Daneben befindet sich die große **Szaszłyk Bar**, noch 100 Meter weiter am Hafenkai eine zweite große **Tawerne**.

U Ziutka, ul. Dworcowa 12. Der beste Fisch weit und breit! In der Hauptsaison abends manchmal ausverkauft.
Tawerna pod lipą, Piaski 6 (5 km nördlich von Ruciane), Tel. mobil 505170496; in der Saison tgl. 8–22 Uhr. Entzückende Lokalität unter einer Linde und schattigen Kiefern mit herrlichem Blick auf den Beldahnsee neben dem Hotel ›Mazurski Raj‹, gehört zum Ferienkomplex ›Wioska rowerowa‹. www.wioskarowerowa.com.pl

Schälanlage, (Wyłuszczarnia Nasion im. Zdzisława Borońskiego), Dworcowa 1. Besichtigung nur nach Voranmeldung in der Försterei Maskulińskie in Ruciane, Rybacka 1, Tel. 4241600.
www.maskulinskie.bialystok.lasy.gov.pl (poln., → ›Turystyka‹/›Warto zobaczyć‹)
Gałczyński-Museum, Pranie, Tel. 4256248; tgl. 9.30–17, Mai/Juni und Sept./Okt. Di–So 9.30–17, Nov.–April Mi–So 9.30–17 Uhr.

Weiße Flotte Masuren; Juni–Mitte Sept. Schiffsfahrten nach Wierzba, Mikołajki und Giżycko; Anlegestelle im Zentrum am Guschienen-See (Jezioro Guzianka Wielka).
www.zeglugamazurska.com.pl

Pisz

Die Gemeinde Pisz (Johannisburg) ist für masurische Verhältnisse vergleichsweise jung. Zwar wurde der Ort an der Pisa bereits 1345 vom Deutschen Orden gegründet, doch bekam er erst 1645 die Stadtrechte verliehen. Häufige Brände und schließlich der Zweite Weltkrieg haben das alte Johannisburg beinahe vollständig zerstört.Im Zentrum am alten Marktplatz ist im 1898 erbauten **Rathaus** eine **Heimatstube** untergebracht, die Wissenswertes über Fauna und Flora der Johannisburger Heide (Puszcza Piska) sowie die Stadtgeschichte ausstellt.
Das Innere der 1843 errichteten Fachwerkkirche **Sankt Johannes** (Kościół św. Jana) schmücken ein Hauptaltar aus der Spätrenaissance und eine Barockkanzel von 1701. Im Stadtpark am Pisa-Ufer haben sich Überreste der im 14. Jahrhundert gebauten **Ordensburg** erhalten.

Pisz

Vorwahl: 087.
Internet: www.pisz.pl (poln.)
Touristinformation, ul. Daszyńskiego 16 (am Marktplatz), Tel. 4232675; Juni–Sept. Mo–Fr 8–18, Sa/So 10–16, sonst Mo–Fr 8–18 Uhr, Zimmervermittlung.
www.lotmp.pl (poln.)

Bahn über Ruciane-Nida nach Olsztyn, **Bus** nach Ełk.
Taxi Pisz, Tel 514280831.
OK-Taxi, Tel. 514280022.

Hotel Jabłoń Lake Resort (€€–€€€), Jabłoń 1 (3 km südwestlich von Pisz), Tel. 4232880. Fachwerkstil, am Falkensee (Jezioro Brzozolasek). Restaurant ›Ingwergarten‹ mit Seeblick, auch auf dem Steg wird serviert; regionale und türkische Küche. Mit Privatstrand, Wassersportgeräteverleih, Wellnessanwendungen und Tennisplätzen.
www.jablon-resort.pl
Dwór Kaliszki (€€), Kaliszki 17, in Biała Piska (ca. 12 km östlich von Pisz an der Straße Nr. 58), Tel. 4239321. Historisches Gut mit großem Park, engagiertes Personal.
www.dworkaliszki.pl
Hotel Nad Pisą (€€), ul. Ratuszowa 13, Tel. 4233253. Am Flussufer der Pisa, Zufahrt hinter dem Rathaus. Schöne Restaurant-Terrasse mit Blick aufs Wasser, gutes Frühstück. Auch Sauna und Solarium.
www.hotelnadpisa.pl

▸Karte S. 228/185

Pensjonat Szczechy Małe (€€), Szczechy Małe 8, Tel. 0500/125555. Freundliche Familienpension ca. 2 km vom Zentrum Pisz, ruhige Lage direkt am Roschsee (Jezioro Roś). Gemütliche Zimmer mit Kiefernholzmöbeln, Gemeinschaftsküche, Garten, Terrasse und Spielplatz.

Hotel Joseph Conrad (€€) & **Camp Pisz**, al. Turystów 11, Tel. 4230459; Campingbetrieb Mitte Juni–Anfang Sept. Fahrrad-, Paddel- und Segelbootverleih, Windsurfing. www.camp.com.pl (poln.)

Baszta, ul. Ratuszowa 14, Tel. 602622022; tgl. 11–23 Uhr. Sehr gute polnische Küche. Hinter dem Rathaus. www.basztapisz.pl

Naleśnikarnia Wieża, ul. Gdańska 11; Mo–Fr 9.30–16.30 Uhr. Im einstigen Wasserturm an der Straße Richtung Jabłoń Lake Resort.

Heimatmuseum (Ziemi Piskiej), im Rathaus (Eingang auf der Rückseite), Tel. 4232264; Mo–Fr 8–16, Sa/So auf Bestellung.

Orzysz

Das Städtchen Orzysz (Arys) findet sich in Richtung Nordostufer des Spirdingsees (Jezioro Śniardwy). Im Jahr 1443 verlieh der Hochmeister des Deutschen Ordens Konrad von Ehrlichshausen die urkundliche Handfeste und 1725, in preußischer Zeit unter König Friedrich Wilhelm I., kam das Stadtrecht hinzu.

Architektonisch setzt nur die **Marienkirche** (Kościół pw. Matki Boskiej Szkaplerznej) von 1872 einen Akzent. Urlauber erfreuen sich am Seenreichtum, in der näheren Umgebung finden sich rund 20 Gewässer. Am großen Aryssee (Jezioro Orzysz) in der ul. Leśna befindet sich der **Stadtstrand**.

Zum Stadtgebiet gehört auch der etwa zehn Kilometer entfernte Badeort **Nowe Guty** (Gutten) am Nordostufer des Spirdingsees (Jezioro Śniardwy). Vom Badestrand eröffnet sich ein herrlicher Blick über das ›Masurische Meer‹. Eine größere Badewiese mit Zeltplatz und Gastronomie befindet sich am südlichen Dorfausgang, eine kleinere in der Dorfmitte.

Orzysz

Vorwahl: 087.
Internet: www.orzysz.pl
Touristinformation, ul. Rynek 5, Tel. 4237187; Mai–Sept. Di–Sa 9–17 Uhr. www.lotmp.pl

Marina Śniardwy Resort & Spa (€€–€€€), Nowe Guty 36, Tel. 602/480448. Komfortanlage am Nordostufer des Spirdingsees mit kleinen, aber romantischen und klimatisierten Zimmern und Hausstrand. Das Personal spricht Englisch. www.marinasniardwy.pl

Camp Nowe Guty, Nowe Guty 60, Tel. 512236777; Mai–Sept. Gepflegter grüner Rasenplatz direkt am Spirdingsee, mit Gästezimmern, Gastronomie, Badestrand, Surfing und Bootsverleih.

Biwakplatz Pod Sosnami, Okartowo Tartak 7A (3 km nördlich von Nowe Guty nahe Einmündung in die Straße Nr. 16), Tel. 510751636. Im Kiefernwald nahe Seeufer.

Badestrände: ul. Leśna in Orzysz; in Nowe Guty am Spirdingsee (Jezioro Śniardwy).

Mazurska Galeria, Tuchlin 39 (ein kleines Dorf zwischen Mikołajki und Orzysz); im Sommer tgl. 11–19 Uhr. Keramik, Holzschnitzereien und Textilien. www.mazurskagaleria.pl

Sümpfe, Seen und Flusstäler prägen das östliche Masuren. Wer ursprüngliche Landschaften ohne allzu viel Touristenrummel sucht, ist hier richtig.

Glückliche Kühe im Suwalski-Landschaftpark bei Jeleniewo

ÖSTLICHES MASUREN UND SUWALSZCZYZNA

Östliches Masuren

Die Gegend zwischen **Gołdap** (Goldap) und **Olecko** (Marggrabowa) wird zu Recht auch ›Buckliges Masuren‹ (Mazury Garbate) genannt. Statt lieblich gewellten Landes der Großen Masurischen Seen geht es nun Buckel hinauf und Buckel hinunter, dazwischen verlaufen tief eingekerbt Rinnenseen, Bäche und Flusstäler. Zwischen 270 und 300 Meter über dem Meeresspiegel steigen die Hügel auf und markieren mit der **Seesker Höhe** (Szeska Góra, 309 Meter) südlich von Gołdap ihren höchsten Punkt. Pulsierendes Zentrum der südostmasurischen Lycker Seenplatte (Pojezierze Ełckie) ist **Ełk** (Lyck), die alte ›Hauptstadt Masurens‹ und ehemalige Provinzmetropole im südöstlichen Winkel des einstigen Ostpreußen.

Gołdap

Nur vier Kilometer von der Grenze zur russischen Enklave Kaliningrad entfernt, liegt an der Goldap (Gołdapa) der einzige Kurort der Region Ermland-Masuren gleichen Namens mit knapp 14 000 Einwohnern. Die Wurzeln reichen ins 16. Jahrhundert zurück, und seitdem war der Ort mehrmals von großem Unglück betroffen. 1657 brandschatzten Tataren die Stadt, 1694 suchte sie ein Großfeuer heim, 1709 raffte die Pest die Hälfte der Bevölkerung dahin und im Ersten Weltkrieg verheerten russische Soldaten den Ort. Goldap war für seine großen Vieh- und Pferdemärkte sowie den zweitgrößten Marktplatz Deutschlands bekannt. Hiesige Tuchmacher, Hutmacher, Strumpfstricker, Gerber und Bäcker besaßen einen guten Ruf. Die Goldaper Kringeln und Brezeln wurden sogar bis nach Batavia (Jakarta) verkauft. Auch der Honigwein war berühmt.

▸ Karte S. 236

Alfred Partikel, geboren 1888 in Gołdap, war einer der wichtigsten Maler ostpreußischer Landschdaften, vor allem verewigte er die masurische Hügellandschaft vor den Toren seiner Geburtsstadt. Partikels Bilder sind heute unter anderem im Kunstforum Ostdeutsche Galerie in Regensburg, im Museum Stadt Königsberg in Duisburg, in der Kunsthalle Mannheim, im Kulturhistorischen Museum Rostock sowie im Kunstmuseum Ahrenshoop zu sehen. Sein Grab findet man in Ahrenshoop.

1940 wurde am Westufer des Goldaper Sees im Kummetschen Wald (Las Kumiecie) das Hauptquartier des Oberkommandos der Luftwaffe (OKL) unter dem Decknamen ›Robinson‹ errichtet, von hier aus wurden die Luftwaffenaktivitäten vom Atlantik bis Russland und von Norwegen bis Ägypten koordiniert. Noch heute sind Relikte der Bauten nahe dem Sanatorium ›Wital‹ zu sehen. Während der Kämpfe im Januar 1945 fiel Gołdap zu über 90 Prozent in Trümmer. Heute floriert im Ort ein kleiner Kurbetrieb, der auf der saubersten Luft Polens, den hiesigen Solevorkommen sowie einer Heil- und Mineralwasserquelle basiert. Nahe dem Goldaper See stehen die moderne Trinkhalle und das neuerbaute **Masurische Sole-Gradierwerk**, 220 Meter lang und acht Meter hoch. Einen der beiden Türmchen kann man besteigen (ein Euro Eintritt) und so die gesamte Anlage von oben überblicken. Im neugotischen **Wasserturm** von 1905, knapp 47 Meter hoch mit sieben Etagen, finden sich heute zwei Aussichtsterrassen und darunter ein Café auf drei Ebenen. Die oberste Aussichtsgalerie an der Turmspitze führt über eine Gittertreppe mit freiem Blick in die Tiefe. Im Turmumgang sind Gemälde, historische Fotos und Illustrationen aus deutscher Vergangenheit zu sehen.

Die Umgebung von Gołdap

Nördlich von Gołdap erstreckt sich bis zur russischen Grenze der **Goldaper See** (Jezioro Gołdap) mit Badewiese.

Südlich, etwa drei Kilometer vom Stadtzentrum entfernt, erhebt sich der bucklige **Goldaper Berg** (polnisch: Gołdapska Góra oder Piękna Góra, 272 Meter). Früher nannte man den Hügel im Volksmund auch ›Goldaper Kalender‹, weil hier bei Wetterumschwung oft Nebel in die Höhe waberte. Von mehreren Skiliften und einer Schneekanone unterstützt, kann man hier sogar Ski fahren. Vom futuristischen **Drehcafé** (Kawiarnia obrotowa) genießt man einen schönen Rundblick, in 50 Minuten dreht sich die erste Etage um 360 Grad. Am Fuße des Berges befindet sich das Hotel ›Zajazd Piękna Góra Rudziewicz‹ mit renommiertem Restaurant, das vor allem für seine gefüllten Kartoffelklöße mit Fleischfüllung (Kartacze) bekannt ist – angeblich hier die besten der Welt.

In **Zatyki**, etwa zwölf Kilometer südöstlich von Gołdap, am Fuße des Tannenkopfes (Tatarska Góra) befindet sich der **Biohof der Familie Rudziewicz**. Eingebettet in die hüglige Landschaft sind Teiche und Wäldchen, in einem Gehege leben hier unter anderem Damhirsche, Altai- und Mandschureihirsche, Mufflons, Przewalski-Pferdchen, Wildschweine sowie Kamele und Zebras. Von Mai bis Oktober werden Fotosafaris angeboten. Am Haus des Besitzers sind auch Strauße und Pfauen zu beobachten.

Puszcza Romincka

In der Rominter Heide (Puszcza Romincka), die bei Gołdap beginnt und seit 1945 zu zwei Dritteln jenseits der Grenze in Russland liegt, sagen sich Fuchs und Hase gute Nacht. Derzeit ist die EU-Au-

Gradierwand in Gołdap

Östliches Masuren und Suwalszczyzna

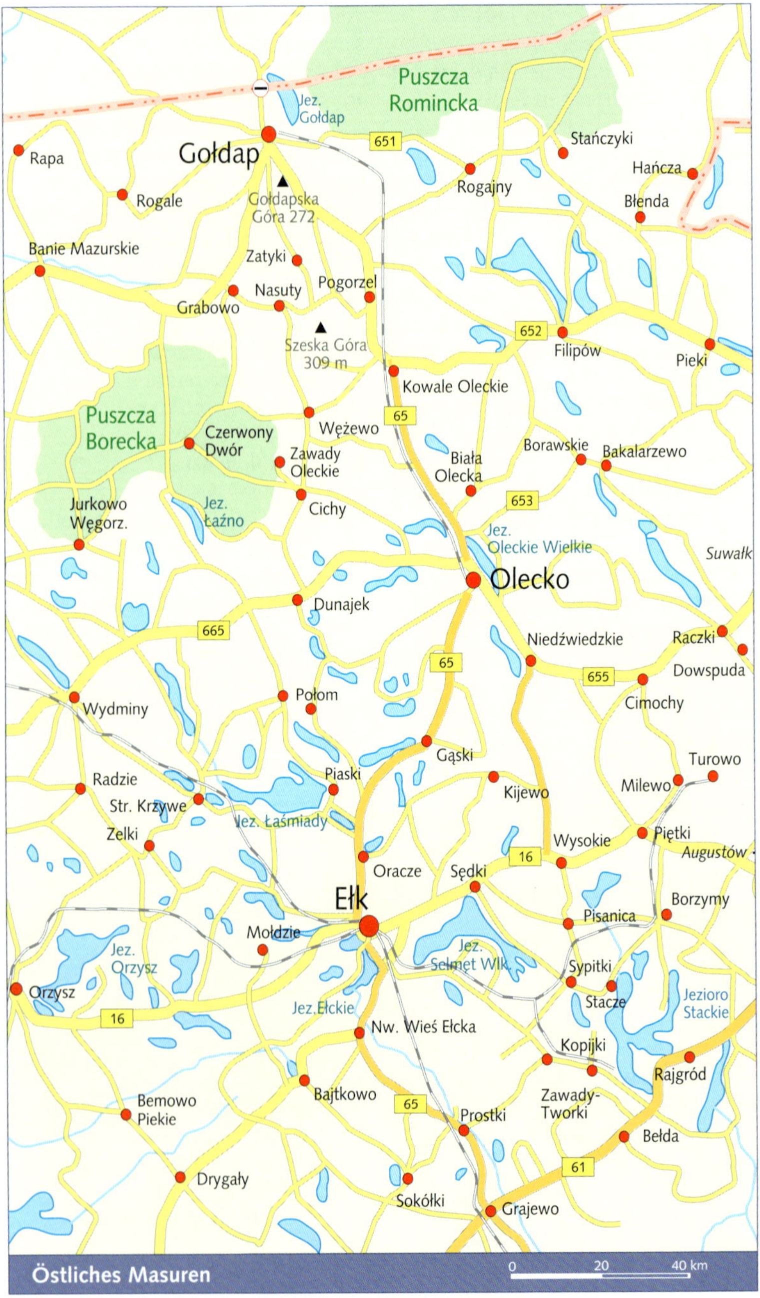
Puszcza Rominicka
Jez. Gołdap
Gołdap
651
Stańczyki
Rapa
Rogajny
Hańcza
Rogale
Gołdapska Góra 272
Błenda
Banie Mazurskie
Zatyki
Nasuty
Pogorzel
Grabowo
652
Filipów
Pieki
Szeska Góra 309 m
Kowale Oleckie
65
Puszcza Borecka
Czerwony Dwór
Wężewo
Zawady Oleckie
Biała Olecka
Borawskie
Bakalarzewo
653
Cichy
Jurkowo Węgorz.
Jez. Łaźno
Jez. Oleckie Wielkie
Suwałk
Olecko
Dunajek
665
Niedźwiedzkie
Raczki
65
655
Dowspuda
Cimochy
Wydminy
Połom
Gąski
Turowo
Radzie
Piaski
Kijewo
Milewo
Str. Krzywe
Jez. Łaśmiady
Zelki
Wysokie
Piętki
Augustów
16
Oracze
Sędki
Ełk
Borzymy
Mołdzie
Pisanica
Jez. Orzysz
Jez. Selmęt Wlk.
Sypitki
Orzysz
Stacze
Jezioro Stackie
16
Jez. Ełckie
Nw. Wieś Ełcka
Kopijki
Rajgród
Bajtkowo
Bemowo Piekie
65
Zawady-Tworki
Prostki
Bełda
61
Drygały
Sokółki
Grajewo
Östliches Masuren
0
20
40 km

ßengrenze an der Straße von Gołdap in den russischen Oblast für den kleinen polnisch-russischen Grenzverkehr gesperrt. Die russische Regierung plant jedoch, ab Juli 2019 ein elektronisches Visum für Kurzaufenthalte in Kaliningrad einzuführen.

Im **Landschaftspark Rominter Heide** (Park Krajobrazowy Puszczy Rominckiej) lässt es sich herrlich wandern. Einst war der Wald Jagdgebiet der preußischen Herzöge und Könige, später der deutschen Kaiser. Besonders gern ging Kaiser Wilhelm II. hier auf die Pirsch. Er ließ hier im Jahre 1891 das Jagdschloss Rominten und 1893 die Hubertuskapelle, beide im norwegischen Stil, errichten. Beinah jedes Jahr Ende September, Anfang Oktober erlegte der Regent stattliche Hirsche, wovon an jenen Stellen noch 14 Gedenksteine künden, acht davon auf polnischer Seite (wer sich für die exakten Standorte interessiert, erhält die GPS-Daten in der Touristinformation Gołdap). Auch Reichsmarschall Hermann Göring gefiel es hier, er veranlasste den Bau des ›Reichsjägerhofes Rominten‹ nahe dem kaiserlichen Anwesen. Die einstigen Objekte liegen auf heute russischem Territorium, Görings Jagddomizil wurde vor der herannahenden Roten Armee Mitte Oktober 1944 gesprengt.

Auf Streifzügen durch die einsame Wildnis können einem Rot-, Schwarz- und Damwild, womöglich sogar Elche, Wölfe, Luchse und Biber begegnen. Eine breit in den Wald geschlagene Schneise sollte man unterwegs nicht überschreiten, es ist die Grenze nach Russland. Zuwiderhandlungen werden mit Geldstrafen oder sogar Gefängnis bestraft.

Familienmausoleum Fahrenheid

Friedrich Wilhelm Johann von Fahrenheid ließ bei **Rapa** (Angerapp) im Jahr 1795 eine kleine Pyramide (Grundriss zehn mal zehn Meter, Höhe knapp 16 Meter) als zukünftige Familiengrabstätte errichten. Seine Enkelin Ninette, 1811 im Alter von nur drei Jahren an Scharlach verstorben, war das erste Familienmitglied, das hier bestattet wurde. Heute vermutet man, dass Fahrenheid ein Freimaurer war, dafür sprechen mehrere Strukturen und Symbole der Pyramide. Im Mausoleum sind die Mumien gut erhalten, was man auf die konservierenden Eigenschaften des Mooruntergrundes zurückführt. Merkwürdigerweise gibt es nahe und in der Pyramide keine Insekten. Durch vergitterte Fenster kann man einen Blick hineinwerfen.

Die hiesigen Fahrenheids waren wohl Verwandte des weltbekannten Gelehrten Daniel Gabriel Fahrenheit, dessen Name die Fahrenheit-Temperaturskala trägt. Das ungewöhnliche Grabmal steht auf dem Gebiet der Gemeinde **Banie Mazurskie** (Benkheim) im Ortsteil Żabin. Die exakte Lage findet man auf Google Maps (Ziel: Rapa, Piramida).

Eisenbahnbrücke Stańczyki

Ungefähr 25 Kilometer östlich von Gołdap liegt am Rand der Rominter Heide (Puszcza Romincka) beim Dorf **Stańczyki** (Staatshausen) die höchste historische Eisenbahnbrücke in Polen: 150 Meter lang und knapp 36 Meter über dem Talgrund des Flüsschens Blinde (Błędzianka). Konstruiert von italienischen Architekten, erinnert die Zwillingsbrücke mit ihren Pfeilern und Arkaden an antike römische Viadukte. Die nördliche Brücke wurde von 1912 bis 1914 errichtet. Das Projekt für ein zweites Gleis reifte in der Zeit des Ersten Weltkrieges, um Westpreußen über Ostpreußen noch besser mit Litauen zu verbinden. Die Arbeiten begannen Anfang 1917, aber nach Kriegsende hatte die geplante Bahn-

Die Stańczyki-Brücke bei Gołdap

strecke keinen Sinn mehr, da Polen und Litauen wenig kooperationwillig waren und eine Abgrenzungspolitik betrieben. Zwischen 1923 und 1926 vollendete man die Bahnlinie Goldap-Szittkehmen-Gumbinnen daher nur eingleisig. Nach 1941 hatte die Brücke auch eine militärische Bedeutung, da über dieses Gleis ein Großteil der Baumaterialien für das Führerhauptquartier Wolfsschanze gelangten. Nach 1945 wurden die Gleisanlagen von der Sowjetunion konfisziert Das Terrain ist eingezäunt, es wird Eintritt kassiert (tgl. 8–20 Uhr, 2 Euro).

Gołdap und Umgebung

Vorwahl: 087.

Internet: www.goldap.pl, www.frrg.pl und www.uzdrowiskogoldap.pl (alle poln.)

Touristinformation, plac Zwycięstwa 16, Tel. 6152090; Juli/Aug. Mo–Fr 8–18, Sa 9–14, So 10–13, Sept.-Juni Mo–Fr 9–15 Uhr. Zimmervermittlung.

Hotel Ventus Natural Spa (€€€), Promenada Zdrojowa 12, Tel. 6291560. Wellnesshotel mit zahlreichen Anwendungen, Sauna, kleiner Pool, Dampfbad (Spa Mo geschlossen, kein Preisabschlag). Geräumige Zimmer (ruhige Seite mit Gartenblick verlangen), 300 m zum Strand, 700 m zur Gradierwand. Für das Gebotene etwas zu teuer. www.ventushotel.pl (poln.)

Mazurski Staw (€), Kośmidry 2a, Tel. mobil 607204641. 2 km vom Goldaper Berg entfernt in den ›Masurischen Karpaten‹. www.mazurskistaw.pl (poln.)

Campingplatz, ul. Stadionowa 12, Tel. 6150629; Mitte Mai–Mitte Sept. Rasenplatz am Stadtstrand des Goldaper Sees.

Matrioszka, ul. Partyzantów 27 A, Tel. 5200011; Mo–Do 11–22, Fr/Sa bis 24, So 12–22 Uhr. Beliebtes Gasthaus in historischem Gebäude. Fünf Matroschkas begrüßen die Gäste. Polnisch-litauische Küche. www.matrioszkagoldap.pl

Restaurant im Hotel Zajazd Piękna Góra Rudziewicz, Konikowo 11, Tel. mobil

▶ Karte S. 236

509951368; Mo–Do 12–20, Fr–So 12–22 Uhr. Auf der Speisekarte stehen vor allem Wildgerichte und masurische Fische. Spezialität sind die Kartoffelklöße mit Fleischfüllung (Kartacze).
www.zajazd-rudziewicz.pl

Café im Wasserturm (Kawiarnia Wieża), ul. Paderewskiego 35; tgl. 10–22 Uhr, Eintritt 2,50 Euro. Café auf drei Ebenen (mit Fahrstuhl).
www.wieza-goldap.pl (poln.)
Cukiernia Jana, pl. Zwycięstwa 9; Mo–Sa 9–18, So 10–18 Uhr. Leckere Törtchen und Eis, an der Westseite vom Markt.
Drehcafé auf dem Goldaper Berg (Kawiarnia obrotowa); März–Juni nur Fr–So, Juli/Aug. tgl. 12–21, Sept./Okt. nur Sa/So 12–18, Dez.–Feb. Mo–Fr 12–18 Uhr. Der benachbarte Sessellift verkehrt zu den Öffnungszeiten des Cafés, aber abhängig von den Wetterbedingungen.
www.zajazd-rudziewicz.pl

Masurische Saline mit Gradierwand (Mazurskie Tężnie Solankowe), Promenada Zdrojowa 20 (am Goldaper See); Trinkhalle und Salzgrotte Mo–Fr 10–18, Sa/So 9–19 Uhr. Die Gradierwand ist frei zugänglich, der Aufstieg zur Südterrasse kostet 4 Zł.
www.pwik.goldap.pl (poln.)
Stadtstrand, nordöstlich vom Zentrum am Goldaper See (ul. Stadionowa, am Hotel Ventus nach rechts abbiegen).

Olecko

Im Jahr 1560 wurde Marggrabowa (heute Olecko) nahe der damaligen masurisch-polnischen Grenze gegründet. Die Sage erzählt, dies sei auf Initiative des polnischen Königs Zygmunt II. August und seines Cousins, des Hochmeisters des Deutschen Ordens und ersten Herzogs in Preußen, Albrecht von Brandenburg-Ansbach, geschehen. Die beiden Herrscher sollen sich hier in der Großen Wildnis zum gemeinsamen Jagen getroffen und anschließend vereinbart haben, in Erinnerung an ihre Begegnung – hüben im Preußenland und drüben, 40 Kilometer weiter östlich in Polen – jeweils eine neue Stadt zu gründen. Woraufhin in Polen Augustów und in Preußen Marggrabowa entstanden. Tatsächlich gibt es keinerlei Belege für diese Geschichte. Hübsch ist sie trotzdem und wird vielleicht auch dem reichen polnischen Gutsbesitzer Adam Woynoffsky gefallen haben, der als Protestant nach Preußen einwanderte und in seiner Funktion als Lokator (Kolonistenvorsteher) die 1560 neue gegründete Siedlung Marggrabowa zur ersten Blüte führte. Die ›Tatarenwut‹ 1656/57, die große Pestepedemie 1709 bis 1711 und immer wieder Stadtbrände bilden elementare Einschnitte in der Stadtgeschichte. Anfang des 19. Jahrhunderts wurde Marggrabowa oder deutsch ›Markgrafenstadt‹ zur Kreisstadt ernannt, doch wirklich bedeutend wurde sie trotzdem nie – bis sie 1920 plötzlich in die

Historische Badeanstalt am Oletzkoer See

Schlagzeilen geriet. In der Volksabstimmung zwei Jahre nach Ende des Ersten Weltkriegs über den Verbleib Masurens bei Polen oder der Weimarer Republik stimmten lediglich zwei Personen im ganzen Kreis für die Republik Polen. Acht Jahre später wurde Marggrabowa für seine ›Grenzlandgeist‹-Treue dem Deutschen Reich gegenüber in ›Treuburg‹ umbenannt. Nach der Zerstörung im Zweiten Weltkrieg wählte man den Namen Olecko, der auf eine Jagdhütte am Ort im 16. Jahrhundert zurückgeht.

Aus der Vorkriegszeit haben sich am gut sieben Hektar großen **Marktplatz** (plac Wolności) viele **Gründerzeitbauten** und das **Rathaus** aus der ersten Hälfte des 19. Jahrhunderts erhalten.

Am Stadtpark befindet sich das **Mausoleum des deutschen Soldaten** (Kamienna pólrotunda), das an die Gefallenen des ehemaligen Kreises Oletzko erinnert, die bei den Kämpfen mit russischen Verbänden im Jahre 1914 ums Leben kamen. Erbaut zwischen 1925 und 1927 in Form einer Halbrotunde, ist die Anlage im Jahre 2004 denkmalpflegerisch instandgesetzt worden und zeigt sich in einem vorbildlichen Zustand (oberhalb vom Ende der ul. Gdańska, über Stufen zu erreichen).

Am Ufer des Oletzkoer Sees (Jezioro Oleckie Wielkie) blieb nahe dem Sportstadion die **historische Badeantalt** (Plaża miejska) aus dem Jahre 1930 im ursprünglichen Zustand erhalten, dazu gehört auch ein Seesteg mit zwei hölzernen Sprungtürmen. Von hier führt ein idyllischer Uferweg, auch mit dem Rad befahrbar, über zwei Kilometer zum Hotel ›Gościniec Olecki‹ mit der ›Karczma Margrabowa‹. Die gesamte Seerunde misst zwölf Kilometer und trägt den Namen **Wiewiórcza Ścieżka**.

Olecko

Vorwahl: 087.

Internet: www.olecko.pl

Touristinformation, im Kulturzentrum ›Buckliges Masuren‹ (Regionalny Ośrodek Kultury ›Mazury Garbate‹), pl. Wolności 22, Tel. 5204948; Mo–Fr 9–17 Uhr. Auch Zimmervermittlung. Im selben Gebäude Heimatmuseuum mit Oletzkoer Stube für Geschichte (Mo, Mi, Do 15.30–18 Uhr). www.it.olecko.eu

Gościniec Olecki (€), ul. Gołdapska 32, Tel. 5201669. Neue Anlage im altpolnischen Blockhaus-Reetdach-Stil wenige Meter vom Nordufer des Oletzkoer Sees. Rustikale kleine Zimmer mit winzigem Bad unterm Dach (wegen Straßenlärm nur Zimmer Nr. 1 und 6 mit Seeblick zu empfehlen), Badestelle (am Grillplatz/Sauna, ca. 200 m Wiesenweg) und kleiner Spielplatz. Im Gasthaus polnische Küche und Fisch, Kuchen. Terrasse mit Seeblick (tgl. 7–20 Uhr). www.gosciniecolecki.pl

Apartment z Widokiem na jezioro (€€€), pl. Zamkowy 5 A. Neues Gebäude mit Blick zum Oletzkoer See, Terrasse und Spielplatz. Buchbar über booking.com.

Mazurski Dwór, Siejnik 1, Tel. 5230067. Ehemaliges Herrenhaus mit Park, Restaurant und Gästezimmern nebenan in ruhiger Lage. An der Stadtgrenze Richtung Ełk, ca. 300 Meter abseits der Straße. www.mazurskidwor.pl

Szarejkowe Wzgórza (€€), Szarejki 13, in Szarejki (12 km nordwestlich), Tel. mobil 601312306. Komfortable Ferienhäuser und Freiluft-Dampfbad. Auch Camping (Mai–Sept.). www.szarejki.pl

Stadtbad (Plaża miejska), vom Zentrum auf dem Uferweg zu erreichen, kostenfreier Zugang.

▶ Karte S. 236

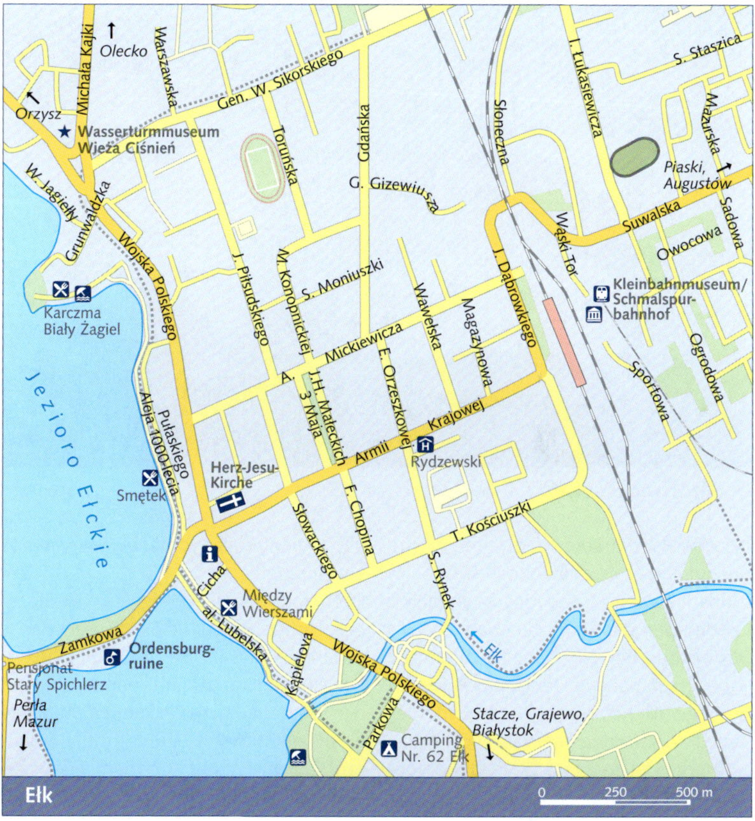

Ełk

Ełk (Lyck) liegt im Zentrum der Lycker Seenplatte (Pojezierze Ełckie). Zwar können die Gewässer in ihren Ausmaßen nicht mit den Großen Masurischen Seen mithalten, und auch die Landschaft zeigt sich nicht mehr bilderbuchartig. Doch wird man dafür selbst in der Hochsaison im Juli/August allerorts ruhige Plätze vorfinden.

Die schönste **Paddeltour** über die durch Flüsse und Kanäle vernetzten Seen führt von **Czerwony Dwór** (Rothebude) im Borkener Forst (Puszcza Borecka) über 80 Kilometer in die Stadt am Lycksee (Jezioro Ełckie).

1398 wurde Lyck vom Deutschen Orden gegründet. Auf dem Eiland im Lycksee entstand eine hölzerne Festung, die zehn Jahre später einer steinernen Burg wich. 1536 erhielt der Ort die dritte Druckerwerkstatt in Preußen, und mit der Eröffnung der herzoglich-preußischen Particularschule 1587, aus der Anfang des 19. Jahrhunderts das Gymnasium hervorging, stieg die Stadt zum geistigen und kulturellen Mittelpunkt in der ›Großen Wildnis‹ auf. 1669 erhielt Lyck die Stadtrechte, zwei Jahrhunderte später folgte 1868 der Eisenbahnanschluss. Berühmtester Sohn der Stadt ist Siegfried Lenz. 1926 erblickte der Schriftsteller,

Der Wasserturm von Ełk

der wie kein anderer dem alten Masuren ein literarisches Denkmal setzte, im südöstlichsten Winkel des ehemaligen Ostpreußen das Licht der Welt.

Das historische Lyck, keine 20 Kilometer von der damaligen deutsch-polnischen Grenze entfernt, wurde gegen Ende des Zweiten Weltkriegs beinahe völlig ausgelöscht. Die mit fast 60 000 Einwohnern größte Stadt in Masuren besitzt deshalb nur wenige architektonische Sehenswürdigkeiten. Die neugotische **Herz-Jesu-Kirche** (Kościół Najświętszego Serca Jezusowego) sei zu erwähnen: Sie wurde Mitte des 19. Jahrhunderts errichtet und nach der Zerstörung im Ersten Weltkrieg zwischen 1920 und 1925 wieder aufgebaut. Sehenswert ist das hölzerne Tonnengewölbe mit zwei Bildnissen und zierlichen Mustern. Letztere zieren auch Wände und Pfeiler. Bei Sonnenschein leuchten die kleinteiligen farbigen Bleiglasfenster.

Von der **Ordensburg** auf der Insel im Lycker See ist dagegen kaum noch etwas zu sehen. Schon im 18. Jahrhundert wurde sie teils geschleift, von 1888 bis 1976 dienten die verbliebenen Mauern als Gefängnis.

▶ Karte S. 241

Ein herausragendes Ereignis in der Stadtgeschichte war der Besuch von Papst Johannes Paul II., der im Juni 1999 in Ełk eine Messe abhielt. Seitdem ist an der **Promenade am Lycker See** manches Neue entstanden. Cafés und Restaurants, zumeist mit schönem Seeblick, laden hier ein.

Die größte Touristenattraktion von Ełk ist die historische **Schmalspurbahn**. Hinter dem PKP-Bahnhof starten in den Sommermonaten 750-Millimeter-Spur-Züge zu Ausflugsfahrten. In zwei Etappen in den Jahren 1910 bis 1917 erbaut, führten die Dampfloks einst von Lyck aus in zwei knapp 40 Kilometer langen Gleisstrecken südöstlich nach Zawady Oleckie (Sawadden) beziehungsweise nordöstlich nach Turowo (Thurowen). Heute ist der reguläre Personenverkehr eingestellt, und umso lieber gehen die Schmalspurbahnfreunde auf einem Teilabschnitt bis zum Dorf **Sypitki** (Sypittken) auf große Fahrt. Fast so beschaulich, wie sie schon Arno Surminski in seiner Erzählung ›Die Reise nach Nikolaiken‹ beschreibt: »Die Eisenbahn näherte sich mit Bedacht. Ihr größter Fehler war es, dass bei ihrem Anblick die Pferde durchgingen. Darum stahlen sich die Züge unauffällig durchs Land, nahmen gern die lieblichere Form der Kleinbahn an und vermieden unterwegs jedes Läuten und Pfeifen. Auch bewahrte sich die masurische Eisenbahn eine gewisse Beschaulichkeit dadurch, dass sie an Steigungen erschöpft stehenblieb und den Fahrgästen Gelegenheit gab, mit Wassereimerchen zum nahen See zu laufen, um Flüssigkeit für den Dampfkessel zu holen. Wintertags war sie oft bockig, wollte bei Stiehmwetter nicht fahren oder gab den Reisenden Zeit, sie aus Schneeschanzen zu befreien«. Die Schmalspurbahn verkehrt im Juni am Samstag und im Juli/August mittwochs und samstag ab Kleinbahnhof Ełk unmittelbar östlich der Normalspurgleise am PKP-Bahnhof. Dort befindet sich auch das **Schmalspurbahn-Museum** mit historischen Triebwagen, Waggons und Lokomotiven.

Fünf Kilometer westlich, nahe der Straße Nr. 16 Richtung Orzysz, befindet sich auf dem Wachtberg, einst als ›preußiches Golgatha‹ bekannt, der große deutsche **Soldatenfriedhof Bartosze** (Bartossen) mit etwa 7000 Gefallenen des Ersten und Zweiten Weltkrieges. Auf Dutzenden Granitsteinen sind die Namen der Toten in alphabetischer Reihenfolge eingraviert. Auf dem im Jahre 2003 begründeten Begräbnisort sollen weitere 20 000 deutsche Kriegsgefallene ihre letzte Ruhe finden, die bislang auf vielen Friedhöfen in den Woiwodschaften Ermland-Masuren und Podlachien begraben liegen. Eine Feldsteinmauer umgrenzt das weitläufige und sehr gepflegte Areal.

Ełk

Vorwahl: 087.

Internet: www.elk.pl (poln.)

Touristinformation, ul. Wojska Polskiego 47 (im Gebäude des Kulturzentrums), Tel. 6217010; Juli/Aug. tgl. 9–17, sonst 8–16 Uhr. www.turystyka.elk.pl

Pensjonat Stary Spichlerz (€), ul. Zamkowa 8 A, Tel. 5234171. Historisches Gemäuer am Westufer des Lycker Sees, Zufahrt über die Brücke und Insel mit Resten der Ordensburg. Auch an heißen Sommertagen bleibt es in den Zimmern angenehm kühl. Mit uriger Karczma. www.staryspichlerz.pl

Masuria Arte (€€€), Stacze 24–25 (ca. 20 km südöstlich von Ełk), Tel. 539931395. Moderne Design-Apartments in traumhafter Lage am Statzer See (Jezioro Stackie). Gourmetküche, Spa mit Seeblick, Yoga und Pilates. www.masuriaarte.pl

Pension Stara Szkoła (€€), Piaski 19, Tel. mobil 501255103. Zimmer im Landhausstil im romantischen Backsteinhaus am Laschmieden-See (Jezioro Łaśmiady), 10 km nördlich in Piaski, mit Fahrradverleih. www.pensjonat-staraszkola.pl

Perła Mazur, im südwestlichen Ortsteil Chruściele 47, Tel. 6214640. In einem historischen Landhaus. www.perlamazur.pl

Camping Nr. 62 Ełk, ul. Parkowa 9, Tel. 6109700; Juni–Ende Aug. Wiesenplatz am Stadtstrand am Lycker See (Jezioro Ełckie) südlich der Brücke über den See, Gaststätte und Wassersportgeräteverleih.

Karczma Stary Spichlerz, Zamkowa 8A, Tel. 5234171; Mo 14–20, Di–Do 13–21, Fr/Sa 12–21, So 12–20 Uhr. Uriger Gastraum im 1. Stock, auch Außengalerie mit Seeblick. Leckere Piroggen in großer Vielfalt und masurisches Bier. www.staryspichlerz.pl

Między Wierszami, ul. Nadjeziorna 2g, Tel. 3070555; Mo–Do 11–21, Fr/Sa bis

22, So 12–21 Uhr. Modernes Restaurant an der Seepromenade (südlich der Brücke). Große Weinauswahl.

Smętek, ul. Pułaskiego 10, Tel. 6211453; tgl. 12–23 Uhr. Schwimmende Marina mit Restaurant und Tretbootverleih an der Seepromenade. www.smetek.pl

Karczma Biały Żagiel, ul. Grunwaldzka 12, Tel. 6212366. Schöne Terrasse mit Seeblick.www.bialyzagiel.pl

Schmalspurbahnmuseum (Muzeum Ełckiej Kolei Wąskotorowej, EKW), ul. Wąski Tor 1 (Bahnhof Ełk östlich der Bahngleise); Juni–Aug. tgl. 8–15, sonst Mo–Fr 8–15 Uhr. www.muzeum.elk.pl/kolej-waskotorowa (poln.)

Schmalspurbahn, Tel. 7326795.

Wasserturmmuseum, ul. 11-go Listopada 2. Juni–Aug. 10–16, sonst 10–13 Uhr.

Stadtstrand Ełk, am Campingplatz, ul. Parkowa 9.

Kleiner Strand an der Karczma Biały Żagiel, ul. Grunwaldzka. Auch Wassertretbootverleih.

Der Nordosten

Im nordöstlichsten Winkel Polens liegt die **Suwalszczyzna**. Anders als das Ermland und Masuren gehörte die Region rund um die Städte Suwałki und Augustów nie zu Preußen beziehungsweise Deutschland, mit Ausnahme der 20 Jahre preußischen Besatzung nach der Dritten Teilung Polens 1795 bis 1815. In der Suwalszczyzna lebte ursprünglich der prußische Stamm der Sudauen. Ab dem 13. Jahrhundert unterwarfen ihn die von Süden heraufziehenden Heere der polnischen Fürsten. Polen, Russen, Weißrussen, Juden, Tataren und Litauer besiedelten die Gegend, in der man nicht mehr auf die weiter westlich so charakteristischen Backsteinburgen der Deutschordensritter stößt. Stattdessen schmücken kleine Holzhäuser in leuchtenden Farben, wie man sie auch im benachbarten Litauen findet, das hügelige Moränenland.

Nach dem Zweiten Weltkrieg verloren Suwałki und Augustów mit der Westverschiebung Polens den größten Teil ihres traditionellen Hinterlands, das einst fast bis Grodno reichte, an die Sowjetunion. 1975 wurde Suwałki zur Hauptstadt der gleichnamigen Woiwodschaft ernannt, die sich bis westlich der Großen Masurischen Seen ausdehnte. Sie ging im Zuge der Gebietsreform 1999 überwiegend in der neu geschaffenen Großwoiwodschaft Warmińsko-Mazurskie (Ermland-Masuren) auf. Die Suwalszczyzna bildet seither den nördlichsten Zipfel der Woiwodschaft Podlaskie.

Etwa 200 Seen zählt die Region, die sich als traumhaftes Mosaik aus Wasser und Land präsentiert. So wartet an der **Suwałki-Seenplatte** rund um den **Hańcza-See**, den tiefsten See Polens, der **Suwalski-Landschaftspark** auf einen Besuch. Ein Juwel unter den Gewässern ist der **Wigrysee** im **Wigry-Nationalpark**, der mit Kiefernwald den nördlichen Teil der **Puszcza Augustowska** umfasst. Namenspatronin des größten zusammenhängenden Waldgebiets Polens ist die Sommerfrische **Augustów**, Ausgangs- oder Endpunkt für die beliebten Paddeltouren auf dem **Augustów-Kanal** sowie den Flüssen **Rospuda** und **Czarna Hańcza**, die die Seen der Suwalszczyzna miteinander verbinden.

▸ Karte S. 245

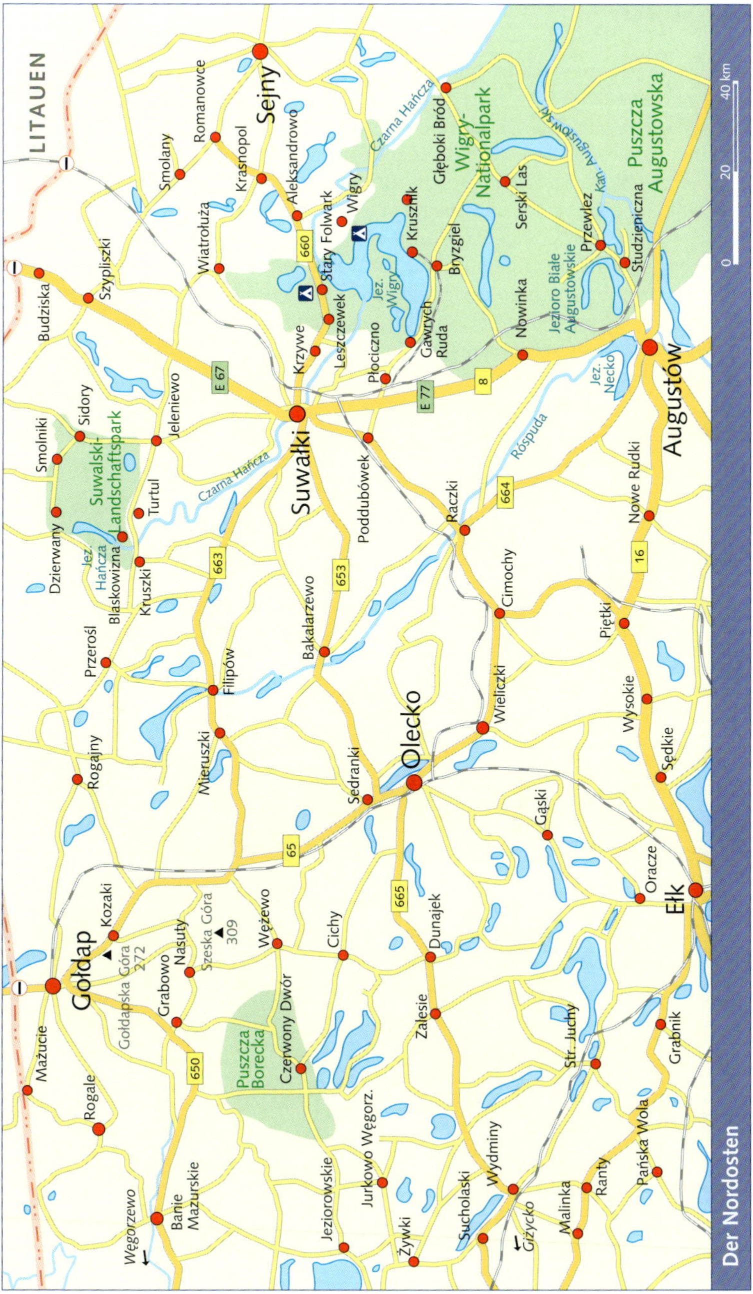

Östliches Masuren und Suwalszczyzna

Der Storch

»Klapperstorch, mein Guter, bring mir einen Bruder; Klapperstorch, mein Bester, bring mir eine Schwester!« So sangen früher die Kinder, wenn sie sich ein Geschwisterchen wünschten, und würde das tatsächlich funktionieren, müsste Masuren einer der bevölkerungsreichsten Landstriche Europas sein. Ende März, Anfang April kehren die masurischen Störche aus Südostafrika in ihre Brutheimat zurück. Langsam und mit beinahe unbewegten Flügeln, die bis zu zwei Meter Spannweite messen, segelt Meister Adebar – oder Wojtek, wie er in Polen heißt – durch die Lüfte, bis er wieder in seinem Heimatdorf an seinem angestammten Horst angelangt ist. Ursprünglich brütete der gefiederte Geselle aus der Familie der Stelzvögel auf alten Bäumen und Felsen, doch als Kulturfolger sucht er nun schon seit langem die Nähe zum Menschen.

Weltweit zählt man heute etwa 230 000 Paare, jedes achte davon zieht es alljährlich nach Masuren und ins Ermland! Sein bis zu zwei Meter breites, vier Meter hohes und bis zu zwei Zentner schweres Nest baut er am liebsten auf Dachfirsten,

Storchennest mit reichlich Nachwuchs

Schornsteinen und Masten. Ein Storchenhorst auf dem Hausdach verheißt Glück, sagt der Volksmund, und bedeutet darüber hinaus, dass kein Gewitterblitz dem Haus etwas anhaben kann.

Der Storch stellt hohe Ansprüche an die Qualität seines Lebensraums. Im intakten offenen Feuchtgrünland, in Auen und auf Wiesen, über die er gemächlich dahinschreitet oder auch auf einem Bein stehend verweilt, sucht er sich seine Nahrung: Regenwürmer, Insekten, Mäuse, Frösche, Eidechsen, Schlangen und Fische – von denen der Nachwuchs pro Jungvogel täglich knapp anderthalb Kilo verschlingt. So schaffen die Eltern während der Brutsaison aus einem Umkreis von gut drei Kilometern insgesamt fast fünf Zentner Nahrung für ihre hungrigen Kleinen herbei. Zuvor haben Herr und Frau ›Klapperstorch‹ arbeitsteilig zwischen 30 und 35 Tagen auf bis zu vier Eiern gebrütet, und noch einmal vorher ist während der Paarungszeit die Luft von ihrem aufgeregten Schnabelklappern erfüllt.

Storch auf Beutezug

Im August neigt sich der masurische Storchensommer schon wieder seinem Ende entgegen. Die Jungstörche sind nun erwachsen und versammeln sich in Scharen auf den Feldern. Etwa eine Woche vor ihren Eltern begeben sie sich auf die lange Reise nach Afrika. Auf eine Führung sind sie nicht angewiesen, denn die Zugrichtung ist ihnen bereits in die Wiege gelegt: Es geht über den Balkan, den Bosporus, Kleinasien und den Sinai in die Winterquartiere nach Südostafrika, weshalb man die mittel- und osteuropäischen Störche auch ›Ostzieher‹ nennt – die westeuropäischen Störche bevorzugen die Strecke über Gibraltar. Aus Dänemark, Norddeutschland, Polen, dem Baltikum, Russland und Weißrussland, aus der Ukraine und Tschechien, der Slowakei, Österreich, Ungarn, Rumänien, Slowenien, Kroatien, Bosnien-Herzegowina und Mazedonien strömen sie zusammen, um weiter südlich auf ihre Verwandten aus Albanien, Griechenland und der Türkei zu treffen und dann gemeinsam dem Nil nach Süden zu folgen.

Bei täglichen Reiseetappen zwischen 150 und 300 Kilometer kommen die Störche acht bis fünfzehn Wochen nach ihrem Aufbruch im südlichen Afrika an, wo sie, solange auf der nördlichen Halbkugel Väterchen Frost regiert, ihre Winterquartiere beziehen und Kraft für ihre Rückreise nach Europa im nächsten Frühling tanken.

Mit etwas Glück begegnet man in den menschenleeren Waldlandschaften im Nordosten Polens sogar dem sehr selten gewordenem Schwarzstorch: Noch etwa 700 Schwarzstorch-Paare sind in Polen zu Hause, fast die Hälfte aller in Europa beheimateten Schwarzstörche.

EXTRA

Suwałki

Das knapp 70 000 Einwohner zählende Suwałki ist eine vergleichsweise junge Stadt. Im Jahr 1667 überantwortete König Jan Kazimierz die Wildnis rund um den Fluss Czarna Hańcza den Mönchen des Kamaldulenserordens. Bis ins 19. Jahrhundert blieb Suwałki eigentlich ein Dorf, trotz der im Jahre 1720 verliehenen Stadtrechte. Mit der Dritten Teilung Polens und der Einverleibung durch Preußen 1795 endete für die nächsten 20 Jahre die polnische Geschichte der Stadt. Nach dem Wiener Kongress 1815 und der Wiederherstellung eines kleinen Rumpf-Polens unter der Kontrolle des russischen Zaren – ›Kongresspolen‹ genannt – wurde Suwałki Kreisstadt. Ab 1825 wandelte man den weitläufigen Marktplatz in einen Lustgarten um. An der Hauptstraße, der heutigen ulica Kościuszki, die einen Teil des alten Handelswegs von Warschau über Kaunas nach Sankt Petersburg darstellte, entstanden unter Regie der Architekten Antonio Corazzi, Enrico Marconi und Karol Majerski repräsentative klassizistische Bauten.

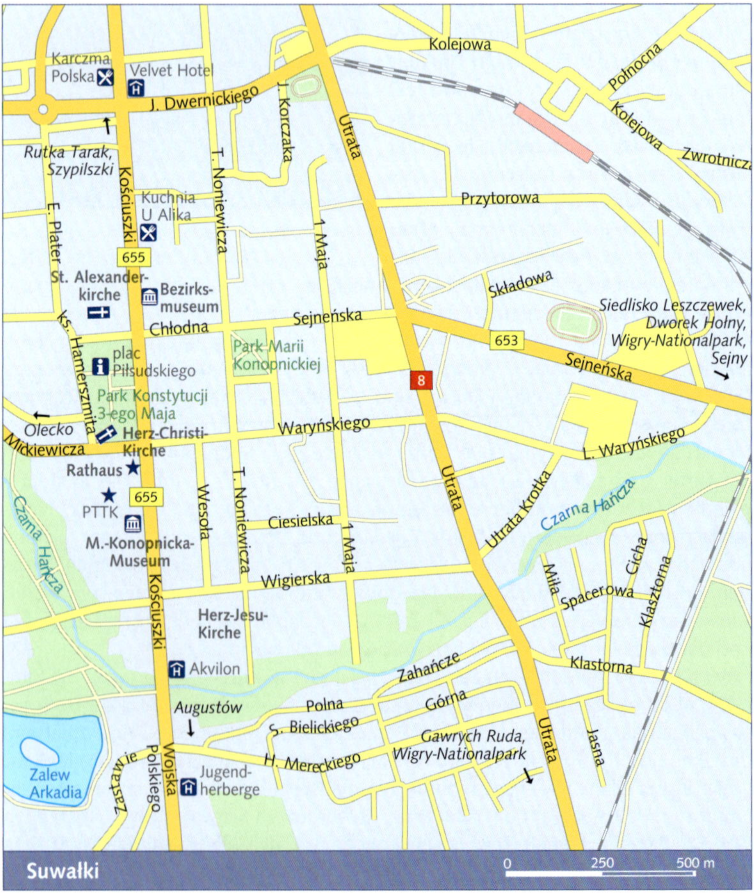

So ist das historische Zentrum rund um den ausgedehnten **plac Piłsudskiego** von schönen spätklassizistischen Bauwerken geprägt. Mit ihrem eindrucksvollen Portal gefällt vor allem die strahlend weiße **Sankt Alexanderkirche** (Kościół św. Aleksandra). Das nach einem Entwurf des namhaften Baumeisters des polnischen Klassizismus Christian Piotr Aigner (1756–1841) entstandene, 1842 bis 1845 umgestaltete Gotteshaus bekam seine aktuelle Form mit dem Anbau der Kapellen im Jahr 1856. Auf der Südseite des Platzes steht die **Herz-Christi-Kirche** (Kościół pod wezwaniem Najświętszego Serca Pana Jezusa), von Enrico Marconi (1792–1863) entworfen und zwischen 1838 und 1840 erbaut. Gegenüber steht das 1842 bis 1844 errichtete klassizistische **Rathaus** mit einem markanten Uhrenturm. In der ul. Kościuszki ist das **Bezirksmuseum** (Nr. 81) zu finden. Es zeigt polnische Malerei des 19. und 20. Jahrhunderts und informiert über die regionale Archäologie und Geschichte. Weltberühmte Kinder der Stadt sind der 1926 geborene Filmregisseur und Oscar-Preisträger Andrzej Wajda sowie der in Litauen gebürtige Nobelpreisträger für Literatur Czesław Miłosz (1911–2004), der lange in der Stadt an der Czarna Hańcza zuhause war.

Die Sankt Alexanderkirche in Suwałki

Suwałki

Vorwahl: 087.

Touristinformation, ul. Hamerszmita 16, Tel. 5662079; Juli/Aug. Mo–Fr 8–18, Sa/So 9–15, sonst Mo–Fr 8–16 Uhr. www.um.suwalki.pl

Regionalbahn und Schnellzüge Richtung Białystok über Augustów (Fahrkarten werden im Zug verkauft), Fernzüge nach Kraków.

Hotel Akvilon (€€), ul. Kościuszki 4, Tel. 5635940. Komfort in einem Gebäude aus dem 18. Jahrhundert, Restaurant mit Blick auf die Czarna Hańcza, Spa-Bereich, Fahrradverleih. www.akvilon.pl

Velvet Hotel (€€), ul. Kościuszki 128, Tel. 5635252. Dreisternehotel mit Komfort, Tiefgarage gegen Aufpreis. Nahe der Shoppingmall ›Suwałki Plaża‹. www.hotelvelvet.pl

Siedlisko Leszczewek (€), Leszczewek 37, Tel. 0515/345279. Ruhige Lage im Wigry-Nationalpark 8 km von Suwałki, idealer Ausgangspunkt für Paddel- und Radtouren. www.siedliskoleszczewek.pl (poln.)

Hotel nad Wigrami (€€), Gawrych Ruda 39B, Tel. 5635959. 12 km von Suwałki wundervoll am Wigry-See gelegen, große Terrasse, Angelsteg, Fahrradverleih. www.hotelnadwigrami.pl (poln.)

Dworek Hołny, Hołny Mejera 3k/Ogrodnik (20 Min. vom Kloster Wigry), Tel. mobil 666555113. In einem historischen Herrenhaus mit Apartments und Restaurant mit guter Küche.

www.dworek-holny.pl (poln.)
Jugendherberge, ul. Wojska Polskiego 9, Tel. 5665878; Juli und August.

Karczma Polska, ul. Kościuszki 101a, Tel. 5664860; So–Do 10–22, Fr/Sa bis 23 Uhr. Polnisch-litauische Küche in uriger Atmosphäre.
www.karczmasuwalki.pl (poln.)
Kuchnia U Alika, ul. Kościuszki 98, Tel. 885385723; Di–So 11–19 Uhr. Weißrussisch-tatarisch-orientalische Küche. Sehr einfach, aber lecker und günstig. Zwei Tische im Freien.
www.kuchniaualika.pl (poln.)

Bezirksmuseum, ul. Kościuszki 81; Di–Fr 8–16, Sa/So 9–17 Uhr.
www.muzeum.suwalki.pl (poln.)

Suwałki Blues Festival; drei Tage im Juli. Eines der größten Bluesfestivals in Polen mit zahlreichen namhaften nationalen und internationalen Blues-Größen, open air auf zwei Bühnen im Stadtzentrum und in Restaurants und Clubs.
www.suwalkiblues.com

Paddelboottouren, Information und Organisation: PTTK Suwałki, ul. Kościuszki 37, Tel. 5665961.
www.suwalki.pttk.pl (poln.)
Spływy kajakowe, Marek Taraszkiewicz, ul. Noniewicza 38c/84, Tel. mobil 604061479. Kajakausleihe und geführte Flusstouren auf Czarna Hańcza, Rospuda, Szeszupa und Marycha sowie Segelboot-Charter.
www.wigry24.pl (poln.)

Suwalski-Landschaftspark

Nördlich von Suwałki dehnt sich auf rund 6300 Hektar das seit 1976 unter Naturschutz stehende seen- und waldreiche Hügelland des Suwalski-Landschaftsparks (Suwalski Park Krajobrazowy) aus. Von den Flüssen **Czarna Hańcza** und **Szeszupa** durchzogen, führen seine Kuppen auf bis zu 300 Höhenmeter hinauf, weshalb man die wildromantische Gegend auch die ›Schweiz Nordpolens‹ nennt.

Im Dorf **Jeleniewo** an der südöstlichen Parkgrenze verdient eine 1878 erbaute

Aussicht vom Eibenberg

Karte S. 241/245

Holzkirche Aufmerksamkeit, bevor nur fünf Kilometer weiter der ›Fujijama von Suwałki‹ zur schönen Aussicht einlädt. Von der Spitze des jäh aus der Landschaft hinaufragenden, 256 Meter hohen Kegelbergs, der eigentlich **Eibenberg** (Cisowa Góra) heißt, eröffnet sich ein herrliches Panorama über die Landschaft. Vom Parkplatz an der Landstraße 655 führt ein Fahrweg etwa 400 Meter bis an den Fuß des Eibenberges. Auf Pfad und Stufen benötigt man dann kaum noch fünf Minuten bis zum Gipfelkreuz.

Ganz in der Nähe, am Flecken **Szurpiły**, blieben die Reste der **Feste Schlossberg** (Góra Zamkowa) aus dem 9. Jahrhundert erhalten, errichtet vom damals hier ansässigen Völkchen der Jadwingen (Sudauen). Überall verstreut liegende **Findlinge** erinnern daran, dass die letzte Eiszeit der Baumeister der Suwalszyzna mit ihren Kuppen und Rinnenseen war. Eine besondere Perle ist der **Hańcza-See** (Jezioro Hańcza), von steilen Böschungen und steinigen Ufern gesäumt. Mit 108 Metern ist es nicht nur das tiefste Gewässer Polens, sondern der gesamten Mitteleuropäischen Tiefebene. Der See dehnt sich im Westen des Landschaftsparks auf über 300 Hektar aus und wird von der Czarna Hańcza auf ihrem Weg nach Suwałki durchflossen. Sein klares Wasser lässt außergewöhnliche Sichtweiten zu, was Taucher mögen, die zumeist im kleinen Flecken **Błaskowizna** am südöstlichen Seeufer ins Wasser steigen.

Eine wunderbare Aussicht auf den See Hańcza hat man von der Kuppe am **Forsthaus Turtul** aus. Turtul am südlichen Parkrand ist Sitz der Parkverwaltung, die im Forsthaus außerdem eine kleine touristische Informationsstelle betreibt.

Ein bemerkenswertes **Findlingsfeld** kann man im Reservat Głazowisko Bachanowo auf halbem Weg zwischen Jeleniewo und Turtul erkunden.

In **Błaskowizna** gibt es mehrere Pensionen mit direktem Zugang zum Hańcza-See. Allerdings werden Gäste zumeist nur für mehrere Tage aufgenommen. Wer das Zelt dabei hat, darf aber auch für eine Nacht bleiben und kann hier die wunderbare Szenerie am glasklaren Wasser und die Ruhe ganz ohne Massentourismus genießen.

Durch den Landschaftspark führen eine Reihe markierte **Wanderwege**, der längste ist über 40 Kilometer lang, der kürzeste nur zwei Kilometer.

i Suwalski-Landschaftspark

Informationsstelle Parkverwaltung, in Turtul (2 km östlich von Kruszki zweigt an der Landstraße Jeleniewo-Przerośl auf der Höhe von Błaskowizna eine Piste zum Forsthaus Turtul ab), Tel. 087/5691801; Juli/Aug. Mo-Fr 8-19, Sa 11-18 Uhr; Sept.-Juni Mo-Fr 8-16 Uhr. www.spk.org.pl (poln.)

Wigry-Nationalpark

1989 wurde östlich von Suwałki der Wigry-Nationalpark (Wigierski Park Narodowy) gegründet. Hier, im nördlichen, sanft gewellten Teil der Puszcza Augustowska gedeihen über die Hälfte der landesweit unter Naturschutz stehenden Pflanzen – das sind mehr als 750 verschiedene Arten von Bäumen, Sträuchern, Blumen, Gräsern, Moosen und Flechten. Aufgrund des nordischen Klimas fühlen sich boreale Gewächse wie die Lappländweide oder die Zwergbirke wohl. In den bis zu 200-jährigen Kiefernwäldern leben Rehe, Hirsche und Wildschweine, zwischen Torfmooren und Seen auch Bisamratten und Flussotter, der Biber darf hier noch ungehindert Staudämme anlegen. Wölfe und Füchse durchstreifen die Flure, der Auerhahn und der bunte Eisvogel sind im Nationalpark zuhause, und über den Baumwipfeln ziehen Seeadler und Fischadler ihre Kreise. Auch Schrei-

Auf der Czarna Hańcza nahe Frącki

adler, Weihen und Mäusefalken sind zu beobachten, und in den Schilfgürteln der Seeuferzonen nisten Kormorane, Höckerschwäne und Haubentaucher. Ein gutes Fünftel des knapp 15 000 Hektar großen Nationalparks machen Gewässer aus, darunter der **Wigry-See** (Jezioro Wigry), der dem Nationalpark mit dem Biber im Wappen den Namen schenkte.

Der Haupteingang des Nationalparks befindet sich etwa sechs Kilometer östlich von Suwałki in **Krzywe** am Sitz der Nationalparkverwaltung. Von dort ist ein **Wanderwegenetz** von rund 250 Kilometer Länge markiert, das größtenteils auch für Radler und Reiter geeignet ist. Nicht zu vergessen die Wasserwege über die Flüsse und Seen, die die Region zu einem der herrlichsten Paddelreviere Nordpolens machen. Von Norden her strömt die Czarna Hańcza durchs Land, durchfließt den See Wigry und mäandert dann still und friedlich durch den Urwald der Puszcza Augustowska. Über den Kanal Augustowski ist sie weiter im Süden mit den Seen rund um Augustów verbunden und bildet so die berühmte **Czarna-Hańcza-Route** – den neben der Krutynia-Tour schönsten Paddelwanderweg in Polen. Gut 150 Kilometer ist er lang und beginnt an der PTTK-Station in **Stary Folwark** (östlich von Suwałki), das mit Pensionen, Gastronomie, Campingplatz, Kanu- und Kajak-Verleih das wichtigste Touristenzentrum im Nationalpark bildet. In Stary Folwark befindet sich außerdem das **Wigry-Nationalparkmuseum** (Muzeum Wigier), gegründet im Alten Vorwerk, einer ehemaligen hydrobiologischen Station, und ergänzt durch einen modernen Anbau. Es vermittelt auch multimedial Kenntnisse über Fauna und Flora, stellt die Geomorphologie des Geländes dar und veranschaulicht die Geschichte des alten prußischen Stamms der Jadwingen (Sudauen).

▶ Karte S. 245

Kamaldulenserkloster

Kultureller Höhepunkt nicht nur im Nationalpark, sondern in der gesamten Suwalszczyzna ist das ehemalige Kamaldulenserkloster zu Wigry. 1694 bis 1745 von Kamaldulensermönchen erbaut, die König Jan Kazimierz zur Kultivierung der Wildnis ins Land gerufen hatte, thront das schöne Barockkloster gegenüber von Stary

Folwark auf einer Halbinsel im Wigry-See. Vor der politischen Wende stand es viele Jahre unter der Kuratel des Warschauer Kulturministeriums und beherbergte Künstler zu Stipendiatsaufenthalten. Heute können sich auch Urlauber in den spartanischen Klosterzellen einmieten. Neu sind die schlichten **Gästezimmer im Königshaus** (Dom Królewski). Im Untergeschoss, im ehemaligen Refektorium, befindet sich heute ein **Restaurant**. Im Frühsommer 1999 übernachtete auch Papst Johannes Paul II. während seiner Pilgerreise durch Polen im Kloster Wigry. In der großen **Klosterkirche der Unbefleckten Empfängnis der Allerheiligsten Jungfrau Mariä** gefällt vor allem der vergoldete Hauptaltar.

Nahe der Klosterzufahrt startet in der Saison mehrmals täglich ein **Ausflugsschiff**.

Im Kloster Wigry

Schmalspurbahn

Auf Schienen geht es im Dampfross vom Kleinbahnhof in **Płociczno** aus (neun Kilometer südlich von Suwałki) auf schmaler Spur quer durch den südlichen Nationalpark über zehn Kilometer Strecke zum Weiler **Krusznik** (und auch wieder zurück). Über 42 Kilometer Entfernung, bis nach Zelwa fast an die litauische Grenze, führten einmal die Gleise. Von 1926 bis 1989 wurde die Schmalspurbahn für den Holztransport aus der Puszcza Augustowska genutzt. Anschließend wurde sie stillgelegt und vor ein paar Jahren dank privater Initiative erneut in Gang gesetzt, seitdem tuckelt sie zur Freude der Urlauber mit historischen Waggons wieder durch die schöne Natur. In der Nachbarschaft befindet sich das **Wigry-Schmalspurbahnmuseum**, auf dem Freilichtgelände können einige altertümliche Eisenbahnwagen in Augenschein genommen werden.

Wigry-Nationalpark

Vorwahl: 087.

Touristinformation Wigry-Nationalpark, Krzywe 82 (6 Kilometer östlich von Suwałki im Haus der Parkverwaltung), Tel. 5632562; Mo–Fr 7–15, Juli/Aug. auch Sa/So 9–16 Uhr. www.wigry.org.pl

Fundacja Wigry Pro (€€), Wigry 11, Tel. 5662499. Schnörkellose Unterkunft in den ehemaligen Mönchszellen der Kamaldulenser oder etwas komfortabler im Königshaus. www.fundacja.wigry.pro (poln.)

Pensjonat Wigierski (€), Mikołajewo 22C, Tel. mobil 500088497. Garten mit Grill, Spielplatz, Sauna gegen Gebühr, Haustiere 10 Zł. www.wigierski.pl

Gościniec Gaładuś (€€), Sejny, OT Dusznica 33, Tel. mobil 606612188. Gasthaus in herrlicher Lage am gleichnamigen See mit Apartments und regionaler Küche, ideales Angelrevier, ca. 35 km nordöstlich von Stary Folwark nahe der Grenze zu Litauen. www.gosciniecgaladus.pl

PTTK-Camping Stary Folwark, Tel. mobil 500069339; Mai–Sept. Großer Platz am

Wigry-See, mit Imbiss und Wassersportgeräteverleih.
www.suwalki.pttk.pl (poln.)
U Haliny (€), Wigry 12 (gegenüber Eingang zum Kloster), Tel. 5637042. Zelten unter Apfel- und Kirschbäumchen, auch Wiesenplätze für Caravan. Bootsverleih, hübsche Badestelle, → Gasthaus ›U Haliny‹.

Restaurant Refektorium, im Untergeschoss des Königshauses (→ Hotels, Fundacja Wigry Pro); tgl. 12–20.30 Uhr) sowie **Café am Gartenturm** (tgl. 10–19 Uhr, mit WLAN).
U Haliny (€), Wigry 12 (gegenüber Eingang zum Kloster), Tel. 5637042; Mai–Sept. tgl. 12–20 Uhr. Saisongasthaus mit herrlichem Blick auf das Klosterareal. Schmackhafte Hausküche mit großen Portionen, Tipp: Kartacze (Kartoffelklöße mit Fleischfüllung, dazu Gemüsesalat, Kuchen und Saft), → Camping.

Wigry-Nationalparkmuseum (Muzeum Wigier), Stary Folwark 50, Tel. 5630152; Juli/Aug. tgl. 10–17, sonst 10–15 Uhr. Audioguides in englischer Version.
www.wigry.org.pl/mw
Wigry-Schmalspurbahnmuseum (Muzeum Wigierska Kolej Wąskotorowa), Płociczno Tartak 40, Tel. 5639263; Mai–Sept. tgl. 9–16 Uhr.

Wigry-Schmalspurbahn, ab Płociczno (9 km südlich von Suwałki), Płociczno Tartak 40, Tel. 5639263; Mai/Sept tgl. 13, Juni tgl. 10 und 13, Juli/Aug. tgl. 10, 13 und 16 Uhr. www.augustowska.pl (poln.)

Ausflugsfahrten über den Wigry-See; Mai–Sept. mehrmals tgl., Abfahrt am Anleger unterhalb des Klosters an der Straße sowie unterhalb des Museums in Stary Folwark (10, 11, 13 und 14 Uhr, ca. 45 Minuten).

Fahrräder- und Paddelboot-Ausleihe, Camping ›Wigry‹ sowie PTTK-Camping in Stary Folwark.

Augustów

Von drei Seen umrahmt, liegt die 30 000-Einwohner-Stadt Augustów am Südrand der Puszcza Augustowska. Sie ist größter Kurort und beliebtestes Wassersportzentrum der Woiwodschaft Podlaskie. Jagiellonenkönig Zygmunt II. August (Regierungszeit 1548–1572) verlieh der Siedlung am Fluss Netta, wo sich die Handelswege von Litauen nach Masowien und Preußen kreuzten, 1557 die Stadtrechte. Eine hübsche Sage berichtet dazu, dass die Gründung von Augustów auf einem gemeinsamen Jagdausflug des polnischen Königs und seines preußischen Cousins, Herzog Albrecht von Brandenburg, beruht. Erfreut über die gelungene Jagdpartie, heißt es, beschlossen die beiden Herrscher, Partnerstädte ins Leben zu rufen, hüben im Preußenland Marggrabowa (Olecko) und drüben, 40 Kilometer weiter östlich in Polen Augustów.

Tatareneinfälle 1656/57, die Pest, die von 1708 bis 1711 wütete, und verheerende Brände 1738 und 1766 setzten der Stadt zu, und erst mit dem Bau des **Augustów-Kanals** ab 1824 stellte sich ein bescheidener Aufschwung ein. Um die hohen Zölle zu umschiffen, die Ostpreußen auf polnische Warentransporte in Richtung Ostseehäfen erhob, projektierte man diesen durchgängig schiffbaren Wasserweg: ostwärts bis zur Memel bei Grodno im heutigen Weißrussland und südwärts über den Fluss Biebrza bis zur Weichsel nach Warschau. Nach 15-jähriger Bautätigkeit war die künstli-

▲ Karte S. 245/255

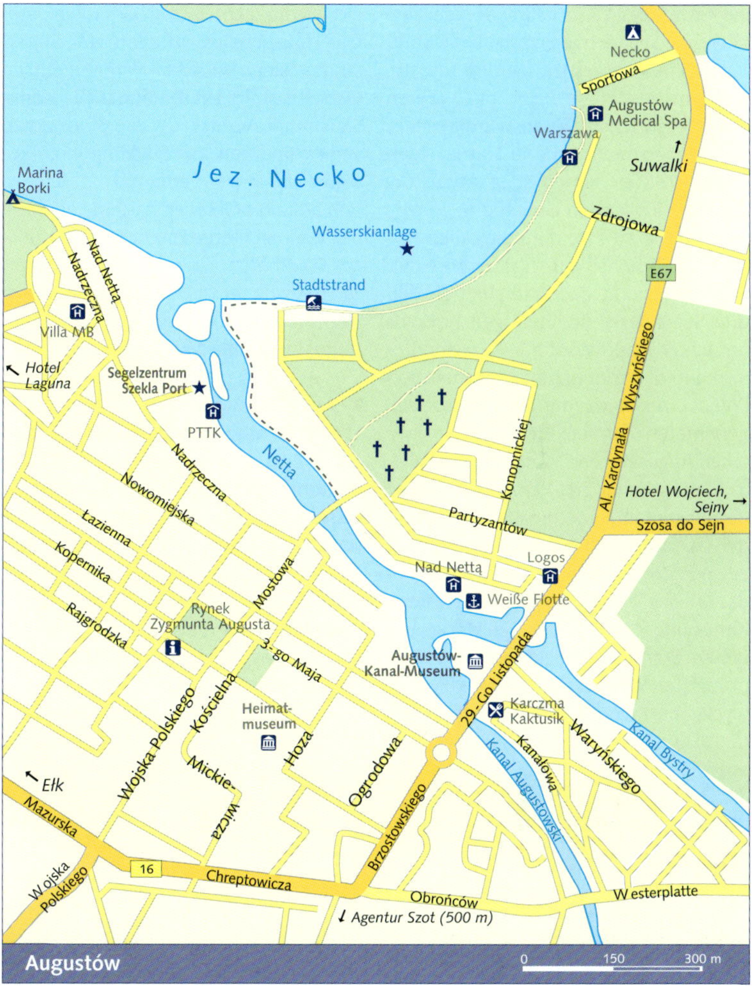

che Wasserstraße 1839 mit 18 Schleusen auf 102 Kilometer Länge fertig gestellt – eine technische Meisterleistung des 19. Jahrhunderts, für deren Planung die Armee-Ingenieure General Malletskiego de Grandville und Oberst Ignacy Prądzyński verantwortlich zeichneten. Zwar erlangte der Augustów-Kanal nie die wirtschaftliche Bedeutung, die man sich erhofft hatte, und 4 der 18 Schleusen liegen seit 1945 zudem auf weißrussischem Gebiet. Doch dafür bietet der Kanal heute umso mehr Freizeitvergnügen für Wassersportler. Gegenwärtig wartet er mit seinen historischen handbetriebenen Schleusen darauf, dass ihn die UNESCO zum Weltkulturerbe der Menschheit erklärt.

Der Erste Weltkrieg brachte Augustów große Zerstörungen. Anschließend richtete ein Großfeuer 1922 kaum weniger verheerende Schäden an, weshalb die Stadt nahezu neu aufgebaut werden musste. Seitdem besitzt sie keine besonderen architektonischen Sehenswürdigkeiten, dafür umso mehr schöne Natur. Noch in den 1920er Jahren stieg Augustów dank der idyllischen Umgebung zur ersten Sommeradresse der polnischen Reichen und Schönen auf. Wassersport kam in Mode, wofür das Städtchen an den drei Seen beste Bedingungen bot. Als betuchter Hauptstädter fuhr man zum Kuren in den mondänen ›Sommersalon Polens‹, und zwar mit dem eigens eingerichteten Zug ›Luxtorpedo‹, der zwischen Augustów und Warschau pendelte. In sozialistischer Zeit kamen eine Reihe Betriebsferienheime hinzu. Heute zieht der lebhafte Urlaubsort Segler und vor allem Paddelfreunde an, die mit Kurs auf das örtliche **Wassersportzentrum** in ihren Kanus und Kajaks in den See Necko einfahren. Dort befindet sich auch der erste polnische **Wasserskilift** (›Elektryczny wyciąg nart wodnych‹), eröffnet im Jahre 1999.

Der **Marktplatz** zeigt sich als grüne Oase: Die Häuserzeilen zu allen vier Seiten rahmen einen hübschen Park. An dessen Ostseite steht ein **Denkmal für König Sigismund August**, der die Stadtrechte verlieh und dem die Siedlung ihren königlichen Namen verdankt.
Von März bis Oktober starten die Schiffe der Weißen Flotte von der Anlegestelle am Stadthafen. Einen Regentag verkürzen Besuche im kleinen **Heimatmuseum** (Muzeum Ziemi Augustowskiej) oder im **Augustów-Kanal-Museum**.

Augustów-Kanal

Wer den Augustów-Kanal mit seinem Kajak bis zur Mündung in die Memel befahren und die Grenze nach Weißrussland überqueren möchte, kann dies seit Sommer 2016 ohne Visum. Über den Grenzübergang an der **Kurzyniec-Schleuse** bei **Rudawka** können Kajak- und Radfahrer nach Weißrussland einreisen. Somit ist es möglich, den durch beide Länder führenden Kanał Augustowski (Augustów-Kanal) auch auf dem Landweg in voller Länge zu erkunden. Die

Bootshafen am Necko-See

▲ Karte S. 255

Schleuse am Augustów-Kanal bei Mikaszówka

im 19. Jahrhundert im heutigen Nordosten von Polen errichtete Wasserstraße bezieht zahlreiche natürliche und begradigte Flussläufe ein. Von den rund 100 Kilometern liegen knapp 20 in Polens östlichem Nachbarland.

Der Grenzübergang Rudawka-Lesnaja existiert seit 2005 und ist vom 1. Mai bis 1. Oktober täglich von 7 bis 19 Uhr geöffnet. Während der Saison gibt das weißrussische Konsulat in Augustów für Touristen Passierscheine aus, die 72 Stunden gültig sind und zum Grenzübertritt per Kajak oder Fahrrad am Kanal berechtigen. Verschiedene Unternehmen in der Region Augustów bieten zudem organisierte Touren auf dem Kanal an.

Augustów

Vorwahl: 087.

Touristinformation, ul. Rynek Zygmunta Augusta 19 (in der Südwestecke des Marktplatzes vor dem Busbahnhof), Tel. mobil 511181848; Mo–Fr 8–18, Sa/So 10–18 Uhr. www.augustow.pl

Regionalbahn nach Suwałki und Białystok.

Hotel Warszawa (€€), ul. Zdrojowa 1, Tel. 6438500. Exklusive Drei-Sterne-Anlage ca. 3 km nördlich des Stadtzentrums am See Necko. Spa mit Sauna, Jacuzzi, märchenhafte kleine Salzhöhle (Hotelgäste 2,50 Euro), Spielzimmer für die Kleinen. Ca. 300 Meter bis zur Liegewiese mit Bademöglichkeit.
www.hotelwarszawa.pl (poln.)

Augustów Medical Spa (€€), ul. Zdrojowa 3/5/7, Tel. 6432871. Auf einer mit Kiefern bestandenen Anhöhe über dem Strand am See Necko. Klimatisierte Zimmer, moderne Schwimmhalle.
www.sanatorium.augustow.pl

Nad Nettą (€€), ul. Portowa 3, Tel. 6446154. Moderne Standardzimmer am Stadthafen. www.nad-netta.pl (poln.)

Laguna (€€), ul. Wczasowa 4/58, Tel. 6431355. Mit Pool, Sauna und Salzhöhle. www.laguna.augustow.pl (poln.)

Villa MB (€€), ul. Spacerowa 4, Tel. 6446734. Ruhige Lage etwas abseits des Zentrums, helle und freundliche Zimmer mit Balkon, Fahrradausleihe, 5 Min. zum See. www.mb.augustow.pl

Hotel Wojciech (€€), ul. Wojciech 8, Tel. 6447237. Dreisternehotel mit eigener Anlegestelle am See Białe Augustowskie, Schwimmbad und Sauna, regionale Küche, auch Verleih von Ausrüstung (Fahrräder, Nordic-Walking-Stöcke, Boote). www.hotelwojciech.pl

Camping Necko, ul. Sportowa 1, Tel. mobil 603378903; Mitte Juni–Sept. 2 km vom Ortszentrum (Straße nach Suwałki) liegt der Wiesenplatz 100 m entfernt vom See Necko mit Badestrand und Wassersportgeräteverleih. www.necko.pl (poln.)

Camping Marina Borki, ul. Nadrzeczna 147, Tel. 885023632. www.marinaborki.pl (poln.)

Karczma Kaktusik, ul. Listopada 2 (nahe Schleuse Augustowski-Kanal), Tel. mobil 606832405. Großes Gasthaus mit Freiluftplätzen über dem Wasser und unterm Zeltdach. Polnische Küche. Auch Übernachtung mit Sauna.

Heimatmuseum (Muzeum Ziemi Augustowskiej), ul. Hoża 7; Mai–Sept. Di–So 9–16 Uhr.

Augustów-Kanal-Museum (Muzeum Historii Kanału Augustowskiego), ul. 29 Listopada 5a; Mai–Sept. Di–So 9–16 Uhr.

Weiße Flotte Augustów (Żegluga Augustowska), Tel. 6432881; März–Okt. ab Stadthafen, ul. 29 Listopada 7; Juni–Aug. tgl. 1,5-stündige Dampferfahrt über den See Necko zum See Rospuda und zurück. 2,5-stündige Fahrten über den See Białe nach Studzieniczna und zurück. www.zeglugaaugustowska.pl

Atrans, ul. Zdrojowa 1 (unterhalb Hotel Warszawa am Seehafen), Tel. mobil 503770433. Bootsausleihe. Ab hier auch Gondelfahrten (rejsy Gondolą) ins Flusstal der Rospuda (tgl. 10, 13, 16 und 18 Uhr bei mindestes 5 Personen, 1 Std. 8 Euro). www.atransaugustow.pl (poln.)

Touristenagentur Szot, ul. Konwaliowa 2, Tel. 6446758. Auch Zeltverleih sowie geführte Paddelwanderungen auf der Czarná Hańcza und Augustowski-Kanal, Rospuda, nach Litauen und Weißrussland (visafrei). www.splywy-szot.pl

Großer **Stadtstrand** am Südostufer des Sees Necko.

Studzieniczna

Knapp zehn Kilometer östlich von Augustów liegt am See Studzieniczna die gleichnamige Pilgerstätte. Bereits seit dem 18. Jahrhundert lockt das **Marienheiligtum** zahlreiche Wallfahrer an. Auf einem Eiland im südwestlichsten Seezipfel wurde 1770 bei einer wundertätigen Quelle, die vor allem Augenleiden kurieren soll, eine erste hölzerne Kapelle gebaut. 1872 entstand in der Nachbarschaft nach einem Entwurf von Louis Jeziorkowskiego die achteckige neuromanische **Steinkapelle**, die 2018 umfassend renoviert wurde. Das kostbare Wasser lässt sich nebenan aus einem Brunnen schöpfen – auch wenn es Trübstoffe enthält, kann es bedenkenlos getrunken werden, wie ein Selbstversuch ergab. Am Seeufer steht eine **Bronzeplastik des Papstes Johannes Paul II.**, der die Halbinsel im Jahre 1999 besuchte. Bereits 1847 wurde am Zugang zur Halbinsel eine große hölzerne **Pfarrkirche** eingeweiht. Ihr Innenraum schmückt sich mit Volkskunst, drei kostbaren Altären und Geweihen an den Wänden.

Von Augustów aus lässt sich Studzieniczna in einem Ausflug mit den Schiffen der Weißen Flotte oder auf einem Spazierweg durch die Puszcza Augustówska und am See Białe entlang erreichen. Motorisierte reisen auf der Straße Nr. 16 Richtung Sejny zum Sanktuarium.

▸ Karte S. 255/245

Puszcza Augustowska und Czarna Hańcza

Die **Puszcza Augustowska** ist das größte zusammenhängende Waldgebiet Polens. Es umfasst rund 1100 Quadratkilometer, drei Viertel liegen auf polnischer Seite, der Rest in Litauen und Weißrussland. Der sanft gewellte Norden der Heide ist im Wigry-Nationalpark geschützt und verwandelt sich dort allmählich wieder in einen Urwald. Im südlichen Abschnitt herrschen auf den weiten ebenen Sanderflächen lichte Baumbestände vor. Stille Seen, dazwischen ausgedehnte Wälder mit Birken, Erlen, Kiefern, Fichten und Wacholder bestimmen das Bild.

Ab Mitte des 16. Jahrhunderts war die Puszcza Augustowska königliches Jagdrevier, in dem die polnischen Herrscher Auerochsen und Wisente, Wildschweine, Bären und Wölfe jagten. Heute wird der Wanderer vor allem Rehe, Hirsche und Biber beobachten können sowie mit viel Glück sogar einmal einen Blick auf einen scheuen Schwarzstorch erhaschen. Wölfe und gelegentlich auch Elche wandern aus dem Baltikum und aus Weißrussland ein.

Von Norden her schlängelt sich die **Czarna Hańcza** durchs Land, fließt durch den Wigry-See im Nationalpark, durch romantische Baumtunnel und blühende Wiesen in den Urwald der Puszcza Augustowska. Beliebt ist die Czarna Hańcza bei Paddlern vor allem wegen ihres abwechslungsreichen Flusslaufs.

Wo der Fluss beim Örtchen **Rygol** mitten im Wald in Richtung Memel abbiegt, übernimmt der **Augustów-Kanal**, auf dem die Paddelfahrt via Augustów, dem Endpunkt der Czarna-Hańcza-Tour, weitergeht. Mit 14 noch von Hand betriebenen Schleusen verknüpft der Kanal im Wechsel mit kleinen Flüssen insgesamt 26 Seen und bildet so einen der schönsten Wasserwanderwege in Polen (Bootsausleihe bzw. geführte Flusswanderungen → Suwałki, S. 250).

Papst-Denkmal in Studzieniczna

Routenvorschlag für eine zwei- bis dreiwöchige Radrundreise: Östliches Masuren, Suwalszczyzna und Große Masurische Seen

Achtung: *Wegen mangelnder akzeptabler Alternativrouten sind zwischen Pisz und Suwałki nur die Hauptstraßen zu empfehlen, leider mit LKW-Verkehr, daher nicht für Kinder geeignet! Ab Suwałki folgt die Route dem durchgängig markierten Nordabschnitt des Fernradweges ›Green Velo‹ auf verkehrsarmen Nebenstraßen, separaten Radwegen, Feld- und Waldwegen.*
w

1. Tag
Anreise, z. B. mit dem EC aus Richtung Berlin nach **Olsztyn** mit Übernachtung.

2. Tag
Bahnfahrt nach **Pisz** (8.25, an: 10.21 Uhr). Stadtbesichtigung und Übernachtung.

3. Tag
Pisz–Nowe Guty ► 25 km

Straße Nr. 63 Richtung Orzysz (bis Maldanin mit Radweg)–Maldanin (Gasthaus Zajazd Myśliwski an der Hauptstraße, tgl. 11–20 Uhr)–Jeglin–Szczechy Wielkie (hier links ab nach Zdory), schönes Gasthaus 200 m nördlich an der Straße Nr. 63 (Zajazd Wiejski, tgl. 9–21 Uhr)–Zdory (am Ortsende auf den Sandweg rechts abbiegen (mitunter lockerer Untergrund/Schiebeeinlagen)–vor Kwik links Abzweig zur Badestelle Wysoki Brzeg (400 m)–Kwik (ab hier wieder Asphalt- Dorfstraße zur Straße Nr. 63, links abbiegen bis Abzweig Nowe Guty–Nowe Guty

4. Tag
Nowe Guty–Ełk ► 40 km

Okartowo Tartak (am Ortseingang schöner Biwakplatz nahe Seeufer unter Kiefern)–Straße Nr. 16 nach rechts (Richtung Orzycz)–Grzegorze–Mikosz–Orzysz–(weiter auf Straße Nr. 16 (Richtung Ełk)–Wierzbiny (Abzweig nach Strzelniki/Rostki Skomackie nicht zu empfehlen, da grobes Kopfsteinpflaster und Sandweg)–Straße Nr. 16–Deutscher Soldatenfriedhof Bartosze–Ełk

5. Tag
Ełk–Olecko ► 28 km

Auf Straße Nr. 65 nach Olecko

6. Tag
Olecko–Suwałki ► 32 km

Auf der Straße Nr. 660 nach Olecko Kolonia–hier nach rechts auf die Straße 653 Richtung Suwałki-Szczecinski–Bakalarzewo (hier große Kirche, davor farbige Madonnenfigur mit Schlange und rotem Apfel)–Żyliny (hier Holzkirche der heiligen Muttergottes aus Tschenstochau)–Przebród (ab hier straßenbegleitender Radweg bis Suwałki)–Suwałki
Suwałki–Augustów (mit der Bahn, Regionalbahn um 13.27 Uhr)

7. Tag
Augustów–Frącki ► 51 km

Ab hier Green Velo, ul. Turystyczna, dann ul. Wojciech–Studzieniczna (Wallfahrtsort ›Mutter Gottes von Studzieniczna‹ mit Holzkirche, Muttergotteskapelle,von 1920, Brunnen mit Heilwasser, Papst-Denkmal)–ab hier Sandweg durch den Wald bis Czarny Bród (ab hier Asphalt bis Płaska, hier am Ortseingang links zur Wasserstation ›Stanica Wodna Płaska‹ mit Imbiss, Zeltmöglichkeit und WLAN, nach Ortsausgang links alsbald Gasthaus ›Karczma Starożyn›)–Paniewo (am Ortseingang links die Doppelschleuse Paniewo von 1828)–Mikaszówka (sehenswerte Holzkirche)–ab Ortsausgang Sandweg (schlecht befahrbar bis Ortseingang Frącki mit zahlreichen Schiebeeinlagen)–Dworczysko–Okółek–Frącki (Übernachtung an Wasserstation/Stanica Wodna im Zelt oder Hütte, 500 Meter vor dem Ortseingang nach links, Tel. mobil 884993333)

8. Tag
Frącki–Wigry ► 21 km

Tartaczysko (ab hier teils schlecht befahrbarer Sandweg bis Wysoki Most)–Gulbin (schöne Badestelle an der Brücke am Abzweig Sarnetki)-Studziany Las-Ciemny Las-Wysoki Most (ab hier Asphaltstraße)-Maćkowa Ruda (Lebensmittelladen mit Imbiss gegenüber Bootsverleih)-Mikołajewo-Czerwony Folwark-Wigry.

9. Tag
Wigry-Błaskowizna ► 41 km, mit Eibenberg-Abstecher ► 51 km
Magdalenowo-Tartak-Stary Folwark (schöner Badestrand mit Blick zum Kloster, Wigry-Nationalparkmuseum)-Leszczewek-Krzywe (Ortsende links Gasthaus ›Gościniec pod Strzechą‹)-Suwałki-Straße Nr. 655 nach Norden-Prudziszki (hier rechts abbiegen)-Suchodoły-Leszczewo-Jeleniewo (hier geradeaus Richtung Gulbieniszki Straße Nr. 655 zum Cisowa góra) wieder zurück nach Jeleniewo (Abstecher zum Eibenberg auf der Straße Nr. 655 und zurück nach Jeleniewo, ges. ca. 10 km)-Kazimierówka-Surpiły-Kruszki-Bachanowo-Błaskowizna (Zelten am Hańcza-See auf Privatgrundstück)

10. Tag
Błaskowizna-Gołdap ► 51 km)
Bachanowo-Hańcza-Przełomka-Mierkinie-Kłajpeda-Antosin-Okliny (ab hier Sandweg, teils schwer befahrbar)-Mauda (gegenüber erstem Gehöft links schöne Badestelle)-an der nächsten Wegkreuzung nach links (hier verlassen wir den ›Green Velo‹, kurz darauf zweite Badestelle am Jezioro Mauda)-Rakówek-Pobłedzie (hier mündet die Route wieder in den ›Green Velo‹ ein, links abbiegen)-Orliniec-Maciejowięta-Stańczyki (Bahnbrücken und Gasthaus/Gospoda tgl. 11-18 Uhr, am Ortsausgang an der Anhöhe links Zugang zu schöner Badestelle)-Straße Nr. 651 mit straßenbegleitendem Radweg bis Kiepójcie (hier schöne Badestelle, ›Green Velo‹ biegt nach links ab, wir verbleiben auf der Straße Nr. 651-Dubeniki (vor dem Städtischen Friedhof links unter alten Linden ein sehenswerter gemeinsamer Friedhof von deutschen und russischen Soldaten aus dem Ersten Weltkrieg)-Zawiszyn-Rogalny-Pluszkierlmy-Gałwiecie-Botkuny-Gołdap

11. Tag
Gołdap-Węgorzewo ► 50 km
›Green Velo‹ folgen, führt als Radweg an der Straße Nr. 650 entlang. Auf Höhe Goldaper Berg (Restaurant Zajazd Rudziewicz) nach rechts-Jabłońskie-ehemalige Bahntrasse Goldap-Angerburg (Fahrweg größtenteil gut befahrbar) bis Węgorzewo

12. Tag
Węgorzewo-Giżycko ► 31 km
Straße 63 nach Südosten (straßenbegleitender Radweg)-Ogonki-Harsz-Pozezdrze (herrliche Alleen)-Pieczarki-Świdry-Giżycko. Alternativ mit dem Schiff (Juni-Aug. tgl. 15 Uhr bei mindestens 10 Passagieren/Juni unsicher)

13. Tag
Giżycko-Mikołajki ► 33 km
Drehbrücke-Radweg St. Bruno-Kreuz-Straße Nr. 59 (straßenbegleitender Radweg)-Wilkasy-Bogaczewo-Kozin-Prazmowo-Szymonka-Straße Nr.16 (mäßiger Verkehr)-Woźnice (Karczma ›Komtur‹, tgl. 12-18 Uhr)-Mikołajki.
Alternativ mit dem Schiff (Juni-Aug. tgl. 9 Uhr bei mindestens 10 Passagieren/Juni unsicher)

14. Tag
Mikołajki-Ruciane-Nida ► 25 km
Straße Nr. 609 (Richtung Ukta)-dann links Waldweg nach Wierzba (Fähre)-Wejsuny-Guzianka-Ruciane-Nida
Alternativ mit dem Schiff (Juni-Aug.), zwei Unternehmen: Żegluga Mazurska und Żegluga Robert's Port, beide starten um 10 Uhr.

15. Tag
Ruciane-Nida-Olsztyn (mit der Bahn)
Besichtigung Olsztyn

Reisetipps von A bis Z

Angeln

Angler finden im nordöstlichen Polen paradiesische Verhältnisse vor. Zum einen begeistert die Landschaft durch ökologisch intakte Gewässer und zum anderen durch ihren Fischreichtum. Über 60 Fischarten von Aal bis Zander werden gezählt.

Seine Angel auswerfen darf man nach dem Erwerb einer **Angelgenehmigung** (karta wędkarska), der deutsche Angelschein wird nicht akzeptiert. Der **Polnische Anglerverband** (Polski Związek Wędkarski, PZW) besitzt beziehungsweise verwaltet einen Großteil der Gewässer im Land. Die Berechtigung wird von seinen jeweiligen Gewässerverwaltern ausgestellt und gilt für die allgemein zugänglichen Gewässer des PZW. Die Adressen der Gewässerverwalter halten die Touristinformationen vor Ort parat. Für die wenigen nicht vom PZW betreuten Gewässer muss man sich direkt an den jeweiligen Besitzer wenden.

Angelsaison ist vom 1. April bis zum 31. Dezember jeden Tag von Sonnenaufgang bis Sonnenuntergang. Das **Nachtangeln** in Seen ist vom 1. Juni bis 30. September gestattet, das restliche Jahr ist es verboten.

Nicht nur vom Ufer, sondern auch vom Boot aus seine Leine ins Wasser werfen darf man von Anfang Juni bis Ende Oktober. **Leihboote** müssen zum Zeichen, dass sie registriert sind, auf beiden Seiten eine gut sichtbare Registriernummer tragen.

Das **Angeln mit lebenden Köderfischen** ist erlaubt, wenn diese keinem Schonmaß unterliegen und sie aus dem Gewässer stammen, in dem mit ihnen geangelt werden soll. Über die aktuellen Fangbeschränkungen, Schonzeiten, Mindestmaße der Fischarten und alles weitere rund um den Angelsport informieren das Polnische Fremdenverkehrsamt unter www.polen.travel und der Polnische Anglerverband:

Polnischer Anglerverband PZW
(Polski Związek Wędkarski)
Tel. 022/6208966
www.pzw.org.pl (poln.)

Anreise/Weiterreise

Polen ist Mitglied im europäischen **Schengen-Verbund**, das heißt, die Grenz- und Passkontrollen zwischen Polen und Deutschland, Polen und Litauen, Polen und der Slowakei sowie Polen und Tschechien entfallen. Bürger der Schengen-Länder, darunter Deutsche, Österreicher und Schweizer, müssen beim Grenzübertritt nach Polen keinen Pass oder Personalausweis mehr vorzeigen. Die Pflicht zur Benutzung von Grenzübergängen ist ebenfalls aufgehoben, man darf die Landesgrenze an jedem beliebigen Punkt passieren.

Ein **gültiges Reisedokument**, in der Regel der Personalausweis oder Pass, oder ein anderer gültiger Identitätsausweis muss allerdings auch weiterhin mitgeführt werden. Ohne weiteres können sich EU-Bürger und Schweizer bis zu 90 Tage in Polen aufhalten. Möchten sie länger verweilen, müssen sie ihren Aufenthalt bei der dafür zuständigen Woiwodschaftsbehörde registrieren lassen.

Kinder benötigen in der EU ein eigenes Ausweisdokument mit Lichtbild (Kinderreisepass oder Kinderpersonalausweis). Kindereinträge im Reisepass eines Elternteils sind nicht mehr gültig.

Hunde und **Katzen** müssen mindestens 21 Tage und maximal 12 Monate vor dem Grenzübertritt vom Tierarzt gegen Tollwut geimpft worden sein. Die Impfung wird im EU-Heimtierausweis dokumentiert, der an der Grenze vorgezeigt werden muss. Als Identitätsnachweis hat das Tier einen Mikrochip zu tragen.

Weitere Informationen erteilen:
Deutschland:
Auswärtiges Amt
www.auswaertiges-amt.de
(›Reise und Sicherheit‹)
Tel. 030/18172000
Österreich: **Außenministerium**
www.bmaa.gv.at
(›Reise und Aufenthalt‹)
Tel. 0501150/3775

Schweiz: Departement für auswärtige Angelegenheiten
www.dfae.admin.ch (›Vertretungen und Reisehinweise‹) Tel. 0800/247365

Anreise mit dem Auto

Wer mit dem Auto nach Polen fährt, benötigt als Deutscher, Österreicher oder Schweizer neben dem **nationalen Führerschein** außerdem den **Kfz-Schein**. Als Nachweis der vorgeschriebenen PKW-Haftpflichtversicherung reicht das Autokennzeichen mit Europaemblem. Trotzdem kann die **Grüne Versicherungskarte** auch weiterhin nützlich sein, da sie die Abwicklung eines Schadensfalls in der Regel erleichtert. Eine zusätzliche Sicherheit gewährt der Abschluss eines **Auslandsschutzbriefes**, der die Kosten eines Autorücktransports oder des Verschrottens in Polen abdeckt.

Unterwegs in Polen sind im PKW ein **Warndreieck**, ein **Verbandskasten** sowie **Feuerlöscher** und **Sicherheitsweste** mitzuführen. Steuert eine andere Person als der Kfz-Halter den Wagen, so braucht sie dazu eine schriftliche **Vollmacht des Eigentümers**, selbst wenn dieser als Beifahrer mit im Auto sitzt. Ein Musterformular für die Nutzungsbevollmächtigung hält die Polnische Botschaft unter www.berlin.msz.gov.pl (›Rechtsinformationen‹) bereit (→ auch ›Auto- und Motorradfahren‹, S. 264).

Anreise mit der Bahn

Von Deutschland, Österreich und der Schweiz aus bestehen keine direkten schnellen Zugverbindungen ins nordöstliche Polen. Mit dem IC und EC muss man in der Regel in Poznań (Posen), Kraków (Krakau) oder Warszawa (Warschau) umsteigen. Von Berlin aus verkehrt täglich ein durchgehender EuroCity nach Gdynia (Gdingen) über Poznań, Bydgoszcz (Bromberg) und Gdańsk (Danzig).

Ein grenzüberschreitender **Regionalexpress** (RE) verbindet mehrmals täglich Berlin und Szczecin (Stettin), einmal durchgehend, sonst mit Umsteigen in Angermünde. Eine Regionalbahn (RB) verknüpft außerdem Frankfurt (Oder) mit Rzepin (bis hierher zum VBB-Tarif) und Zielona Góra. Alle weiteren Zugverbindungen nach Polen enden in den Grenzstädten, wo man umsteigen muss.

Eine beliebte Verbindung ist der **Schnellzug Szczecin–Białystok**. Er führt durchgehend täglich ab Stettin über Danzig, Malbork und Olsztyn zu den Großen Masurischen Seen und von dort weiter über Ełk (Lyck) bis Białystok nahe der weißrussischen Grenze.

Fahrräder werden in ICs, ECs und Nachtzügen bis auf wenige Ausnahmen befördert. Die Mitnahme ist reservierungspflichtig und wegen der knappen Anzahl an Plätzen spätestens einen Tag vor Reiseantritt am Schalter, im Internet oder telefonisch bei der Radfahrerhotline vorzunehmen (Tel. 0180/6996633, tgl. 8–20 Uhr). Im grenzüberschreitenden Bahnverkehr werden Fahrräder überdies in einigen Nahverkehrszügen transportiert, beispielsweise von Frankfurt/Oder nach Poznań und von Berlin nach Szczecin. Im Schnellzug Szczecin–Białystok besteht ebenfalls die Möglichkeit der Fahrradmitnahme. Damit das Rad mit auf die Reise darf, muss man für 10 Euro eine **Internationale Fahrradkarte** erwerben. Die nennt sich zwar ›international‹, gilt aber dennoch nur im Abfahrtsland, d.h. für die Hinfahrt nach Polen zum Beispiel von Deutschland aus kauft man sie bei der Deutschen Bahn, für Binnenfahrten in Polen sowie die Rückfahrt bis zur Grenze löst man sie an einem Schalter der Polnischen Staatsbahnen (PKP) etwa zum gleichen Preis (→ auch ›Bahnfahren‹, S. 267). Weitere Auskünfte zu Verbindungen und Fahrkarten:

Deutsche Bahn
Tel. 0180/6996633
www.bahn.de

Österreichische Bundesbahnen ÖBB
Tel. 05/1717
www.oebb.at

Schweizerische Bundesbahnen SBB
Tel. 0848/446688
www.sbb.ch

Die Bahnfüchse
Mahlsdorfer Str. (am S-Bahnhof Köpenick)
12555 Berlin
www.bahnfuechse.de

Die auf Osteuropa spezialisierten Bahnenthusiasten helfen auch bei komplizierten Verbindungen.
Langjährige Erfahrung und solide Beratung bieten auch **Kopfbahnhof** in Berlin-Schöneberg, www.kopfbahnhof.info, **Bahnagentur Schöneberg**, ebenfalls in Berlin-Schöneberg, www.bahnagentur-schoeneberg.de, und **Gleisnost** in Freiburg, www.gleisnost.de.
Die Polnische Staatsbahn **PKP** hat ihre Vertretung in Berlin 2014 geschlossen. Eine Verbindungsauskunft gibt es auf der Seite www.rozklad-pkp.pl (kein Fahrkartenverkauf).

Anreise mit dem Bus

Eine beliebte Alternative zur Bahn sind die internationalen Linienbusse nach Ermland und Masuren. Sie verkehren täglich und sind in aller Regel preiswerter als vergleichbare Bahnverbindungen (→ auch ›Bus‹, S. 267). Eine Übersicht der Verbindungen vieler deutscher Anbieter erhält man auf Vergleichsportalen wie www.busliniensuche.de. Ein polnischer Anbieter ist **Sindbad**, www.sindbad.pl (dt.) mit vielen Haltestellen in Deutschland und Masuren/Ermland.

Anreise mit dem Flugzeug

Interessant ist für Berliner und Brandenburger, wie zügig unsere Nachbarn, ganz ohne großes Tamtam, einen architektonisch ansprechenden Flughafen in rekordverdächtigen eineinhalb Jahren in die schöne Landschaft gesetzt haben. Der Flugbetrieb von und nach Berlin-Tegel wurde Anfang 2016 aufgenommen, aber bereits im Herbst wieder eingestellt. Regelmäßige Verbindungen gibt es nach Dortmund (Mo, Fr). Über den aktuellen Flugplan kann man sich auf der Website des Flughafens informieren, www.mazuryairport.pl. Der neue Airport **Olsztyn-Mazury** (SZY) befindet sich in Szymany, etwa 9 km südlich von Szczytno (Ortelsburg) und knapp 50 km südöstlich von Olsztyn (Allenstein).
Nach Olsztyn verkehrt eine moderne S-Bahn in etwa 45 Minuten. Am Flughafen befinden sich die Büros von zwei **Autovermietern**.

Auto- und Motorradfahren

Die **Straßenverhältnisse** in Polen sind im wesentlichen gut, auch wenn sich das **Autobahnnetz** noch im Aufbau befindet.

Autobahnen

Rund 1500 Autobahnkilometer sind fertiggestellt, die als A2 Berlin und Warschau, A1 Danzig und Thorn und A4 Dresden und Krakau miteinander verbinden. Für die Nutzung wird eine **Maut** erhoben, bei Fahrzeugen über 3,5 Tonnen zulässiges Gesamtgewicht auch für einige Schnellstraßen. Die Maut

Am neuen Flughafengebäude Olsztyn-Mazury

richtet sich nach der Fahrzeugkategorie und der Länge der Strecke. Fahrzeuge unter 3,5 Tonnen haben die Wahl, ob sie die Gebühr an der Mautstation per Hand (bar in Złoty oder Euro, mit MasterCard oder Visa an extra gekennzeichneten Spuren) oder elektronisch mit dem **viaTOLLMautsystem** zahlen wollen. Für Wohnmobile und Pkw-Gespanne mit mehr als 3,5 Tonnen sowie Lkw und Busse über neun Sitzplätze ist viaTOLL auf Autobahnen und bestimmten Schnellstraßen obligatorisch. Hierzu wird das Fahrzeug mit einer viaBox ausgerüstet, einem kleinen Bordgerät, das die Streckengebühr an jeder Mautstation automatisch berechnet. Man erhält die Box nach Anmeldung im viaToll-System und Hinterlegen einer Kaution an einer Distributionsstelle. Die Distributionsstellen finden sich flächendeckend, beispielsweise an den deutsch-polnischen Grenzübergängen sowie bei Partner-Tankstellen. Eine detaillierte Liste steht auf der Website von viaTOLL, www.viatoll.pl (dt.). Unter dieser Web-Adresse lässt sich die Anmeldung auch im Internet tätigen. Weitere Informationen erhält man im viaTOLL-Kundenzentrum unter Tel. 0048800/101101.

Schnell- und Landstraßen

Das Netz von **Schnellstraßen** ist gut ausgebaut. Sie verfügen meist über drei Spuren, wobei die mittlere Spur die Überholspur für beide Fahrtrichtungen ist. Auf der Standspur fahren oftmals, sofern die weiße Linie nach rechts außen nicht durchgezogen ist, langsamere Vehikel, also auch alle die, die sich an die vorgeschriebene Geschwindigkeit halten. Denn Rasen gehört in Polen, obwohl saftige Strafgebühren drohen, bei vielen Autofahrern zum guten Ton. Auf Fernstraßen wie Landstraßen sind besonders unfallträchtige Stellen als **Czarny Punkt** (Schwarzer Punkt) ausgewiesen, vor denen Verkehrsschilder rechtzeitig warnen.

Bei **Landstraßen** handelt es sich nicht selten um schmale zweispurige Asphaltbänder, oft ohne Randbefestigung, und auch ein Fuß- oder Radweg darf nicht vorausgesetzt werden. Neben Lastwagen und PKW sind hier auch Radfahrer und Fußgänger unterwegs. Traktoristen und Mähdrescher, welche die gesamte Straßenbreite einnehmen, laden zur gemütlichen Tuckelfahrt ein, und vereinzelt klappert sogar noch ein Pferdefuhrwerk über den Damm, oder Kühe und Gänse kreuzen die Bahn. Bäume links und rechts verwandeln die Straßen oft zwar in wunderschöne Alleen, aber zugleich in zwielichtige grüne Tunnel mit erheblich eingeschränkter Sicht, selbst bei gleißendem Sonnenschein. Es empfiehlt sich deshalb, sich auf Landstraßen auf ein gemütliches Reisetempo einzustellen. Vor allem in der Dämmerung oder Dunkelheit ist umsichtiges, vorausschauendes Fahren angebracht. Nebenstrecken von Dorf zu Dorf sind oft sehr schmale Alleen ohne Seitenstreifen, und auch sie werden von allen Verkehrsteilnehmern genutzt.

Straßenverkehrsregeln

In Polen gelten die internationalen Straßenverkehrsregeln. Darüber hinaus gibt es folgende Vorschriften: Grundsätzlich wird auch tagsüber mit **Abblendlicht** gefahren. Im Stadtverkehr sind an den Ampeln **grüne Pfeile** üblich, die auch bei rotem Signal ein umsichtiges Rechts-Abbiegen erlauben. Es besteht **Gurtpflicht** auf allen Sitzplätzen. **Telefonieren** während der Fahrt ist ohne Freisprechanlage verboten. Die **Alkoholgrenze** liegt bei 0,2 Promille, sie ist in der Regel bereits nach Genuss eines kleinen Biers erreicht!

Höchstgeschwindigkeiten

In geschlossenen Ortschaften dürfen zwischen 5 Uhr und 23 Uhr 50 km/h nicht überschritten werden; in der Nacht darf man 60 km/h fahren. Außerhalb von Ortschaften beträgt die Höchstgeschwindigkeit auf Landstraßen mit einer Fahrbahn pro Richtung für PKW und Motorrad 90 km/h, auf Landstraßen mit zwei Fahrbahnen sowie Schnellstraßen mit einer Fahrbahn pro Richtung 100 km/h, auf Schnellstraßen mit zwei Fahrbahnen pro Richtung 120 km/h und auf Autobahnen 140 km/h. Fahrzeuge mit Anhänger fahren auf Landstraßen mit einer

Fahrbahn maximal 70 km/h und ansonsten auf allen Straßenarten außerhalb von Ortschaften maximal 80 km/h. Die Bußgelder für Geschwindigkeitsüberschreitungen von über 10 km/h bewegen sich zwischen 50 und 500 Złoty, und deutsche Urlauber müssen sich auch auf Strafpunkte im Flensburger Zentralregister einstellen.

Tanken

Das **Tankstellennetz** ist gut ausgebaut, und das Benzin ist um etwa 20 Prozent günstiger als in Deutschland. Bleifreies Benzin, erkennbar an der grünen Schrift an den Zapfsäulen, ist flächendeckend erhältlich. Man tankt 98E Europlus (bleifrei, 98 Oktan, entspricht deutschem SuperPlus), 95E Eurosuper (bleifrei, 95 Oktan, entspricht deutschem Super), 95U Uniwersalna (bleifrei für Autos ohne Kat, 95 Oktan) sowie Dieselkraftstoff (markiert mit ›ON‹). Auch Autogas (PGG, Autogaz) ist an vielen Tankstellen erhältlich. Die meisten Tankstellen sind Mo–Fr 6–22 Uhr, So 7–18 Uhr geöffnet, an wichtigen Fernverkehrsstraßen und in Großstädten rund um die Uhr.

Notfall

Bei einer Panne hilft der **Polnische Motorverband** (PZM) landesweit unter der Telefonnummer 19637. Die Zentrale des PZM befindet sich in Warschau:

Einfach mal abschalten

Tel. 022/5420100, www.pzm.pl (poln.). Bei einem **Unfall** muss der Unfallort gesichert und die Polizei benachrichtigt werden. Für eine spätere Schadensregulierung sollte man um eine Durchschrift des Polizeiprotokolls bitten.

Polizei: 997 oder 112
Feuerwehr: 998 oder 112
Rettungsdienst: 999 oder 112
Pannendienst: 19637
ADAC-Ruf: deutschsprachiges Tel. in Polen 061/8319888 und Tel. +49/89/222222.
ÖAMTC-Ruf: deutschsprachiges Tel. in Polen 061/8319902, außerdem Tel. +43/1/2512000.
TCS-Schutzbriefnotruf: nur ins schweizerische Netz, Tel. +41/58/8272220.
Touristenhotline: 022/2787777, Tel. mobil 608/599999.

Autoverleih

Die großen internationalen Autoverleiher haben in Polen zahlreiche Niederlassungen. Einen Mietwagen kann man schon von Deutschland aus buchen, ebenso direkt vor Ort. Alle Hotelrezeptionen und die größeren Touristinformationen sind dabei behilflich.

Baden

Die **Wasserqualität** ist gut bis sehr gut. Da es im Verhältnis zur Anzahl der von Schilfgesäumten Seen nur wenige frei zugängliche Strand- oder Wiesenbadestellen gibt, kann eine **Luftmatratze** zum Hinauspaddeln nützlich sein. Wer den Hautkontakt mit glitschigem Seegrund oder scharfkantigen Muscheln scheut, sollte **Badeschuhe** einpacken. Viele Gemeinden bewirtschaften Badewiesen und feinsandige Strände. Einem alten Brauch folgend darf man in Masuren erst nach dem 24. Juni, der Johannisnacht, ins Wasser eintauchen. Ohnehin wäre es den meisten Menschen vorher zu kalt. Im Sommer schwanken die **Wassertemperaturen** um 19 bis 20 °C, in Sommern mit viel Sonnenschein können es sogar um die 22 °C werden.

FKK-Liebhaber finden nur an der Ostseeküste offizielle Plätze. Wie katholisch Polen ist, zeigt sich auch daran, dass sich ›oben ohne‹ fast nirgends durchsetzen konnte.

Bahnfahren

Im Vergleich mit den **Preisen**, die beispielsweise die Deutsche Bahn ihren Fahrgästen abknöpft, sind die Tarife der Polnischen Staatsbahn (PKP) sehr moderat. Reisende ab 60 Jahren erhalten generell einen Rabatt von 30 Prozent.

Auf dem gut ausgebauten Streckennetz verkehren ECs, ICs und Nachtzüge, Express-, TLK– und Schnellzugverbindungen sowie Regionalzüge.

Bei **TLK-Zügen** handelt es sich um spezielle Sondertarif-Zuglinien im Fernverkehr, die etwa 40 Prozent günstiger sind. Für Wochenendausflügler haben die PKP das preiswerte **Touristenticket** (*bilet turystyczny*) aufgelegt. Es gilt von Freitag 18 Uhr bis Montag 6 Uhr für eine unbeschränkte Zahl von Fahrten mit Regionalzügen.

Ein vergleichbares Angebot besteht für IC, TLK- und Expresszüge (außer Berlin–Warschau) mit dem **Wochenendticket** (*bilet weekendowy*) für unbegrenzte Fahrten von Freitag 19 Uhr bis Sonntag 24 Uhr.

Sieben Tage freie Fahrt in Regionalzügen ermöglicht die **Wochenfahrkarte** (Bilet tygodniowy). Sieben Tage freie Fahrt in allen PKP-Zügen genießt man inkl. Platzreservierung mit der **Netzfahrkarte** (*bilet sieciowy*). Detaillierte Informationen in deutscher Sprache bekommt man auf **www.rozkladpkp.pl**. Die aktuellen Fahrpläne für den Fernverkehr kann man im Internet unter www.intercity.pl (Fernverkehr) abrufen.

Die **Fahrradmitnahme** in Polen ist nach dem Kauf einer Fahrradkarte in folgenden Zügen möglich:

– Züge mit Fahrradpiktogramm in Fahrplan und Kursbuch.

– Züge mit einem Abteil für größeres Handgepäck (mit ›E‹ gekennzeichnet).

– in allen weiteren Zügen im Vorraum des ersten und im Vorraum des letzten Wagons, wenn dadurch niemand beeinträchtigt wird. Manche ECs, ICs, Express- und TLK-Züge führen einen Großraumwagen mit, in denen man die Fahrräder einhängen kann.

Bekleidung und Reisegepäck

Auch wenn man in der schönen Jahreszeit Polen bereist, ist Kleidung für alle Wetterlagen angebracht. Vom Badeanzug über leichte Sommersachen und Regenjacke bis hin zu dicken Socken und Strickjacke gehört alles mit ins Gepäck. Auch an Sonnenhut und Mückenschutz sollte man denken.

Botschaften und Konsulate in Polen

Botschaft der Bundesrepublik Deutschland
Ambasada Republiki Federalnej Niemiec
ul. Jazdów 12
00-467 Warszawa
Tel. 022/5841700
www.warschau.diplo.de

Deutsches Generalkonsulat
Konsulat Generalny Republiki Federalnej Niemiec
al. Zwycięstwa 23
80-219 Gdańsk-Wrzeszcz
Tel. 058/3406500
www.danzig.diplo.de

Botschaft der Republik Österreich
Ambasada Republiki Austrii
ul. Gagarina 34
00-748 Warszawa
Tel. 022/8410081
www.ambasadaaustrii.pl

Botschaft der Schweiz
Ambasada Konfederacja Szwajcarska
al. Ujazdowskie 27
00-540 Warszawa
Tel. 022/6280481
www.eda.admin.ch/warsaw

Bus

Linienbusse der ehemaligen staatlichen Gesellschaft PKS verkehren im Nah- und im Fernbereich zwischen den Orten. Fahrkarten kauft man an den Busbahnhöfen (dworzec PKS), die sich meist neben den Bahnhöfen befinden, in Reisebüros oder auch beim Busfahrer.

Wildes Campen wird meist toleriert

In **Überlandbussen** fahren Kinder bis vier Jahre auf dem Schoß gratis, Kinder bis zehn Jahre zum halben Preis. Die Überlandbusse bedienen Normalstrecken (*autobusy zwykle*) mit Halt in jeder Ortschaft sowie Schnellverkehrslinien (*autobusy pospieszne*). Letztere sind auf den Abfahrtstafeln rot markiert.

Die **Dörfer** verbinden Buslinien des PKS miteinander, in Städten wie Gdańsk oder Olsztyn fahren zudem Straßenbahnen, Omnibusse und Trolleybusse der Städtischen Verkehrsbetriebe. Tickets, die für die Fahrt entwertet werden müssen, erhält man an Kiosken und in einigen Läden.

Für einige größere Städte kann man die Fahrpläne (*rozkład jazdy*) auch im Internet nachlesen unter www.pks.(Stadtname).pl, zum Beispiel für Elbląg unter www.pks.elblag.pl und für Olsztyn unter www.pks.olsztyn.pl.

Camping

Zahlreiche Plätze in meist malerischer Lage im Wald und am Seeufer laden zum Aufenthalt ein. Bis auf wenige Ausnahmen sind sie im Polnischen Campingverband **PFCC** (Polska Federacja Campingu i Caravaningu) organisiert, haben überwiegend von Anfang Juni bis Ende September geöffnet, die großen nicht selten von Mai bis Mitte Oktober, einige sind sogar ganzjährig in Betrieb. Ihre Einteilung erfolgt nach dem **Sternesystem** in vier Kategorien, wobei vier Sterne die höchste, ein Stern die niedrigste Komfortstufe symbolisieren. Auf die gängigen Versorgungseinrichtungen wie Elektroanschlüsse für Zelte und Caravan, Waschmaschine und Sanitäranlagen mit Warmwasser, kleine Miethütten sowie oft auch Einkaufsladen, Imbiss und Gaststätte wird man auch auf einem 1-Sterne-Platz nicht verzichten müssen; aufwärts sind zusätzliche Angebote von Tennisplätzen über Reit- und Wassersportmöglichkeiten bis hin zur Sauna vorhanden. Die 4-Sterne-Plätze empfehlen sich darüber hinaus durch ihren besonderen Service, der oft mit dem ›Mister Camping‹-Abzeichen oder einer entsprechenden Auszeichnung geehrt worden ist. Die **Platzgebühren** sind uneinheitlich, in der Regel aber günstiger als in Deutschland. Auf etwa einem Viertel der Plätze besteht die Möglichkeit zur Chemietoiletten-Entsorgung. Ferner empfiehlt sich **Wohnmobil-Urlaubern** bei längerem

Aufenthalt, eine Ersatzgasflasche mitzunehmen. Stromanschlüsse sind auf den Camping-Wohnmobilstellflächen überall vorhanden, und selbst bei den kleinsten Plätzen, die über keine speziellen Caravan-Einrichtungen verfügen, mit einem Verlängerungskabel gut zu erreichen.

An der Danziger Bucht und in den Urlaubsorten an den masurischen Seen ist die Auswahl an Campingplätzen recht groß; im agrarisch geprägten Ermland findet man dagegen bis auf wenige einfache Biwaks keine Camping-Infrastruktur. Neben den PFCC-Campings finden sich insbesondere rund um die Großen Masurischen Seen und an den beliebtesten Paddelrouten zahlreiche **einfache Zeltplätze** (*pole namiotowe*) und **Biwakplätze** (*pole biwakowe*). **Wildes Kampieren** ist in Polen zwar offiziell verboten, wird aber außerhalb von Schutzgebieten und Nationalparks toleriert.

Umfangreiche Informationen rund um Campingplätze in Polen findet man im Internet auf der privaten, deutschsprachigen Seite www.campingpolska.com sowie www.pfcc.eu (auch auf Deutsch).

Einkaufen

Kaufhäuser, Supermärkte und Selbstbedienungsläden öffnen meist um 8 Uhr, in Städten oft schon um 6 Uhr, und schließen erst gegen 20 bis 22 Uhr, sonntags etwa um 13 Uhr. Supermärkte/Malls haben gemäß neuer EU-Übergangsregel derzeit nur noch an zwei Sonntagen im Monat geöffnet.

Auf **Märkten**, die ebenfalls schon früh morgens beginnen, bieten Obst- und Gemüse-, Fleisch-, Wurst- und Käsehändler ihre Ware feil, oft aus eigenem Anbau oder eigener Produktion.

Feiertage und Schulferien

Die gesetzlichen Feiertage in Polen:
Neujahr (**1. Januar**)
Ostersonntag und Ostermontag
24. März (Gedenktag für Judenretter)
1. Mai (Tag der Arbeit)
3. Mai (Tag der Verfassung)
Ende Mai/Anfang Juni, Fronleichnam
15. August, Mariä Himmelfahrt
1. November, Allerheiligen
11. November, Unabhängigkeitstag
25. und 26. Dezember, Weihnachten

Die polnischen **Sommerschulferien** beginnen Ende Juni und dauern bis Ende August. Von Heiligabend bis Neujahr ist schulfrei. Die **Winterferien** liegen zwischen Mitte Januar und Mitte Februar und dauern zwei Wochen. Die **Osterferien** beginnen am Gründonnerstag und enden am Dienstag nach Ostern.

Geld

Das Zahlungsmittel in Polen sind **Złoty** und **Groszy** (1 Złoty/100 Groszy). Im Umlauf befinden sich Münzen im Nennwert von 1, 2, 5, 10, 20, 50 Groszy und 1, 2, 5 Złoty sowie Banknoten zu 10, 20, 50, 100 und 200 Złoty. Polnische Złoty gelten als vergleichsweise stabile Währung. Der **Wechselkurs** im Herbst 2018 betrug 1 Euro/4,37 Złoty, 1 Złoty/0,23 Euro sowie 1 SFr/4 Złoty, 1 Złoty/0,25 SFr.

Im Land tauschen **Banken** (üblicherweise Mo–Fr 8–18 Uhr, Sa 9–14 Uhr geöffnet) und **Wechselstuben** (*kantor*) Bargeld zum aktuellen Kurs. An den Rezeptionen der meisten großen Hotels wird auch getauscht, der Kurs ist dort etwas ungünstiger.

In allen größeren Städten und touristischen Ortschaften befinden sich **Geldautomaten** (*bankomaty*), auch mit englisch- und deutschsprachigen Menüs, an denen man mit der Maestro-Karte unkompliziert Bares ziehen kann. Im Menü ›Ohne Umrechnung‹ wählen, um den besten Kurs zu erhalten! Gängige **Kreditkarten** wie Eurocard, MasterCard und Visa werden von den meisten Hotels und Restaurants, Tankstellen und großen Geschäften akzeptiert. Bei **Verlust oder Diebstahl** der Kredit- oder Maestro-Karte sollte man sie unverzüglich sperren lassen. Kreditkarteninhaber wählen dazu den einheitlichen Sperr-Notruf 116116 (aus dem Ausland mit deutscher Länderkennung 0049).

Für Karteninhaber bei österreichischen Geldinstituten gilt folgende Nummer: Tel. (0043)/1/717014500. Schweizer Banken bieten für ihre Kredit- und MaestroCards keine einheitliche Sperrnummer. Deshalb ist anzuraten, sich vor Reiseantritt bei seiner Bank danach zu erkundigen.

Informationsstellen

In den meisten größeren Ortschaften findet man eine ganzjährig geöffnete **Touristinformation**. Sie ist meist mit dem Zeichen ›it‹ (informacja turystyczna) gekennzeichnet. Angebote örtlicher Touristikunternehmen werden vermittelt, kulturelle und sportive Unternehmungen vorgeschlagen. Zudem halten die Mitarbeiter die Adressen der lokalen Auto-, Fahrrad- und Bootsverleiher parat. Manche ›it‹-Büros haben nur über die Sommersaison geöffnet und sind, sofern sie über keine eigene Zimmervermittlung verfügen, zumindest bei der Quartiersuche behilflich.

Vor der Reise stehen die **polnischen Fremdenverkehrsämter** in Berlin und Wien zur Verfügung. Man erhält dort allgemeine Informationen zu Land und Leuten, den schönsten touristischen Regionen sowie zahlreiche praktische Reisetipps zu Themen wie Unterkunft, Kultur, Gastronomie, Sport und Freizeitgestaltung.

Polnisches Fremdenverkehrsamt Berlin
Hohenzollerndamm 151
14199 Berlin
Tel. 030/2100920
www.polen.travel/de
Mo–Do. 9–16, Fr bis 15 Uhr.

Polnisches Fremdenverkehrsamt Wien
Fleschgasse 34/2a
1130 Wien
Tel. 01/5247191 www.polen.travel/de-at

Internet

WLAN (WiFi) ist in vielen Hotels und Pensionen sowie an öffentlichen Plätzen, Cafés, Restaurants und touristischen Orten verfügbar. Mit dem Hotspot-Service unter www.hotspot-locations.de kann man schnell ermitteln, wo es sich drahtlos surfen lässt.

Medien

Im **Radio** kann man neben den Programmen des polnischen Rundfunks zahlreichen Dudel-Stationen im UKW-Netz lauschen. Der Auslandsdienst des staatlichen Rundfunks sendet auch auf Deutsch, im Internet unter www.auslandsdienst.pl.

Die meisten Herbergen vom 5-Sterne-Hotel bis zur privaten Frühstückspension verfügen über **Satelliten-TV**, darunter meist auch deutschsprachige Programme.

Internationale **Presse** ist in größeren Bahnhöfen tagesaktuell erhältlich.

Medizinische Versorgung

Die medizinische Versorgung in Kliniken, Ambulanzen und Arztpraxen ist gut, ebenso die Dichte des Apothekennetzes. **Apotheken** (apteka) haben die meisten in- und ausländischen Medikamente vorrätig, lediglich Spezialarzneien müssen meist bestellt werden. Als Mitglied einer gesetzlichen Krankenkasse oder Ersatzkasse ist man während des Urlaubs in Polen krankenversichert. Zum Nachweis benötigen gesetzlich Versicherte ihre **Europäische Krankenversicherungskarte** (EHIC), die in der Regel auf der Rückseite der persönlichen Versichertenkarte aufgedruckt ist. An Behandlungskosten werden gewöhnlich ärztliche Leistungen übernommen, die nicht bis zur Rückkehr nach Hause warten können, und zwar in dem Umfang, den der Krankenversicherungsschutz in Polen vorsieht. Dieser folgt den polnischen Rechtsvorschriften und ist nicht in jedem Fall mit denen in anderen EU-Ländern deckungsgleich. Darüber hinaus gibt es Unterschiede bei den gesetzlichen Zuzahlungen. Liegen die Arztkosten höher als der Versicherungsschutz, ist die Differenz privat zu bezahlen. Die Kosten für Krankenrücktransporte ins Heimatland übernehmen die gesetzlichen Krankenkassen nicht. Eine **zusätzliche Krankheitskosten- und Rücktransportversicherung** ist daher empfehlenswert. Die Abrechnung wird üblicherweise über die EHIC-Karte abgewickelt. Dennoch kommt es vereinzelt vor, dass ein Arzt oder ein Krankenhaus die Karte nicht akzeptiert und eine Privatrechnung schreibt. In diesem Fall sollte man sich eine ausführliche Quittung ausstellen lassen, die neben Datum, Name, Bericht über Art und Umfang der Behandlung außerdem detailliert die Kosten der Behandlung und der verordneten Medikamente verzeichnet. Gegen Vorlage einer solchen Quittung werden die angefallenen Arztkosten bis zur Höhe des geltenden Versicherungsschutzes erstattet. Private Krankenkassen ersetzen ihren Versicherten nach Vorlage der entsprechenden Quittungen die Arztkosten. Je nach Umfang der Leistungen empfiehlt sich auch für Privatversicherte der Abschluss einer zusätzlichen Auslandskrankenversicherung.

Mobilitätseingeschränkt

Hinsichtlich der Reisemöglichkeiten von Menschen mit Behinderung gibt es in Polen noch viel zu verbessern. Bis auf die Hotels der gehobenen, zumeist internationalen Kategorie verfügen nur wenige Unterkünfte über rollstuhlgerechte Einrichtungen. Akustische Ampelanlagen an großen Verkehrskreuzungen in größeren Städten sind zwar üblich, aber auf abgesenkte Bordsteine oder Aufzüge statt Treppen darf man selbst da nicht hoffen. Auf dem Land fehlen sämtliche dieser technischen Hilfen. Vor allem in preisgünstigen Unterkünften, auf Campingplätzen und leider auch Restaurants sind Barrierefreiheit und geeignete Sanitäranlagen eine Ausnahme. Reisen mit Bussen, Zügen und anderen öffentlichen Verkehrsmitteln stellen Menschen mit Handicaps in Polen vor große Herausforderungen.

Über behindertenfreundliche bis behindertengerechte Hotels, Lokale, Veranstaltungsorte, Aktivitäten und Transportmöglichkeiten informiert eine Datenbank der Polnischen Gesellschaft für Touristik und Landeskunde (PTTK) unter www.turystykadlawszystkich.pl (engl.). Umfassende Informationen auf www.integracja.org (engl.).

Notrufe

Polizei: 997 oder 112
Feuerwehr: 998 oder 112
Rettungsdienst: 999 oder 112
Pannendienst des Polnischen Motorverbands (PZM): 19637
ADAC-Ruf: deutschsprachiges Tel. in Polen 61/8319888, außerdem Tel. 0049/89/222222
ÖAMTC-Ruf: deutschsprachiges Tel. in Polen 61/8319902, außerdem Tel. 0043/1/2512000
TCS-Schutzbriefnotruf: nur ins schweizerische Netz, Tel. 0041/58/8272220
Verlust von Geldkarten: → S. 269.

Die Polnische Organisation für Tourismus bietet in den Sommermonaten eine **deutschsprachige Servicenummer** in Polen: Tel. 022/2787777, Tel. mobil 608/599999. Da das Telefon jedes Jahr neu geschaltet wird und dann eventuell eine andere Nummer erhält, sollte man vor der Reise sicherheitshalber noch einmal beim Polnischen Fremdenverkehrsamt nachfragen (→ ›Informationsstellen‹, S. 270).

Öffnungszeiten

Je größer die Ortschaft und je gewinnorientierter das Unternehmen, desto großzügiger sind die Geschäftszeiten. So gibt es in jedem größeren Ort einen Lebensmittelladen, der rund um die Uhr offen hat. In der Regel öffnen die Geschäfte zwischen 8 und 9 Uhr morgens und schließen zwischen 20 und 22 Uhr, samstags und häufig auch sonntags gehen die Verkaufszeiten von 8 bzw. 9 Uhr bis gegen 13 Uhr, manchmal auch länger. Da es **kein Ladenschlussgesetz** gibt, hängen die Öffnungszeiten letztendlich vom Geschäftsinhaber ab. Supermärkte in Städten und großen Touristenzentren halten ihre Pforten werktags oft von 6 bis 22 Uhr, Samstag und zwei Sonntage im Monat bis 13 Uhr offen.

Banken öffnen überwiegend montags bis freitags von 8 bis 18 Uhr, samstags von 9 bis 14 Uhr (manche samstags auch gar nicht). **Wechselstuben** haben teilweise bis spät in die Nacht offen. Die **Postäm-**

ter stehen den Kunden montags bis samstags von 8 bis 19 Uhr zur Verfügung, teils auch bis 20 Uhr. Postschalter in kleineren Orten schließen oft schon um 15 Uhr, einige Postämter in Großstädten haben 24-Stunden-Betrieb.

Museen, Freilichtmuseen und Burgen haben montags mehrheitlich geschlossen. Kleinere Heimatmuseen schließen außerhalb der Saison oft schon bei Einbruch der Dunkelheit und sind den Winter über geschlossen. Leider sind mittlerweile auch zahlreiche Kirchen, die früher einmal rund um die Uhr für die Gläubigen offenstanden, infolge von Diebstahl und Vandalismus nur noch zu den Gottesdiensten geöffnet.

Noch heute schließen selbst in gut besuchten touristischen Orten die meisten **Restaurants** lange vor Mitternacht. Nicht selten ist um 22 Uhr Feierabend, die Küche schließt bereits um 21 Uhr. Sogar die Restaurants internationaler Hotels setzen ihre Gäste vergleichsweise zeitig, in der Regel um 23 Uhr, vor die Tür.

Polizei

Die Polizei untersteht den einzelnen Bezirken. Landeseinheitlich ist sie unter der Telefonnummer **997** oder **112** zu erreichen. Bei Diebstählen sollte man die örtliche Polizeiwache aufsuchen und sich ein Aufnahmeprotokoll der Anzeige ausstellen lassen.

Post

Die polnischen Briefkästen sind rot. Briefmarken erhält man in Postämtern, die überwiegend montags bis samstags 10 bis 18 Uhr geöffnet haben, in vielen Touristinformation, Kiosken, Hotels und in Läden, die Postkarten verkaufen.

Das Porto für Prioritätsbriefe (Zustellung innerhalb von zwei Tagen) ins Ausland kostet 6 Złoty, für Standardbriefe und Postkarten (Zustellung drei bis sieben Tage) 5 Złoty.

Radfahren

Wegen der relativ geringen Steigungen ist das nordöstliche Polen für Radtouren recht gut geeignet. Zahlreiche Reiseveranstalter haben geführte Gruppenreisen mit dem Fahrrad im Programm.

In den polnischen Urlaubsregionen existieren zahlreiche mehr oder weniger gut markierte regionale und lokale **Radwanderrouten**. Wer allerdings glattgezogene Asphaltwege nur für Pedalritter erwartet, wird enttäuscht werden. Separate Radwege sind eine Seltenheit, in den Städten wie über Land. Die Routen bestehen vielmehr aus holprigen Waldwegen, buckligen Kopfstein-

Auf Radtour durch Żyliny mit Holzkirche der heiligen Muttergottes aus Tschenstochau

pflastern und staubigen Sandpisten, die vor allem Radlern mit schwerem Gepäck viel abverlangen. Wo es über glatten Asphalt geht, teilt ihn der Fahrradtourist mit allen anderen Verkehrsteilnehmern – und das ist mitten im seit dem EU-Beitritt vervielfachten Schwerlast- und Autoverkehr oft kein Vergnügen. Manche Autofahrer nehmen keine Rücksicht auf Radler, Hauptverkehrsstrecken sollte man zur eigenen Sicherheit deshalb strikt meiden. Als problematisch kann sich auf dem Land die Versorgung mit **Ersatzteilen** für Hightech-Räder erweisen, weshalb man die gängigen Verschleißteile am besten mit auf die Tour nimmt.

Der **Fahrradtransport auf den Ausflugsschiffen** der Masurischen Seen wird unterschiedlich gehandhabt und hängt oft einfach vom guten Willen des Personals, von einem Lächeln oder dem finanziellen Entgegenkommen des Radfahrers ab. Die **Mitnahme in Zügen** ist gegen Gebühr möglich (→ S. 267). **Fahrradverleihe** gibt es in beinahe allen größeren Urlaubsorten, in den Touristeninformationen liegen Prospekte und Handzettel der Anbieter aus. Außerdem verleihen die meisten großen Hotels sowie viele Pensionen Räder.

Reiseveranstalter

Masurenreisen, häufig auch in Verbindung mit der Ostseeküste, Danzig, Marienburg, haben etliche Reiseveranstalter im Programm, auch Veranstalter vor Ort organisieren z.B. Rad- oder Paddeltouren.

Hier eine Auswahl von Veranstaltern in Deutschland und der Schweiz:

Begegnung mit Böhmen
Dechbettenerstr. 47b
93049 Regenburg
Tel. 0941/26080
www.boehmen-reisen.de
Radreisen Masurische Seenplatte oder Masuren mit Marienburg und Gdánsk.

Biss Reisen
Fichtestr. 30
10967 Berlin
Tel. 030/69568767
www.biss-reisen.de
Rad- und Paddeltour Masuren, in Kombination mit Kurischer Nehrung.

DNV-Tours
Bolzstr. 126
70806 Kornwestheim
Tel. 07154/131830
www.dnv-tours.de
Sonderzugreisen Masuren-Königsberg-Danzig, Rad- und Schiffsreisen Masuren.

Einklang Reisen
Ribnitzer Str. 3
18181 Graal-Müritz
Tel. 038206/78139
www.erlebnistour-mv.de
Verschiedene Radtouren in Masuren und im Baltikum.

Gebeco
Holzkoppelweg 19
24118 Kiel
Tel. 0431/54460
www.gebeco.de
Rundreisen Masuren, Gdánsk.

Go East Reisen
Bahrenfelder Chaussee 53
22761 Hamburg
Tel. 040/8969090
www.go-east.de
Rundreisen Masuren, Gdánsk und Marienburg.

Ikarus Reisen
Am Kaltenborn 49 - 51
61462 Königstein/Taunus
Tel. 06174/29020
Radwandern Masuren, Rundreisen mit Gdánsk und Kurischer Nehrung.

in naTOURa Reisen
Auf dem Steinacker 13
37077 Göttingen
Tel. 0551/5046571
www.innatoura-polen.de
Kanu-, Kajak- und Radtouren, Wanderreisen, Reisen mit Rad und Schiff, Ferienwohnungen in Masuren.

Lernidee Erlebnisreisen
Kurfürstenstr. 112
10787 Berlin
Tel. 030/7860000
www.lernidee.de

Sonderzugreise nach Masuren mit Gdánsk und Marienburg oder von Gdánsk ins Baltikum.

Litauen Reisen
Unterer Dallenbergweg 11
97082 Würzburg
Tel. 0931/84234
www.litauenreisen.de
Rund- und Radreisen in Masuren.

Ostreisen
Lagesche Str. 32
32657 Lemgo
Tel. 05261/2882600
www.ostreisen.de
Verschiedene Rund- und Städtereisen Masuren und Gdánsk.

Paradeast Reisen
Bei den Mühlwiesen 8
93149 Nittenau
Tel. 09436/9031684
www.paradeast.de
Große Auswahl an Rad-, Wander- und Rundreisen Masuren und Gdánsk.

Partner Reisen
Everner Str. 41
31275 Lehrte
Tel. 05132/588940
www.partner-reisen.com
Rundreisen, Rad- und Wandertouren.

Polenreisen
Tel. 0911/225031
www.polenreisen-nuernberg.de
Verschiedene Rad-, Kajak- und Schiffsreisen.

Schnieder Reisen
Hellbrookkamp 29
22177 Hamburg
Tel. 040/3802060

www.baltikum24.de
Verschiedene Bus-, Auto-, Wander- und Radreisen.

Schulz Aktiv Reisen
Bautzner Str. 39
01099 Dresden
Tel. 0351/266255
www.schulz-aktiv-reisen.de
Wandern, Paddel- und Radtouren.

Studiosus Reisen
Postfach 500609
80976 München
Tel. 089/500600
www.studiosus.com
Studien- und Rundreisen.

Ventus Reisen
Krefelder Str. 8
10555 Berlin
Tel. 030/39100332
www.ventus.com
Rundreisen Masuren, auch mit Gdánsk und Toruń.

Wikinger Reisen
Kölner Str. 20
58135 Hagen
Tel. 02331/9046
www.wikinger.de
Wander-, Paddel- und Radreisen.

Wisent Reisen
Aemtlerstr. 39
8003 Zürich
Tel. 043/3332525
www.wisent.info
Białowieża-Nationalpark, Radreisen und Tierbeobachtung, Masuren-Rundreise.

Reiten

Ermland-Masuren kann mit der Trakehnerzucht im ehemaligen Ostpreußen auf eine lange Pferdezuchttradition zurückblicken. Am bekanntesten ist das Trakehner-Gestüt von **Liski**, rund sechs Kilometer nordöstlich von Bartoszyce (Bartenstein). Doch ob großes Gestüt oder kleiner Stall, sie alle bieten vom Reitunterricht über Tagesausritte oder mehrtägige Reitwanderungen bis hin zum Urlaub auf dem Pferderücken eine große Palette an Sportmöglichkeiten. Und für den, der nicht reiten mag oder kann, stehen Kutsch- sowie im Winter Pferdeschlittenfahrten auf dem Programm.

Zahlreiche Reitställe wetteifern um die Gunst der Pferdefreunde. Wo, wann und zu welchen Konditionen man aufsatteln kann, erfährt man am besten in den örtlichen Touristinformationen oder beim Polnischen Reiterverband.

Polnischer Reiterverband
Tel. 022/4176700
www.pzj.pl

Sicherheit

Heute rangieren beliebte Reiseländer wie Italien, Spanien, Frankreich und sogar die solide Schweiz in der Diebstahlstatistik vor Polen! Laut dem polnischen Institut für Rechtsprechung bewegte sich die Kriminalitätsrate 2007 auf dem Niveau von 1990 und sank bis 2013 noch einmal um weitere 40 Prozent. Es gibt weniger Einbrüche und Straßenraub, und insbesondere sank die Zahl der Autodiebstähle. Dank computergestützter Ermittlungsverfahren, weniger fälschungsanfälligen Kfz-Dokumenten und vor allem dem Preisverfall auch bei gestohlenen Gebrauchtwagen lohnt sich das Risiko häufig nicht mehr. Als Zukunftsmarkt für Ganoven erweist sich vielmehr das Internet. Fiktive Onlinegeschäfte oder das Plündern von Bankkonten per Internet liegen auch bei polnischen Langfingern im Trend.

Als Urlauber hat man in Polen nichts zu befürchten. Es ist ein sicheres Reiseland, sofern man sich umsichtig verhält und seinen eventuellen Reichtum nicht offensichtlich zur Schau stellt. Das Auto selbst kann man entweder auf dem Hotelparkplatz oder gegen einen kleinen Obolus auf einem der zahlreichen bewachten Parkplätze abstellen.

Strafrechtliche Bestimmungen

Der Konsum von **Alkohol** in der Öffentlichkeit ist in Polen verboten, ausgenommen hiervon sind Außenflächen von Restaurants und Cafés. Geraucht werden darf in Gaststätten nur in separaten Raucherräumen. Es versteht sich von selbst, dass die Einfuhr und der Besitz von **Drogen**, die in Deutschland unter das Betäubungsmittelgesetz fallen, auch in Polen bestraft wird. Bestimmte gekennzeichnete militärische Anlagen oder Ämter dürfen nicht fotografiert werden.

Die **grüne Grenze** zwischen Polen und dem russischen Oblast Kaliningrad ist an verschiedenen Stellen im Wald nur schwer auszumachen. Weit auseinander liegende, oft zugewachsene Grenzsteine bilden eine mehr oder weniger unsichtbare Markierung. Überschreiten darf man sie trotzdem nicht. Wer die Grenze auch nur für wenige Meter illegal quert, muss, falls ihn die russische Grenzpolizei erwischt, im ungünstigsten Fall mit einer mehrjährigen Haftstrafe rechnen!

Taxi

Taxifahren ist in Polen verhältnismäßig preiswert, doch variieren die Tarife geringfügig von Stadt zu Stadt und Unternehmen zu Unternehmen. Für den ersten Kilometer werden gewöhnlich 6 bis 8 Złoty fällig; jeder weitere Kilometer ist ungefähr 2 Złoty günstiger. Gut, sicher und seriös fährt man mit den **Funktaxis** (Radio-Taxi), die man auch telefonisch bestellt; die örtlichen Telefonnummern liegen in der Regel in den Touristinformationen aus. Ansonsten empfiehlt sich, schon vorher nach dem etwaigen Endpreis zu fragen und darauf zu bestehen, dass das Taxameter eingeschaltet wird.

Am Wochenende, in der Nacht zwischen 22 und 6 Uhr sowie über Land gelten höhere Tarife.

Telefon

Vorwahl Deutschland: + 49 (0049).
Vorwahl Österreich: +43.
Vorwahl Schweiz: +41.

Für eine Verbindung nach Polen wählt man die Länderkennung + 48 (0048). Die Ortsvorwahl in Polen besteht aus zwei Ziffern ohne Null vorweg und ist Bestandteil der Rufnummer. Sie wird grundsätzlich mitgewählt, auch für einen Anruf im selben Ortsnetz.

Mobiltelefone funktionieren bis auf wenige Funklöcher flächendeckend. Das Handy wird, sofern die Funktion ›Automatische Netzwahl‹ aktiv ist, an der polnischen Grenze auf einen polnischen Anbieter umgestellt.

Toiletten

Öffentliche Toiletten sind manchmal nicht mit der Aufschrift ›Damski‹ oder ›dla Kobiet‹ (für Damen) und ›Męski‹ oder ›dla Panów‹ (für Herren) gekennzeichnet, sondern mit einem Kreis (für die Damen) und einem Dreieck (für die Herren).

Trinkgeld

In Restaurants, Gaststätten und Cafés sind etwa fünf bis zehn Prozent der Verzehrsumme als Trinkgeld üblich.

Unterkunft

Den Besuchern Nordostpolens steht ein ebenso reichliches wie vielfältiges Bettenangebot zur Verfügung. Wegen der großen Nachfrage in der Hochsaison im Juli und August empfiehlt sich – gerade bei preisgünstigeren Quartieren – für diese Zeit rechtzeitig zu buchen. Die in diesem Reiseführer angegebenen Preisspannen beziehen sich auf ein Doppelzimmer für zwei Personen mit Frühstück in der Hochsaison bei einer Spontanübernachtung und dienen lediglich der Orientierung. Wechselnde Rabatte, Nachlässe, Arrangements und Sondertarife auch in der Hochsaison sind keine Seltenheit, weshalb es sich vor Reisebeginn immer lohnt, noch einmal ins Netz zu gucken oder zum Telefon zu greifen.

Hotels und Pensionen

Die Hotels und Pensionen sind in Kategorien von ein bis fünf Sterne unterteilt, wobei ›eins‹ in der Regel sehr schlicht und ›fünf‹ die Luxuskategorie bedeutet. Die Kriterien für die Sterne-Vergabe sind gesetzlich geregelt. Trotzdem sollte man dieser Klassifizierung nicht blindlings vertrauen. Es kann passieren, dass man in einem Drei-Sterne-Hotel komfortabler logiert als in einem Vier-Sterne-Hotel, was oft mit der Abwertung durch den Hotelbetreiber aus steuerlichen Gründen zusammenhängt.

An der Spitze des Sternenhimmels stehen wie überall die **Luxushotels** der zumeist internationalen Hotelketten zu teilweise happigen Preisen (ab 100 Euro). Im gehobenen Preissegment haben sich in den vergangenen Jahren außerdem eine Reihe ausgesucht eleganter Verwöhntempel mit großzügigem Spa- und Wellnessangebot etabliert, oftmals in sorgfältig restaurierten historischen Schlössern und Herrenhäusern. In der Preislage zwischen etwa 70 und 100 Euro sind neben Ketten wie ›Mercure‹ oder ›Radisson‹ zahlreiche schöne **Komforthotels** eingeführt. Sie präsentieren sich entweder in Neubauten oder ebenfalls hochherrschaftlich in ehemaligen Schlössern.

Gehobene Mittelklasse für einen Preis von 50 bis 70 Euro bieten Burghotels, die sich in den alten Gemäuern der Deutschordensritter einquartiert haben sowie elegante Hotels zum Beispiel in historischen Speichern, Villen und ehemaligen Gutshäusern. Zu ihnen haben sich insbesondere in den letzten zehn Jahren viele kleinere, privat betriebene Hotels Garni und Pensionen gesellt (um 35 bis 50 Euro), die es an Freundlichkeit und Behaglichkeit jederzeit mit der teureren Kategorie aufnehmen können.

Für 20 bis 35 Euro für ein Doppelzimmer finden sich gemütliche **Frühstückspensionen**. Unter 20 Euro wird man sich mit einer schlichten Ausstattung begnügen und mit Dusche/WC auf dem Gang vorliebnehmen müssen.

Privatzimmer

Privatzimmer sind meistens sehr preisgünstig (um 15 bis 20 Euro) und werden überall in den Ferienregionen angeboten. Für Urlauber, denen an einem engeren Kontakt mit den Menschen des Gastorts gelegen ist, stellen sie die ideale Übernachtungsmöglichkeit dar. Die Adressen der Privatvermieter erfährt man bei den Touristinformationen, darüber hinaus weist oft ein Schild mit der Aufschrift ›Wolne pokoje‹ (Zimmer frei) direkt am Haus oder Gartenzaun auf ein freies Plätzchen hin.

Landurlaub

Eine günstige und naturnahe Möglichkeit, seinen Urlaub zu verbringen, bietet der Landurlaub (Agroturystyka). Hier finden Sie kleine Bauernhöfe oder Vermieter mit eigenem Häuschen und Garten, zumeist einfache Unterkünfte mit oft herzhafter Verpflegung, für die um 15 bis 20 Euro pro Person und Tag zu bezahlen sind. Die

Sommertag am Hotel Jabłoń Lake Resort bei Pisz

Ausstattung reicht von einem Stern (sieben Quadratmeter, ohne Bad) bis zu drei Sternen (mindestens zehn Quadratmeter, mit Bad). Die Kategorisierung wird von der Polnischen Föderation für Tourismus auf dem Lande vorgenommen (leicht zu erkennen an ihrem Zeichen, einem Storch auf einem Dach), in der sich viele Anbieter zusammengeschlossen haben.

Unterkünfte der PTTK
Ebenso funktional wie familiär sind die Unterkünfte, die die PTTK (Polnische Gesellschaft für Touristik und Landeskunde) in Form von Wanderheimen und Wasserstationen betreibt. Nichtsdestotrotz gibt es bei Wasserwanderern, Wanderern und Alpinisten kaum beliebtere Nachtquartiere als die Häuser der PTTK, eine der ältesten europäischen Touristikorganisationen, die sich seit vielen Jahrzehnten im Umweltschutz und Naturtourismus engagiert und polenweit Paddel-, Wander- und Reittouren organisiert. Mit einfachen Berghütten, Bootshäusern und Wanderheimen bietet sie preiswerte, auf die Bedürfnisse des naturnahen Freizeitsports zugeschnittene Übernachtungsmöglichkeiten. Den PTTK-Stationen ist in der Regel ein Zeltplatz angeschlossen, oft auch eine gastronomische Einrichtung. Der Zustand der Räumlichkeiten ist von Station zu Station unterschiedlich und reicht von komfortabel und sehr gepflegt bis hin zu weniger empfehlenswert. Allemal gilt auch hier: Für die Saison rechtzeitig vorbuchen.

Jugendherbergen und Hostels
Eine Alternative für den schmalen Geldbeutel sind die von der Gesellschaft für das Jugendherbergswesen (PTSM) unterhaltenen **Jugendherbergen**. In den Sommermonaten werden neben den ganzjährig geöffneten Häusern zahlreiche Saisonjugendherbergen angeboten. Letztere sind meist in Schulen untergebracht, bieten keine Verpflegungsmöglichkeit und wenig Komfort, aber ein Dach über dem Kopf.
Hostels finden sich auf dem Weg nach Masuren in Toruń und Gdańsk sowie eines im masurischen Städtchen Giżycko.
Verzeichnisse polnischer Hotels und Pensionen im Internet: www.welcome2poland.com, www.polhotels.com, www.hotelsinpoland.com, www.staypoland.com.
Polnische Föderation für Tourismus auf dem Lande
Tel. 081/5014311
www.agroturystyka.pl

Polnische Gesellschaft für Touristik und Landeskunde (PTTK)
Tel. 022/8262251
www.pttk.pl
Polnische Gesellschaft für das Jugendherbergswesen (PTSM)
Tel. 022/8498128
www.ptsm.org.pl

Wassersport

Die ermländisch-masurische Landschaft ist das Dorado für Wassersportler. Auf den miteinander vernetzten Flüssen, Kanälen und Seen finden Kanuten, Paddler, Segler und Surfer fantastische Möglichkeiten.

An den hunderte Kilometer langen Paddelrouten bestehen für **Wasserwanderer** ausreichend Möglichkeiten, um auf einem der zahlreichen Biwakplätze über Nacht ein Zelt aufschlagen, auch Campingplätze und Wasserstationen mit Versorgungseinrichtungen sind vorhanden. Für alle, die es lieber nur ein paar Stunden oder auch einen Tag lang mit dem Paddeln probieren möchten, finden sich in den Ortschaften rund um die Seen, und insbesondere an den berühmtesten Paddelrouten, viele **Bootsverleihe**, die in der Regel auch den Rücktransport von Wassergefährt wie Personen mit im Servicepaket haben. Die **Paddelrouten** im nordöstlichen Polen sind überwiegend leicht zu bewältigen, denn die Flüsse sind seicht und fließen sehr langsam. Sie eignen sich deshalb sehr gut auch für Anfänger. Geübte Kanuten werden die sanften, romantischen Wasserläufe, bis auf wenige kleine Passagen, kaum vor Herausforderungen stellen. Professionelle Führer bieten **organisierte Wasserwanderungen** an. Ihre Adressen vor Ort halten die Touristinformationen bereit. Ein kompetenter Ansprechpartner für alle Belange rund ums Wasserwandern sowie Betreiber der wichtigsten Wasserstationen in Polen ist die **PTTK** (Polnische Gesellschaft für Touristik und Landeskunde).

Wassersportgeräte verleiht man auf den meisten großen Campingplätzen sowie an den PTTK-Stationen, zum Beispiel an der westlichen Masurischen Seenplatte in Iława und in Stare Jabłonki bei Ostróda oder an der Krutynia in Sorkwity, Babięta, Krutyń und Spychowo. Fündig wird man ebenso in der Region der Großen Masurischen Seen, wo in den touristischen Wassersportzentren Węgorzewo, Giżycko, Mikołajki und Ruciane-Nida in zahlreichen Sporthäfen ein Mietangebot vom Tretboot über Paddel- und Ruderboote bis hin zu Jolle und Jacht zur Verfügung steht.

Bedeutende **Segelzentren** sind an der westmasurischen Seenplatte Iława sowie an den Großen Masurischen Seen Węgorzewo, Giżycko, Mikołajki und Ruciane-Nida. Wer mit dem eigenen Segelboot einreist, benötigt die international gültigen Ausweise und Schifffahrtspapiere. Eine Mastlegevorrichtung ist anzuraten, denn unterwegs unterquert man zahlreiche niedrige Brücken. Flautenschieber bis sechs PS sind zulässig. Nachts herrscht auf den Seen ein Fahrverbot. Verboten ist außerdem das Segeln in Bade- und Naturschutzgebieten. Segelboote, meist Jollenkreuzer, werden gegen Vorlage eines internationalen Segelscheins und Hinterlegung einer Kaution in allen großen Wassersportzentren vermietet, allerdings sollten sie für die Sommersaison rechtzeitig vorbestellt werden. Die polnischen Segler sind im Polnischen Segelsportverband **PZŻ** (Polski Związek Żeglarski) organisiert, auf dessen Internetseiten man ausführliche Informationen zum Segeln in Polen sowie die Adressen der regionalen Verbände nachlesen kann.

PTTK (Polskie Towarzystwo Turystyczno-Krajoznawcze)
Tel. 022/8262251
www.pttk.pl (engl.)
PZŻ, Polski Związek Żeglarski
Polnischer Segelsportverband
Tel. 022/5416363
www.pya.org.pl (engl.)

Wintersport

In den mitunter verschneiten Wintern stehen Pferdeschlitten-Kutschfahrten auf dem Programm. Hier und da wird auch eine Langlaufloipe gespurt, und für Hartgesot-

tene stellt Tauchen unter Eis, wie sie manche Tauchschulen in Giżycko an den Großen Masurischen Seen organisieren, eine besondere Herausforderung dar.
An einigen masurischen Hügeln findet alpiner Skisport statt. So auf dem **Schönberg** (Piękna Góra, 272 Meter) bei Gołdap mit Skiliften und vier Abfahrtspisten, die längste über 500 Meter (Infos: www.piekna-gora.skigo.pl, poln.). Am **Berg der vier Winde** (Góra Czterech Wiatrów) bei Mrągowo gibt es drei Schlepplifte und fünf Pisten mit insgesamt über 2000 Meter Länge. Im Ermland bei Lidbzark Warmiński erhebt sich der **Kreuzberg** (Krzyżowa Góra) mit drei Tellerliften und Abfahrten bis zu 400 Meter Länge. Das Skiresort **Morenowa Ski Mazury** in Okrągłe bei Orzysz am Skomatz-See (Jezioro Skomack) lockt bei Schnee und Frost mit vier Pisten und drei Schleppliften. Zwei Pisten sind auch für Anfänger geeignet (www.skimazury.pl, poln.).
Die **Kernsdorfer Höhe** (Dylewska Góra) bei Wygoda zwischen Lubawa und Ostróda erinnert schon fast an ein Mittelgebirge (www.dylewska-gora.mazury.info.pl/dylewska-gora, poln.). Das neuste Skigebiet wird seit Ende 2015 vom Hotel **Golebiewski** bei Mikołajki unterhalten, mit Vierer-Sessellift, Flutlicht und einer 700-Meter-Piste (www.golebiewski.pl).
Ein besonderes Winterabenteuer ist das **Eissegeln** auf den Großen Masurischen Seen. Zentren sind Giżycko und Mikołajki, angeblich die besten Plätze in Europa. Bereits seit Anfang des 20. Jahrhunderts ist diese Wintersportart in Masuren populär. Und wenn damals noch selbstgebaute Kisten über das Eis rutschten, erreichen heute Hightech-Eissegelgeräte Spitzengeschwindigkeiten von 150 km/h. Die weltbesten Eissegler treffen sich auf dem Löwentinsee (Jezioro Niegocin) bei **Giżycko** zu Europa- und Weltmeisterschaften. In **Mikołajki**, dem zweiten bedeutenden Eissegelzentrum, ist das Hotel ›Caligula‹ der beliebteste Treff. Es besitzt die größte Eisseglerflotte weit und breit und bietet darüber hinaus Eissegelkurse für Anfänger an. Da die Sportart vom Wetter abhängt, sind die Hotels in den masurischen Eissegelzentren auf Spontanbuchungen eingestellt. Im Trend liegt **Snowkiten** auf den masurischen Seen.

Zollbestimmungen

Zollkontrollen an den Grenzen sind seit dem EU-Beitritt entfallen. **Deutsche** und **Österreicher** dürfen Dinge und Waren zum Eigenbedarf uneingeschränkt ein- und ausführen, mit folgender Ausnahme: Die zollfreie Ausfuhr von Tabakwaren bleibt auf 800 Zigaretten bzw. 1000 Gramm Tabak pro Person über 18 Jahren beschränkt. Als weitere Richtmengen wurden festgelegt: 90 Liter Wein, 110 Liter Bier, 20 Liter Alkoholika bis 22 Promille, 10 Liter Spirituosen.
Schweizer dürfen nur folgende Waren und Mengen zollfrei einführt werden: 2 Liter Alkohol bis 15 Promille und 1 Liter über 15 Promille, 200 Zigaretten oder 50 Zigarren oder 250 Gramm Schnitttabak sowie Waren für den Privatgebrauch (ausgenommen Lebensmittel) bis zum Gesamtwert von 300 SFr.
Für alle verboten ist die Ausfuhr von **Kunstwerken**, **Antiquitäten**, **Büchern** und anderen Gegenständen, die vor dem 9. Mai 1945 hergestellt wurden. Genehmigungsgesuche sind an den jeweiligen Denkmalkonservator der Woiwodschaft beziehungsweise an den Denkmalkonservator der Nationalbibliothek in Warschau zu richten.
Nationale Ein-, Aus- und Durchfuhrbeschränkungen bestehen weiterhin zum Beispiel für **Tiere**, **Pflanzen**, **Waffen**, **bestimmte Medikamente und Drogen**.
Weitere Informationen findet man unter:

Deutschland
Zoll
Tel. 0351/44834510 und bei der Bundespolizei-Hotline, Tel. 0800/6888000
www.zoll.de

Österreich
Zentrale Auskunftstelle Zoll
Tel. 050/233740
www.bmf.gv.at

Schweiz
www.ezv.admin.ch

Sprachführer

Bis 1945 wurde im Ermland und im Oberland Deutsch gesprochen. Anders sah es in Masuren aus, dort war bis weit ins 20. Jahrhundert hinein – abgesehen von der deutschsprachigen kleinstädtischen Bürgerschicht – die Hauptverkehrssprache der einfachen Menschen mehrheitlich polnisch, genauer gesagt ein recht derber alter polnischer Dialekt, den die Deutschen ab Ende des 19. Jahrhunderts offiziell das ›Masurische‹ nannten. In der östlich angrenzenden Suwalczyzna, die nie zu Preußen beziehungsweise zum Deutschen Reich gehörte, war dagegen von jeher Polnisch die Amts- und Umgangssprache. Umso erstaunlicher ist es, dass man dort viele Menschen mit deutschen Sprachkenntnissen trifft.

In Ermland und Masuren sprechen ebenfalls noch einige vorwiegend ältere Menschen Deutsch. Nach jahrzehntelangen Schikanen in sozialistischer Zeit sind sie in der demokratischen Republik Polen inzwischen als deutschsprachige Minderheit anerkannt. Die jungen Polen, vor allem die, die im Tourismus beschäftigt sind, lernen indessen Englisch und Deutsch als Fremdsprache. Weshalb es mehr als nur ein Zeichen der Höflichkeit ist, sich im Gegenzug die wichtigsten polnischen Wörter und Redewendungen zu merken.

Zugegeben, leicht ist das sicherlich nicht. Das Polnische, das zur westslawischen Sprachfamilie gehört, ist eine sehr alte, sehr konservative Sprache und deshalb sehr kompliziert. Von allen slawischen Sprachen steht sie dem Altkirchenslawischen am nächsten und hat sich über viele Jahrhunderte nahezu unverändert bewahrt. Neben Adjektiven und Hauptwörtern werden zusätzlich Ortsbezeichnungen, Namen und Zahlen durch drei Geschlechter in sieben Fällen gebeugt, und auch die altslawischen Nasalvokale sind bis heute erhalten. So setzt sich das polnische Lautsystem aus den uns bekannten fünf Vokalen und zusätzlich ihren Variationen zusammen: nasaliert ą (wie französisch in ›pont‹), ę (wie französisch in ›fin‹), ó (wie u) und außerdem y (eine Mischung aus e und i). Darüber hinaus stoßen 35 Konsonanten zusammen, wobei die Sprachlaute, die keine Entsprechungen im lateinischen Alphabet haben, mit Doppelgraphemen wiedergegeben werden, wie sz (sprich: ›sch‹), cz (sprich: ›tsch‹), rz (sprich: stimmhaft ›sch‹) oder – bei Ausländern besonders gefürchtet – szcz (sprich: ›schtsch‹). Zu ihnen gesellen sich Buchstabengruppen wie dz (stimmhaft ›ds‹), dź und dż, die, ähnlich wie das weiche rz, aber zusätzlich mit einem leisen Anflug von ›d‹ ausgesprochen werden, sowie ferner diakritische Zeichen wie ź und ż, die noch einmal wesentlich weicher als das rz anklingen müssen. Gar nicht zu reden vom Buchstaben ł, dem man sich am besten mit einem englischen w (wie in ›world‹) annähern kann.

Kurz, alles recht kompliziert und eigentlich unaussprechlich, und so mag man sich mit der Tatsache trösten, dass das Polnische immerhin weltweit als eine der schwierigsten Sprachen anerkannt ist. Niemand in Polen wird böse sein, wenn der Ausländer selbst nach stundenlangem Trainieren weiter an ›Chrząszcz brzmi w trzcinie‹ (sprich: chschonschtsch bschmi wtschtzinje, ein Käfer zirpt im Schilf) bastelt; und sich umso mehr über ein kleines Danke (*dziękuję*, sprich: dschänkuujä) oder Bitte (*proszę*, sprich: proschä) freuen. Und noch ein weiterer Trost sei mit auf den Weg gegeben: Die Vokale werden grundsätzlich kurz und offen ausgesprochen und alle Wörter fast ohne Ausnahme auf der vorletzten Silbe betont. Das ist die Regel.

Die Website www.5goldig.de bietet eine Simulation der polnischen PC-Tastatur auf dem Bildschirm mit brauchbarem Wörterbuch. Ein Umschalten der Tastatur ist aber auch in den meisten PC-Betriebssystemen möglich. ›Veränderte‹ Buchstaben werden im Alphabet meistens hinter den zugehörigen ›normalen‹ einsortiert (also ł hinter l).

Aussprache Übersicht

Buchstaben(n)	Aussprache
e	offenes ›e‹ wie in ›Echo‹
o	offenes ›o‹ wie in ›offen‹
ó	entspricht ›u‹ wie in ›Muff‹
y	bezeichnet dumpfes ›i‹ wie in ›Bitte‹
ą	ähnlich dem französischen ›o‹-Nasal wie in ›mon‹, abhängig vom folgenden Laut auch wie ›am‹ oder ›an‹
ę	ebenfalls ein Nasalvokal, ähnlich dem französischen ›e‹-Nasal in ›fin‹, abhängig vom nachfolgenden Laut auch wie ›em‹ oder ›en‹
	Die Verbindungen ›au‹ und ›eu‹ sind wie zwei einzelne Vokale auszusprechen
	Gleiches gilt für Konsonantenverbindungen: Zum Beispiel wird ›ck‹ nicht zu ›k‹ (korrekte Aussprache: ›tzk‹) und ›nn‹ nicht zu ›n‹ verkürzt.
c	entspricht dem deutschen ›z‹, vor ›i‹ wie ›ć‹
ć	weiches (palatalisiertes) ›tsch‹
h, ch	bezeichnen denselben Laut, immer hart wie das deutsche ›ch‹ in ›Buch‹
cz	entspricht ›tsch‹
j	wie deutsches ›j‹
ł	entspricht dem englischen ›w‹ wie in ›what‹, am Wortende wird es fast immer verschluckt
ń	ist ein weiches ›n‹, man kann sich ein nachgestelltes, angedeutetes ›j‹ denken, etwa wie in ›Cognac‹ oder ›Anja‹
r	ist immer ein starkes, rollendes Zungen-›r‹ wie im Bayerischen
rz, ż	bezeichnen denselben Laut und werden wie französisches ›j‹ in ›journal‹ artikuliert
s	ist immer stimmlos, wie in ›Szene‹ oder ›Bus‹
ś	ein weiches (palatalisiertes) ›sch‹
sz	entspricht ›sch‹
z	wie stimmhaftes s in ›Sommer‹, doch im Auslaut stimmlos
ź	wie französisches ›g‹ in ›Giselle‹

Deutsch	Polnisch
Allgemeine Wendungen	
Danke	dziękuję
Bitte	proszę
Entschuldigung, Verzeihung	przepraszam
Guten Tag	dzień dobry
Guten Abend	dobry wieczór
Gute Nacht	dobranoc
Auf Wiedersehen	do widzenia
Hallo/Tschüss	cześć
Ja	tak
Nein	nie
Vielleicht	może
Ich spreche kein Polnisch!	Nie mówię po polsku!
Ich verstehe nicht!	Nie rozumiem!
gut/einverstanden	dobry (Adjektiv)/dobrze (Adverb)
Wie geht es Ihnen?	Jak się Pan ma? (wenn der Gesprächspartner ein Mann ist) Jak się Pani ma? (wenn der Gesprächspartner eine Frau ist)
Wie geht's?	Jak się masz?
Wie heißen Sie?	Jak się Pan/Pani nazywa?
Wie heißt du?	Jak masz na imię?
Woher kommen Sie?	Gdzie jesteś?
Deutschland	Niemcy
Österreich	Austria
Schweiz	Szwajcaria
Polen	Polska
Ortsangaben	
hier	tu/tutaj

Deutsch	Polnisch
dort	tam
links	lewo
nach links	na lewo/w lewo
rechts	prawo
nach rechts	na prawo/w prawo
geradeaus	prosto
gegenüber	na przeciw/na przeciwko
nah	blisko
weit	daleko
Wo ist ...?	Gdzie jest ... ?
Wie komme ich nach ...?	Jak dojść do...?

Zeitangaben

Wann?	Kiedy?
Wie lange?	Jak długo?
Wie spät ist es?	Która jest godzina?
morgens/früh	rano/wcześnie
nachmittags	po południu
abends	wieczorem
jetzt	teraz
heute	dzisiaj
gestern	wczoraj
morgen	jutro
Tag	dzień
Nacht	noc
Woche	tydzień
Monat	miesiąc
Jahr	rok

Deutsch	Polnisch
Zahlen	
null	zero
eins	jeden
zwei	dwa
drei	trzy
vier	cztery
fünf	pięć
sechs	sześć
sieben	siedem
acht	osiem
neun	dziewięć
zehn	dziesięć
hundert	sto
tausend	tysiąc
Unterwegs in Masuren	
Bahnhof	dworzec, stacja kolejowa
Bahnsteig	peron
Zug	pociąg
Busbahnhof	dworzec autobusowy, dworzec PKS
Fahrkarte	bilet
Flughafen	lotnisko
Abfahrt	odjazd
Ankunft	przyjazd
Hotel	hotel
Unterkunft	noclegi
Zimmer	pokój
(Jugend-)Herberge	schronisko (młodzieżowe)
Wanderheim	dom wycieczkowy

Deutsch	Polnisch
Biwakplätze	pole biwakowe
Boot	łódź
Kanusport	kajakarstwo
Kanurouten	szlaki kajakowe
segeln	żeglować
Segelboot	żaglówka
Segelrouten	szlaki żeglugi
wandern	wędrować
Wanderkarte	mapa turystyczna
Wanderweg	szlak turystyczny
Fahrrad	rower
Angel	wędka
Angelschein	zezwolenie wędkarskie
See	jezioro
Fluss	rzeka
Naturschutzgebiete	rezerwaty przyrody

Notfall

Hilfe!	Ratunku! Pomocy!
Apotheke	apteka
Arzt	lekarz
Zahnarzt	dentysta
Krankenhaus	szpital
Rettungswagen	pogotowie ratunkowe
Polizei	policja
Pannenhilfe	pogotowie techniczne
Notarzthilfe	pogotowie ratunkowe
Feuerwehr	straż pożarna

Deutsch	Polnisch
Post/Geld	
Postamt	poczta
Brief	list
Briefmarke/n	znaczek pocztowy/znaczki pocztowe
Telefon	telefon
Geld	pieniądze
Geldautomat	bankomat
Bank	bank
Wechselstube	kantor
Kreditkarte	karta kredytowa
Einkäufe	
Geschäft	sklep
Bäckerei	piekarnia
Fleischerei	sklep mięsny
Lebensmittelgeschäft	sklep spożywczy
Buchhandlung	księgarnia
Kaufhaus	dom towarowy/handlowy
Wieviel kostet das?	Ile to kosztuje?
Im Restaurant	
Speisekarte	jadłospis
Frühstück	śniadanie
Mittagessen	obiad
Abendbrot	kolacja
Herr Ober/mein Herr ...	proszę pan
Frau Ober/meine Dame ...	proszę pani
Prost!	Na zdrowie!
Bitte die Rechnung!	Proszę o rachunek!

Polnisch	Deutsch
Eine typische Speisekarte	
zupy	**Suppen**
barszcz (z pasztecikiem)	Rote-Rüben-Suppe (mit Pastetchen)
flaki	Kuttelsuppe
kapuśniak	Deftige Weiß- und Sauerkohlsuppe
krupnik	Graupensuppe mit Fleischeinlage
zupa szczawiowa	Sauerampfersuppe
zupa pomidorowa	Tomatensuppe
żurek	Saure Roggenmehlsuppe mit Wursteinlage und hartgekochten Eierhälften
przekąska	**Vorspeisen**
golonka w galarecie	Eisbein in Aspik
nadziewane rolmopsy	Gefüllte Rollmöpse
śledzie w occie po polsku	Eingelegte Heringe nach polnischer Art
śledzie w śmietanie	Hering in Sahne
szynka w galarecie	Schinken in Aspik
drugie danie	**Hauptgerichte**
bigos	Sauerkraut, Weißkohl, Pflaumen und Fleisch zusammen gekocht
dzik	Wildschwein
golonka	Schweinshaxe, gekocht oder geschmort
gołąbki	Kohlrouladen
jeleń	Hirsch
kaczka	Ente
kotlet schabowy	Schweinekotelett
kurczę	Hähnchen
pieczeń wieprzowa	Schweinebraten
pierogi	Piroggen (Teigtäschchen mit Gemüse-, Fleisch- oder süßer Füllung)
rolada	Rindsroulade

Polnisch	Deutsch
sarna	Reh
szaszłyk	Fleischspieße
szawarma	gegrilltes Hackfleisch
ryba	**Fisch**
dorsz	Dorsch
gładzica	Scholle
karp	Karpfen
śledź	Hering
łosoś	Lachs
okoń	Barsch
płoć	Plötze
pstrąg	Forelle
sandacz	Zander
sieja/sielawa	Große/kleine Maräne
szczupak	Hecht
węgorz	Aal
dodatki	**Beilagen**
jarzyny	Gemüse
kluski	Nudeln, Klöße (Klößchen)
ryż	Reis
sałatka	Salat
ziemniaki	Kartoffeln
deser	**Nachtisch**
makowiec	Mohnkuchen
naleśniki	Pfannkuchen mit Obst oder Eis
sernik	Käsekuchen
szarlotka	Apfelkuchen
napoje	**Getränke**
herbata	Tee
kawa	Kaffee

Polnisch	Deutsch
piwo	Bier
szampan	Sekt
sok	Saft
wino	Wein
woda mineralna	Mineralwasser

Hinweise

benzyna (bezołowiowa)	Benzin (bleifrei)
ciepła/ciepły/ciepłe (Adj.); ciepło (Adv.)	warm
Kobiety	Damen
Mężczyźni	Herren
dla (nie)palących	für (Nicht)raucher
grozi smiercia	Lebensgefahr
koniec	Ende
objazd	Umleitung
ostrożnie, uwaga	Vorsicht, Achtung
palenie wzbronione	Rauchen verboten
parking strzeżony	bewachter Parkplatz
przejście wzbronione	Durchgang verboten
stacja benzynowa	Tankstelle
toalety	Toiletten
uwaga	Vorsicht, Achtung
wejście	Eingang
wyjście	Ausgang
wstęp wzbroniony	Betreten verboten
wolne	frei
wyjazd	Ausfahrt (an Autobahnen)
zajęte	besetzt
zamknięte	geschlossen
zarezerwowany	reserviert
zimna/zimny/zimne (Adj.); zimno (Adv.)	kalt

Ermland-Masuren im Internet

https://mazury.travel
Interessantes von Politik und Gesellschaft über Bildung, Kultur und Medien bis zu Tourismus und Sport (dt.)

www.welcome2poland.com
Der deutschsprachige online-Reiseführer bietet ein umfassendes Informationsangebot zum nordöstlichen Polen, über Orte, Sehenswürdigkeiten und Ausflugziele, mit zahlreichen Tipps für Naturerlebnisse, Sport- und Freizeitaktivitäten, kulturellen und touristischen News sowie insbesondere einem großen Katalog ausgewählter Unterkunftsmöglichkeiten der verschiedensten Kategorien, von Hotels und Pensionen über Ferienhäuser und Privatquartiere bis hin zu Campingplätzen, die man direkt buchen kann.

www.masuren-online.de
Umfangreicher deutschsprachiger Info-Service rund um das Thema Ermland und Masuren von Aktivurlaub über Kultur bis zur Unterkunft. Ferner beinhalten die Seiten Minisprachkurse, Literaturtipps, Reisevorschläge und vieles mehr.

http://ermland-masuren-journal.de
Umfangreicher Blog der Autorin und Journalistin Brigitte Jäger-Dabek.

www.polish-online.com
Kurzinfos und Fotos in der Rubrik ›Reiseinfos‹, Ermland-Masuren (dt.)

Polen im Internet

www.kprm.gov.pl
Die offiziellen Seiten der polnischen Regierung geben auf polnisch und englisch kurze Informationen über das Land. Links zu den Ministerien und Woiwodschaftsverwaltungen (engl.).

www.polen.travel
Das Portal der Polnischen Tourismusorganisation (POT) bietet in vielen Sprachen Informationen zur Land und Leuten, Kunst und Kultur, Veranstaltungen, Vorschläge für die aktive Freizeitgestaltung, ausgewählte Hotelempfehlungen und praktische Reisetipps, Vorstellung der touristischen Attraktionen und vieles mehr.

Literaturtipps

Sachbücher

Brigitte Jäger-Dabek: Polen. Eine Nachbarschaftskunde, Links Verlag, Berlin. Kompakte, informative und unterhaltsame Abhandlung zu Geschichte und Politik, Religion, Kultur und Alltag.

Radek Knapp: Gebrauchsanweisung für Polen, Piper Verlag, München. Ironisch, witzig und anekdotisch beleuchtet der polnische Schriftsteller und Wahl-Wiener Knapp die Sitten und Unsitten seiner ›lieben und widerspenstigen Landsleute‹.

Andreas Kossert: Masuren. Ostpreußens vergessener Süden, Siedler Verlag, Berlin. Profunde postnationale Studie und umfassende Darstellung der Geschichte Masurens von der Eroberung durch die Deutschordensritter bis zum Ende des Zweiten Weltkriegs.

Adam Krzemiński: Polen im 20. Jahrhundert, Beck Verlag, München. Historischer Essay des polnischen Intellektuellen, Redakteurs der Wochenzeitung ›Polityka‹ und Kenners der deutsch-polnischen Beziehungen über die wechselvolle politische Geschichte Polens im 20. Jahrhundert.

Steffen Möller: Viva Polonia, Fischer Taschenbuch Verlag, Frankfurt/Main. Der Kabarettist, Schauspieler und Polen-Immigrant Möller wurde durch die Seifenoper ›M jak Miłość‹ (L wie Liebe) zum TV-Star und ist in seiner Wahlheimat heute der zweitbekannteste Deutsche nach dem Ex-Papst Joseph Ratzinger. In über 50 Schlagwörtern von ›Aberglaube‹ bis ›Zeitzone‹ wirft er zum Schmunzeln verführende Schlaglichter auf die polnische Mentalität und Lebensart.

Erzählungen über das alte Ostpreußen und Masuren

→ ›Masuren zum Schmökern‹, S. 48.

Landkarten

Höfer Verlag, www.hoeferverlag.de. Polnisch-deutsche Landkarten, z.B. Straßenkarten Südliches Ostpreussen und PL 011 West-Ost-Preussen, jeweils im Maßstab 1:200000.

Stadtplanerei Bloch, www.blochplan.de. Zweisprachige Straßenkarte Nord-Masuren, 1:100.000.

Radatlas Masuren, Verlag Esterbauer, 2. Auflage 2005. Zwar in die Jahre gekommen, aber sehr detaillierte Karten mit Routenvorschlägen im Maßstab 1:75000, ideal für die Region Olsztyn bis Ruciane Nida.

Wielkie Jeziora Mazurskie (Große Masurische Seen), ExpressMap 2015, Maßstab 1:60000, ca. 2,50 Euro. Vor Ort überall erhältlich.

Über den Autor

Der Reisejournalist **André Micklitza** hat zusammen mit seiner Frau Kerstin mehrere Reiseführer über Polen, Tschechien und die Slowakei verfasst. Im Trescher Verlag erschienen neben dem vorliegenden Reise-führer ›Masuren‹ die Titel ›Lausitz‹ (5. Auflage 2016), ›Spreewald‹ (4. Auflage 2018), ›Görlitz‹ (2. Auflage 2018), ›Polnische Ostseeküste‹ (9. Auflage 2018), ›Tschechien‹ (5. Auflage 2017) und ›Böhmisches Bäderdreieck‹ (2. Auflage 2017). Micklitza-Reisefotos sind im Portfolio der renommierten Bildagentur Huber eingestellt (www.huber-images.de).

Danksagung

Vielen Dank an das Polnische Fremdenverkehrsamt in Berlin: Direktor Pawel Lewandowski unterstützte die Recherche zu diesem Reiseführer wohlwollend, Magdalena Korzeniowka leitete eine Pressereise nach Masuren und half bei der Organisation einer weiteren Recherchetour. Klaus Klöppel (team red) versorgte mich mit hilfreichen News aus Ermland und Masuren. Heidi Diehl, Redakteurin der Tageszeitung ›Neues Deutschland‹, stellte mir freundlicherweise eine kleine Auswahl ihrer schönsten Danzigfotos zur Verfügung.
Verlag und Autor bedanken sich besonders bei Maren Rathke, die als Autorin den Titel über mehrere Auflagen akkurat betreute. Leser Friedhard König aus Cottbus gab hilfreiche Ergänzungshinweise.

Register

Kartenregister

Übersichtskarten

Stadtpläne

Historische Karten

Bildnachweis

Alle Bilder von Kerstin Micklitza, außer:
Brunswyk/Wikimedia: S. 196
Deutsches Bundesarchiv, Bild 146-1972-025-12/Fotograf: unbekannt/Lizenz CC-BY-SA 3.0: S. 197
Adam Carr/Wikimedia: S. 198
Heidi Diehl: S. 12 o.r., 100 u.
Gian Mario Manca: S. 12 l.u.
Gerhard Palnstorfer: S. 167
Maren Rathke: S. 89, 92, 96, 102, 120/121, 124, 126, 136, 139u., 148/149, 158, 169, 178
André Micklitza: hintere Umschlagklappe, S. 53, 61, 250

Wirtschaftsinformationsdienst der Woiwodschaft Ermland-Masuren: S. 19, 154
S. 38: Gemälde von Hugo Vogel

MASUREN
entdecken!
IKARUSTOURS
9-Tage-Aktivreisen
RADWANDERN IN MASUREN
11-Tage-Studienreise
WEST- UND OSTPREUSSEN-RUNDREISE
www.ikarus.com · Telefon: 0 61 74 - 29 02 0

TRESCHER VERLAG
Bernd Wurlitzer, Kerstin Sucher
SACHSEN
Mit Dresden, Leipzig, Erzgebirge, Sächsischer Schweiz
TRESCHER VERLAG
Kerstin und André Micklitza
LAUSITZ
Unterwegs zwischen Spreewald und Zittauer Gebirge
TRESCHER VERLAG
Kerstin und André Micklitza
GÖRLITZ
Sehenswürdigkeiten, Kultur, Szene, Umland, Reiseinfos

Kartenlegende

Bahnhof
Bar
Brunnen
Burg/Festung
Burgruine
Busbahnhof
Café
Campingplatz
Denkmal
Dorfkirche
Fähre
Flughafen
Hafen
Höhle
Hotel
Kino
Kirche
Kloster
Klosterruine
Krankenhaus
Leuchtturm

Markt
Moschee
Museum
Naturschutzgebiet
Oper
Parken
Parkhaus
Post
Restaurant
Ruine/Ausgrabungsstätte
Sehenswürdigkeit
Strand
Supermarkt
Synagoge
Theater
Tor
Touristeninformation
Zoo

Sehenswürdigkeit
Burg
Kirche
Friedhof
Zeltplatz
Berggipfel
Seilbahn

Autobahn
Schnellstraße
Hauptstraße
sonstige Straßen
E 65 Europastraße
A 65 Autobahn
243 Bundesstraße
Eisenbahn
Grenzübergang
Staatsgrenze
Hauptstadt
Stadt/Ortschaft

Zeichenlegende

Allgemeine Informationen, Touristinformationen
Bahnverbindungen, Bahnhöfe, Schmalspurbahnen
Busverbindungen, Busbahnhöfe
Hotels, Pensionen, Hostels, Jugendherbergen
Campingplätze
Restaurants
Cafés
Bars, Clubs
Museen

Theater, Festivals, Veranstaltungen
Schiffsanleger, Ausflugsdampfer
Verleih von Wassersportgeräten, Wassersportmöglichkeiten
Strandbad, Badestrand
Fahrradverleih
Reiterhöfe
Golfplatz
Sonstige Sportmöglichkeiten
Ausflüge, Besonderes
Einkaufsmöglichkeiten